普通高等教育"十一五"国家级规划教材

21世纪新闻与传播学专业系列教材

新闻作品评析概论

（第2版）

AN INTRODUCTION
TO THE PRINCIPLES AND METHODS
OF NEWS ANALYSIS

主　编　陈　龙（苏州大学）

副主编　陈　霖（苏州大学）

参编者　孙宜君（南京理工大学）

　　　　谢长青（徐州师范大学）

　　　　刘　倩（南通大学）

中南大学出版社

www.csupress.com.cn

目　录

新闻与传播学专业系列教材

序

新闻与传播学专业系列教材

　　中南大学出版社的编辑告诉我,他们将出版陈龙教授主编的新作《新闻作品评析概论》,我很是高兴。作者也传来了部分书稿让我首读。编者和作者共同做了一件很有意义的事:他们把新闻批评这门学科向体系化方向大大推进了一步,又将新闻作品评析这门课程提高到新闻传播学学科系统的高度来构建。我脑际中油然跳出两句话:使新闻批评体系化,令作品评析学科化,我就把这两句话作了这篇序言的主题。

　　新闻批评是在一定的文化背景和媒介生态下,运用一定的观点和规范,对新闻传媒、传媒工作者、新闻作品、新闻思潮、媒介行为所作的探讨和评价。新闻批评的基本涵义是"鉴识"和"认定",即描述媒介行为,分析新闻作品,解说新闻现象,评定传播效果,论证规范观念。《新闻作品评析概论》这本书的出版,表明我国学者的研究工作,已经把新闻批评这门学科的体系化、细致化作为努力的目标,而不像过去那样,大而化之,笼而统之,泛泛地进行议论和分析。如果说,新闻批评可以分为宏观和微观两部分的话,那么对于媒介生态、新闻思潮、新闻传媒、新闻理论的批评一般可以归入宏观批评之列,而对于媒介行为、传媒工作者、新闻作品的批评则一般可以划为微观层面的批评。换言之,新闻批评可以细化为多种类别、多个层面、多个方面,它本身应该构成一个新闻学下面的相对独立的学科体系。《新闻作品评析概论》的出版,标志着这种分类研究的一个成功的尝试。

　　对新闻作品进行分析、比较和论说的活动,几乎从有报纸起就开始了。读了报纸,读者总会有所议论,有所评说。走进报社大楼,常常可以看到墙上贴着当天出版的报纸,上面划满了条条杠杠,写着编辑、记者对报纸内容和版面

处理的不同看法。20世纪60年代我在复旦念新闻系，一年级时老师为我们
开了一门课叫《新闻事业概论》，实际上就是读报用报课，授课老师利用晚自
修时间，辅导我们读报纸，评报纸，并且写出批评意见，分寄给相关报社。但从
那时以来，很少有人把新闻作品的评论批评写成一本专门的书。《新闻作品
评析概论》的作者把这种评析新闻作品的实践系统化为一门课程，其中既有
理论的阐释，又有个案的解读，尽量使之学科化、条理化。作者在书中通过新
闻作品评析的基本原则、特点、方法、类型、写作、批评尺度等九章内容的设置，
全面地展开新闻传播学评析所应涉猎、探讨的各个视角、各种对象、各方面的
问题。这样的研究和这样的成果，无疑具有学科开拓的意义。

　　作者认为，新闻作品评析是连接新闻理论与新闻实践之间的一座桥梁。
这一见解颇为深刻。新闻作品是新闻传媒，尤其是新闻从业人员依据特定的
价值理念和操作机制，对自己的认识对象进行意识活动的产物，新闻理论在其
中起着重要的指导、规范和把关的作用。我们鉴识和评定认识主体的新闻观
念对不对，价值取向正确与否，新闻作品所反映的宏观世界是否真实、客观、公
正、全面，其根本的方法只有一个，那就是对这些新闻作品进行深入的具体的
分析。陈龙、陈霖就是以这种马克思主义认识论的立场和方法以及求真求实
的治学态度，进行深入的研究，论证自己的结论的。

　　实践是检验真理的惟一标准。作者评析新闻作品的理念和方法是否正确
可行，《新闻作品评析概论》这本书是否对于新闻传播学科建设有价值，我在
序言中对这种研究工作和研究成果的评价分析是否持之有据，最终要由阅读
和使用这本书的读者来投票，来认定。我期待着读者诸公的批评。

                                                              童　兵
                                          2005年8月盛夏于上海文化佳园寓所

绪论　学会评析新闻作品

本章要点

● 新闻评析的任务。
● 新闻评析的主要含义。
● 新闻评析的意义。

　　传统的新闻学研究分为新闻理论、新闻史论、新闻业务三大领域。学习新闻理论，其目的是为了了解什么是新闻，新闻的基本特点、基本规律以及新闻工作应遵循的基本原则，它是进行新闻实践的指导思想和方针；学习新闻业务，就是掌握新闻工作具体的采、写、编、评的具体的方式、方法；学习新闻史论，就是要了解新闻的起源和发展变化过程，对前人的新闻实践进行梳理，从历史事件和人物活动中寻找到某些规律性的信息，来作为我们今天的借鉴；学习新闻评析，其任务就是在进一步理解新闻基本理论的基础上，结合具体新闻作品加以验证，考察作品的成败得失所在。用具体的理论来评价和分析新闻实践，用新闻实践来验证和检验新闻理论。新闻评析在某种意义上就是新闻理论与新闻实践之间的桥梁。

　　新闻评析活动是新闻批评的重要组成部分，它以马克思主义新闻观为指导思想，新闻评析的基本任务就是对新闻作品进行价值判断，通过分析、阐释和评价新闻作品来总结和探索新闻采写经验及其规律，从而规范新闻写作，引导受众正确接受和认知新闻作品的内涵。总结新闻采制经验，促进新闻采制向健康、规范、合理的方向发展。通过指陈新闻作品中的优点和缺陷，建立起新闻评析鉴赏的价值体系。

　　新闻作品评析是一项集理论性、实践性、应用性于一体的工作。对于新闻从业人员来说，如果只钻研新闻理论而不将所学理论运用于新闻工作实际，那么，他对理论理解的深刻程度和把握的牢固程度都将受到很大的限制，而将理论与实际结合起来加以探讨的最佳途径就是研究新闻作品。本书写作动机最初是为了帮助同学们理解和掌握所学的新闻理论知识，培养学生运用新闻理论知识来分析新闻现象的能力，使学生养成对新闻现象的关心，培养分析问题解决问题的能力和习惯。

我们几乎天天接触新闻，但是，什么是好新闻什么是不好的新闻，我们却很少去思考。对新闻好坏、优劣的判断在每个人心目中都曾自觉不自觉地存在过，有时一则新闻报道得充分不充分，读者或观众都会有一种直感，我们经常会在心中说，这则新闻要是再告诉我们点信息就更好了，那则新闻报道真过瘾，它让我们看到了很多内幕……这实际就是最朴素的新闻评价！这也可以看做是对新闻作品的一种最简单的评析。

那么，我们为什么要进行新闻评析呢？换句话说，新闻评析的意义何在呢？

首先，最为直接的是通过评析新闻作品，可以使新闻工作者和普通读者把握各类新闻作品的采访过程、写作规律、特点以及写作技巧。新闻是什么？什么是新闻价值？什么是新闻敏感？什么是调查性报道、解释性报道？这些新闻学基本术语，对许多普通受众来说，并不是很清楚，通过评析新闻作品可以加深对新闻理论概念的理解。同时，新闻作品的好坏与记者采访活动的关系，与编辑的编辑活动的关系，乃至写作角度的选择、表现手法的运用等，通过评析新闻作品对新闻作品的产生过程有一个全面的把握，通过学习评析新闻作品还可以对广播、电视新闻制作流程有个比较深入的了解。许多新闻爱好者对新闻的基本特性、新闻采访写作的基本原则并不了解。某报一位实习编辑因为没有经过新闻学专业培训，在编辑 1999 年国庆 50 周年阅兵式新闻图片时，想当然地将当时因下雨造成拍摄效果不佳的图片修正一下，将阴天的天安门上方加上了几朵云彩。这位编辑这样一改似乎画面好看了，但却违背了新闻的基本原则，造成消息的失实。防范新闻失实不是件容易的事情，虽说我们会遵守某些新闻伦理规范，但在具体实践中自觉不自觉地还是会不小心产生失实报道。上海某报从发生在无锡地区的盗窃、抢劫案件中发现了一个独特现象，就是在这类刑事案件中，聋哑人占了很大比重，很显然这一情况很具有新闻价值。报纸以《聋哑人成近期无锡恶性案件主体》为题，迅速进行报道，然而，报纸报道了这一消息后，中国残疾人协会对此事高度关注，并进行了调查，结果认定上海这家报纸的报道严重失实。从这件事上我们可以看出，新闻的真实性伦理规范，还需要在新闻实践中不断摸索。通过评析新闻作品，建立起对新闻伦理的基本认识，这也可算是新闻评析的意义之一。

其次，通过评析新闻作品，可以分清好新闻与坏新闻之间的差异，培养读者看新闻的专业眼光。正所谓外行看热闹，内行看门道。学会评析新闻作品，使我们成为新闻行业真正的内行。通过对作品长期的揣摩、研究，久而久之就会形成专业的眼光，能很快看出新闻作品水平的高低，发现新闻作品在选题、材料取舍、角度选择、谋篇布局等方面的得失。更重要的是，有助于帮助我们练就独到的火眼金睛，迅速识别各种新闻造假。从常理来看，有些假新闻一般人是很难看出的，通过学习评析新闻作品，对作品要素和真实性、客观性等本质问题会有全面的认识，这样我们在看新闻作品时就会明察秋毫，发现其不合逻辑、不合常规之处。

再次，新闻评析是联系新闻理论与新闻实践的桥梁。新闻理论是在新闻实践的基础上总结出来的，是长期新闻管理、新闻实践经验的结晶。长期以来，新闻理论与我们的新闻实践相脱节，而新闻评析则可以把新闻理论与新闻实践两部分内容有机地结合起来。新闻评析就是运用新闻理论中的基本原理来分析、评价新闻作品，新闻理论成为审视新闻作品的出发点或依据。同时，新闻理论在具体新闻作品的分析中也得到了升华。在平时的新闻接受过程中，人们评价新闻作品的好坏，往往都是根据感性印象来进行评判的，因此免不了出现表面、肤浅评价，对新闻作品中所蕴涵的深刻意义或存在的根本问题难以揭示出来。将新闻学、传播学的一些理论运用到新闻作品的阐释中来，有利于帮助人们对新闻作品作出更深刻的理解。

第四，通过学习新闻评析，可以逐步培养对新闻现象、新闻问题的批判能力。我们知道，西方新闻界在所谓新闻自由、平衡报道、客观中立的幌子下，往往都隐藏着某些意识形态的成分。例如，美国和其他西方国家的媒体对中国 2003 年上半年爆发的"非典"所进行的报道，常常是泛意识形态的，其中就包含许多政治偏见的成分。最直接的表现就是在他们的报道中加入那些意识形态的符号，全球观众、读者看到这些媒体的中国"非典"报道后，保留在其大脑中的记忆是"非典"源自共产党体制。如《SARS 危机迫使中国进一步开放》(《洛杉矶时报》5 月 9 日)、《对 SARS 的恐惧已转为暴力》(《今日美国》5 月 6 日)、《中国村民反对 SARS 隔离，发生骚乱》(路透社，5 月 6 日)，这些报道漠视中国政府和民众万众一心抗击"非典"的事实，专门寻找所谓的"真实事件"——那些非主流的事件加以报道，给受众带来的印象是这个国家如何混乱不堪。我们不能否认其采访的真实性，但是那些报道内容是本质真实吗？回避主流的本质真实，而关注细枝末节，其用意只能解释为有意识形态的歪曲企图。西方的新闻媒体常常标榜新闻自由、客观报道，但实际上，他们国内的媒体从来都不缺少种族歧视、民族偏见、政治偏见，在一些以公正客观相标榜的媒体上，经常看到对其他国家的妖魔化甚至是带有谩骂色彩的新闻内容。我们不能被某些西方国家新闻业界标榜的假象所迷惑，通过学习新闻评析，了解和理解西方国家的新闻价值取向和基本价值观念，了解其在新闻伦理方面取得的成绩以及存在的弊端，从而发挥"拿来"精神，学会透过现象看本质。

最后，学会评析新闻作品，我们可以逐步感悟到新闻写作的基本方法，在学习中慢慢掌握新闻的精髓。初学撰写新闻稿件的人走上新闻写作道路的第一步就是从模仿新闻作品开始的。借重别人的写作经验是掌握新闻写作的一种捷径。随着现代社会的快速发展，人们对新闻的需求日益加强，新闻信息的接受方式也在发生变化，传统新闻报道模式已不适应时代需要。学新闻、写新闻、报道新闻已不是新闻专业工作者的专利，在网络和 DV 时代人人都可以成为新闻的报道者，胡乔木同志在几十年前就曾倡议"人人要学会写新闻"，而学习优秀的新闻作品是提高新闻写作水平的一个行之有效的途径。

我们评析新闻作品，最终是为了更好地提高新闻报道和新闻写作能力，提高从业人员的职业素质，养成良好的新闻伦理道德。希望通过这一课程的学习，大家能够逐步培养能明察秋毫的"新闻眼"，能够从新闻作品中感悟出新闻报道的真谛来。

思考练习题

1. 新闻评析的任务是什么？
2. 新闻评析的主要含义是什么？
3. 新闻评析的意义是什么？

第一章　新闻作品评析的基本原则

本章要点

● 新闻本位原则的主要内涵。
● 新闻的定义。
● 新闻评析的伦理原则。
● 新闻评析的人文关怀原则。

第一节　新闻本位原则

何谓新闻本位？新闻本位就是新闻媒体从新闻的一般原则出发考虑问题，开展报道活动，而不是从其他因素考虑来"做"新闻。从新闻本位来评析新闻作品，就是首先强调新闻不是宣传、不是广告、不是艺术，新闻就是新闻。应当把新闻当作真正的告知性传播活动，而不是把它当作劝服性的传播活动。从新闻本位出发，只思考新闻报道的真实性、时效性、新闻价值等要素。因此，当我们审视新闻作品时，首先要搞清楚新闻的基本内涵，当我们把新闻内涵要素作为新闻本位的基本原则来看新闻作品时，就会对其有一个基本的判断。

一、新闻与构成新闻的要素

"新闻"一词，早在我国唐朝时就出现了。唐人孙处玄曾说过"恨天下无书以广新闻"（《新唐书》）。据《牛津辞典》记载，西方最早使用"新闻"一词的是苏格兰国王詹姆士一世。他于1423年旅行回来后对友人说："我把可喜的新闻带给你。"他首次使用了"news"一词。1523年，英国的柏纳斯爵士所翻译的法国历史学家及诗人夫拉萨特的编年史里，就有这样的记载：当兰加斯德的公爵，听到来自法国的不利报道时，"他对那些新闻（news）极为苦恼"。不过，无论是唐代中国人还是15、16世纪的英国人，他们所说的新闻大抵是指新听到的事，与今天的新闻概念还不相同。到南宋《京本通俗小说》

中，已把新闻作为"最近消息"解。1622年创刊的英国《每周新闻》则以北（North）、东（East）、西（West）、南（South）四字的第一个字母拼成NEWS来解释"新闻"一词，意指四面八方的消息。

关于新闻的定义，据不完全统计有170多种。一位外国记者曾说，有多少个新闻记者，就有多少个新闻定义。因此，中外新闻界对新闻的定义五花八门，也难以一一列举。较典型的有以下几种：

"事实说"。我国早期新闻学者徐宝璜说："新闻者，乃多数阅者所注意之最近事实"（《新闻学》）。范长江认为："新闻就是广大群众欲知、应知而未知的事实"（《记者工作随想》）。这里所说的事实，指的实际上是具体事件（event），而最近的限制是指它区别于旧闻的特点。

"报道说"。这种定义中较为典型的是陆定一的观点，他在20世纪40年代曾经对新闻作出解释："新闻，就是新近发生的事实的报道。"这一定义强调了"报道"、"事实"、"新鲜"三个方面，应该说是比较全面的概括，因此得到了广泛的认同，国内许多新闻学教材和写作教材长期沿用了这个定义。上个世纪早些时候，美国密苏里大学新闻学院院长莫特博士（F. L. Mott）也是如此定义新闻的："News is recent report of events"。然而，正如清华大学刘建明教授所说，"报道"是记者和媒体行为，不是新闻的"定义项"，不能把它作为新闻的属差。①因此，这种定义也有一定的缺陷。

"传播说"。如"新闻是新近变动的事实和传播"（1978年《辞海》）。我国老一辈新闻学者王中就持这一种定义。这一定义强调的是传播行为，而不是事实本身，显然也是有问题的，新闻是客观存在的事实，传播活动只是使这一客观事物得以进一步的扩散。

"信息说"。如复旦大学宁树藩教授认为，"新闻是经报道（或传播）的新近事实的信息。"这里有很多歧义，新闻是经报道的信息，那些未报道但又确实发生了，只是少数人知道的还算不算新闻呢？

以上几种均是较严肃的、较严格意义上的新闻定义。还有一种对新闻的界定，严格地说不是定义，它只是强调新闻的"反常"、"猎奇"这一面。例如：

美国《纽约太阳报》前总裁查尔斯·A·达纳（Charles A. Dana）说新闻是"能引起社会上大多数人感兴趣，但以前从未被注意的任何事物"，受19世纪新闻观念影响，他把新闻定义为信息、娱乐和公众服务的混合体。因此，

---

① 刘建明：《当代新闻学原理》，清华大学出版社2003年版，第52页。

较为宽泛。

美国《纽约太阳报》前采访主任博加特（John B. Bogart）认为："狗咬人不是新闻，人咬狗才是新闻。"他的这一说法，成为学术界解释新闻的反常性常用依据。

美国堪萨斯州阿契生市《环球报》前主笔爱德华（J. Edward）认为："能让女人喊一声'啊呀，我的天呀'的东西，就是新闻"。

而曾做过《纽约先驱论坛报》采编主任的斯坦利·沃克尔（Stanley Walker）则认为，新闻是建立在三个"W"——妇女（women）、金钱（wampum——印第安语）和坏事（wrong doing）——基础上的，与性、金钱和犯罪有关的事实的报道。这是典型的商品经济环境下的新闻观念。

新闻定义林林总总，我们作这样的罗列并不是为了找到最完美的定义，而是要使大家明白，新闻是如何构成的？构成新闻要素的东西有哪些？对这些问题的回答就是新闻评析工作的开始。

我们在评析新闻作品时，首先要关注的是新闻作品所反映的事实是否真实，新闻是事实，真实性是最先要考虑的问题；其次，新闻是新近发生的事实，新鲜性是其重要特征，因此，时效性是新闻作品评析中需要考虑的第二个层面的内容；再次，新闻事实是变动的事实，是反常的事实，新闻所反映的内容必须具有新闻价值，即它的重要性、显著性、趣味性、接近性、冲突性、人情味、社会意义等。从新闻本位的这些基本要素出发，我们来看新闻作品，就比较容易发现其价值的大小、好坏。

二、新闻真实——新闻评析的第一步

美国等西方国家将新闻报道称作"新闻故事"（news story），依据是新闻事件经过记者等的讲述就已经不是事件的原貌，而是"转述真实"，但是，转述可以接近事件的真相，只是讲述的态度、方法十分关键。我国著名记者、新闻学家艾丰在他的《新闻采访方法论》一书中强调指出，新闻"材料"不等于"事实"。从新闻学的角度来看，事实是客观的、现实的、第一性的东西，材料则是事物和事实的各种形态、各种来源的表征、外观、表现和记载的总称，它既包括事物的表象、表现这类第一性的材料，如物证材料，也包括事实的叙述、转述、记载等这类第二性材料，如各类文字材料。这些材料中，不仅第二性的材料常常不能准确反映事实，就是那些第一性的表象材料中，有的也可能是假象。所以，了解"事实真相"离不开"素材"，但把"素材"与"事实真相"完全等同，显然是违背真实性原则的本意的。从 2001、2002 年

"十大假新闻"中我们可以看出，由通讯员提供的稿件或引用、转载其他媒体的报道就占了绝大多数。可见，没有经过记者的采访的、缺少第一手材料的报道往往容易出现偏差。因此，记者和编辑首先要有一个明确的态度，即稿件只是材料而不一定是事实。材料只有经过了核实，才能减少误差、纠正偏差，如果材料的真实性尚不能确定，那么在此基础上建起再高的大楼都是毫无价值的。

新闻报道活动经常招致批评，批评的焦点往往都出在报道的真实性的处理上。我们考察新闻报道真实程度时，关键看什么内容？真实画面还是事件的真相？我们有时很容易把这两者混同一起。其实，就新闻报道而言，瞬间的真实情形往往通过我们的摄像机记录下来，这些被记录的内容，没有人会怀疑其真实性，可是，这一事件的本来面目也许是截然相反的，但是记者采访的这些内容经过报道后，它总是影响人们对事件本质是与非的判断。由此引发很多伦理问题。美国学者罗恩·史密斯在他的书中写道："那个时代（20世纪50年代）的记者就是这样报道新闻的：他们在飓风中呼叫自己的报纸，报道风暴来临的消息，可编辑却要求他们与消防署署长或警察局长联系，请他们确认风正在劲吹。"①这种观念似乎在今天也很有市场：只要是一位权威说的，或者是某个当事人说的——即消息有出处，就可以报道。这也是导致历史上有名的"麦卡锡主义"新闻的根源。我国媒体"乌龙"新闻、八卦消息屡禁不绝，形式上的模仿、炒作之风盛行，显示新闻业的低级无能状态。从根本上说这是媒体工作作风不严谨造成的。美国女记者库克因为《吉米的世界》这一特写稿而获得了普利策新闻奖，应当说，《吉米的世界》这一作品就写作本身来说非常成功，内容非常引人注目、发人深省，普利策奖的评委将这一美国新闻的最高奖颁发给她，就新闻作品本身来说没有问题，但是恰恰就是作品所反映内容的真实性出了问题。这是新闻最根本的问题，容不得半点虚假。虚假的新闻作品就没有存在的空间，是我们必须坚决反对的。

优秀新闻作品对于新闻本位的固守，首先是对真实性即真相的把握。在媒体高度市场化竞争的环境下，媒介在追求时效性的过程中往往不太注重对事件真相的调查，而这往往导致媒体自身公信力的削弱。近几年一种新的新闻风格颇受百姓青睐，这就是"民生新闻"。在电视新闻中，以《南京零距离》为代表的"民生新闻"之所以受观众欢迎，是因为大多数内容都是经过现场细致采访得来的，细密的调查为厘清事件真相提供了保障，从而也使观众明白

---

① 罗恩·史密斯：《新闻道德评价》，新华出版社2001年版，第48页。

事情的就里。《南京零距离》收视率的居高不下，证明了"民生新闻"的魅力来源于讲述真相。

客观报道（objective reporting）的新闻观念发展于美国南北内战，出于现实需要，受众开始要求新闻报道走平衡的路线。1925 年后，客观报道成为新闻从业人员必须遵行的规范延续至今。这期间经历了鼓吹新闻学（advocacy journalism）、新新闻主义新闻学（new journalism）、敌对新闻学（adversarial journalism）等新闻的思潮，而客观报道仍然得以幸存下来，并与 19 世纪 20 年代兴起的解释性报道（interpretive reporting）和发端于 20 世纪初、中兴于 60 年代"扒粪运动"中的调查性报道（investigative reporting）成为当今美国主流新闻的报道样式。在美国，客观性是一种新闻主导原则，它衍生出一套具体的操作模式：①以倒金字塔方式简述基本事实；②以五个 W 报道；③以第三人称报道；④引述当事人的话；⑤强调可以证实的事实；⑥不采取立场；⑦至少表达新闻事实的两面。世界各国的新闻媒体也多采用客观报道的方式。历经岁月检阅，无数新闻实践证明，客观报道最能适应社会中各种成员的需要，符合公正及专业的形象，故有着永恒的价值。

当客观成为新闻伦理的标准之一，力求客观、显现真相就成了记者们的责任，也成了衡量新闻可信度的标准。因此记者被训练隐藏自己的立场，设法公正，和采访对象保持距离，以期报道能将真相全面如实地呈现。但是，要对事件客观地论述，就非得排除新闻工作本身带有的价值判断吗？如果客观的涵义是指新闻人员在工作时，避免本身的意见介入新闻事件中的真实部分，那么受众如何评估新闻人员是否已达到这一标准？又如何从新闻伦理的角度去判决其报道和论述的缺失？美国里兹大学哲学讲师马修·基兰（Matthew Kieran）曾指出，"记者的任务是：理清消息来源的性质，提供有根据的证据，分析事件中相关背景和关键人物的可能动机。这样公众就有比较明确的证据，以判断新闻报道是否客观呈现事实，是否根据事实进行公正评价，并对公众所关心的事件进行适当的叙述。"①可见一般意义上受众对新闻工作的理解，是新闻记者必须对公众利益负责，把新闻事实完整而忠实地呈现给公众，未经缜密查证、握有相当可信的证据，就不受言论自由的保障。新闻记者的责任在于，尽最大的可能将事件的真相告知受众，2003 年影响全国的 SARS 风波，开始之所以引起全国恐慌，就是因为新闻没有讲述真相，这其中的教训是十分深刻的。

---

　　① 转引自李瞻著：《新闻道德各国报业自律比较研究》，台湾三民书局 1982 年版。

三、新闻价值是衡量新闻作品的第一评价标准

资产阶级的新闻观决定了他们在新闻价值的取舍上，对重要性、显著性、趣味性、接近性、冲突性、人情味等有着特别的追求，尤其是对负面新闻有某种偏好。西方国家的新闻定义虽说五花八门，但有一点是可以肯定的，即他们强调的是新闻要具有可读性。新闻就是新闻，不是宣传或其他什么。在此基础上，他们突出了相关要素，如反常性、刺激性、猎奇性等，而与这些特性有关的内容不外乎灾难、犯罪、隐私、内幕等。这一倾向在 1880 年后随着新闻传播活动成为一项职业，开始成型，并逐步形成两种新闻理念：一是以普利策《纽约世界报》、赫斯特《纽约新闻报》为代表的娱乐主义新闻观；一是以《纽约时报》为代表的信息精确新闻观。对新闻的理解因为这些新闻观念的不同而出现差异。《纽约时报》的座右铭："本报刊载所有适合刊载的新闻。"欧里奇任总编时，曾经征集更好的座右铭，入选的是"全世界的新闻均在此，却无半丝丑闻"。可以看出，该报对娱乐主义那一套不屑一顾，但是，随着时间的推移，该报的员工还是喜欢原来的座右铭。适合刊载的新闻，包含了两个方面的内容：第一是新闻；第二是适合刊载的。那些以娱乐至上、煽情主义为特征的新闻，不在所取之列。

我们评析新闻作品当然应当把新闻价值放在十分重要的位置。

重要性是媒体考虑新闻价值的第一要素。这在中西方新闻价值观念中都是一样的。其主要衡量尺度是看它对受众，对国家、民族、社会所产生的影响。关于新闻作品的影响力大小，密苏里大学新闻学院的教授们认为："关于事件影响力的大小取决于下列几个因素：①对多少读者有影响。②对读者有多少直接影响。③是否会立即产生影响。"新闻的影响力反映出所要报道的事件与人们个人的利益、国家的利益和民族的利益之间关系的密切性。在社会进程中，这一所要报道的事件发挥着推动或阻碍的作用，因此，会在人们的心目中产生巨大的反响。一切战争风云、政局变化、经济涨落、自然灾害等等都是人们所关心的问题。新华社记者报道的《世贸中心被炸毁，五角大楼被撞塌——美国连遭恐怖袭击》，以及《人民日报》记者所采写的新闻稿《惨剧真相扑朔迷离——聚焦山西繁峙金矿爆炸案》都是关乎国际国内民生的大事，具有相当的震撼力，显然，这些报道是重要的，因而具有新闻价值。有些事件虽然具有重要性，但往往由于出现频率过多，使人们觉得不是十分具有新闻价值，比如领导人接近普通群众，这在民主社会里司空见惯，一般很难出新闻，但是如果变换一下角度情况就大不相同了。2003 年，各级媒体

都在思考如何改进关于领导同志活动的报道，重庆电视台记者抓住温家宝总理在重庆云阳县考察期间临时停车到农家访贫问苦的事情，从小事情上做出了大文章。"总理为农民追工钱"事情虽小，却体现出"群众利益无小事"的重大主题，这件事几乎成为爆炸性新闻被其他媒体竞相转载。但是，这条"大新闻"在构成上，缺少总理"追工钱"的实质性言行，或农民真正拿到工钱的实证性画面。因而，该篇新闻作品在参与十四届中国新闻奖评比时没能进入一等奖作品行列。因为人们凭此新闻仅能看到总理在"访贫问苦"，"追工钱"只是字幕最后"补上去"的，对传达主体信息缺乏实质性支持。这也反映出记者仅有政治嗅觉是远远不够的，还必须具备扎实的业务功底，才能做出好的新闻作品。

　　显著性是新闻事件涉及的人或事本身就是人们所关注的，具有很高的知名度。名人、名地以及尽人皆知的事情都具有显著性。政界名流、影视明星的一举一动都有可能成为公众关注的目标。名人的趣闻逸事、桃色事件乃至其他各种丑闻都会成为媒体追逐的内容。凤凰网新闻《杨锦麟讲述"有报天天读"台前幕后》、《海峡都市报》消息《我就是那个"深喉"——水门事件神秘线人现身》等就是名人或与名人有关的新闻，具有显著性。接近性是新闻媒体在进行新闻报道时另一个重要因素。一些事件在地理上接近或在心理上接近受众生活，因而也具有报道价值。上海《文汇报》报道上海房价涨跌消息，引起上海市民的关注，而远离上海的新疆读者就未必会感兴趣。新华社稿《世界飞人中国人 奥运田径中国日——12秒91：刘翔平世界记录夺金》就接近性而言，是中国读者所感兴趣的，这一新闻还凝结着千百万中国人的爱国主义情怀，因此是值得报道的。新闻的人情味，过去我们把它看做是资产阶级新闻观的产物，近年来，我国新闻实践中也越来越重视这一方面。《周末》报的通讯《"大眼睛"女孩苏明娟当上了教师》和《南方都市报》新闻稿《河南打工妹网恋铸就奇缘，新郎居然是波兰准总统》就是十分富有人情味的新闻。这类新闻往往着眼于写出感人的故事，靠真情实感打动人、抓住读者的心。趣味性是新闻特别是一些报刊的软新闻经常出现的特点。本身富有趣味的事实报道出来自然会引起人们的兴趣。西方记者极善于捕捉那些有趣味性的细节，来进行报道。美联社记者在报道当年美国前总统里根遇刺事件时，这样写道："……'亲爱的，我忘了躲闪了。'当里根在担架车上被推进手术室时对他的夫人说。"这样的写法给新闻增添了许多趣味，使原本很严肃的重大事件，看起来比较轻松而富有可读性。

四、时效性——新闻保鲜程度是判断新闻价值的一个重要指标

新闻是"易碎品",客观世界每时每刻都在发生变化,每时每刻都在产生新的情况。而新闻的价值往往就跟新闻作品反映这些新出现事物的速度有直接的关系。英文的"新闻"news 就是"新"new 一词演变而来的。英国伦敦 2005 年 7 月 6 日在新加坡申办竞选中获胜,成为 2012 年奥运会主办城市,7 日全城人沉浸在申办成功的喜悦中,这对于全世界的新闻媒体来说都是重要新闻。然而,下午在伦敦的地铁、公交车上又发生了 7 起恐怖爆炸袭击。这是更新的新闻,谁在第一时间报道这一新闻无疑是抢占了先机。因为事件本身不是一般的事情,它往往影响到政治、经济、社会等方方面面,越早掌握越有利于受众作出应对策略。门彻指出:"媒体是一种商业机构,以其将易碎品迅速传递给人们的能力为基础来出售时间和版面。市场奖励那些快速的信息传递者。虽然与电子媒体相比,报纸对速度不是那么强调,但是一份向读者提供老调重弹式的新闻的报纸是生存不下去的。当电视捕获了大部分听众时,一直在为自己的葬礼做准备的广播也恢复了全天候、全新闻的电台。"① 媒体在第一时间报道人们周边所发生的事件,促使信息流通加快,满足了受众的知情权,这对社会民主化建设意义非常重大。人们需要尽快了解政治动向,作出判断和选择。在真实准确的前提下力争时效,既是新闻传播的要求,又是媒体竞争的焦点。在这方面,广播电视媒体有着得天独厚的条件。2003 年 3 月 20 日 10 时 35 分,美伊战争打响。中央人民广播电台在紧张、复杂的条件下,调动各方资源核实消息的准确性,在 10 时 40 分 30 秒中断正常节目,抢发《美英军队开始对伊拉克实施军事打击》的消息,比电视媒体快 11 秒钟,比新华社快 3 分钟,在近乎白热化的媒体大战中,为广播争得先机。整个消息仅 165 字,简练紧凑,动感紧张,诸如"刚刚收到"、"最新消息"、"战斗仍在进行"等话语,既在第一时间传递出大战爆发的讯息,又让人感到战争新闻的紧张与震撼。旋即拉开长达 35 天的特别节目《海湾零距离》,创下 35.3% 的高收听率记录。

随着社会的向前发展,新闻时效性也逐步为我国新闻界重视。人们越来越迫切地需要了解政治、经济、文化教育和日常生活等方面的新情况和新进展。我国媒体也越来越把满足受众的知情欲望放在十分重要的地位。新闻的时效性相对于过去 20 年有了翻天覆地的变化。有人曾对《人民日报》1978 年

---

① ［美］梅尔文·门彻:《新闻报道与写作》,新华出版社 2004 年版,第 79 页。

12 月 24 日（党的十一届三中全会闭幕第 2 天）至 1981 年 4 月 30 日所发表的经济新闻做过统计，在 8264 篇经济报道中，属于"今日"和"昨日"的新闻只占 4.3%，只有 356 篇，大量的是一个月内发生的事情，甚至是 8 个月内发生的事情，这种情况在当时其他媒体也普遍存在着。那种新闻根本不能满足受众的知情权，现在我国媒体已普遍认识到时效性对于新闻作品的重要性。

　　一名记者发现能够写成新闻的事实，或者当一个编辑根据他手头的稿件估价一条新闻能否进入报道时，首先要问的一个问题就是："它是否及时"。一篇新闻之所以成为"新"闻，全在于认识、发现、采写和发布的过程中的时效把握。记者对某一问题认识较早，对某一事物的变动产生敏感并发现较快，而且采写和发布又抢在别人前面，那么你的报道肯定是新的。美国前总统里根遇刺，第一个发布新闻的是哥伦比亚广播公司属下的电台记者，他在两分钟内用电话向总部播报了消息。抢时效，这是一种职业敏感，是长期以来对新闻事件形成的一种独立判断并作出处理的能力。在新闻实践中，新鲜性是自在的，而时效性则是记者编辑自为的。我们的媒体总希望新闻的报道距离事件发生越近越好，但有些时候，新闻距离事件的发生时间虽然不算近，但通过记者编辑对新闻报道角度进行选择和调整，同样也可以产生新鲜的传播效果。

第二节　新闻评析的伦理原则

　　新闻作品的评价体系中涉及较多的原则是伦理原则。新闻伦理一词是从早期新闻界的"code of ethics"演变而来的，也就是最初它被叫做伦理规范或道德规范。自美国学者克劳福德（Nelson A. Crawford）于 1924 年出版了《新闻伦理学》（*The Ethics of Journalism*）首次将新闻道德规范上升到一门学问来加以认识，并对其基本内涵作系统阐述。从各国新闻伦理规范及信条中，可以看出，有这样一些类目：① 真实、准确；② 公正、客观；③ 尊重他人权益；④ 保护公众利益；⑤ 品格高尚；⑥ 专业表现；⑦ 独立、自由，等等。

　　由此来衡量新闻作品，可以判断作品的好坏。同时，我们在评析新闻作品时还应关注新闻作品作者的职业道德水准，拷问其在新闻自律方面做得到底怎样。

　　准确是新闻最基本的要素，但却从未被真正掌握。新闻伦理的要求之一是对新闻接受者负责，如实地报道事实，就是对受众负责的最好形式。今天的新闻是明天的历史，新闻伦理要求对历史负责，如实地报道新闻事实就是对历史负责的最基本的形式。翻开"大跃进"时期和"文革"时期的报刊，那些新闻报道中充满了"假大空"的东西。可以说就是对人民群众不负责、对历史不负责，那些歪曲事实的新闻，构成了关于那个时代的虚假历史。很多假新闻的出现，都是因为记者心中没有受众，没有对历史负责的责任心造成的。美国新闻学家艾萨特·D·怀特指出："准确性和公平竞争是新闻事业不可分割的部分。没有准确性，就谈不上公平竞争。不准确是当今报纸需要克服的最严重的问题。它会结无辜的人带来持续的伤害。它促使公众普遍丧失对报纸的信任，并质疑报纸的专业诚意和动机。不相信新闻栏内容的读者也不会对社论版的内容留有深刻的印象。而一份报纸的真正影响力必须用有多少读者相信它所说的话来衡量。"[①]

　　新闻失实现象近几年来越来越多地出现在我们的媒体上，究其原因，是采访方法上出了问题，片面性、轻信、偏听偏信、想当然等是造成这一现象的根源。而从深处说，是记者、编辑人员缺失起码的职业道德。我们可以从一个具体案例中看到公平报道伦理缺失所产生的后果：2003年6月2日的《中国青年报》刊登一篇新闻稿《老板救了贫困家庭落水儿童，上门逼要感谢费》，报道了发生在重庆市一位李姓老板救人后索要1000元感谢费的事情。该报道经多家媒体转载后，引起社会舆论广泛关注。人们观点不一，有赞同收取感谢费的，也有对此嗤之以鼻的。笔者亦对此表示反对，认为这位李姓老板不应该向一个低保家庭(被救方)强行索要感谢费。然而，时间已经过去了好多天，正当人们逐渐忘却这件事情时，《工人日报》2003年6月7日的一则相关报道，让人感到一惊。据报道，救人的老板叫李金华，现年56岁，在邮局办理病退手续后经营一个渣厂。据他介绍，当时被救儿童的母亲答应要给他1000元钱修手机，他说银行下班了，那位孩子的母亲说可以回去借钱，于是李老板才跟她到了她家里。他认为大家都谴责他是不公平的。他说，其实他并不是那种见利忘义的人，以前他也在长江里救过人，从没有要过感谢费。这次所以要钱，是因为他在救人时造成了手机、手表等的损坏，1000元钱最多也只够修理损坏的手机和手表而已。如此说来，是被救方主动提出支付1000元的，并非李金华强行索要。这位李老板不顾年老体弱下江救人，理应值得称赞而不是指责。让我们回过头来，重读6月2日的报道，这才发现记者的立场完全是站在被救方一方。从标题中使用的"上门逼要"一词，到文

---

　　① ［美］利昂·纳尔逊·弗林特：《报纸的良知——新闻事业的原则和问题案例讲义》，中国人民大学出版社2005年版，第11页。

章里的"李某见刘还没回家，丢下一句'手机手表有问题我还会回来找她的'，气冲冲地走了"，无不体现出记者对李老板的指责。而与此相反，报道里充满了对被救方的同情与怜悯。不管怎么说，在看了《中国青年报》、《工人日报》的报道之后，读者都受到极大的震动。真的是这样吗？如果真像《中国青年报》所报道的那样，李老板是需要谴责的；而如果真像李金华所说那样，我们岂不是冤枉好人了吗？前后两则报道之所以产生如此大的反差，在于记者的采访对象不同，前者采访的是被救方，后者则是救人者说的话。俗话说，"公说公有理，婆说婆有理"，由于立场的不同，不同人对同一件事情的观点不一是很正常的。但是作为记者、编辑，在新闻报道中却不能偏听偏信，因为那样容易造成报道失实，进而造成对当事人的伤害。美国橄榄球明星辛普森妻子被杀案最近告破，所有证据都证明，辛普森不是真正的凶手。但是，案发当年大多数媒体都在或明或暗地向公众表明辛普森是凶手。这已成为媒体失去公平公正职业道德的典型个案。从这一案例来看，只有多方求证，才能使所报道的内容更接近客观。公平、公正是新闻报道的基本要求。要做到这一点，首先就要求记者能够倾听来自不同方的声音，对事情的来龙去脉进行全面了解。"兼听则明，偏听则暗"，只有这样，才能在很大程度上做到公平公正，不偏不倚。记者在采访时不能只满足于一方的说法，要多问问"真的是这样吗"，在双方说法出入较大，记者难以作出取舍时，不妨将不同说法都摆出来，谁是谁非，读者心中自然有数。

　　我们在评析新闻作品时应当看看这篇新闻作品是否做到了公平、公正报道，是否将主观因素带入新闻作品中。只有真正客观、公正地报道事件对象，才有可能成为好的新闻作品。

　　尊重他人权益是新闻评析过程必须考虑的一项伦理原则。一篇新闻作品如果不能很好地保护报道对象的隐私，那么，这样的新闻作品肯定不是好作品。我们在进行新闻评析的过程中，对作品是否尊重他人权益应加以充分的考察。

　　新闻伦理作为一种复杂的关系准则，应当在不同的境遇下作出不同的选择。与其他社会伦理规范一样，新闻伦理也应有自己的基本要求，那就是在事实与伦理的冲突中，首先应该尊重法律所保护的公民个人隐私。保护公民的隐私权是19世纪后半叶提出的，指公民享有私事保守秘密的权利，个人的私生活可以拒绝记者采访、拍照和公开传播，以保护个人生活的安宁。这项权利得到了社会的认同，目前许多国家和地区都有保护公民隐私权的法律规定。当然随着社会的发展，个人隐私权在新闻实践中也面临着公民知情权的冲击。在我们的一些所谓的都市报上新闻娱乐化倾向越来越严重，经常发生侵犯他人权益、违背新闻伦理的事件。例如，2003 年夏，石家庄市发现一个青年溺水身亡，该市某报以《谁家的小伙溺毙民心河》报道，配发大幅尸体照片。淹死人的事是可以报道的，但是，刊登他人尸体照片就是侵权行为。西方新闻界对这一问题也曾作出深入的思考。罗恩·史密斯在其所著《新闻道德评价》一书中，将美国一些媒体刊登溺水身亡的儿童尸体照片事件作为违背新闻伦理的典型个案来加以分析，他告诫从业人员要尊重他人权益。美国《俄勒冈报》的摄影记者威廉·墨非对自己的一次不当行为进行了反思。他驾车经过哥伦比亚河上的一座大桥时，看到一个站在护栏外的男人，正和一个站在另一侧的女人扭斗。他后来给报社发回了有卖点的独家图片，而那个栏杆内的女人，因为这一图片报道最终失去了企图自杀的丈夫。墨非的选择曾经引起过广泛的争议，而他自己也为此进行了痛苦的反思："我不知道自己还能怎么做，我是一名摄影师，我做了职业训练要我做的事情。"（罗恩·史密斯著《新闻道德评价》）当职业习惯和职业道德发生冲突时，作为一名新闻从业人员，应当有起码的人文关怀。试想如果没有"狗仔队"穷追不舍地报道隐私，就不会有戴安娜王妃的车毁人亡。

在我国新闻界，有些新闻媒体在对待某些涉及私人信息的报道时还没有形成应有的法律意识。有些记者法律意识淡漠，按照过去的习惯行事，对他人人格和尊严肆意侵害，以至发生侵权尚不自知，把有些违法行为看得若无其事。2003 年，贵州艾滋病女患者赴京结婚事件，引起国内媒体的关注。一些媒体将这一事件当作新闻娱乐的极好素材，大肆炒作。这实际上是没有将贵州艾滋病女患者放在平等的位置上来看待，缺乏对当事人应有的起码的尊重。因此，从新闻评析角度讲，这类新闻都是应当受到批判的。

保护公众利益最突出地体现在新闻报道内容对公众的影响上，尤其体现在保护未成年人的利益上。当前，新闻报道中有一种倾向，就是对有些法律案件的报道，过于注重细节的描写，对犯罪嫌疑人犯罪经过加以详细报道，以此获得较高的收视率和读报率；有些新闻报道过去注重刺激性内容，关注所谓明星绯闻、名人逸事，以此满足一部分受众的低级趣味；有些新闻报道过于夸大社会阴暗面，吸引受众眼球。所有这些都可能在社会产生不良影响，尤其是对青少年受众产生不良的社会影响。新闻评析中必须关注新闻作品在这一方面的所作所为。

第三节　舆论导向与舆论监督原则

美国传播学者在 20 世纪六七十年代的研究表明，大众传播媒介具有议题设置功能。其基本观点是：在特定的一系列问题或议题中，那些得到媒介更多关注的议题，在一段时间内将日益为人们所熟悉，它们的重要性也将日益为人们所感知，而那些较早得到媒介注意的议题将日益为人们所淡忘。在我国，媒介这一引导人们思维的功能，被表述为舆论导向功能。最早对媒介引导舆论的功能作出阐述的是美国政治家科恩（B. C. Cohen），他在 1963 年出版的《报纸与外交政策》一书中指出："它（媒介）虽然不是每次都能很成功地告诉人们想什么，但是在告诉读者该想些什么上出奇的成功。"①这就是说，媒介难以左右人们的思维方式，但却易于控制人们的思想内容。美国学者约翰·莫利尔等人在他们合著的《现代大众传媒》一书中也指出："媒介是很强大的导向工具，它们帮助我们决定哪些事情是要思考的，甚至有时是我们需要做的，那是真正的权力。"②新闻报道作为一种大众传媒的一项重要活动，其立场和态度直接关系到社会舆论的导向。

大众传媒代表舆论和引导舆论是紧密相连的，引导舆论是把所代表的意见引向更深刻、更正确、更能代表社会大多数人利益的方向。新闻媒介不能正确地指导舆论，也就无法完成代表舆论、影响舆论的功能。新闻作品孤立地看也许没有什么了不得的地方，但是，如果放在具体的时代环境中，往往有时就非同小可。新闻媒体的一次不慎发言，可能引发社会的动乱，这一方面，我国的教训尤为深刻。所以，看一则新闻作品好坏，要看它是否在舆论导向上发挥了积极作用，也要看它的立意是否积极，是否有利于社会的健康发展，是否有利于社会的稳定等。消极的或引导社会舆论走向歧途的新闻报道，无疑不会是好作品。

舆论监督是公众言论自由的具体体现，是新闻媒体表达公众对党和国家事务及与公共利益相关的社会事务进行民主监督的有力形式。舆论监督的表现形式包括：公开报道，如为实现党务、政务公开而公布决策过程和结果；

---

① 转引自赛弗林和坦卡特《传播理论：起源、方法与应用》，台湾五南图书出版公司 1995 年版，第 386 页。

② John C. Merrill, John Lee & E. J. Friedland, *Modern Mass Media*, Harper & Row Publishers, New York 1990, p. 89.

评论，如评说政府事务和公共事务；批评，如批评各种违法事件、腐败行为、丑恶现象等。我国改革开放的实践证明，加强舆论监督十分必要。这是因为，市场经济带来人们经济行为的复杂性和利益多元化，容易产生腐败现象。如果腐败得不到有效遏制，就可能断送改革的成果，甚至波及我们党的执政基础。例如，新闻媒体对关系到人民群众切身利益的生产和流通领域进行监督，就是发挥新闻舆论监督功能的表现。2002 年 10 月上海市质监局在例行检查中，发现金华火腿有"敌敌畏"残留物质，但是当时没有引起有关部门重视，有毒火腿仍在制售。掌握这一线索后，2003 年 10 月中央电视台记者到金华市进行了半个多月的采访，调查了 10 多家火腿生产厂家，录制素材带近 20 小时，全面摸清了金华的季节火腿在生产加工过程中，为了防虫普遍使用剧毒农药"敌敌畏"浸泡的黑幕。获得第十四届中国新闻奖一等奖的中央电视台新闻专题《鲜火腿遭遇污染》的报道震惊了全国，引发了全国消费者对食品安全的广泛关注。这一新闻专题的播出，对全国食品企业强化质量意识、规范生产和加强行业自律，都起到推动作用。有关部门对不法企业依法进行了查处，对金华火腿行业进行了全面整顿。"金华毒火腿"事件不仅在全国食品加工行业引起震动，而且还引发了社会如何保护好"老字号"品牌的大讨论，催生了关于保护"老字号"法规的出台。同样，2003 年中央电视台等媒体对江苏省太仓市"伪劣肉松案"的报道、2004 年新华社等新闻媒体对安徽省阜阳市"假奶粉案"的追踪报道，震慑了食品生产销售中的违法犯罪活动，唤醒了全社会的道德良知。

好的新闻作品，要想在舆论监督中有所作为，往往需要做大量艰苦细致的调查工作。2002 年 12 月 2 日，中央电视台接到群众匿名举报：山西临汾发生一起煤矿瓦斯爆炸事故，矿主瞒报死亡人数，逃避法律责任。记者闻讯赶到临汾。然而，当地有关部门和矿主对此矢口否认。记者没有放弃，继续寻找线索。终于路遇知情人，并在查访中捡到死亡矿工遗留的电话本，从中挖出线索，奔赴安徽、河南农村采访死者家属，经过 20 多天的艰苦采访，播出《追踪矿难瞒报真相》，终于让这起瞒报死亡矿工 22 人的重大事故真相大白，让黑心的阳泉沟煤矿矿主和其他涉案人员得到应有的惩处。《中国青年报》新闻稿《惨剧真相扑朔迷离——聚焦山西繁峙金矿爆炸案》和新华社新闻稿《11 名记者在采访山西繁峙"6·22"特大爆炸事故中违纪被查处》均是作了大量细致、周密的调查之后所作的报道。这些报道在社会上产生广泛的影响，树立了新闻媒体公信力和良好形象。

好的新闻作品，要在舆论监督上有所突破的话，往往需要有勇气和胆魄，获奖新闻作品《劳模楼里无劳模》、《海城豆奶事件叩问公众知情权》、《无影工程　何以竣工》等都是站在普通百姓立场上仗义执言的杰作。批评的对象是政府领导，如果没有足够的勇气和胆魄，这些新闻作品是无法面世的。新闻报道为公众创造了知情环境，具有极强的现实意义。

综上所述，评析新闻作品，应当将是否具有积极的社会意义、是否正确反映舆论、是否遵循社会效益第一的原则放在重要的位置。在我国媒体飞速发展的今天，如何发挥新闻的正效应，尽可能规避新闻的负效应，成为新闻评析者必须要研究的课题。在新闻评析的实践中，评析者就是要抓住时代的脉搏，抓住当前的新闻动向加以评析，以促进新闻实践的良性发展。

第四节　新闻评析的人文关怀原则

新闻评析的人文关怀原则，是指对作品中有无人文关怀色彩的关注和考察。长期以来我们的媒体都宣称要努力贴近群众，但却始终不能真正受到群众欢迎，原因在于，这种贴近并没有真正赋予普通百姓以话语权。与媒体的高高在上相比，普通百姓成了缄默的群体。他们甚至没有一个可以表达其自身冤屈、不幸和痛苦的独立管道。我们的媒体不屑于报道那些在媒体专业人士看来不太富有"新闻价值"的事件。百姓没有可供自己言说的管道，又没有真正的代言人，缺失属于自己的话语权。媒体专业人士的新闻触角始终停留在那些名人的绯闻上，将自己的"趣味"强加给受众，这种"代言"某种意义上是对百姓声音的压制，是一种媒介专制和霸权。新闻作品中有无人文关怀越来越成为衡量新闻作品好坏的一个重要因素。

新闻作品中的人文关怀，首先表现为将"人"放在新闻报道的核心位置。人文关怀的最基本要素就是对生命的关怀。生命权是人的最基本的权利，它是人的一切权利的前提。生命的神圣性应是全社会的共识，所有人都应当尊重生命、敬畏生命，我国新闻报道中常常淡化的就是生命意识。例如 2003 年 2 月，南方某电视台在广州一家医院采访时，要求医生、护士摘去口罩让记者拍摄，以显示"非典"并不可怕。但事实证明这一举动已经威胁到被采访者的生命。

新闻作品中的人文关怀，其次表现为作者自愿充当普通民众生活的真正代言人。新闻作品是给读者、观众看的，给听众听的，新闻作品能否打动人，关键看它有没有为其基本受众讲话。20 世纪 90 年代末，关于下岗工人的报道越来越多地出现在我国媒体上，有的媒体把下岗归咎于下岗工人的"观念问题"、"素质问题"、"缺乏专业技能"等原因，而无视原有体制及再就业中公开的年龄和性别歧视，似乎下岗工人就是"公平竞争的合理淘汰者"。这是典型的话语霸权，在这种话语可以看到人情的冷漠，可以说是缺乏人文关怀的话语表达方式。类似现象在我国媒体中屡见不鲜。2004 年 6 月 1 日是南海伏季开始休渔的第一天，广东、香港两地的电视台都做了报道。香港某台这样报道：记者来到海边，渔民对记者说，伏季休渔一休要两个月，收入来源没有了，生活支出不能少，我们生计无着，决定向政府部门贷贴息款。广东某台这样报道：记者来到渔政部门，有关人员对记者说，伏季休渔是国家的法令，任何人不能违反禁令。作为行政主管部门，我们休渔期间将进一步加大巡查力度，严厉打击那些非法的偷捕者。这里，我们可以看到，同样一件事，由于着眼点不同形成不同的风格。一个维上，重法规；一个维下，重民生。虽然政策是刚性的，但是对于靠海吃海的渔民，他们的生计问题如何解决呢？这才是需要媒体大力关注的问题。用居高临下的姿态来做这篇报道，反映了报道者对普通百姓生存状态的漠视。

　　我国媒体存在的不良倾向是：新闻报道中的"人"大多是"达官贵人"——领导、英雄、成功人士、企业家等，关注少数富有者、成功者的生活状态胜过关注普通人。我们的时代不是精英的时代，我们的媒体不是精英的媒体。既然如此，我们的新闻报道就应该以平常人、平常事、平常心去报道新闻。英雄值得关注，但普通人更值得关注，新闻报道中的人文关怀原则要求新闻报道以极大的热情去关注芸芸众生。如果我们的新闻报道能够替普通民众讲话的话，那么，它就容易引起社会大众的共鸣。我们不妨来看几个案例：《江南时报》2004 年 7 月 10 日新闻稿《"13 年来，我没有安静过"——"大眼睛"苏明娟渴望平静生活》，以一种普通人的视角，对报道对象苏明娟的生活、学习给予详细的报道，这里包含了对苏明娟的关心和爱护，也对其经历表示了深深的同情。《凤凰周刊》第 148 期新闻稿《〈马燕日记〉怎样感动了世界》讲述一个法国记者的爱心如何使一个中国农村贫困女孩走向了世界。《华西都市报》2005 年 7 月 8 日通讯《地产商 5 枚手雷抛向人群》揭露了发生在湖南省郴州市的一起强占农民土地建房，涉枪、涉黑恶性案件，对百姓遭遇给予同情的同时，也对当地政府管理部门的执法行为提出了质疑。《姑苏晚报》新闻稿《古城老街的汗水夏天——"老苏州"度夏的典型生活样本》，对仍然生活在老城区、老房屋中的下层民众的暑期生活给予关注，字里行间流露出对社会弱势群体的关爱。

　　当然，新闻评析中的人文关怀原则，是要看新闻作品是否对社会上每一个人都持同样的尊重和关怀态度，而不是一提到关怀的对象就想起贫穷、伤感和同情。值得注意的是，当前新闻报道中对人的关怀中做得更多的是同情人、关爱人，但往往在这种所谓善意的关怀中随意侵犯他人隐私，忽视新闻人物和受众心理，对受众造成实质上的伤害。这种高高在上的同情和隔靴搔痒的关爱，让人感到更深的冷漠，与真正的人文关怀是风马牛不相及的。真正的人文关怀不是一般意义上的关爱和善意的表达，不是抽象的人道主义和空洞的泛爱精神，不仅仅是眼泪和同情，它所揭示的是平凡的人的内在的精神、品格、信念、理想和尊严，所弘扬的是蕴于其中的质朴、坚韧、善良和互助这些美德，而这正是人文关怀所坚守的人本身的真、善、美，这样一些道德价值的存在正是促进社会健康发展之必要。《南方周末》首倡"人文关怀"的办报策略，他们所做的报道：《我们的三峡，我们的命运》，《孩子，别怕》，《"卖淫女"的清白之旅》，《收教所里的女人》……只要看《南方周末》的新闻标题，就可以读出它强烈的人情味，读出它浓厚的人文关怀。他们通过对普通人特别是弱势群体的报道来引发读者的思考，唤起对弱者的同情与理解，纠正人们的固有偏见，引导人们以更加理性的态度对待周围的人和我们赖以生存的现实世界。

新闻作品中的人文关怀，还表现为作品要表现真情实感。过去我们看一些新闻作品，有一个突出印象就是作品中情感不太真实，总有些虚假的成分。真实是新闻的生命，记者就是要善于捕捉生活中的细节，将真实感人的一幕记录下来。第十四届中国新闻奖获奖作品《北京有个总理也是你的亲人》，是一篇别具一格的广播新闻作品，这则广播短消息稿成为善于捕捉真情实感的典型作品。2003 年 2 月 24 日新疆巴楚地区发生强烈地震，268 人被夺去生命。3 月 29 日，刚刚就任国务院总理不久的温家宝奔赴灾区，看望在地震中失去 5 位亲人、仍带领村民艰苦自救的村党支部书记达吾提·阿西木和震区群众，面对痛哭失声的阿西木老人，温家宝说："你记着北京有个总理，也是你的亲人。"这句话胜过千言万语，一下子缩短了"领导人"与"百姓"之间的距离。作品以极强的新闻敏感，及时地捕捉到这一信息，传达出了党和政府对受灾群众的深情厚意。实践证明，人文关怀不是小资情调的自我表现，也不是煽情主义的刻意宣泄。其实，对于新闻报道，关键在视点的下沉，这是一个系统工程，包括报道风格、播报方式、题材选择等，但新闻记者对百姓生活疾苦置若罔闻，是很难得到受众真正的支持的。

思考练习题

1. 新闻本位原则的主要内涵?
2. 新闻的定义是怎样的?
3. 新闻评析的伦理原则表现为哪些方面?
4. 新闻评析的人文关怀原则表现在哪些方面?

第二章　新闻作品评析的特点

本章要点

● 新闻作品评析的特点首先在于它对作品反映出的事件的新闻价值进行分析和判断。

● 新闻作品评析的特点还在于涉及新闻采访活动，诸如新闻消息源、提问、现场感等。

● 新闻作品评析的特点还体现为它要分析新闻语言是否合乎规范，如准确、简洁、易读等。

● 新闻作品分析的特点还表现为它对社会、文化方面的价值取向进行分析和批评。

新闻作品评析与作为新闻文体的新闻评论不同。新闻评论是针对公开报道的新闻事件发表评论，它以解释和评价新闻事件、揭示新闻事件的意义为要义，使受众更好地理解和正确地看待新闻事件，并在此过程中宣传媒体自身的或其所属的特定政党政府的主张和引导社会舆论方向。而新闻作品评析是针对新闻传播过程中形成的文本（包括文字的、音像的以及多媒体的），按照一定的标准进行分析和评价，它以揭示作品中体现的新闻传播活动规律为要义，它不仅分析新闻在文本写作或制作中的得失，而且溯及新闻传播活动的过程，并且以此为基础解释新闻传播活动所包含的广泛的社会联系，从而为新闻工作者更好地从事新闻传播活动提供理论引导和经验总结，也可以使广大受众更好地理解新闻传播工作的特点。以下我们从四个方面阐述新闻作品评析的特点。

第一节　聚焦新闻价值

一、新闻价值概念

对新闻传播者来说，一件事情发生了，它是否值得报道？许多事件发生了，它们当中哪个或哪些更值得报道？对这样的问题作出判断，便涉及到新闻价值概念。它启动了整个新闻传播活动，并贯穿于整个传播活动的过程中，可以说，新闻价值构成了新闻评价体系的基础和核心，因此，对新闻作品的分析评价必然首先聚焦于新闻价值问题。

新闻价值这一概念及相关理论是伴随着近现代新闻事业的形成和发展而提出的。1690 年，德国人托比亚斯·朴瑟在他提交的新闻史上第一份关于报纸的论文中就指出，为了在数不胜数的事件中作出选择，应该把那些值得记忆和知晓的事件挑选出来，公开传播。1695 年，德国学者卡斯柏·斯蒂勒还明确提出了新闻价值的新鲜性、接近性、显要性及消极性等，这就更为抽象，更富理论色彩。① 德国学者的论述确立了新闻价值理论的最初形态，而“新闻价值”这一概念以及新闻价值理论的真正形成，是在 19 世纪 30 年代的美国。随着政党报纸的衰落，随着报纸的商品化、大众化格局的形成，激烈的新闻竞争和迅速扩张的报业亟需理论的支持和指导，新闻价值概念和理论的研究因此而进一步自觉和深入。1903 年出版的美国新闻学专著《实用新闻学》，提出“新闻必是以动全体之兴趣者，当注意新闻价值”。到 20 世纪 20 年代，美国和日本的新闻学者对新闻价值已经有较完整的论述。他们认为，新闻价值的构成因素包括：及时性、接近性、显著性、重要性、趣味性等。其中，他们最看重的是趣味性，在他们看来趣味是吸引读者的良方，是新闻的第一因素，是新闻的试金石。20 世纪 50 至 60 年代，西方新闻学和传播学研究在这个问题上有了进一步的研究，其中盖尔顿与鲁奇的“选择性守门模式”对新闻价值的研究颇为突出，能够给我们以很大启发。这个模式将新闻传播过程描述为由日常事件经过媒介感受到媒介图像的过程，而从媒介感受到媒介图像的形成过程中，有多种新闻因素决定了传播者的选择。②

在我国新闻界，新闻价值这一概念最早是由徐宝璜从美国、邵飘萍从日本引入的。解放后，在 20 世纪 50 年代新闻学界对这一概念有过讨论，但在 1957 年被作为资产阶级新闻学观点而受到批判。到了 1978 年中共十一届三中全会以后，我国新闻界又展开讨论，许多学者和论者都注意到这一概念的合理性因素，并试图给予新的解释。有人认为新闻价值是指事实本身包含的足以构成新闻的特殊素质，这些特殊素质决定了新闻价值的大小。如陈韵昭

① 参见徐耀魁主编：《西方新闻理论评析》，新华出版社 1998 年版，第 130 页。

② 参见丹尼斯·麦奎尔、斯文·温德尔：《大众传播模式论》，上海译文出版社 1997 年版，第 135 页。

先生指出："新闻价值是指事实本身所包含的引起社会大众共同兴趣的素质。"这种看法强调了客观事物本身对新闻和新闻接受的决定性，提示我们新闻价值的客观性存在。但是它相对忽略了新闻传播者作为主体的存在。还有人认为新闻价值是一种标准。我国的《中国大百科全书·新闻出版》(1990年版)认为，新闻价值是"新闻工作者用以衡量客观事件是否能构成新闻的标准"。这一说法强调了新闻传播者作为主体的存在，但是，所谓"标准"指涉的是价值观念，即它回答的是什么样的事件是有新闻价值的，而没有回答新闻价值本身究竟是什么。它与前述的第一种情况正好相反，没有充分注意到客体对主体的需要满足状态。还有人认为新闻价值是指新闻所产生的社会影响、作用和效果或新闻事实在传播过程中所履行的引起社会效果的功能。这种看法实际上着眼于新闻传播完成后对新闻的评估或对新闻传播过程实现其功能的特性的判断，它显然侧重于"新闻的价值"而不是"新闻价值"。虽然新闻的价值与新闻价值有着密切的联系，关于这一点我们应予以充分关注，但是，这两者毕竟是不同的概念，前者适用于新闻接受者主体，而后者适用于新闻传播者主体，后者才与新闻传播者如何面对纷繁事件进行选择的问题相关联。

从哲学上讲，所谓价值，就是在人的实践认识活动中建立起来的，以主体尺度为尺度的一种客观的主客体关系，是客体的存在、性质及其运动是否与主体本性、目的和需要等相一致、相适合、相接近的关系。[①] 在新闻传播活动中，传播者作为活动的主体，事实则是客体，而新闻价值考虑的就是作为客体的事实能否与主体为传播新闻这一目的而确立的尺度相一致、相适合、相接近的关系。根据这样的理解，我们可以认为，新闻价值是指新近发生变动的事实对新闻传播者传播新的信息之需要的满足。

二、新闻价值的构成

我们知道，信息最基本的功能在于消除不确定性，因此，新近变动事件、事物中所包含的不确定性越大，对新闻传播者来说，它所能产生的新的信息的分量就越多，该事件、事物的新闻价值就越大。新的信息的分量又是由什么决定的呢？概括地说，是由新事实、新信息和普遍兴趣决定的。新闻传播对天天如此的事情肯定不会去报道，尽管在时间上每后一点发生的事情相对

---

① 李德顺：《价值论——一种主体性的研究》，中国人民大学出版社1987年版，第107—108页；参见孙伟平著：《事实与价值》，中国社会科学出版社2000年版，第99页。

于前一点来说都是新的,但是它在预料之中,不含有不确定性,也就意味着不需要信息来消除不确定性;而偶尔出现的变动、突发性的事件、越出常态的情况,就有了不确定性,就容易为新闻传播关注;而这样的变动、事情、情况如果可能涉及到非常多的人们,或者可能为极广泛的人群所欲知晓,那么,它就肯定要被新闻传播者报道。这当中,普遍兴趣(又称共同兴趣)的因素显然是最重要的。尽管新闻媒介总是掌握在一定的阶级、政党和集团手中,不同的阶级、政党、集团在各自掌握的媒介上表现不同的倾向、不同的目的,但并不妨碍其中的新闻成为对立双方共同感兴趣的东西。

由上可知,新闻价值的构成要素在于新的事件、事物,新的信息和普遍兴趣,正是包含着这些要素的客体存在满足了新闻传播者传播新闻信息的需求。在新闻作品分析中,我们首先要考虑的就是这则新闻所报道的事件,传播者对其新闻价值的考量是否准确。可以说,所有优秀的新闻作品,各有其优秀之处,但它们最为一致的地方即在于,它们都体现了传播者对新闻价值的明智而准确的判断。

新闻价值是在新闻传播的整个过程中实现的。在新闻传播过程中,采访、写作、摄录、编辑、传播诸环节中,原初事件所包含的新闻价值可能得到凸显,也可能被削减或淡化甚至淹没。作为上述诸多环节的结果,已经公开传播出来的新闻作品成为判断事件的新闻价值的载体,甚至可以说是惟一的载体。传播者的活动已经改变了事件的原初形态,代之以符号的再现,其新闻价值在这种符号化的过程中可能出现的种种情况,无疑值得我们在进行新闻作品分析评价时细细考察。关于这一点,我们将在本章后面的小节中不断涉及。我们首先要做的工作是,分析和评价新闻作品所报道的事实中哪些因素对新闻价值形成影响。

三、如何分析和评价新闻作品中的新闻价值

第一,这个新闻作品所报道的事件是否具有重要性。优秀的新闻总是捕捉到那些事关人们的生命安全、生活质量的重要事件,像自然灾害、战争、就业、治安、与生活直接相关的政策颁布,等等。像2003年获得中国新闻奖一等奖的"山西繁峙矿难系列报道"(作者为中国青年报记者刘畅、柴继军),就是以对一场灾难的持续报道触及到社会问题的诸多方面,在社会上引起强烈的反响;《洛杉矶时报》2004年以揭露一家医院里的医学问题以及种族歧视现象而获得2005年的普利策奖公共服务类奖项;《纽约时报》记者沃尔特报道了一桩铁路交叉口事故频发,并揭露出一家公司掩盖其在该事件中的责

任，因此而获得 2005 年的普利策国内新闻报道奖。这些报道都同样体现了对民众生存利益的关注，它们无疑极具有重要性。有关这方面的最新情况和最近变动，都会对人们的生活产生直接的影响，因此而为人们普遍关注。可以说，重大的（有些是突发的）事件到来的时候，就是产生优秀新闻作品的大好时机。2001 年的"9·11"事件报道成为 2002 年度美国普利策新闻奖的重头戏；2003 年的中国 SARS 流行，也因此 2004 年度中国新闻奖中有关抗击 SARS 的报道也占据了相当的数量，其中 31 篇一等奖中与 SARS 有关的就有 7 篇。

在考察新闻作品是否具有重要性的时候，可以从如下更为具体的方面进行细致的分析。一是这件事影响的范围有多大，也就是考虑它所关涉的空间和人群的大小。一般来讲，国际新闻对国际上事件的报道，都是跨越国界，在这一点上无疑最具优势；那些影响到不同阶层、不同地位、不同职业的事件，肯定也极具有新闻价值，像中国加入 WTO 这样的事件，对全体中国人来说，都会产生深刻的影响。二是这件事的冲击力有多大，即其影响的强度如何，有些事件是划时代的，像"9·11"恐怖袭击、伊拉克战争爆发、香港澳门回归祖国，这样的事件肯定具有很高的新闻价值；涉及的人越多、影响越直接、越持久的事件、事物，也就越能够激起普遍兴趣，因而也越有新闻价值。

第二，考察这个新闻作品所报道的事件是否具有趣味性。现实中发生的富有冲突和悬念的事件，往往超出了小说或者戏剧的情节构想，比虚构的文学更为令人激动、兴奋、紧张；轶闻趣事、幽默搞笑之类的事件、事物，显然也是公众喜闻乐见的东西。所有这些因为容易唤起普遍兴趣，就都成为了影响新闻价值的因素。趣味性包括的范围很广，我们大体上可以将它分为积极的和消极的两个方面。所谓积极的方面，是指唤起人们肯定的、欣赏的、同情的反应。生老病死、悲欢离合、弱势群体、妇女儿童、动物世界，这些方面的事件、事物总是让人产生同情心和对人的基本价值的肯定。像美联社记者奥尼尔的特写《伊娃的礼物》①，报道 82 岁高龄的伊娃接受复明手术前后的生活，就非常感人。伟大人物的趣闻轶事，平凡百姓的奇特遭遇，都能够引起人们的强烈兴趣。所谓消极的方面，是指能够唤起人惊悚、恐惧之感，满足人们猎奇、窥探之欲。像暴力、犯罪、性方面的事件，往往容易引起这方面的兴趣。如 1931 年的普利策奖获得者麦克唐纳的《这个案子中也许还有一

---

① 奥利尔：《伊娃的礼物》，引自杰里·施瓦茨：《如何成为顶级记者——美联社新闻报道手册》，中央编译出版社 2003 年版。

个女人》①，读来如一篇侦探小说。

　　值得一提的是，这里我们使用的"积极"和"消极"是中立的、描述性的，不管是积极的还是消极的趣味，在优秀的新闻作品中，作者都努力使之与对人的关注紧密相关，因而凸现事件中的人性因素，即充满了人情味。相反，在粗劣之作中，这两种类型的趣味都有可能得不到合适的表达而使趣味性丧失。其中最常见的就是流于低级趣味，它有可能抢夺耳目于一时，但终将被唾弃。邹韬奋先生曾经分析当时的上海小报，认为"小报之所以盛行，'闲适的消遣'确是大原因；其次的原因，就是小报里面多说'俏皮话'，或不易听见的'秘密的消息'，大足以'寻开心'；再次的便是极不好的原因了，这原因就是近于'海淫海盗'的材料，迎合一般卑下的心理"。他说："把第一第二两个原因作根据的，只亦不陷于'海淫海盗'、'毁人名誉'，作为游戏文字看，还不足凭。至于把第三原因作根据的，那就无疑的应在'打倒'之列。"②邹韬奋先生的这番划分，对我们今天评价新闻作品依然具有指导意义。

　　第三，考察这个新闻作品所报道的事件是否具有接近性。在地理空间上接近的事情容易引起普遍兴趣，这是因为身边的事情可能更直接地影响自身，更容易受到感染，更具有亲切感，并且往往有更多亲身参与其间的机会。因为这一点，地方新闻媒体总是要着力于本地新闻的采写与传播，而全国性的媒体也在努力追求地方化，像《人民日报》办了华东版、西南版，也就是更关注地理上的接近性因素。美国有记者甚至提出了一个公式：事件中死亡人数的多少与事件发生的距离的远近（以当地为中心）成正比。例如：某个遥远国家因洪水死亡上千人的新闻价值相当于美国边远地区淹死上百人的新闻价值，又相当于本州内淹死 10 人的新闻价值。③ 因此，在考察新闻作品报道的事实所包含的新闻价值时，需要注意这则新闻出现在什么样的媒体上，具体的说法就是这家媒体的覆盖面有多大，它为哪个区域里的人群服务。

　　上述那位美国记者的公式，显然表明，地理上的接近也意味着心理上的接近。除了空间产生的心理效应外，接近性还应该包括直接的心理上的贴近，对那些有着明确的目标受众的新闻传播来说尤其如此。一个专门办给老年人看的报纸，如果是有关就业择业、有关影视歌星方面的事情，显然就无

---

　　①　见《新闻与正义——普利策新闻奖获奖作品集》（Ⅰ），沃尔特·李普曼、詹斯顿等编著，展江/主译评，海南出版社 1998 年版。

　　②　转引自俞月亭：《韬奋的"趣味观"和"价值观"》，见《新闻学论集（第 14 辑）》，中国人民大学出版社 1990 年版，135 页。

　　③　参见徐耀魁主编：《西方新闻理论评析》，新华出版社 1998 年版，第 140 页。

法让目标受众感兴趣，而有关养生健康、有关社会老年化等方面的事情自然
会引起他们的兴趣。

第四，考察这个新闻作品所报道的事件是否具有时效性。对突发事件迅
速地报道，构成了现代新闻业的最大特色之一。美国资深报人索尔兹伯里在
他的回忆录中谈到，"新闻贵在抢先"这个观念在合众社被奉为至高无上的信
条，新闻抢先不但最好，而且就是一切。合众社的信条是"抢第一，夺先声，
分秒必争"。① 不适应这一点，传播稍一滞后，新闻就会变成"旧闻"，就会失
去其存在价值。人们常说，新闻作品是"易碎品"。这句话形象地道出了新闻
作品在时间性上的要求：它易碎怕压，不能稍加延宕，只有迅速及时地将事
件报道出来的新闻，才能更好实现事件所包含的新闻价值。因此，考察新闻
作品的时效性，是对新闻作品进行分析和评价时一个不可缺少的环节。一般
而言，新闻发布时间与事件发生时间之间的时距越短，时效就越强，这是很
容易就能判断的事情。

值得注意的是，对同一事件，每一个新闻传播者、每一家媒体不可能都
能如愿以偿地在第一时间报道，那么，在丧失了第一报道权之后，新闻传播
者是否就毫无作为，只能重复别人呢？当然不是。为了弥补第一时间的丧
失，有经验的新闻传播者通常采用下面的方式来确保新闻的新鲜度：一是跟
踪新闻事件的最新发展；二是追索今天的新闻依据；三是挖掘明天的新闻依
据；四是揭示新闻事件的丰富复杂的联系，提供重大新闻的细节。譬如，
1990 年 9 月 23 日下午，在第 11 届北京亚运会上，我国女子举重运动员邢芬
获得本届亚运会第一块金牌，新华社抢先发出了快讯，比第二个发稿的合众
社早了 5 分钟。《新闻出版报》记者柳堤赶写了《"新闻战"中的"第一块金
牌"》，挖掘的新闻点是"实践证明，新华社在快讯时效性上现已具备了和世
界性通讯社抗衡的能力"。结果这条新闻获得了中国新闻奖二等奖。这就说
明，在"第一"后面仍然有"第一"，需要调动传播者的潜能去另辟蹊径，捕捉
和开采事件潜藏的新闻价值，将另一份新鲜奉送给受众。

还需要说明的是，新闻传播除了要快，还要讲究时机，即时宜性。有时
候，由于种种原因无法在第一时间报道，新闻需要压一压。譬如美国《纽约
时报》记者威廉·劳伦斯是获准在现场采访美国第一次原子弹爆炸试验的惟
一的记者，也是随机采访美国原子弹轰炸长崎的惟一的记者，出于保密的考

---

① 哈里森·索尔兹伯里：《天下风云一报人——索尔兹伯里采访回忆录》，中国对外翻译出版
公司 1990 年版，第 234 页。

虑，劳伦斯的两篇目击记都是推迟了若干天后发表的。但是由于它的独家性，它在发表的时候依然不失时效。另一种情况是，并非在第一时间报道就一定引起关注，新闻传播需要考虑的是如何恰逢其时地报道，以显示出新闻的存在价值。日本记者本多胜一采写的通讯《死在故乡》，发表在1966年9月15日的《朝日新闻》上，也是一篇在时宜性上胜人一筹的佳作，他报道的是一位老人自杀前前后后的情况，而9月15日这一天就是日本的"敬老日"。显然，时机仍然是当前的时机，因此它仍是以讲求时效为前提的，仍然含有快的因素和新鲜的品质。

第五，考察这个新闻作品所报道的事件是否具有显著性。经验告诉我们，在新闻传播中，两个名人之间的争吵比两个普通人的争吵更能引起人们的兴趣，一个影视巨星的桃色新闻比一个普通百姓的丧子之痛似乎更容易为新闻传播者惠顾，正如俗话说的"名人出新闻"。在社会生活的各个方面都有声名显赫、成就卓著的人，这本身就引人注目。不仅如此，他们往往具有普通公众所没有的东西，他们在很大程度上成为普通公众想像生活的标尺和参照。更有甚者，他们可能成为一部分人心目中的偶像。于是他们的一举一动，发生在他们生活中的任何事情，都成为普通公众所关心的对象。社会名流、显要人物的活动为人关注，还因为他们的一举一动往往牵涉到社会生活的多个方面，当然这是指他们的社会活动。也有是因为作恶闻名，臭名昭著，也同样被人们关注，像恐怖分子本·拉登同样也是公众普遍关注的人物。这是因为往往在这类人的身上有着人们极力排斥的东西，它威胁着社会中人们的安全感，人们对之关注是一种警戒。像人们关注暴力集团的头目张君，关注厦门特大走私案的主谋赖昌星，也是这种情形。

在考察新闻作品所报道的事件的显著性时，应该注意的是，在具体的事件中，显著性不是孤立的，它与重要性、趣味性和接近性密切相关。如果只是看重名人效应，不管是名人的什么事情都拿来报道，而不能给人们增添情趣和带来启示，反而将肉麻当有趣，将无聊作谈资，那么，就谈不上什么新闻价值，而顶多只是吸引一下人们的眼球罢了。近年来，媒体在名人效应的争夺中，流于低俗的情况不胜枚举，值得我们警惕。指出这一点并进行批评，也应是新闻作品评析的任务之一，我们在本章第4节将重点讨论。

我们还要看到，显著性除了表现于人，还表现于特定的地理空间、特定的事件、特定的生活领域等方面。在一个时期里，某些地域成为不断产生新闻的资源所在，像中东地区的巴以冲突，美军占领期间的伊拉克，我国近年来频频发生矿难的山西、河南，葛洲坝水利工程中的三峡地区，等等。因此，在考察新闻作品所报道的事件的显著性时，应该考虑该事件发生的空间本身包含的新闻价值因素。还有一些重大的事件发生后，其余波和相关现象也总是令人瞩目，因而也成为新闻报道的重要内容。分析新闻传播者对这些事件的余波和相关现象的发现与挖掘，同样可以看出他的新闻敏感，看出他对新闻价值的判断是否确当。

　　上述这些方面的考察，是对新闻作品中的新闻价值进行评析时的主要路径。但是，正如前文所述，新闻价值是在整个传播活动中实现的，因此，在很大程度上，下面各节的内容实际上构成了对新闻价值考察的更为具体的方面。

第二节　追溯新闻采访过程

　　新闻价值在整个传播的过程中得以实现，而采访是其基础。我们在评析新闻作品时，尽管面对的是已经成为文本的新闻，但其采访活动仍然可以从中寻觅出来，这就构成了新闻作品评析的重要特点。优秀的新闻作品，总是可以让人看出其扎实的采访过程；相反，粗劣的新闻作品也会暴露出采访中的问题。通过这样的评析，我们可以更好地总结经验，指导新闻实践。

一、分析消息来源

　　新闻消息来源是指一则新闻中所涉及的事实和观点材料的出处，它表明事实、观点和背景材料从何而来，由谁提供。[1] 如下列这则新闻段落：

　　　　梅迪纳连队到底发生了什么呢？奥尔森相信是连队里的道德和纪律败坏。在许多次采访中的一次，他说："我们梅迪纳连，似乎总是派到肮脏的活儿，道德水准极度低下，每个人都感到我们正在做错事。"没有一个军官或未授军衔的官员试图惩罚犯罪和犯罪的人。而且许多目击者揭发，到平克维尔的任务下达时为止，连队成员已参与了多起强奸和屠杀。奥尔森信中所描述的在此前和此后的采访中得到了本连至少3个人的证实。特里说，当地村民向附近的政府官员抗议此事。"村里的人总是被杀死，"他继续说，"但没有采取任何举措。"这是平克维尔事件的序幕。[2]

---

① 沈爱国：《新闻写作勿忘交代消息来源》，《新闻实践》1998 年第 1 期。
② 西摩·赫什：《战争压力与杀戮者的产生》，引自《新闻与正义——普利策新闻奖获奖作品集》(Ⅱ)，沃尔特·李普曼、詹斯顿等编著，展江/主译评，海南出版社 1998 年版。

在这个段落中，"他（奥尔森）说"、"得到了本连至少3个人的证实"、"特里说"、"他（特里）继续说"，就是直接或间接引述消息来源的话，如此能够让读者确信无疑，所报道的事实显得可靠，因而提高了新闻报道的可信度。并且，这样对消息源的清楚的交待，可以使记者置于中立、客观、公正的立场，有效地规避因事实不清、观点争议而产生的纠缠和麻烦。像上述引文中涉及的观点和态度方面的言辞，如果不明确其来源，就有可能被看做记者本人的判断。文中这样清楚的交待，对消息源（事实或观点）的提供者既是尊重，更是制约。一般来讲私下里的交谈可以比较随便，而新闻是要公开报道出来的，是将自己介入公共事务之中，因而必须慎重，也就是说消息源要为自己提供的情况负责。

在考察和分析新闻作品的新闻来源问题时，我们可以从如下几方面入手：

1. 新闻文本是否显示出记者有可靠的新闻消息源

在我们每天所接触的新闻中，主要的新闻消息来源一般有：国家和各级政府有关部门、国外或国内媒体（尤其是通讯社）、权威人士、专家、新闻事件的当事人、目击者等。在我国新闻传统中，报社通联制度下建立的通讯员队伍，也是重要的新闻来源。近些年来，随着市场经济的发展，随着媒体的商业化运作体系的建立，原有的通讯员队伍逐渐萎缩，代之而起的是"新闻线人"。在激烈的新闻竞争中，很多媒体推出了"有奖征集新闻线索"，对新闻"线人"的报料予以奖励。一般而言，新闻作品中如果明确地显示这些方面的新闻源，那么新闻信息是比较可靠的。当然，在很多简要消息中，可能不出现消息源，但这不等于它们没有消息来源，只是按照惯例在编排中被省略，作为该新闻的编辑依然需要了解这些报道的新闻来源。

分析新闻作品中消息来源的可靠性，当然首先是看这些消息来源本身是否真实存在，其次是看他们所提供的情况是否属实，表达的观点是否公允。这两者对只面对新闻作品文本的评析者来说，是很难完成的。那么剩下我们能做的便是，在对记者如何使用消息源进行考察中，来推定消息源的可靠性。一般来说有这样几个方面值得我们注意：

（1）在通常情况下，消息来源的姓名、身份、职业以及与事件的关系需要明确交代，如果不明确，那么其可靠性会受到质疑。在新闻实践中，如果消息源本人要求隐姓埋名，一般应予以尊重，加以规避，通常用比较模糊和抽象的言辞来交代消息来源，如"据有关部门介绍"、"从有关方面获悉"、"据权威人士透露"、"一位要求不披露姓名的人士说"、"他以不透露姓名为条件对本报记者说"，等等。但是值得注意的是，一则新闻如果大量使用匿名消息源或过多使用"据悉"之类的字眼，那么他的消息来源的可靠性会受到质疑。匿名消息源只适用于这样的情况：消息提供者的姓名与身份一旦公开，会带来非常不利的后果，比如危及生命安全或名誉。在揭露性报道（调查性报道）中，这种情况出现较多，但是从新闻可靠性角度考虑，记者应该尽量限制使用匿名消息源。在新闻传播实践中，对是否具有可靠的新闻来源这一问题的考量和追索，往往是发现报道的失实或缺乏可信度的重要手段。《华盛顿邮报》记者珍妮·库克《吉米的世界》被发现和证实为假新闻的过程，就是通过追查新闻消息源的工作来完成的。[1] 也就是说，有记者可能假借"消息源保密"（"秘匿权"），而制造假的新闻。另一方面，记者也可能被消息源恶意利用。前面提到的近年来盛行的"新闻线人"，作为消息源的一种，它的可靠性是比较低的，新闻传播者应该对"线人"的报料采取"虚假推论"的原则，通过"证伪"的方式，深入实际调查研究，判别真伪、辨析虚实、分清是非、确定取舍。[2] 如果一个新闻作品显示，记者完全按照"线人"提供的情况撰写报道，那么，这里就潜伏着失实的危险，在对新闻进行评析时，评析者有责任指出这种危险。孙世恺说："新闻中必须交代应该交代的新闻来源，是新闻写作科学性的具体要求，也是新闻报道做到真实、客观、公正、可信的一种标志。遗憾的是，在我们的不少新闻中忽略新闻来源，报道的事实成了'来路不明的闯入者'，这已是新闻写作中的'常见病'。"[3]

对消息源不作交代，可能导致新闻的主观化色彩。如在一篇报道中出现下面这段文字：

> 正是对这个校长位置的觊觎造成了 5 月 6 日那起中毒人数高达
> 136 人的投毒案，副校长潘楷的名字已经在校领导值班黑板上被人
> 用刀刮掉，他不是正常离任而是入狱。他正是这起案件的主谋，那
> 些学生的生命是他的筹码。他以往口碑不错，是钟祥市中学化学学
> 科教学带头人，聪明能干有管理才能，但是罪责难逃。

这段话分析起来，包含了若干消息来源："正是对这个校长位置的觊觎造成了 5 月 6 日那起中毒人数高达 136 人的投毒案"，这应该是警方公布的侦破

---

① 大卫·马纳尼斯：《〈华盛顿邮报〉记者被取消获普利策奖资格》，《华盛顿邮报》1981 年 4 月 16 日。

② 徐兆荣：《"新闻报料人"的利弊及其规范》，《中国记者》2004 年 9 期。

③ 孙世恺：《新闻写作系列谈》，转引自徐向明编：《中外新闻名家名言集》，南京大学出版社 2004 年版。

结果；"副校长潘楷的名字已经在校领导值班黑板上被人用刀刮掉"，这应该是记者的目击；"他正是这起案件的主谋"，这应该是警方公布的侦破结果；"他以往口碑不错，是钟祥市中学化学学科教学带头人，聪明能干有管理才能"，这应该是从当地教育系统获得的信息。但是，正如《北京青年报》资深记者郑直的分析所说："百余字的一段话中把不同渠道采访来的素材杂糅在一起，却没有交代各自的来源，实际他们已全部成为记者的结论或者媒体的结论。"①

（2）在涉及比较复杂的事件的报道中，应该考察新闻报道整体的消息源是否足够丰富。这包括两个方面的含义。一方面是指，只是来源于单一的消息来源，那么它的可靠程度会有所降低；另一方面是指，新闻消息源不仅是数量问题，而且也应包括质量和层次的考虑，如果有关事件的情况只是来自同一个阶层或团体的消息源提供，那么，其可靠性也会受到影响。2004年4月29日，南方某知名大报曾经报道两个男孩神秘地死于高尔夫球场的水潭中，读来令人触目惊心，记者对事件的追踪非常深入，还进行了实地考察。但是，比较遗憾的是，整个报道的新闻来源主要是两个孩子的家长，偶尔涉及报案和处理此事的公安，对其中关键的细节——法医鉴定和不予立案的决定，没有来自直接相关的部门和人士提供的准确和细致的陈述，这就影响了整个报道对事实的准确而完整地再现。而对有经验的新闻工作者来说，在涉及重大而复杂的事件报道时，总是调用各方面的新闻来源，力图展示事件的全部面目和性质。2002年10月俄罗斯发生了人质事件，后来在解救人质的行动中使用了有毒气体，以致许多人质中毒。对这件事情的报道，《华盛顿邮报》的记者在消息源使用方面显示了出色的职业素质。该报道逐层展开了各个方面的消息源，从救治中毒者的医生到改革派领袖人物，再到环境问题专家，以至人质的父亲、剧院经理、获救的人质、建筑专家、卫生部门官员、安全部门官员、美驻俄使馆官员、政党领袖，等等，全方位揭示了这次解救人质的行动引起的各方面的反响。②

2. 分析消息源的选择

在报道一件事情的时候，除了从官方新闻发布会上获得同样的消息源外，不同的记者可能会选择不同的消息源。这往往是根据新闻记者本人所掌握的新闻信息源的状况来决定，但是，值得注意的是，选择不同的消息来源

---

① 郑直：《我所警惕的新闻叙述方式》，http：//www.zhengzhi.com/cbxd/zhengzhi4.htm。

② Susan B. Glasser and Peter Baker：*Gas in Raid Killed* 115 *Hostages*，Washington Post，October 28，2002。

往往与记者或者其所服务的新闻媒体对该事件的态度或基本倾向密切相关，与报道的主旨和立意密切相关。《环球时报》2001 年 12 月 11 日发表了该报驻联合国特派记者丁刚的报道《反恐怖战争报道中美国媒体为谁服务？》，报道主要由对各种消息源的引述构成。其消息源主要有：美国科盖特大学政治学教授郝雨凡、美国桥港大学副教授俞燕敏博士、美国公正与准确报道网的消息、《纽约时报》的报道、美国著名经济学家克鲁格曼、爱荷华大学法学院客座教授尼可拉斯·约翰逊、锡拉丘兹大学政治学博士张雁冬、纽约大学大众传播学教授米勒等，考察一下这些消息源提供的情况和观点，我们会发现，他们的基本主张非常接近。这就意味着，与之相反或对立的观点没有为记者所选择，这也就意味着，我们从这些消息源本身就可以推断出记者的这篇报道立意何在、立场如何，尽管他本人没有直接的观点表述。

　　下面我们通过两篇同题报道，可以更清楚地看到，消息源选择与报道主旨的关系。2002 年 5 月 7 日，中国北航的航班在大连海域发生空难。《南方周末》和《21 世纪经济报道》的记者分别作了报道，于同一天（2002 年 5 月 16 日）在各自的报纸刊出，题目分别为《民航：空难之后的体制冲关》和《大连空难独家调查》。前一篇报道中消息来源主要是：一位不愿意公开姓名的民航业内人士、国航内部人士、一位在国航工作了 8 年的员工、一位在国航从事机务维修的员工、一位不愿意公开姓名的业内人士、王元（化名）、执行总裁赵忠英。后一篇报道的消息来源主要有：上海新世纪金融租赁有限公司业务部经理刘小姐、上海飞机制造厂厂长王文炳、美国波音公司在北航空难后不久发表的声明、上海飞机研究所所长刘乾酉、东航机务工程部工程师赵先生、中国民航总局局长刘剑峰、一位对航空安全颇有研究的专家、民航业的知情人士、一位航空公司的管理人员、南航公司宣传部蔡部长、汇丰证券航空业分析师、国内民航业分析人士。我们从这样两份消息源的对照中，不难看出《南方周末》的报道主旨即如标题所示，是"体制"，而《21 世纪经济报道》更着重于飞机制造和安全、兼及体制改革；前者更注重于从基层的相关人员那里获得消息，后者则侧重于从技术和管理层获得消息。

　　上述这种根据不同的报道主旨或立意选择消息源，在当今的深度报道，尤其是解释性报道中表现得非常突出，它显示出新闻消息来源与新闻传播者的互动构成了现代新闻传播这一趋势。关于这一点，有学者将其纳入框架理论来考察，指出新闻真实的建构包含三个重要的元素：新闻媒体、消息来源以及情境与议题，认为新闻的本质即在于，新闻媒体与消息来源根据各自认定的社区利益，共同建构了社会符号真实，双方在此过程中，各自动员组织资源，尝试定义或诠释社会事件与议题在情境中的特殊意义。① 另一方面，消息源选择也往往包含了新闻传播者的偏见或偏向，因此，通过对消息源选择的分析，可以洞见种种偏向和偏见。关于这一点，我们在本章第 4 节中将集中阐述。

3. 分析同质与异质消息源

同质消息源是指对同一事件不同的消息源持有相同或相近的观点与陈述，异质消息源是指对同一事件不同的消息源持有不同或相反的观点与陈述。对重大而又真相不明、众说纷纭并且具有争议的事件，记者在报道时应该充分考虑到不同观点和陈述，采用异质消息源，努力客观公正地再现事件。如《新京报》2004 年 7 月 7 日刊发的报道：《海宁吕海翔死亡事件调查》，涉及的事件很复杂，记者在报道中呈现的消息源多达 20 余个，主要有三个方面：一个是以吕海翔父亲吕楚生为代表的村民们，包括老党员吕忠浩、受访村民凌高明、村民吕忠浩、吕楚生好友张鹿亭等；一个是事件的参与者或目击者，有民警姚建国、蒋新法、王伟峰、吕海翔落水全过程的惟一目击者——刘五星；一个是警方和相关政府部门，有民警吴飞和沈月明，海宁市政法委书记马维江、副书记金永祥，海宁市委宣传部副部长王登峰，《海宁日报》的报道。这三个方面消息源提供的情况和所持的观点互相冲突，这本身显示出整个事件的复杂性；同时，在这样的全面展示中，读者会做出自己的判断，最大限度地接近事件的真相。

在这类事件的报道中，如果记者只采用某一方面的消息源，就可能造成偏听偏信的结果，新闻的品质会因此而受到影响，甚至落入不怀好意的消息源设置的圈套。1995 年 12 月 20 日，某电视台在一著名的深度新闻报道和评论节目里播出《仓储粮是怎样损失的》，报道说，由于淮阳县新设立的四通特别试验区强行接管原属县粮食局下辖的四通镇粮管所，并查封了粮库，使得例行的粮食检查无法进行，致使部分粮仓 51 天未能开门，176 万斤国家专项储备粮被鼠咬成粉，虫结成丝，损失无法弥补。节目播出三天后，淮阳县委书记李华亭被撤职，并降低级别工资和职务工资。该节目是根据淮阳县粮食局局长郝瑞端提供的情况进行报道的。后来，郝瑞端指使亲信暗杀粮食局副局长一案案发后，人们才知道，所谓的"仓储粮损失"是由他一手策划的旨在陷害李华亭的阴谋。事情的真相是：郝指使亲信改账，调换仓号，将国代民储粮仓改为国家专储粮仓，又将从县粮食局第二面粉厂清理出来的坏小麦

① 参见臧国仁《新闻媒体与消息来源——媒介框架与真实建构之论述》，台北三民书局 1999 年出版。

110 包计 9900 公斤放到四通粮管所 3 号仓内，并在一个麻袋里放入老鼠和蛇，然后向有关部门汇报。① 这个事例表明，在这类重大事件的报道中，记者在采访中如果没有"对立面"意识，不去寻找异质消息源，就有可能导致新闻可信度的丧失乃至失实报道的发生。

与异质消息源使用的情况相近似的是，同质消息源也比较多地运用于对事件的核实。所不同的是，那往往是确定事件是否发生，而不涉及事件中包含冲突的双方。对一个事件如果只有一个人提供情况，其可靠性会受到质疑，而当很多人都在提供大体相同的陈述时，其可信度无疑大大增强。如前述引述的美国记者西摩·赫什的报道《战争压力与杀戮者的产生》，对"美莱事件"过程的陈述，采取奥尔森的信、奥尔森本人、奥尔森的战友特里等作为消息源，都在证实事件的确凿无疑。因此，我们在评析新闻作品时，需要注意该新闻在报道事实时，采取的消息源是否过少而影响新闻的可信度。

同质消息源的采用还可以获得丰富事件报道的细节的作用。如约翰·皮克的《抢救里根总统记》②，对抢救里根总统的全过程作了详细的报道。仅就事件的报道而言，参与抢救里根总统的护士和医生中的任何一个人，都可以把过程交待清楚。而我们在这篇报道中看到，记者在不同的段落里采用了不同的参与者提供的情况，并巧妙地将它们编织起来，形成对当时场景和细节的生动再现，让人如临其境。这种方式，在特稿类的写作中采用尤其普遍，从中也能看出记者扎实而细致的采访。

在解释性报道中，同质消息源的采用往往起到对事件的不同侧面进行全面剖析和阐释的作用。如《三联生活周刊》2002 年 10 月 16 日刊出记者朱文轶的报道《中国秘书部落的权力场》，报道中的消息源对秘书弄权一事基本看法是相同的，也就是说他们是同质消息源。记者首先援引一位高层官员的话指出，秘书弄权"与其说是个人的'天才'，不如说是体制的缺陷"；继而引述行政学专家梁木生教授的分析，指出"在缺乏透明度的权力体制和政治生活中，秘书运作权力时的'隐蔽性'被各个方面所看好"；接着引述行政学研究者关钟叔的论析："从'秘书部落'的活动情况可以清晰地观察到权力结构中权力具体运作的方式和脉络"；最后以梁木生教授的话作结："在这种失控的权力场中，秘书的作为让政治表现出了更为浓厚的人治色彩。"如此多次援引消息源的话，使报道的主旨——剖析和阐释"河北第一秘"李真事件的深层意

---

①　参见《中国青年报》2000 年 8 月 15 日报道：《淮阳县粮食局局长雇凶杀人案始末》。

②　见黎信、蓝鸿文主编：《外国新闻通讯选评》，长征出版社 1984 年版。

义——得到很好的突现。

二、分析记者的提问

美国新闻学者杰克·海敦在《怎样当好新闻记者》一书中说："大约90%的新闻是部分或全部地在访问——也就是以向人提问题为基础的。"这就提示我们，在分析和评价新闻作品，追溯其采访活动时，为了更好地总结新闻采访活动的得失，应该对其间显示出来的记者的提问进行分析。

分析新闻记者的提问，在有的新闻作品中，我们只能根据受访者说了什么来推断记者采访时提出了什么问题，如特稿（通讯）、简讯之类的新闻。在这类新闻中，采访中的提问经常被隐去，受访者的回答也会被转述或融入记者的叙述之中。例如《死在故乡》中的这两小节文字：

> 离开久居的老家，离开自己赖以生存的"窝"，T子顿时蔫儿下来，变得无精打采了。儿子那里本也有一处庭园，但是，她无心去欣赏，多年来那么喜欢的读书，也从此放弃了。儿子、媳妇无意中说的一句话，做的一件事，都会引起她的误解，使她产生忧虑和烦恼。5月末，她终于"逃亡"出来，跑到长女的寓所，而后，又在附近找了一间小屋暂住下来。

> 然而，这样的年龄，迁入一个全新的环境，终日过着孤独的日子，她到底无法忍受了。有时，大白天她会突然大叫"用刮脸刀自杀算了"，使房东提心吊胆。长子和次子也曾商量，为了老人，打算再置一处房子，并且决定6月28日去见T子，把这个意思告诉她。不料，由于台风，新干线停车，去大阪出差的次子，那天没有及时赶回东京。[①]

这里尽管没有记者的提问，但是我们可以从文字中推断，记者采访了T子的儿子和儿媳，采访了房东，问及他们T子住在他们家里时的生活和精神状况。我们甚至可以推想，在儿子媳妇回答了记者关于老人的精神状况后，记者会问，那有没有考虑怎么改变这种状况？这便有了"长子和次子也曾商量……"这样的内容。总之，记者报道中的描写、概述和引用，越是具体越有赖于采访中的提问。

在有的新闻作品中，我们通过显示出的文本，考察记者采访中的提问

---

① 本多胜一：《死在故乡》，引自黎信、蓝鸿文主编《中外优秀新闻通讯选评》，长征出版社1984年版。

时，则会发现提问不够深入细致。最突出的表现，就是在一些关键的问题上没有进一步追问，开掘出更有价值的信息来。譬如，2005年4月22日，北京某晨报关于南通两个智障少女被切除子宫的报道中有这样一段：

> 据……报道，江苏省南通市福利院两名年约14岁的智障少女，其子宫在"没有任何器质性病变"的情况下被切除。此事被医院一名"青年医生"看见后旋即公布在网上，即刻引起强烈反响。截至20日，记者通过采访证实此事。福利院这样介绍原因："两个女孩最近来了初潮，收拾起来非常麻烦，以后性成熟会更加麻烦。"而涉及此事的医院、医生不但表示此种事情早已有之，还坚持认为他们"在做一项公益事业"。①

这段文字的最后实际上潜藏着更多的问题，但是在这里以及后面的文字中却没有看到，那就是，"此种事情早已有之"，有过哪些？他们认为他们"在做一项公益事业"的理由是什么？他们如何理解"公益事业"的？这些有助于进一步解释事件的相关背景的内容在这个新闻稿中都告阙如，而由于记者没有这方面的提问，他所写成的文字文本就无法提供这方面的信息。因此，我们说，从提问中可以分析记者的知识储备是否丰富，采访准备是否充足，对采访对象是否了解，对新闻事件是否敏锐。当我们带着这样的问题——记者采访中问了些什么来看新闻作品时，我们会发现有的新闻根本没有深入采访，了无提问的痕迹，看起来像是公文或公关宣传品。

访谈录、现场报道类和深度申视新闻报道之类的新闻作品，经常保留了记者与受访者对话的形式，因此，我们可以直观地看到记者的提问，也就可以直接对其提问进行分析。

像法拉奇针对不同的领袖人物的采访，她所设计的开头提问的方式，进入谈话的气氛各不相同。1980年，她对邓小平的采访这样开始：

法拉奇：明天是你的生日？

邓小平：我的生日？我的生日是明天吗？

法拉奇：不错，我是从您的传记中知道的。

邓小平：既然这样说，就算是吧！我从来不记得什么时候是我的生日。就算明天是我的生日，你也不应该祝贺呀！已经七十六岁。七十六岁是衰退的年龄啦！

法拉奇：我父亲也是七十六岁，如果我对他说那是一个衰退的

---

① http://cn.news.yahoo.com/050421/83/2b6io.html

年龄，他会给我一巴掌呢！

邓小平：他做得对，你不会这样对你父亲说的，是吗？①

她以这样的方式开头，就创造了一个非常轻松和亲切的气氛，为后面的采访作了准备，后面一些尖锐的问题，由于有了这样的氛围，其锋芒也就不那么刺人，受访者也就愿意与她交谈，让她获得她想获得的东西。实际上，法拉奇在访谈之外进行了大量的资料准备，采访邓小平之前，所翻阅的有关邓小平的材料足有五公斤重。这样在采访中就能充分地调用已知的东西以接近和获取未知的信息，从而突显采访对象的新闻价值。

采访过程中成功的提问，总是属于那种有着坚定的意志去寻找有效信息的记者。在分析新闻作品中的提问时，我们应该注意记者如何在这种意志下探寻和求证。有的善于步步紧逼，以近乎质疑的语态，将采访不断地推向"绝境"，使采访对象无法躲避问题，终于给出回答。如中央电视台记者王志在《面对面》栏目中，采访SARS时期临危受命的北京市市长王岐山，有这样一段对话：

记者：我们眼里看到一个很镇定的市长、一个很坚定的市长。但是另一方面我们看到北京感染的人数在不断地上升。

王岐山：这个传染病它有一个规律吧，我觉得这个事情，我刚才说了，谁去预测这个数字？在当前这个条件下，谁去都近乎于一种赌博，是危险的。但是说实在的，我们也在分析，并不是完全没底数的。

记者：什么底数？

王岐山：我现在不想做这种赌博式的预期回答，不想回答。因为什么？确实我不想预期，现在起码向市民做这种预期，是要严肃而负责任的。我没有相当把握的时候，我不会讲这种话。

记者：你在发布会上讲到一点，就是老百姓获取信息的渠道，还是有缺陷的？虽然你们从主观上来说很想信息透明，很想信息公开，你指什么？

王岐山：我说实话，现在我真是想。我那天跟我的秘书长开玩笑，给我的办公室架一直播电视吧，如果架一直播电视，老百姓说真的就踏实多了。今天发布会不就这样吗，王岐山刚来十天冒这么大风险，咱们就上了直播了。为的什么？为的就是给老百姓建立一

① 引自周克冰编著：《中外经典采访个案解读》，北京广播学院出版社2003年版，第205页。

个信心，你们的市长知道你们的事；反过来，你们市长愿意把事告诉你们。

记者：您的表态、您的言行都很容易让我想到您在海南说的一段话：我来海南常常告诫自己，千万不要急，不要急。如果急就比较容易出大错，现在你是不是有点急啊？

王岐山：所谓说不急，在这种事情面前是不可能的。但是，就是在研究分析。实际上，最终是在决策的时候要注意，就是在最后那一拍的时候。恐怕要再三提醒自己，不要急，在办事的过程中非急不可。这是什么事啊？

在这段对话中，我们看到"什么底数？"、"你指什么？"、"现在你是不是有点急啊？"这三个问题，毫不含糊，使身为市长的王岐山将自己的心里话掏了出来。这种提问，最大限度地避免了虚与委蛇、官腔套话式的回答，并且将人物性格展示出来。又如在《与神话较量的人》中王志采访戳穿了蓝田神话的刘姝威，记者频频的追问和受访者以守为攻的回答，造成了双方"较劲"的场面，生动地展示两个人的个性：

记者：你指的这个因素是权利吗？

刘姝威：你说呢？

记者：我问你。

刘姝威：我问你。你听了我讲述的话，你认为这个因素是什么？

记者：你是当事人。

刘姝威：这个问题我想让公众来分析吧。

记者：你认为会不了了之吗？

刘姝威：我不希望会不了了之。

记者在采访中并非总是能够遇到像王岐山市长这样坦诚的人，尤其是当记者面对的是一个"恶"人时，这时采访的艰难可想而知。但也正是在这样的采访中，优秀记者的素质得到最充分而全面地展示，而提问的精心设计正是其中非常重要的一项。

前面提到的以采访国际风云人物著称的法拉奇，她在采访南越总理阮文绍时，她想知道阮文绍对外界评论他是"南越最腐败的人"持何种态度和意见。她先是直接问他，立刻遭到他的矢口否认。接着法拉奇将这个问题分解为两个有内在联系的小问题。她先问："您出身十分贫穷，对吗？"阮文绍听后，动情地描述了小时候他家庭的艰难处境。得到了上述问题的肯定答案后，法拉奇接着问："今天，您富裕至极，在瑞士、伦敦、巴黎和澳大利亚有银行存款和住房，对吗？"阮文绍虽然否认了，但为了澄清这些"传言"，他不得不详细地道出他的"少许家产"。这样，读者从阮文绍开立的财产清单中，可以作出自己的判断，记者的目的也就达到了。

中央电视台新闻调查栏目记者长江在关于厦门远华案的报道中，采访厦门市原副市长蓝甫时，记者想问他，为什么身为党的高级干部，竟会张嘴向走私犯要钱。记者考虑到这个问题如果直接问，蓝甫不可能回答，因此就把"提问"设计成欲擒故纵，一步两折：

记者："你觉得赖昌星想从你这儿得到什么？"

蓝甫："保护。"

记者："那么你从他那儿想得到什么？"

蓝甫："钱。"①

细究一下，我们不难看出，如果这两个问题的次序颠倒一下，效果将会怎样。记者先从赖昌星问起，对方并不警觉，然后顺势一推，使他脱口而出。因此，采访中的提问实际上是包含着心理较量的过程，而记者制胜的关键在于对对方心理性格的揣摸和准确把握。下面这个例子也是如此。《堪萨斯明星报》的记者 A.B.麦克唐纳被邀请参与调查一起谋杀案，他从与事件的主角 A.D.佩恩交谈中，觉察到佩恩杀死了妻子，并且是为了另一个女人——佩恩的书记员汤普森小姐，他于是到汤普森小姐那里来确证自己的判断：

我的第一个问题是：

"维洛娜，你与佩恩一道出去吃饭有多少次？"

"许多次，"她一刻也不犹豫就回答了，"不过总是有另一个女孩与我们在一起。"

……②

"我的第一个问题"让我们注意到，记者对自己的第一个问题的强调。这个问题没有按部就班地提出，如果是那样的话应该首先问："维洛娜，你与佩恩一道出去吃过饭吗？"但这样问不会给对方心理造成冲击，她可能张口否认说"没有"，那么后面的问题就无法继续。现在问"吃饭有多少次"，包含的潜台词是"我知道你们一起出去吃过饭"，这样让对方无法回避，从而为下面问

---

① 文字稿见：http://www.cctv.com/zhuanti/newsprobe/shouji/4087_3.html

② 《这个案子中也许还有一个女人》，《新闻与正义》（Ⅰ），沃尔特·李普曼、詹斯顿等编著，展江／主译评，海南出版社 1998 年版。

答和记者的求证打开了缺口。

在广播和电视新闻中，记者原封不动地将问答记录下来，能够很好地保持新闻的客观性品质，同时做到以事实说话。中央人民广播电台《新闻纵横》栏目2004年2月19日播出的《调查东方大学城黑洞：令人咋舌的高尔夫球场》，其中就有好几段记者直接将采访时的问答原声播出，如记者对河北省廊坊经济技术开发区规划建设局局长黎斌的一处采访：

黎斌：因为我们这儿有一条京津塘高速公路，按照我们对高速公路的规划要求，两侧必须修建100米到300米的隔离带，在高速公路旁边的这一区域内不能搞建设，土地只能作为绿化用地。东方大学城报给我们的规划也是经过我们审批的，在这一区域内他们报的确实是绿化。我们认为他们报来的规划是合理、合法的。

记者：那么他们实际建设的是什么呢？

黎斌：这个没有报到我们这儿。

记者：你知道吗？

黎斌：可能现在是高尔夫球场吧。

记者：它的这种行为合乎你们的规划吗？

黎斌：它没有给我们报这个规划，这个高尔夫球场没有把规划报给我们。

记者：他们已经修了高尔夫球场，这种行为合乎你们的规划图要求吗？

黎斌：它跟这个规划图是不相符的。①

随着记者的提问和受访者的回答，我们不仅可以看到高尔夫球场违规建设这一事实得到认证，而且从中也可以看到管理者的失察，而这些记者没有直接的言说。

以上我们结合具体实例的分析表明，作为新闻评析的一个构成部分，通过对记者提问的分析，可以进一步看到记者的素质和技能的高下如何决定了采访活动的成败，从而决定新闻作品的优劣。

三、分析现场感

以上我们阐述在新闻作品评析中，可以通过新闻源和提问的分析来追溯新闻采访活动，这两个方面相互关联：新闻源正是记者采访的对象，提问总

---

① http://www.people.com.cn/GB/jiaoyu/1054/2347970.html。

是对新闻源的提问。而与这两个方面都相关的是，新闻作品的现场感，可以说没有提问、没有来源的采访肯定是创造不了现场感的。但是，对现场感的分析又不止于对新闻源的提问。下面我们将展开对新闻作品中的现场感的分析，它同样是新闻作品评析的一个重要组成部分。

新闻的现场感就是让新闻接受者在接受新闻时能够最大限度地获得置身于新闻事件或来到新闻事件跟前的感受。形成现场感的条件应该是多方面的，比如文字能力、影像和声音处理的能力、编辑的能力，但是最基本的条件在于记者的采访活动。我们的分析即围绕这一点展开。

分析新闻的现场感，首先要透过文字或音像考察记者是否进行了扎实细致的采访。我们先来看一则新闻：

公务员法获通过　总结吸纳近十年来人事管理成果

……北京 4 月 27 日电(记者……)十届全国人大常委会第十五次会议今天下午表决通过了公务员法。这是中国第一部干部人事管理的综合法律。

这部法律的颁布实施，填补了中国法律体系的一个空白，对于健全机关干部人事管理法律法规体系、实现干部人事的依法管理，具有里程碑意义。

该法将近十年来形成的干部人事管理的新成果，如竞争上岗、公开选拔、职位聘任以及领导干部任职公示制、任职试用期制和引咎辞职制等，进行总结吸纳，上升为法律，有利于形成广纳群贤、人尽其才、能上能下、能进能出、充满活力的用人机制，建设一支善于治国理政的高素质干部队伍。因此，在推动干部人事制度改革的深入发展、促进民主政治建设进程方面，人们对此法寄予厚望。

自 1993 年 8 月国务院发布国家公务员暂行条例至今，中国在建立和推行公务员制度上已取得以下成效：初步形成了公务员法规体系；凡进必考机制基本建立；考核机制运行良好；竞争上岗制度逐步推开；轮岗、回避初见成效；队伍的出口初步畅通；培训工作经常化制度化；奖惩制度发挥有效作用；公务员权益保障机制不断完善。[①]

这样的新闻，肯定有新闻价值，记者一开始就将它凸现出来，在导语中强调："这是中国第一部干部人事管理的综合法律。"但是通篇读下来，读者不会

---

① http://www.chinanews.com.cn/news/2005/2005-04-27/26/568079.shtml。

有来到现场的感受，原因何在？一言以蔽之，没有扎实的采访。细看这条新闻传递的信息，不难发现那都是纸上的东西，没有一点鲜活的"人声"。这类新闻可以说充斥于我们的报纸，它往往不是真正意义上新闻采访的结果，而是记者直接拿到会议主办者事先就已准备好的新闻通稿，然后稍加改动和编辑发稿。与通稿类似的情况还有情况简报、宣传材料、公关公司的稿件。

　　因此，我们说，产生现场感的最基本的条件是记者的在场——他在事件的现场进行采访。那些通过通稿等二手材料写新闻的方式，根据他人的新闻编新闻的方式，是新闻现场感的杀手。

　　在一般的事件采访中，当记者赶到新闻现场时，已经错过了新闻事件发生的主要过程，只能捕捉到"第二现场"。[①]尽管如此，第二现场还是会留下一些事件发生发展的痕迹，显示着新闻事件所产生的影响，记者通过对这些痕迹的细致观察和描述，同样可以产生新闻的现场感。因为一方面这样会凸现了记者的"在场"，另一方面，这些痕迹的描述会与受访者对事件的讲述呼应起来，再现出事件发生时的具体情景。2004 年 8 月 19 日，河北邢台金华小区邮电住宅发生爆炸；8 月 20 日，《三联生活周刊》的记者赶到那里采访，由于爆炸事件无法重演，所以稿件中关于爆炸时"第一现场"的叙述全部来自当事人和旁观者的所见所闻，但是记者没有放弃对"第二现场"的抓取，爆炸所带来的破坏性后果通过记者的笔触呈现到读者的眼前，历历在目。

　　　　……记者在事发现场看到，楼道内的木质扶手已被炸掉，5 层
　　西侧住户的房子受损最重，门前的混凝土地板被炸出一个直径约 10
　　厘米的洞，裸露出的混凝土中锈迹斑驳的钢筋。该住户防盗门的下
　　部也被炸裂而严重变形，厨房等处的玻璃被震碎，塑钢窗框掉到了
　　楼下。爆炸产生的冲击波，将 5 层东侧住户的防盗门'冲进'了客厅
　　内，爆炸还造成楼下 4 层两户居民的防盗门扭曲变形。[②]

　　这些描写与当事人和旁观者接受记者采访时的叙述，共同创设了整个新闻的现场感。有时候，在事后的采访中，对当事人和目击者的细致采访，同样可以创造出事件的现场感。这方面，我们在前文提到的《抢救里根总统记》是典范之作。

　　　　……消息立即传遍急救室。急救人员迅速采取行动，瞬息之

---

　　① 　参见赵天亮《调动感官接近新闻事件》，http：//www.zijin.net/gb/content/2005 - 02/28/content_5843.htm。
　　② 　朱文轶《邢台：一桩无人张扬的爆炸案》，《三联生活周刊》2004 年第 16 期(总第 303 期)。

间，急救室护士，二十八岁的凯蒂·保尔看见一辆黑色轿车开上急救室车道，里根总统下了车。

　　里根面色苍白，说道："我不能喘气。"他的两腿支持不住，凯蒂抓住他的肩膀，在一个辅助医务人员、两个特工队员协助之下，把他抬到急救室后方救伤小间，放在担架上。

　　"我好难过，"他说，呼吸得非常辛苦。

　　凯蒂·保尔没有道歉就俯身剪开里根的衣服，她以为他得的是心脏病猝发，面色苍白、呼吸困难、胸部不舒服，完全符合病征。……

其次，采访方式的采用也关系到新闻的现场感强弱。从新闻采访学课程上我们已经了解到，新闻采访的方式可谓林林总总，从不同的角度可以有不同的概括。譬如，从采访活动的组织性和主动性看，可以分为接受派遣型采访、捕捉型采访、观察型采访、调查型采访、研究型采访。[1] 从采访者对事实的介入方式看，有体验式采访、嵌(浸)入式采访、隐性采访、目击式采访。蓝鸿文教授则指出，最基本的几种采访方式是：直面采访、视觉采访、书面采访、体验采访、电话采访、因特网采访，其中以直面采访和视觉采访为最基本的基本。[2] 不同的采访方式各有其用武之地，但是，就产生新闻的现场感而言，它们客观上存在着差异，其中体验式采访和目击式采访最能凸现新闻的现场感。

　　体验式新闻由于通过亲身体验、与其同在的方式来记录事实，就比较容易产生现场感。如奥尼尔的《伊娃的礼物》中写道：

离开久居的老家 这是一个阳光明媚的下午，伊娃是平生第一次走在小镇上。她脚步缓慢，步态迟疑，目光中时常显露出惊恐与失落。"真让人兴奋，"她快乐地说着，灰蓝色的眼睛在强光的刺激下泛着泪光。

　　在这里，在小镇上，在她可能遇到熟人的地方，她拒绝佩戴医生给她的厚厚的黑色眼镜。她想走在这条街上，向邻里点头示意，将她的微笑与问候带向世界的每一个角落。但每迈出一步都会给她带来困惑。伊娃不明白商店的门外为什么悬挂这么多精心装饰的横幅。是的，看上去的确很美，不过难道不是因为会有什么事情发生吗，比如说游行或节日？店主肯定不会只为好看才这么挂。"肯定是有原因的，"她总结说。[3]

----

[1]　参见吴锦才：《怎样当新闻记者》，新华出版社 2002 年(修订)版。

[2]　参见蓝鸿文：《新闻采访学》(2 版)，中国人民大学出版社 1999 年版。

[3]　奥利尔：《伊娃的礼物》，引自杰里·施瓦茨：《如何成为顶级记者——美联社新闻报道手册》，中央编译出版社 2003 年版。

　　这段文字当然带有很强的"新新闻主义"的写作色彩，但是，透过这些文字，我们可以感受到记者在采访中对伊娃的观察和记述融入了自身的体验。这种体验必须是深入人物内心和事件核心的，是在记者与受访对象朝夕相处、对之观察、与之交流的过程中产生的。为了采访伊娃，记者联系了几家盲人机构，试图找到其他突然间恢复了视力的人；阅读了多本有关失明的书，并在网络上查询相关资料。调查过程中奥尼尔结识了在美国盲人协会任职的梅勒妮·布鲁森，从这位失明妇女身上得到启迪，将自己设身处地地摆在伊娃的位置上，去体会一个突然间产生了第五种感觉的女人的感受。"奥尼尔如此紧密地靠近她的报道对象，以至于能看清他（她）们皮肤上的毛孔"，她陪伴了伊娃好几天，带她出去吃午饭，陪她在镇上闲逛，观察她对人的表情、商店的橱窗、路边的台阶等事物的反应。

　　与体验式采访有所不同的是，目击式采访强调记者要深入新闻事件发生的现场，以观察为主要采访手段，通过记述记者的所见、所闻，再现新闻事件发生、发展的全过程。如果说，体验式采访中，记者主体的情感和心理要尽可能融入对象之中的话，那么目击式采访中，则是将客观对象尽可能地通过主体的感知和感受而呈现出来。"目击"首先意味着客观事物的呈现。1945 年 7 月 16 日，美国在新墨西哥州中部试爆了世界上第一颗原子弹，《纽约时报》记者劳伦斯获准进入现场进行采访，但被要求不许提问，于是，"目击"成为惟一的采访手段，他通过细致入微的观察，并调动听觉、触觉、感觉等辅助手段，获得了大量生动的素材，10 天以后，在《纽约时报》登出了《"末日即将来临！"》，向我们再现了原子弹爆炸产生的光："众多太阳合而为一的光芒"、"这个世界前所未有的一次日出"、"一轮巨大的绿色超级太阳"；再现了爆炸发出的声音："像是上千枚巨型炸弹同时击中一个目标"；再现了爆炸后烟云的变化："开始它只是一个巨大的烟柱，随即又变成世间未有的蘑菇状，转瞬它又变成自由神塑像的形状，不过要大许多倍……"；再现了发射成功后现场人们的反应、感受："人们的呼喊声在空中回荡，顷刻间，像沙漠植物似地鹄立于地面上的三个一群五个一伙的人们跳跃起来，就像欢庆春天到来的原始人那样激烈地跳跃着。"①从这里我们也可以看出，"目击"不仅意味着客观事物的呈现，而且意味着记者作为主体的各种感知感觉能力的活跃，因此，才可以有如此生动的描述（当然，这也是语言能力的表现）。所

---

　　① 转引自车书明：《把读者带到新闻现场——目击式新闻的采写技巧与竞争优势》，《中国记者》2003 年第 3 期。

以，在目击式采访中，现场感与记者的主观感受往往浑然一体，就像爱伦堡在《巴黎陷落后的一个月》里表现的那样：

> 7月14日之后，我在街上走着，像一个被迷惑了的人似的：我不能了解，我还是在巴黎走着。接着，我也习惯了。现在，我已很难再想起那已往的巴黎：街上挤满了人，充满了汽车的喇叭声和照满了灯光。在我的眼前，是一个庞大的空洞的城市。它好像变得更美丽。现在可以一眼看遍了它：既没有行人、橱窗，也没有汽车会吸引你的注意。现在可以站在大街的当中瞭望着远方：所有的远景都横陈着，所有的大门、壁龛、浮雕都显露着。
>
> 也许它变成畸形的了——没有巴黎人的巴黎，这个古老肮脏的城市，有贫民窟，有被煤烟熏黑了的房屋，有贫穷的近郊四乡。现在是没有什么东西能重新活跃起这个城市，能掩饰它的衰老，来安慰它的贫困了。
>
> 不仅仅是眼睛，连耳朵都不能了解这种变化了。在尼伏里街上，在拱门下边，代替了那往常的骚音、报童的叫喊和汽车的喇叭声的，则是胜利的寂静。
>
> 在大林荫道上，有一个十岁左右的小孩子在卖画片。他叫道："旧巴黎风景明信片！"我心里想，他是在卖巴黎古迹的照片吧，但实际上这是些巴黎平常的风景明信片，就是那个还尚未被称为"主要地方城市"的巴黎。我看了看这个小孩，这个巴黎的小麻雀，这个《孤星泪》中的加弗罗希的亲兄弟，他不知道从什么地方弄到了五张明信片，为了要养活母亲，就用尖锐的喊声来吸引偶尔的几个过路人——这个在死了的城市中的还活着的孩子。①

这里对客观对象的准确描述和记者自己的主观心理的表现融为一体，将当时的情景生动而鲜明地展现于我们的面前。

值得注意的是，在新闻采访的实践中，体验式采访和目击式采访并不总是独立地使用的，也就是说其他方式的采访中完全有可能嵌入体验式采访和目击式采访，而正是这样的嵌入能够带来现场感。譬如，在新华社记者郭玲春采写的报道《金山同志追悼会在京举行》②，构成新闻主要内容的是对金山同志一生的回顾，但是，如果仅仅是回顾金山一生加上参加追悼会人员名

---

① 黎信、蓝鸿文编选：《国外新闻通讯选评》，长征出版社1984年版。
② 《人民日报》1982年7月17日。

单，新闻因素会大大减弱。而该报道脱出一般追悼会窠臼之处就在于，它始终扣住现场，以鲜花、翠柏、挽联、哀乐这样一些因素，强烈地渲染了追悼会的气氛，将我们带到现场。

再次，是记者观察和捕捉细节的能力，对新闻现场感的产生有着直接的影响。美联社名记者雷尔迈·莫林说："你要收集有关细节，如面部表情、音调、姿势等。"①新华社记者阎吾在《战后谅山》（广西边防前线 1979 年 3 月 6 日电）中写道："记者在谅山敌军的一些阵地上，看到所有的日历都没有翻到 2 月 28 日，有的翻到了 27 日。可以想见，他们刚把日历翻到 26 日那一天，就被我军打得丧魂落魄，再也没有能力往下翻了。正像一个越南士兵在一封未发出的家信中写的那样，'我们这里形势很紧张，每天都有许多人死伤，不知哪一天该轮到我的头上'。"我们看到，这个日历的细节被记者捕捉到了，写进报道里，非常生动、具体而又真实地传达了当时的情景。《财经》杂志记者卢彦铮采写的《"南方都市报案"一审开庭纪实》②中，也通过细节的记述，再现了当时的场景，令读者仿佛置身其中，耳闻目睹当时发生的一切："4 日上午 8 时 10 分，喻华峰的 13 名同事和 5 名家属静候在法院门口等待开庭。法院电子幕墙显示，《南方日报》报业集团社委、调研员李民英因涉嫌受贿将在次日出庭受审。但喻案开庭的信息意外地未予公布。8 时 35 分左右，35 岁的喻华峰头戴黑色头套、身穿黄马甲，出现在仅有 30 个旁听席位的 206 号法庭。喻的妻子向丽一见之下，失声痛哭。对喻华峰案的庭审持续了整整一天，有关贪污罪的举证和辩论花费了庭审三分之二的时间。"记者如果缺少观察和捕捉细节的能力，是写不出这样的新闻来。新闻评析只要对这样的笔触加以分析，便可判断新闻的现场感的强弱和记者采写中观察能力的高下。

第三节　探讨新闻写作得失

新闻作品尤其是文字类的新闻，作为新闻报道活动的最后结果，总是经过写作这个环节而获得的，即便是在广播电视新闻的制作中，写作也有着不可忽视的作用。可以说，新闻写作的过程决定了新闻作品的面貌，因此，新闻作品评析的一个特点和一项任务，也是对新闻写作的得失进行分析和评

---

① 转引自［美］查尔斯·格拉米奇编：《美国名记者谈采访工作经验》，新华出版社 1981 年版，第 12 页。

② 卢彦铮：《"南方都市报案"一审开庭纪实》，《财经》杂志 2004 年 3 月 21 日。

价。实际上，在后面的各章节中，我们都会涉及新闻写作这一环节，在这里我们主要阐述，新闻评析如何依据新闻写作的基本规范进行分析和评价活动。

作为一种实用性很强、应用性很广的文体，新闻的写作与其他类型的写作相比，比如与文学写作、法律文书的写作、医生病历的写作等等相比，在准确、简洁、易读等方面有自己的要求。

一、准确

准确的新闻在根本上当然来自记者的采访，没有扎实的采访，纵使生花妙笔，也不能写出准确的新闻来。但是，当我们面对一个新闻作品，评价其是否准确时，首先意味着语言对事物的表达是否能够如其所是，恰如其分，将所状写的人或事鲜明地呈现在读者的面前。如美国底特律《自由新闻》的记者尼尔·夏恩在《"老报童"罗伊去世了》中对罗伊的刻画：

> 他双目几乎失明，戴着一副像定量酒杯的底那样厚的眼镜，要把头往后仰起才能看得见东西。
>
> 他形容枯槁，白发苍苍，体弱多病，吃力地背着笨重的帆布报兜，背带深深勒进瘦削的肩头。然而，在他衰弱的外貌下，却隐藏着强烈的自立精神。他对工作极为认真，也能滔滔不绝地神聊一气。"罗伊，你今天干得怎样啊？"一位打算买报的顾客会这样招呼他。
>
> "要买份时报？"他会这样回答，声音粗得像是从沙石上蹦出来的一样刮耳。①

这里，记者对罗伊的眼镜、帆布报兜、声音等方面的描写，让我们如见其人。准确是对新闻写作的最基本的要求，同时也是说起来容易做起来难的一项要求。一般我们从下面几个方面评析新闻作品的准确性，在新闻评析中，指出这些方面的得失优劣是评论者的基本任务之一。

1. 知识要准确

采访中，如果缺乏有关知识的准备，到落笔成文时，就会出现差错。老一代新闻工作者黎信曾经以自己的经历告诫我们，新闻工作者在反映客观事物时，要具有相关的知识，否则会闹笑话。十年动乱后不久，他写一篇介绍中国佛教寺庙的英文专稿，其中有一段介绍十八罗汉中的伏虎罗汉。他凭着

---

① 黎信、蓝鸿文：《外国新闻通讯选评》，长征出版社1984年版。

在寺庙中看到的伏虎罗汉写道："（它）凭着神力征服邪恶。"这篇文章在新加坡一家英文杂志发表后，中国佛协转给黎信来自新加坡一个僧侣的信，信中尖锐地批评说，让一个不懂佛学的人介绍佛教，"实在是对佛陀大不敬"。原来，伏虎罗汉在佛学中的名字是"宾头卢尊者"，他听到寺外有虎啸，认为是虎饿了，于是将寺里的饭菜舍一些饲虎。这样一来，虎就被他收服，这位高僧从此成了伏虎罗汉。这封批评信黎信先生保存了许多年，作为自己的警醒。① 某电视台的记者报道山东出产的世界著名寒武纪三叶虫化石时，将它描述成燕子化石，因为当地百姓称含三叶虫化石的岩石为燕子石，他就如此附会：你看，燕子死的时候还张着翅膀哪！

2. 时间要准确

我们在新闻报道中经常会看到诸如"近日"、"日前"这样模糊的时间词，除非涉及有关不便公开时间的事件，这样的词语应该尽可能不用，这样的词语多了，新闻的准确性会大打折扣。新华社记者孙世恺在其《怎样写新闻报道》一书中曾经谈到，报道数学家华罗庚1982年12月9日获得香港中文大学荣誉学位的新闻，新华社迟了50天，发消息时仍然用"最近"两字，受到有关领导严厉的批评。孙先生指出："其实，新闻用这样含混不清的时间概念去表述新闻的时效，明眼人一看便知道这是作者为了'打马虎眼'。新闻语言要准确，就不能用含糊笼统的概念迷惑读者。新闻事实发生在'今天'就应写'今天'，发生在'昨天'便写'昨天'，这样铆是铆，钉是钉，才能使读者看到新闻中传递的信息是准确可靠的，从而也增强新闻的可信性"。②

3. 用语要准确

正如麦尔文·门彻尔所言："没有准确的语言，记者就无法使新闻报道符合事实。"③一位记者在一篇报道中写森林灭火，报道开始不久有这样的句子："与火魔的大决战在地势陡峭的和顺县喂马乡林地中展开"；可是后面又有："火势初步得到控制，目前所有救火人员全部待命，准备再次上山灭火。"④前后对照一下就会发现，"大决战"这个词用得不准确。这种对词义的理解不确切而信手写来，使新闻显得不准确。《中国文化报》1990年4月25日的一条消息中，有这样的句子："当双子镇党委书记把这笔钱送到遇难者

---

① 黎信：《我的新闻生涯》，转引自徐向明编：《中外新闻名家名言集》，南京大学出版社2004年版。

② 孙世恺：《怎样写新闻报道》，北京出版社1987年版，第173页。

③ 麦尔文·门彻尔：《新闻报道与写作》，新华出版社1981年版，第110页。

④ 原文见 http://www.chinanews.com.cn/news/2005/2005-05-04/26/570374.shtml。

手里时，他们忍不住抱在一起痛哭失声。"这里"遇难者"显然用错了，死去的人无法与活人抱在一起痛哭失声。又如在一篇有关中国女排的报道中，有这样的句子："主教练郎平在己队爆冷输给意大利队之后表示，队员有些轻敌，水平发挥差强人意，进攻缺乏变化，防守上又顶不住对方的高举高打"。这里面，"差强人意"一词用错，它本来表示还能使人满意，这里把它的意思用反了。

用语不准确往往表现为笼统抽象。传播学家施拉姆指出："有效传播的一个秘密是把一个人的语言保持在听众能够适应的抽象程度上的能力，以及在抽象范围内改变抽象程度的能力，以便在具体的基础上谈论比较抽象的内容，使读者或听众能够不困难地从简单熟悉的形象转到抽象的主题或概括上来，并在必要时能够再回到原来的形象上去。"①我们可以通过逐级比较用语具体的程度来对这一点进行分析，下面列出的句子显示出具体的程度如何逐步加深：

（1）一个人走过来

（2）一个女人走过来

（3）一个身着红色上衣的女人走过来

（4）一个身着红色上衣的女人摇摇晃晃地走过来

（5）一个身着红色上衣的女人摇摇晃晃地走过来，她看上去大约40岁

（6）一个身着红色上衣的女人摇摇晃晃地走过来，她看上去大约40岁，一脸倦容

…… ……

记者若要使其对关键的人物或事件的表述，能引起读者注意，并给读者留下深刻印象，就应该避免抽象笼统的表达，而努力寻求具体准确的描述。像前文引述的《"老报童"罗伊去世了》，表现罗伊若仅仅用"形容枯槁，白发苍苍，体弱多病"，就不会产生如原文那样的效果。

抽象笼统的毛病还发生于形容词和修饰语的滥用，论断无限拔高而无具体、充实的内容支持，导致新闻空洞无物的结果。譬如，某报2001年8月3日发表的一篇题为《中国科学家筹备第三次考察北极》的消息中写道："此次北极科学考察的目的是从亚洲大陆出发，跨越北冰洋到达北极点，探索一条适合中国国情的北极高纬度地区的科学考察途径，填补中国北极科学研究领域的空白……中国北极科学研究是一项关系到中华民族未来生存环境的重大

---

① 威尔伯·施拉姆：《传播学概论》，新华出版社1984年版，第99页。

课题,具有重要的科学价值、经济价值和政治意义。"这里所谓"适合中国国情"、"填补……空白"、"关系到中华民族未来生存环境"、"重要的科学价值、经济价值和政治意义",都是没有实质性内容的空话、套话,它们不仅不能传递新闻的有效信息,而且影响了它所报道的事实中所包含的新闻价值的凸现。某报 2005 年 5 月 14 日的一条消息的导语中称:"为引导更多的教师将精力投入到本科教学工作上来,××大学积极开展教学名师奖评选表彰工作,以形成名师榜样效应,打造学生认可的名师"。

用语不准确还表现为褒贬不当、言过其实。如南方某报 2001 年 4 月 19 日报道当年破获的张君特大暴力犯罪集团,其中有这样的句子:"终于,逆境中的张君决定以铤而走险的方式获得自己人生的成功。""逆境中的张君"和"获得自己人生的成功"一般来说是表述人物事件的正面价值,用在这里与"铤而走险"产生语义上的冲突,报道的立场显得暧昧不明。这方面,新闻业界广为知晓的一个例子,是胡乔木同志的一次改稿。1980 年 11 月,北京火车站发生爆炸事件,新华社记者采写的报道《北京火车站爆炸事件经公安机关查明是一起反革命破坏案件》,消息第二段末尾原稿写道:"近年来,由于他(指罪犯)个人主义恶性膨胀,对现实不满,以致发展到与人民为敌,走上了犯罪道路,蓄意制造了这起爆炸事件"。胡乔木将这段文字改为:"近年来,由于他的一些个人要求没有得到实现,心怀不满,以致发展到甘心与人民为敌,蓄意制造了这起凶恶的爆炸事件。"①"个人主义恶性膨胀"显得抽象笼统,不好理解,改为"一些个人要求没有得到实现",就具体实在得多,更加切合实际。而"对现实不满"涉及的范围过大,让人产生多方面的联想,改为"心怀不满"则缩小了范围,贴近事实本身,因而更为准确。

用语不准确还往往是因为记者用文学的想像代替事实的描述,片面地追求生动以获得煽情的效果,而不考虑信息本身的可靠性。例如,南方某报 2002 年 11 月 21 日报道一位女艾滋病病毒携带者的爱情生活,报道开头描述她的男友:"11 月 12 日清晨 7 时,24 岁的刘月明从被子里坐起来,看了看身边还在熟睡的女人,开始穿那套深黄色旧西装——他少数几件'体面'的衣服之一。冬日的阳光透过挂在窗前的方格窗帘,洒进不足 7 平方米的卧室。……刘月明望着窗外,心事重重。……刘月明消瘦的脸上有了点淡淡的笑意,他给自己点了支烟,朝窗外缓缓地吐出烟圈,好像在面前绽放一串串小小的节日礼花。"这段描述现场感很强,但是它掩盖的一个问题是,这个现场

---

① 转引自孙世恺:《怎样写新闻报道》,北京出版社 1987 年版,第 174 页。

是如何观察到的？莫非记者在他报道的人物还没起床的时候，就守候在那里？这个例子中，还有一个矛盾处：既然阳光透过挂在窗前的方格窗帘，洒进不足 7 平方米的卧室，那就说明无法看到窗外，可在文中两次提到他望着窗外，他是怎样望的呀？这类过于文学化的叙述方式，一度在一些平面媒体盛行，对新闻报道的品质产生了影响，值得我们警醒。①

二、简洁

文豪契诃夫说过，简洁是才能的姊妹。简洁是所有优秀文章的美学品格之一，更是新闻报道特别要求的写作规范，因为新闻的简洁，意味着快速、直接和有效的信息传递，而且，篇幅短小的新闻占据较少的新闻刊播的空间（版面）和时间，因而可以扩大新闻传播的信息量。如路透社播发的美国总统肯尼迪遇刺的消息：

肯尼迪遇刺丧命

（路透社达拉斯 1963 年 11 月 22 日电）急电：肯尼迪总统今天在这里遭到刺客枪击身死。

总统与夫人同乘一辆车中，刺客发三弹，命中总统头部。

总统被紧急送入医院，并经输血，但不久身死。

官方消息说，总统下午 1 时逝世。

副总统约翰逊将继任总统。

这条新闻只用了五句话，就将两条重要信息——肯尼迪遇刺身亡及约翰逊将继任总统发送了出去。它的时效性相当强，在事发后仅仅几分钟就发出了。为了争取时间，文中省去了一切过程叙述和连接词，一句话一段，形成快节奏，给人以紧迫感，从而突出了事件的重大。罗列出了最重要的信息，直指新闻事件的核心，其他内容按其重要性依次排序，语言可谓惜墨如金，干净利落，清爽明快，而又传递了丰富的信息。

当然，简洁不只是简短，还要求清楚准确，如果一味苟简，造成语义晦涩，则是简而不洁。在新闻传播活动中，标题的制作最见记者和编辑在文字简洁上下的功夫，关于标题的评析本书第五章有专节讲述，我们集中就新闻作品（稿件）的总体来展开。

让我们先来尝试比较下列两个新闻稿：

---

① 参见郑直《我所警惕的新闻叙述方式》，http://www.zhengzhi.com/cbxd/zhengzhi4.htm.

一则启事见精神（原稿）

武山商店日夜服务部的青年售货员小陈，一见到我们就高兴地说："武山铜矿工人的心灵真美！"

事情是这样的。去年 12 月 21 日上午，武山商店日夜服务部新到了一批香烟。消息一传出，小小的店堂里便挤满了顾客。售货员小陈热情地接待他们，只见她一边收钱，一边递烟，忙得满头大汗。

入夜，小陈怀着喜悦的心情，清理一天的营业款。她数着数着，突然脸上的笑容不见了，眉头紧皱。经过反复查对核实，发现是在忙乱中，错把三角八分钱一包的"关东"牌香烟，当作二角六分钱一包的"大建设"牌香烟卖出去了。这可怎么办？小陈那还带着稚气的脸上，堆满了愁容。她想，个人经济上受点损失是小事（指赔款），影响了商店信誉是大事，于是她抱着试试看的心情，写了一张"启事"，贴在服务部门口。第二天一早，工人们路过服务部时，都被"启事"吸引住了。一下子，"关东"牌香烟卖错了价的消息就传遍了全矿。人们议论纷纷。有的售货员认为："除非是傻子才来补款退货呢！"

谁知就在这天下午，真的来了几位"傻子"。一位身穿工作服的中年人，拿着一条"关东"牌香烟，急匆匆地来到服务部，对营业员说："真对不起，我才听说'关东'牌香烟卖错了价，我来退烟。"小陈急忙接过香烟，一边退钱一边问："同志，你贵姓？在哪个单位工作？"来人未回答，接过钱笑了笑就走了。小陈刚要追过去，这时又来了两位退烟的顾客。他们同样没有留下姓名和住址。小陈委托我们代为查找，经过深入调查了解，才知道他们是武山铜矿南坑坑口的黄振茂、李生虎、曹水金。

一则启事见精神（修订稿）

去年 12 月 21 日上午，江西省武山铜矿武山商店日夜服务部在忙乱中错把三角八分钱一包的"关东"牌香烟，当作二角六分钱一包的"大建设"牌香烟卖出去了。售货员抱着试试看的心情，写了一张"启事"，贴在服务部门口。有的售货员认为："除非是傻子才来补款退货呢！"

谁知就在这天下午，真的来了几位"傻子"。一位身穿工作服的中年人，拿着一条"关东"牌香烟，急匆匆地来到服务部，对营业员说："真对不起，我才听说'关东'牌香烟卖错了价，我来退烟。"小陈急忙接过香烟，一边退钱一边问："同志，你贵姓？在哪个单位工作？"来人未回答，接过钱笑了笑就走了。小陈刚要追过去，这时又来了两位退烟的顾客。他们同样没有留下姓名和住址。经过深入调查了解，才知道他们是武山铜矿南坑坑口黄振茂、李生虎、曹水金同志。①

比较以上两个新闻稿，我们可以从篇幅上看到，修订稿比原稿简洁了许多：原稿660多字，修订稿330多字。进一步分析后一篇对前一篇的改动，我们可以发现，造成原稿不简洁的原因主要在于，它没有突出事件中最有新闻价值的部分。开头将故事的焦点聚于营业员小陈，显然与这则新闻的主旨无关，而小陈的赞美之词也显得生硬做作；在小陈卖烟、数钱、发现错误这样的事情上原稿花过多的篇幅，这样一来，就没有突出真正具有新闻价值的部分——真的来了几位"傻子"。

从上面的两文比较中，我们也可以看出，新闻语言要求简洁，不只是要求语句紧凑、篇幅短小，而是要求言约意丰，即用尽可能简约的语言传达尽可能丰富的内容。我们应该秉持这个标准，对新闻作品进行分析和评价。新闻作品之所以不简洁，往往因为它将该说的不说或说得不充分，而不惜笔墨地在细枝末节、相关背景上兜圈子，新闻的重点和主旨淹没在这些文字之中。譬如，信息的前后重复。一篇报道2002年南京发生的集体中毒事件的新闻中，关于死亡人数就有这样几处：一开始导语中提及："到记者发稿时为止，死亡人数还在不断上升之中，估计可能多达数十人"；接下来在正文第一大部分又有："这些中毒的学生大半是住校生和毕业班的学生。镇上的群众以及民工也有多人中毒。目前死亡人数不清楚，估计有数十人"；再接下来，在正文第二个大部分又有："中毒事件的死亡者多数是学生，以男生居多，还有民工和部分居民。……具体死亡人数还不清楚，有80多人之说，也有消息说近百人死亡。"②在一篇报道中，对同一信息的如此重复，显然有损于新闻信息的迅速、清楚、有效的传递。还有长句的不适当使用造成杂糅和啰嗦。如有新闻中出现："这位官员补充道，今年四月俄维多利亚州降水量创了过

① 两则新闻稿均转引自郑兴东、陈仁风主编：《不要这样写——对百篇新闻写法的商榷》，中国人民大学出版社1990年版，第238—240页。

② 《南京汤山突发特大中毒事件》，《21世纪环球报道》2002年9月16日。

去50年到75年间四月份降水量的最高记录。"这句话完全可以改为:"官员补充说,上月是维多利亚州75年中最潮湿的四月。"①有时候,记者可能是想让一个句子表达尽可能丰富的含义,想取得不同凡响的效果,结果造成行文不简、文义不明。一篇报道的开头写道,"历史上的第14个黄金周,在诸多景点门票先后告涨的声潮中,跌撞而至"。② 就写作当时来讲,"黄金周"是中国人都熟悉的现实存在,它的实施不过七年的时间,因此"历史上的"这一个修饰语毫无必要。"跌撞而至"或许是为了追求生动而使用的拟人手法,但是,在整个句子乃至整篇报道中,看不到任何与之相应,对其构成支持的信息。下面这个句子更为不通:"记者经过连日采访,揭开了一个曾意气风发立志认真读书的好青年因女友不是处女而在欲海沉浮、几经挣扎最终自甘堕落的心路历程。""揭开了""心路历程"这个搭配不成立,

在新闻写作的过程中,上述情况往往是综合性地出现,造成"并发症"。譬如下列这则新闻:

山西和顺县发生森林大火　万人抢险明火点已减少

经过几天几夜的艰苦奋战,(2005年)五月一日发生在山西和顺县的森林大火明火点已在迅速减少。

和顺县位于晋中地区东部中段,清漳河上游,自然资源丰富,煤炭及多种金属矿藏地下蕴藏量在山西占有相当比重,东西部山地、森林茂密,多为松柏桦杨和油松林。

今天凌晨三时左右,又有一千一百多名武警官兵和五千多名干部民众到达火场,目前在火场参加扑救的武警官兵和干部民众已近万人,与火魔的大决战在地势陡峭的和顺县喂马乡林地中展开。

今日中午时分,记者到达火势最为凶猛的和顺县喂马乡林场。刚入林区,紧张气氛扑面而来。满山遍野的树林中浓烟滚滚,远方山坡上一些明火隐约可见。阵阵火焰像一条凶猛发狂的长龙,向着已经成材的树林席卷而来,情势危急。不少青年士兵的脸上被烟火熏烤得烟尘满面,汗水把衣服浸湿,但奋力灭火的劲头依然高涨。

当地抢险指挥部紧急决定:武警战士先投掷灭火弹、铁锹土

---

① 转引自林赛·雷维尔、科林·罗德里克编著:《新闻实践指南》,中国新闻出版社1987年版,第93页。

② 《"黄金周"的七年之痒》,《南方周末》2005年5月8日。

压、高压水枪扫喷、铁笊抓扑打余火四种方法灭火，地方灭火队员紧随其后，力争扑灭余火，消除隐患，并紧急调运三千发灭火弹已于今晨送往火场。

火情就是命令。和顺县县委、县政府紧急动员，迅速组织乡镇的民兵、县直机关干部、煤矿职工近千人扑火队伍赶赴现场。但由于现场烟雾很大，当地森林茂密，加之地势陡峭，扑火工作有很大难度。

由于森林密度大，风力超过了六级，灭火难度非常大。火灾发生后，由于地形过于复杂，山高坡陡，灌木茂密，人员一时难以接近火场，一度现场火情势态严峻。

大火引起山西省委、省政府高度重视，多位官员赶赴现场指挥扑火。省森林防火指挥部常务副总指挥、省林业厅厅长杜创业提出四点要求：一是要切实控制野外火源，要加强对林区各个重要环节野外用火的控制；二是要加强当地的专业扑火队伍建设，能够做到快速反应；三要科学组织，一定要保证扑火群众的安全；四是强调各级要落实领导干部防火责任制，确保"五一"节期间不发生大的火灾或者发生了火灾之后能及时扑救，减少伤亡。

经过几个日夜与火魔的较量，至今天上午九时左右，火势初步得到控制，目前所有救火人员全部待命，准备再次上山灭火。①

这则报道，重点当在万人抢险，但是，文中第2段除了"山地、森林茂密"有相关性，其他背景介绍均与主旨无关。第6和第8段也与现场的抢险无直接的关联。第6、7段重复说明抢险难度，而"当地森林茂密，加之地势陡峭，扑火工作有很大难度"这一点本可以更充分展开却未展开。第9段与第4段因为时间的表述，内容上看起来有矛盾。文章中最大的新闻点"今天凌晨三时左右，又有一千一百多名武警官兵和五千多名干部民众到达火场，目前在火场参加扑救的武警官兵和干部民众已近万人"，被淹没在第三段了。这应该是大火发生以后最新的一个细节，它构成了事件链条上最新的一环：大火已经几天——又派了多少人——现场总计已有多少人——艰难地扑救——明火减少。

由此观之，是否简洁不仅关系到新闻在语言外观上的品质，更主要的是，它关系到事件的新闻价值能否在新闻报道中充分实现，因此，新闻作品评析应对此予以充分的关注、分析和评价。

---

① http://www.chinanews.com.cn/news/2005/2005 – 05 – 04/26/570374.shtml。

三、易读

所谓易读，顾名思义是指新闻作品容易为读者接收和接受，而不是拒人于千里之外。新闻写作不同于其他各种专业写作的一个重要方面是，它总是要面对最广大的受众，新闻信息只有为公众接受、理解，才谈得上有效。正如美国新闻学者道格拉斯·伍德·米勒所强调的，"新闻报道必须写得从大学校长到文化程度很低、智力有限的一切读者都容易理解"；美联社写作手册上也规定："尽量使用常用词汇。如果你不得不使用一般读者可能不熟悉的词，那就必须加以解释。"易读的基本要求就是语言通俗易懂。

通俗易懂的最大拦路虎是专业术语或行话，即社会上某一行业、阶层、职业、团体等使用的专门用语。譬如一篇报道中写道：

　　长期以来，铁路运能和运量的矛盾，为车票这块小小纸板罩上神秘的色彩。"买票难"成为旅客怨声鼎沸的热门话题和铁路工作的难点之一。长年"超负荷运行"的武昌车站，果断地采取亮出客票家底的方式，把热点问题公开，难点问题透明，让旅客在透明服务中实施监督，并以此引导旅客体谅铁路的困难，指导旅客合理乘车。[①]

这里面，"运能和运量的矛盾"、"超负荷运行"，就属于行话，不是在铁路系统工作的人，不能很好地理解，它们所指的究竟是什么。因此在新闻报道中，应该尽量避免这类行话术语，非得出现，则应予以必要的解释。

1982年要发生两次"九星会聚"的消息，令许多人担心会诱发地震。新华社1982年3月6日报道了中国科学院紫金山天文台科研人员的研究结果，指出"九星会聚"不会引起地震。这篇《"九星会聚"不会引起地震》的报道，涉及不少很专业的知识性内容，但是报道中尽可能将它们深入浅出地传达出来。例如，其中写道"今年的两次'九星会聚'分别在太阳一侧的96度和105度的扇形区域里，其潮汐力对地球的影响，只相当于汽车压在地球上；即使是九大行星排列成一条直线，潮汐力达到最大时，对地球的影响也不过是月球的十万分之六"。"只相当于汽车压在地球上"、"不过是月球的十万分之六"，这样的比较一下子将问题解释得清楚易懂，而又不失严谨。还曾有报道说："中国辽宁省东沟县气象站不仅能够基本上准确地作出短期、中期和长期预报，而且还能作出超长期天气预报。"这当中，短期、中期、长期、超长

---

　　① 转引自严介生：《美中不足——评析72篇好新闻中的疵点》，中国广播电视出版社1993年版，第64页。

期等，一般读者不易知道其确切的意思，法新社在转发这条消息时写道："法新社北京 2 月 2 日电 绝大多数气象站可以告诉你今天、明天甚至两个星期内是否会下雨，然而中国一个县气象站不仅可以做到这一切，还能相当有把握地对今后 10 年的气象变化作出预报。"①

我们看到，尤其是在科技报道中，如何将新闻写得通俗易懂，是一个很突出的问题。当然，通俗易懂是以准确为前提的，如果为了通俗易懂而放弃新闻的准确和真实，那就是本末倒置了。正是出于这种考虑，也有论者担心，科学报道的通俗化会影响新闻的质量。但是，正如美国新闻学者纳尔金所说："如今的科技已经相当专业化，连科学家之间的信息交流都不易沟通。因此科学文章的通俗化不是为大众所接受的一个基本的——即使是有争议的——要素。"②

新闻作品应该易读这一要求，其实质在于，新闻记者和编辑在写稿和编辑处理时，应该牢牢树立受众意识，时刻想到，我做的新闻不是给少数人看的，而是给大多数人看的。现代传播学中，易读性研究为这种受众意识下的实践给予了理论和技术指标的支持。③ 所谓易读性是指文本易于阅读和理解的性质，它不仅关乎内容，而且涉及信息传递的方式，如平面媒体对版面的设计。我们在新闻作品评析中，只涉及新闻写作的文本。就文本的整体而言，易读性除了要求在具体的语句和措辞上应努力追求通俗易懂外，还应该在结构、叙述手段等方面下工夫。近些年来，我国新闻理论界和业界都有论者强调，新闻是讲故事的艺术，要求记者用故事讲述新闻，就是为了将新闻传达得具有易读性，更具吸引力。关于这方面，我们在后面的章节中会更加深入的探讨。

值得注意的是，在努力做到让新闻易读的时候，记者自身应该有对相关

---

① 转引自郑敬畴主编：《实用新闻写作教程》，地震出版社 1999 年版，第 35 页。
② 多罗西·纳尔金：《科技新闻的报道艺术》，中国科学技术出版社 1991 年版，第 179 页。
③ 哥伦比亚大学师范学院可读性实验室研究员鲁道夫·弗雷奇，研究出两个公式，一个是易读性公式，一个是人情味公式。易读性指数 = 206.835 − 0.846 × 每 100 字的音节数—1.015 × 每个句子的平均字数。用这一公式得出的指数在 0～100 之间，指数越高说明文章越容易读。其中，60 分以上的文章属于通俗易懂的，60 分以下的文章开始有些费力，而且对读者的教育程度也有一定的要求了。30～50 分一般就要求有大学文化。人情味指数 = 3.635 × 每 100 个字中的人称词数目 + 0.314 × 每 100 个句子中的人称词数目。这个人情味指数在 0～100 之间。指数越高，说明文章的人情味越浓。其中，0～10，表示枯燥；10～20，表示较有趣；20～40，表示有趣；40～60，表示非常有趣；60～100，表示生动。需要说明的是，公式中的各个系数是按照英文统计，易读性指数公式并不适用于汉语，但可以给我们以启发，而人情味指数可以参考。

知识的透彻了解，应该向相关专业人士咨询，取得他们的支持。如果记者自己没有透彻的了解，就无法让它深入浅出地表达出来，以其昏昏，不可能使人昭昭；即使表面上看很通俗了，但结果有可能是违背了事物本身的真实。

第四节　指向社会和文化批评

上述我们所阐述的新闻作品评析的特点，主要是就新闻自身而言的，要言之，它是依据新闻价值理念和新闻采访与写作的基本规律，对新闻作品文本进行分析和评价。但是我们知道，新闻传播并非独立于社会文化系统之外的孤立存在，相反，它与特定社会和文化的关系如此之紧密，以致脱离社会文化系统来谈论新闻传播是不可能的事。媒介批评理论正是适应这种需要而产生，而新闻作品评析作为媒介批评的基本手段，必然地指向了社会和文化批评，即在具体的新闻作品的研究中，探讨和分析这些作品的社会成因、文化价值取向以及社会效果，从而形成新闻作品评析的另一个显著特点。

我们在新闻作品评析中，可以从以下几个方面进入社会文化批评。

一、审视新闻价值观

在前面我们阐述新闻价值概念时，指出了其构成要素和影响因素。但是，对同一件事件，不同的新闻传播者在考虑其新闻价值时，所看取的不一定一样。美国哥伦比亚广播公司电视新闻主持人沃尔特·克郎凯特说："一切新闻操作的经验法则是根据一则消息在多大程度上影响到绝大多数读者或观众或引起他们的兴趣这一基础来评判这则消息的重要性。根据报纸和广播的不同性质而言，'影响'和'感兴趣'之间的平衡是很不同的。《纽约时报》这样有责任感的报纸的第一条标准就是当天他们的读者需要了解什么——这些事件或许以不同的方式影响到他们的健康、财政状况，影响到他们自己以及儿女们的将来。而小报的第一条标准是什么能使读者'感兴趣'——闲言、性、丑闻。"[1]克郎凯特的这番话实际上道出了新闻媒体之间在"我认为什么是最重要的"或者"这事对我来说新闻价值有多大"这样的问题上，因为新闻价值观的不同，回答不可能一致。而新闻价值观又与媒体的自身定位相关。因此，在新闻传播活动中，除了新闻工作者的职业水平和新闻敏感的因素

---

① ［美］沃尔特克·克郎凯特：《记者生涯——目击世界60年》，江苏人民出版社1999年版，第405页。

外，新闻价值观的差异值得我们注意。我们可以通过对新闻作品的分析，尤其是同一事件报道的比较分析，看到其间新闻价值观的差异所在，并揭示其社会和文化方面的原因。

在审视新闻作品表现出的新闻价值观时，至关重要的是，通过分析，发现和理解在新闻处理中，新闻价值与其他价值的关联。2003 年 2 月 25 日，北大、清华两校在中午午餐时间分别发生了食堂爆炸事件，此事当然极具新闻价值，但比较新华社和《纽约时报》对此事的报道，可以发现它们在什么是最重要的这一问题上差异明显。新华社的新闻标题是《清华、北大在爆炸发生后校园基本保持平静》；《纽约时报》的新闻标题是《北京二高校炸弹爆炸致伤 9 人》(Bomb Blasts Wound 9 at 2 Beijing Universities)。前者的导语是：25日几乎同时发生爆炸的中国最著名的两所高校——清华大学和北京大学，在事件发生后的几个小时内，迅速恢复正常秩序，校园基本保持平静态势。《纽约时报》的导语是：今天中午午餐时间，在中国两所著名高校的食堂，发生了自制炸弹爆炸事件，中国官员和学生说，至少 9 人在受伤。(Explosions apparently caused by homemade bombs ripped through cafeterias at two of China's most prominent universities around lunchtime today, Chinese official and students said. At least nine people were wounded.)我们看到，新华社报道认为最重要的是爆炸发生后的"平静"，后者认为最重要的是"爆炸，伤 9 人"。而"爆炸致伤九人"这一信息在新华社新闻中的第 4 段才交代。这里面显然存在着新闻价值观的差异，并且与新闻工作者的意识形态立场相关。

又如，2004 年 9 月 1 日，俄罗斯北奥塞梯发生人质事件，9 月 5 日俄政府军实施了解救措施。关于这件事的报道，美联社的标题是《俄军突袭学校：7 人被杀》(Russian Forces Storm School: 7 Killed)，突出了句子末尾的信息"7人被杀"，而且和前面的"施事者"相连；新华社的新闻标题则是《俄军解救人质和消灭绑匪行动结束》，这里强调了句末信息"行动结束"。前者未指出行动的结果（成功或者失败，或者是否仍在进行），后者没有描述行动的代价，而且两者的不同之处正是对方强调的重点。前者的"7 人被杀"是行动导致的后果，包含有一种"行动失败"暗示；后者的"行动结束"则相反，暗示人质危机已经过去，包含有"任务完成"意味。

上述这些差异表明，"新闻价值通过媒体反映了社会话语在制作中的经济、政治和意识形态的价值观"。①

---

① ［荷]托伊恩·A·梵迪克：《作为话语的新闻》，华夏出版社 2003 年版，第 125 页。

二、揭示与社会趋势的关联

新闻在社会生活中的作用和功能与整个社会环境、社会心理的变迁密切相关，新闻传播业在整个社会中作为一个收集、整理、输出新闻信息的服务性组织，保持新闻信息的流通，犹如"血液流经人的心血管系统一样流过社会系统，为整个有机体服务，根据需要，有时集中在这一部分，有时集中在另一部分，保持接触和平衡以及健康"。① 因此，评析新闻作品时应该把握新闻与社会趋势的关联。

在我国，随着改革的深入，社会矛盾也愈益突出，人们的心理压力日趋增大，轻松绵软的东西固然能解脱人于一时，却无法从根本上满足人们富有现实感的需要。一项关于城市居民社会心理调查分析报告表明，在 1995 到 1999 年间，城镇居民的社会心理压力呈上升趋势：1995 年，认为生活有压力的占 65.4%，认为生活压力在增大的占 69.7%；1997 年，认为生活压力的占 79.2%，认为生活压力在增大的占 68.6%；1999 年，认为生活有压力的占 83.5%，认为生活压力在增大的占 75.4%。② 这种普遍感受到的社会心理压力实际上是形成所谓"受众感兴趣的共识"的重要条件，也就在很大程度上决定了社会公众对新闻传播机构传播什么样的新闻的需求。喻国明教授主持的 1994 年全国报纸读者调查显示："我国读者阅报的首要目的是'了解国内外时事'；从总体上看，读者阅报的兴趣已从过去对局部零散性事件的关心转变为对全局结构性信息的关注；从过去对'甜''软'型琐碎新闻的兴趣转移为对'硬''辣'型重大新闻的追求；可读、可信、信息量大是人们对一张好报纸的基本要求；人们企盼有更多的以报道社会和时政热点为主的报纸和以文化教育、科学普及为主的报纸问世。"③这些论述为我们考察新闻作品是否正确反映社会走势提供了依据。

优秀的新闻作品，总是触及突出的社会问题，显示出强烈的时代精神。考察新闻作品是否能够把握社会趋势、反映时代精神，也是进行新闻作品评析时的任务之一。1992 年 1 月 18 日至 2 月 21 日，邓小平同志视察武昌、深圳、珠海、上海等地，发表著名的南方谈话。到深圳视察时，《深圳特区报》

---

① ［美］威尔伯·施拉姆：《传播学概论》，新华出版社 1984 年版，第 20—21 页。

② 汝信等主编：《2000 年：中国社会形势分析与预测》，社会科学文献出版社 2000 年版，第77 页。

③ 喻国明：《1996 年中国报业发展的若干趋势和特点的基本判断》，载《嬗变的轨迹》，中央编译出版社 1996 年版，第 103—104 页。

社记者陈锡添撰写了 1.1 万字的长篇通讯《东方风来满眼春》，于 1992 年 3 月 26 日在《深圳特区报》发表，报道了邓小平年初在深圳视察的情况，公布了邓小平南方谈话的许多重要内容。随后，《羊城晚报》、《文汇报》等报刊很快全文转载，《光明日报》等报刊也向《深圳特区报》去电索要照片，3 月 30 日，新华社特别为此文播发了一篇通稿，3 月 31 日，《人民日报》全文转载。一时国人尽晓，举世沸腾。这篇文章成为中国进一步改革开放的信号，意义极为重大，所以它当之无愧地获得了 1993 年中国新闻奖特等奖。新闻作品评析中应该努力发现作品的时代气息，发现作品与我们整个社会生活的精神关联。

三、开展文化批评

新闻作品作为职业的新闻传播者采集、加工、制作的产品，它经过新闻机构的传播，到达广大的受众那里，为受众消费，其本身是文化产品，并体现了特定时期的文化特征和走向。正如美国学者坎贝尔所指出的，新闻传播不仅是一个专业性很强的职业活动，而且更代表了一个充满动力与仪式性的文化系统，与宗教、学术、艺术、科学等文化领域息息相关，新闻传播者通过新闻故事的叙述，在脆弱的并具争议性的世界中寻找文化意义；除了教育系统外，新闻媒体就是社会中最重要的文化系统。① 因此，对新闻作品的评析必然地指向文化批评。具体地说来，包括下述几个方面。

一是对新闻作品里的符号运用进行解析。新闻制作的过程是一个符号化的过程，在对符号的有意识或无意识运用中，符号所携带的文化意象和趣味，符号所标示的文化心理，都会渗入新闻报道中来。譬如，2002 年湖南出现了蒋艳萍贪污事件，很多媒体在报道时都使用"女巨贪"这一称谓，② 在新闻中频繁使用"肉弹"一词，突出所谓"性贿赂"。新闻如此突出了当事人的性别特征，在暴露出男权文化的话语优势或曰霸权的同时，也透露出社会心

---

① 参见刘炜等《保持"中间地带"——论〈六十分钟〉的叙述模式》，《现代传播》1997 年第 3 期。

② 参看 http://dailynews.sina.com.cn/nutan/index.shtml，部分标题如下：湖南女贪官蒋艳萍特大受贿贪污案警示录；湖南最大女贪官蒋艳萍案二审维持一审死刑判决；10 年反腐是谎言？湖南女贪蒋艳萍如何被"扳倒"；蒋艳萍结婚就当"二奶" 警惕荒谬"女人价值论"；从蒋艳萍竟是三八红旗手谈起；模范人物谁来监督；疯狂权钱权色交易 谁放纵了"三湘女巨贪"蒋艳萍；女贪官蒋艳萍被判死刑 反腐老人连声称好；蒋艳萍情夫湖南计委原副主任被免予刑事处罚；女巨贪蒋艳萍被判死刑 蒋氏"家族腐败"触目惊心；湖南最大女贪官蒋艳萍一审被判处死刑；湖南女贪系列案已判三案 蒋艳萍将于本月宣判；湖南最大女贪官蒋艳萍系列案已判 3 案；湖南最大女贪官蒋艳萍受贿案将于近期宣判；被女贪蒋艳萍用"肉弹"击倒的看守所长被判刑 7 年。

理中某些阴暗的成分如何假借媒体传播而得以释放。

二是通过大量的文本分析,揭示一个时期的新闻报道在文化价值取向上表现的特点或存在的问题。2004 年底,有关部门开展了"抵制媒体低俗之风"的活动。作为这一活动的一个重要的环节,便是对新闻文本展开文化批评。譬如有学者把中国传媒界的低俗之风归纳为六个方面:一是一些社会新闻和娱乐报道细致描写淫秽情节;二是一些事故报道过于直接,场面过分血腥;三是一些媒体热衷于明星的隐私生活和其他花边新闻;四是炒作;五是虚假;六是媚俗。作出这些概括,显然要建立在具体的新闻作品的分析基础上。① 在今天,媒体大力发展的情况下,在新闻传播借助先进的媒体技术日益对人们精神和文化生活方面渗透的情况下,通过对新闻作品的分析来透视社会文化现象,开展媒介批评,应该成为新闻评析的一项重要内容和特色。

思考练习题

1. 试述新闻写作中,语言不准确的情况表现为哪些方面?

2. 试就某个媒体在一段时间(譬如一个月)里发布的新闻,考察该媒体的新闻价值取向,并予以评价。

3. 结合实际,阐述如何分析新闻作品的消息来源。

4. 将《山西和顺县发生森林大火 万人抢险明火点已减少》这篇新闻浓缩为 300 字的消息。

---

① 参见:http://news.xinhuanet.com/newscenter/2004 - 12/10/content_2317996.htm。

第三章　新闻作品评析方法

本章要点

● 采用语言分析的方法评析新闻作品，包括对语序、引语、结构、语言情境等方面的分析。

● 采用叙事学的方法评析新闻作品，包括对叙事聚焦、叙事模式等方面的分析。

● 采用内容分析的方法评析新闻作品，做到对大量新闻作品的量化、系统化和客观化评析。

　　本章将阐述新闻作品的评析方法，掌握这些方法，可以更为有效地进行新闻作品评析。首先应该说明的是，就像文无定法一样，新闻作品的评析也没有定法。但是，一般而言，只有熟悉基本的方法，才能够在实际操作中自如地加以变通。再者，如果一种分析的方法具有科学性的话，那么它必定是经过实践的检验，对它的运用也必定切合分析对象的真实存在和客观规律。因此，我们在学习这些方法的时候，首先应该牢记的基本原则是，这些方法揭示了新闻传播的哪些规律性的东西，相应地，新闻传播中哪些现象通过这里的方法得到透彻的分析。另一方面，还应该注意到，我们在这里为了分析的方便而分别介绍这些方法，在实际运用中，很多时候，它们是你中有我、我中有你，而并非各自为政、互不相干的，所以我们在学习过程中，应该有意识地注意各种方法之间的联系。

第一节　语言分析

　　新闻作品是语言运用的结果，无论是平面媒体还是音像媒体，都需要借助语言完成信息的编制与传输。因此，在某种意义上，对新闻作品的评析首先就是对其语言运用情况的分析。在前面一章关于新闻作品评析的特点的阐述中，实际上我们已经涉及到语言分析，这一节将更为系统完整地阐述对新闻作品进行语言分析的方法。

一、语句的顺序

语句的顺序包括语序和句序。语序指语言中词语结合的先后次序，它包括并列词语(含短语)的语序、多层定语的语序和多层状语的语序。语序的变动可使词组或句子具有不同的意义。相传曾国藩早年打仗罕有胜绩，只好在交给皇上的年终总结中写下"屡战屡败"一词，并准备接受皇上的责罚。然而，他的幕僚把"战"与"败"二字作了个顺序上的调换。这样一来，屡战屡败的曾国藩却因为屡败屡战的大无畏精神受到了皇上的褒扬。电影《巍巍昆仑》中，蒋介石面对山东、陕北战场处处失利的严重局势，时而飞抵徐州，时而督战延安，却依然节节败退，不可收拾，十分狼狈。有人将这一情况向周恩来汇报说："哪里打败仗，总裁就到哪里。"周恩来却说："不！应该是总裁到哪里，哪里就打败仗。"这两个例子都说明语序对语义的影响之大。

新闻中也应该充分注意语序。首先，如果语序不当，会造成误解，甚至歪曲事实。有一篇新闻的标题为"塞族20万难民出逃克拉伊纳"，然而根据正文的报道，塞族难民是从克拉伊纳逃亡巴尼亚卢卡，这也就是说，克拉伊纳是始发地，所以应该用"逃出"。①

在很多情况下，一个事件可以有多种陈述的方式，这些方式的不同点之一，就在于语序的安排，因此，用什么样的语序，也是新闻传播者经常面临的问题，解决这一问题需要掌握语言的规律和明确把握传播的意图。譬如下列一组句子：

(1) 主席台上坐着刚上任的市长
(2) 刚上任的市长坐在主席台上
(3) 刚上任的市长在主席台坐着

它们指涉的情境和事物大体相同，如果在写新闻稿时，如何进行选择呢？这些语义组合都有各自的语义中心和信息结构，作为"以言指事"的情形，在对它们选择时，可以从三个角度进行。一个是从话语结构的角度，即表示说话人如何选择话题及围绕话题展开语言活动，它的结构形式是"主题—述题"；一个是心理结构，即表示说话人如何选择话语焦点以突出语义重心的，它的结构形式是"预设—焦点"；一个是从信息结构的角度，即表示

---

① 转引自孙国平著：《实用新闻语言》，民族出版社1998年版，第233页。

说话人如何安排从已知信息到新信息,它的结构形式为"已知信息—新信息"。① 根据上述原理,我们再来看三个句子的不同:句(1)当中,"主席台"是陈述的主题,是已知信息,是有待引向焦点的预设;相应地,"市长"构成陈述中的新信息,是焦点所在。句(2)当中,"市长"是陈述的主题,是已知信息,是有待引向焦点的预设;相应地,"主席台上"构成陈述中的新信息,是焦点所在。句(3)当中,"市长"依然是陈述的主题,是已知信息,是有待引向焦点的预设;相应地,"坐着"这一状态构成陈述中的新信息,是焦点所在。我们看到,新的信息的传达也就是句子的重心所在,它们往往放在句子的后面。

上述语言分析提示我们,对新闻传播者来说,选择什么样的语序,应该充分考虑新的信息是什么,这个新的信息正是传播者要传递给公众的;在对新闻作品评析时,运用语言分析的一个重要步骤是,考察其语序的安排和选择是否恰当。譬如郭玲春撰写的报道《金山同志追悼会在京举行》中一开始就写道:"鲜花、翠柏丛中,安放着中国共产党员金山同志的遗像。"② 句中的重心、要强调的新信息落在"金山同志的遗像"上,这也正是报道的关键信息——金山同志的追悼会——的标志。如果写成"中国共产党员金山同志的遗像安放在鲜花、翠柏丛中",本来应该作为背景、烘托气氛的信息,就成了主体,显然与整个文义不符。

句子的顺序同样也很重要。合理的句序应该准确反映事物客观存在的过程,突出事物的新闻价值所在。请看下面一则新闻中的句子:

> 发生枪案的地点位于重庆沙坪坝区三角碑转盘附近。记者在现
> 场看到,沙坪坝区信用联社、新华书店就在旁边。在距离信用联社
> 不到一百米的人行道上,有几摊血迹,刑警正在现场调查取证。

在这个段落中第2个句子和第3个句子的顺序安排不尽合理。记者到事发现场首先应该注意的是事件本身的情况,"记者看到"这样的表述一出现,人们的注意力会被引向事件本身。作为相关背景,第2句的后一部分"沙坪坝区信用联社、新华书店就在旁边",可以并入第1句,并作相应调整,试修改如下:

> 发生枪案的地点位于重庆沙坪坝区三角碑转盘附近,旁边有沙
> 坪坝区信用联社、新华书店。记者在现场看到,在距离信用联社不

① 参见袁义林《以目的信息为中心的语言分析》,《山东师范大学学报》1992年第1期。
② 《人民日报》1982年7月17日。

到一百米的人行道上,有几摊血迹,刑警正在现场调查取证。

二、引语

常见的引语形式有三种:直接引语,间接引语和不完全直接引语。直接引语,即完整引用人物的话并加上引号,要求准确无误,一字不差;间接语,即由叙述者概述讲话人的言语,可以完整复述,可以简要引用,也可以把许多人的言语和一个人的多句言语归纳引用;不完全直接引语,又称"断引",即只引用人物言语中的一部分,可以是一个短语、一个词组,甚至是一个词。如下面的例句:

(1)他说:"今天我真的大开眼界了"。(直接引语)

(2)他说他今天真的大开眼界了。(间接引语)

(3)他说他今天"大开眼界"了。(不完全直接引语)

那么如何分析和评价这些不同的引语形式在新闻作品中的运用呢?

先来看看直接引语。美国新闻学者沃尔特·福克斯指出:"自从 19 世纪 80 年代电话进入报刊编辑部成为现代新闻事业的一个工具以来,直接引述原话的可行性使得口语成为新闻写作不可分割的组成部分之一。"①应该补充的是,录音设备的运用,使原汁原味的语言可以保存,成为写作者撰写新闻稿时使用直接引语的有力辅助工具。根据新闻学者刘其中的一项调查,在美国三大报纸(《纽约时报》、《华盛顿邮报》、《华尔街日报》)中,新闻作品使用直接引语的占全部新闻作品的93%,使用了三条以上的也高达76%。② 可见,美国新闻界几乎到了没有直接引语就写不成新闻的程度。重视直接引语的使用是美国业界和新闻学界的共识,哥伦比亚大学新闻学院《新闻报道与写作》教材中写道:"报道新闻应该进行'展示'而非'陈述'的定律就是:必须把直接引语写入新闻的重要部分……如果新闻中使用了直接引语,读者就可这样推断:既然新闻事件的参与者在直接说话,那么这件事必定真实无疑。"直接引语使用的一般规则是,"新闻人物讲了一些独特的话时;新闻人物以独特的方式说话时;重要的人物说了一些重要的话时。"③

使用直接引语的好处最突出的在于以下两个方面。

第一,直接引语是三种引语形式中叙述干预最小的一种,能够实现最大

---

① ［美］沃尔特·福克斯:《新闻写作——报刊记者指南》,新华出版社 1999 年版,第 86 页。

② 刘其中:《诤语良言》,新华出版社 2003 年版,第 168 页。

③ ［美］密苏里新闻学院写作组:《新闻写作教程》,新华出版社 1986 年版,第 88 页。

程度的保真功能，因为它不容许叙述者对人物的言语作任何改动。因此对具有争议的事情，完整提供陈述者的原话，可保护记者自己免受未准确表述发言者的意思的指控，拉大叙述距离，增强新闻的真实感和客观性，降低叙述者的介入程度，避免叙述者代言产生主观色彩，不至于出现过强的叙述声音，如下面一篇《纽约日报》记者的报道：

中国阿里(音译)电：在一座行将坍塌的泥坯房子里，偎依在一堆脏乱的衣物旁的郑兴荣(音译)用一系列有力的否定句描绘他们的生活。

你的孩子们多长时间吃一顿鸡蛋或肉？

"从不！"

你有收音机或电视机吗？

"没有！"

你14岁的女儿上学吗？

"没有！"

你8岁的儿子有玩具吗？

"没有！"

"因为我们没有钱，我们不敢有梦想。"这个40岁的妇女说。

(下略)①

在这里新闻人物的答话则全部采用直接引语，这样做不仅突出了新闻中人物的情绪、特征(这也是新闻信息)，使一个穷困家庭的面貌形象地展现在了我们脑海里，同时又避免了叙述者的介入，增强了新闻传播效果。

另一方面，叙述者欲借新闻人物之口说出自己希望表达、但却不便公开表达的观点和立场时，运用直接引语也会更加客观，传播者的态度隐蔽于其中，尤其是在解释性报道中，记者往往通过这样的引语方式解释事件，同时表达自己的观点。譬如，在《中国秘书部落的权力场》这篇报道中，记者大量直接地援引原话，构成报道的主体——解析秘书部落权力形成的原因和机制，其中一段写道：

"秘书在政治生活中的重要地位其实不惟中国，国外也是如此。"另一位行政学研究者关钟叔先生在接受记者采访时说，"因为在政治机器的运行中，政治人物面对的公众是不特定的，工作对象复杂化、多样化的特征直接决定要更好地行使公务人员的服务职能

① 转引自李希光：《新闻学核心》，南方日报出版社2002年版，第203页。

很大程度上必须依赖于秘书这样一个角色。""美国秘书的政治地位同样非常高。像汉密尔顿·乔丹，没有多少人敢去冒犯这位美国前总统秘书，在'白宫人物排列表'上，他的名字甚至排在前国务卿万斯和前国防部长布朗的前面。""区别在于，你是作为一种公共权力角色，还是一种个人权力角色？"①

看起来这里没有记者的观点和态度，其实是被缝合在这些引语之中。

需要注意的是，由于直接引语有一种"责任分离功能"，使用直接引语，可以表示赞成和认同，也可以表示反对和质疑，还可以表示否定和质疑。《马里恩(印第安纳)星报》编辑部有一个信条："最重要的，要干净。永远不要让一个脏词或未被确证的报道付印。"——但那些不那么礼貌的、不合适的话或观点，借助"别人的口"(直接引语)就能说出来，就可能既不"脏"还被"确证"了。譬如说，老板骂张三："使劲点干活，你这个傻瓜。"张三转告别人时，可以用直接引语："老板骂我，'使劲点干活，你这个傻瓜。'"但张三一般不会这样说："老板叫我这个傻瓜使劲干活。"这说明叙述者(引者)和直接引语的内容两者的责任是可以分离的。《南方人物周刊》曾经刊登一篇报道《穆加贝，英雄还是独裁者？》，其中写道："穆加贝……大骂图图是个'愤怒、邪恶、积怨太多的小主教'，言语很刻毒"。文中利用直接引语使人物的言语和叙述者话语"隔离"，既保证了叙述的客观，又突出了新闻人物的"言语刻毒"。因此，注意到直接引语的"责任分离功能"，对其具体的语意和新闻传播者的倾向，需要结合上下文(语境)进行分析辨明。

第二，在使用直接引语时，记者退居一旁而让报道中的人物自己为自己说话，使读者感到与报上所登的新闻当事人发生最密切的接触。直接引语的使用还可成为新闻报道里人情味的基本构成要素，许多情况下，甚至是首屈一指的要素。譬如《基辛格——三面人》这篇报道大量使用直接引语，使人物的音容笑貌、性格情趣跃然纸上。

　　[合众国际社北京 1975 年 10 月 22 日电(记者：里查德·格罗沃德)]今天，在参观北京自然博物馆的时候，享利·基辛格把他的三副面孔表演得淋漓尽致，这使周围人大为开心。

　　北京文物局(原文如此)王延洲(音译——编者)指着一件古物，说那是一个龙头。前哈佛大学教授基辛格立即摇头：

　　"不对，是猫头鹰！"

① 　朱文轶：《中国秘书部落的权力场》，《三联生活周刊》2002 年 10 月 16 日。

"是的，是猫头鹰!"王说。

当王说一具古动物的角是犀牛的角时，基辛格教授又摇头了。

"不对!"他说。

"对，是犀牛角!"王说。

"不对!"基辛格说。"我从来没有见过长一对角的犀牛!"

这时，一位中国专家挤到前面对王说那是一副古代牛角。

外交家基辛格立即满面春风地对左右的人说，他先后八次访问中国，每次都是王充当他的向导，王既忠于职守，又有学问。

外交家基辛格旋即口若悬河讲了起来，他说，感恩节后福特总统访华时，务请王先生到场。

作为丈夫的基辛格转向妻子南希，请她同他一道，在两个武士陶俑前合影——这两个武士俑同真人一样大小，它们是去年秦朝皇帝陵墓中出土的。

他的妻子咧嘴乐了，她说："啊，不，亨利! 你太像皇帝了，我哪里配同你照相!"作为丈夫的基辛格说："这我可改不了。不过，你也够瞧的!"

基辛格夫妇仔细观赏从古墓中出土的文物，王说："墓中的骨头表明，墓主人有不止一个妻子。"

基辛格点头同意。王还说，在中国古代，有的妇女可以有一个以上的丈夫。

"一个妻子有几个丈夫吗?"基辛格瞧着妻子说，"我们可不喜欢那个时候!"

基辛格夫人大笑起来。

基辛格参观时，美国大使(原文如此，应为美国驻北京联络处主任)乔治·布什一直用一台有偏振镜头的相机拍摄照片——在基辛格这次访华期间，他一直用这台相机拍照。

他给基辛格看一张他拍摄的表现基辛格同毛泽东在一起的照片。这张照片拍得有些发黑，布什说，其中有个人是基辛格。

"不，"基辛格说，"那不是我，是我的兄弟。"

基辛格拿这张拍得令人不敢恭维的照片开玩笑，他说："我总是说，乔治这位大使并不想夺走我的职位，不过他能想别的点子整我。"

一位摄影记者请他在一匹同真马一样大小的陶马前摆好姿势照

张相。基辛格说:"是不是要我骑上它跑到大门外?"

在场的中国人无不捧腹大笑。

当基辛格夫人中途告辞去商店购物时,基辛格把脑袋凑上前去,对夫人的中国向导说:

"请你们把贵重商品统统藏起来,好吗?"①

这些直接引语的运用,令我们仿佛在亲聆其声中,感受到基辛格作为学者的博学、作为外交家的风度、作为丈夫和同事的幽默感。

再来看间接引语。间接引语的必要性在于,它"可以重组素材或是浓缩素材,以吸引读者的兴趣","使用间接引语进行大意转述,既可使记者笔下的文字尽可能地接近人物的原话,同时仍能够对啰嗦的口语作必要的压缩和修正。"②实际上,绝大部分时候,记者不可能完全使用直接引语,而必须采用间接引语。像《一个恐怖分子的成长》系列报道的第一篇③,对戴安娜一生的介绍,受到采访的人的话很少被直接引述,大部分是间接引语(有时候受访者出现,很多时候受访者不出现),这样行文的速度很快,在尽可能短的篇幅里描绘出戴安娜一生的轮廓。而在《海宁吕海翔死亡事件调查》④中,开头对事件的介绍,也是采用间接引语的方式:

一个小时前,吕楚生与儿媳王茹琴(吕海翔妻)被带到周王庙镇派出所,海宁市公安局治安大队大队长郭宗敏介绍了吕海翔的死因:5月19日晚,吕海翔在歌厅包厢内嫖娼时,被斜桥镇派出所民警当场查获;在等待警车时,吕向民警提出要小便,然后走向南面路边,小便后吕站在原地抽烟,这时正好从公路西面开来一辆汽车,灯光较亮,吕乘民警不备,突然纵身跳入路旁洛塘河向对岸游去,最后溺水死亡。

这里显然略去了吕楚生与儿媳王茹琴接受采访时的原话,而公安局的死因介绍,更是转述中的转述。

应该注意的是,与直接引语复制(reproduce)的性质相比,间接引语是一

---

① 引自蓝鸿文:《外国新闻报道选评》,长征出版社1984年版。

② [美]沃尔特·福克斯:《新闻写作——报刊记者指南》,新华出版社1999年版,第91、92、93页。

③ 引自《新闻与正义》(Ⅱ),沃尔特·李普曼、詹斯顿等编著,展江/主译评,海南出版社1998年版。

④ 《海宁吕海翔死亡事件调查》,《新京报》2004年7月7日。

种复述(paraphrase),一种描述(describe),①叙述者可以对人物话语进行概括、删略,所以间接引语赋予了叙述者更多的介入机会,因而它所表现出的叙述者的声音要强于直接引语。新闻报道的客观性要求使用间接引语时叙述者应采用冷静、客观的言词复述,避免随意介入,抬高叙述声音。例如下面这段:

> 据花林村党支书说,张君从少管所回来后,也曾种过田。当时,麻的价格非常高,种麻为挣钱的一条捷径。然而,也许是时运不济,张君种植的麻尚未迎来收获期,麻的价格即开始因种植过多而一路下跌。

> 后来,张君搬到了大湖口,尝试着开餐馆,后又做皮鞋生意。然而,这两次创业依然失败了。支书说,如果张君的人生顺一点,他也许不会到这一步。②

这两个段落中的"然而,也许是时运不济"、"然而,这两次创业依然失败了"以及"尚未……即"的句式,从语言方式来看更为书面语,由此可以推断出是记者在转述花林村党支书的话时,嵌入了自己的解释。而"时运不济"和"创业"这两个词,其所包含的某种惋惜和正面肯定,叙述者的这种声音偏向于对个体命运的同情,不利于客观冷静地剖析张君案的社会成因,而这后一个方面却是整个报道的意旨所在。

与前两种形式相比,不完全直接引语即"断引",则更加突出了叙述者的"选择"行为。不完全直接引语中引用的应该是人物言语中最重要的部分,而对"最重要的部分"的看法是见仁见智的。如张三说李四这个人个子高模样丑,如果叙述者运用不完全直接引语的话,对"个子高"还是"模样丑"的选择引用就会彰显出叙述者对李四优点还是缺点的强调。这也就是说,在不完全直接引语中,作者遵从自己的转述需要,在用自己的话构成的叙述"线条"中,标示出直接引述的"点"。不完全直接引语的使用,其一般的规则与直接引语并无根本不同,即人物话语里关键的信息,表明某种强烈情感和偏见的话语,富有个性色彩的话语:从某种意义上说,叙述者加了引号的文字,是其认为有更大新闻价值的言语行为。如在下面这些报道中的"断引"的例子:

(1)上尉厄内斯特·梅迪纳连队的一位前成员,在今天被公开的一封信中写道,在美莱事件发生的两天以前,这个部队里的一些

---

① 徐赳赳:《叙述文中直接引语分析》,载《语言教学与研究》1996年第1期。
② 《一个极端暴力集团的成长》,《南方周末》2001年4月19日。

人已经成了"野兽"，他们殴打儿童并且践踏一个友善的农妇致死。①

　　(2)对于"6·23堵车事件"，马维江说，蹲守的便衣"肯定不知道"。②

　　(3)这位学生激进分子，对他的标准所染指的东西几乎无一不懂，无一不晓，"连隐藏在和平主义面纱下的慢性毒药"他也能看出来，更别说犹太思想家们写的所有文献了。③

　　例(1)中，"野兽"包含强烈的感情色彩和价值判断，记者把它放入引号，标示不是自己的观点，但同时也突出了这一看法。例(2)，结合全篇报道看，涉及记者对与关键信息相关的事实的调查，这里的断定的口吻和言词由很重要的消息源之一口中说出，既加以突出，也表明某种程度的有待证实。例(3)将这位学生的富有个性色彩的话引出，其狂妄的姿态跃然纸上，与上下文来联系起来，我们可以明确地感受到记者的讽刺态度。

　　需要说明的是，在实际的新闻写作中，上述三种引语形式经常是综合使用的。它们的交互使用，可以赋予报道以其他新闻形式无法企及的生动性。如前面所引《纽约时报》记者关于中国阿里的报道，记者的问话都是间接引语，而受访者的答话用直接引语，一明一暗，相互映衬。而在《死在故乡》这篇报道中，本多胜一绝大部分篇幅用转述，只是对T子的话用了直接引语，凸现了老人的精神状态和性格特征。在上述例(1)中，这一段的后面，还有一处直接引语：这个俄勒冈州波特兰市的20岁的中士在1968年3月14日寄给他父亲的信中这样问道，"所有这些看起来挺正常的人，其中一些还是我们的朋友，在某个时候却像野兽。"其间，又一次出现"野兽"一词，前后呼应起来，在看起来很客观的陈述中，凸现了报道的情感基调。因此，我们看到，如何综合使用引语形式，同样存在着选择，处理不当，会影响新闻作品在事实信息传递和情感倾向的表达。假如我们把前引《基辛格——三面人》中的这一段：

　　　　一位摄影记者请他在一匹同真马一样大小的陶马前摆好姿势照
　　张相。基辛格说："是不是要我骑上它跑到大门外？"

---

　　①　引自《新闻与正义》(Ⅱ)，沃尔特·李普曼、詹斯顿等编著，展江/主译评，海南出版社1998年版。

　　②　《海宁吕海翔死亡事件调查》，《新京报》2004年7月7日。

　　③　[美]弗里德里克.K·伯查尔：《柏林没为纳粹焚书事件所动》，引自《普利策新闻奖最佳作品集》，中国新闻出版社1987年版，第28页。

改为：

    一位摄影记者说："请您在这匹陶马前摆好姿势照张相吧"，基辛格问是不是要他骑上那匹马跑到大门外。

那就显然不妥了。有一篇关于日本首相村山发表谈话向亚洲各国人民道歉的报道，是这样处理日本首相的谈话的：

    他说，在过去不太遥远的一个时期内，错误的国策使日本走上了战争道路。由于进行殖民统治和侵略，给许多国家、特别是亚洲各国人民造成了极大的损害和痛苦。为避免将来重犯这样的错误，我毫不怀疑地面对这一历史事实，并再次表示深刻的反省和由衷的道歉。

    村山说："今天是战后 50 周年，我们应该铭记在心的是，回顾过去，从中汲取历史的教训，展望未来，不要走错人类社会通往和平与繁荣的道路。"①

这里，叙述者用间接引语叙述日本首相表示道歉的言语，而用直接引语（下面还有一段）叙述新闻人物"展望未来"的言语。从中不难发现——如果不是叙述者自己认为犯了错误——叙述者认为"未来"比"历史"更值得注意。这样的引述方式，对新闻主题而言，没有突出"道歉"，因此，我们认为在引语方式上的选择有所失当。

三、结构

结构是文本的框架，是对语言材料的组织和构造。中国古代文论家刘勰在其《文心雕龙》"附会"篇中指出，结构是"总文理，统首尾，合涯际，弥纶一篇，使杂而不越者也。若筑室之须基构，裁衣之待缝缉矣"。如果把语言活动比作奔流的河水，那么，结构便是堤岸，它确保语言活动在一定的框架内进行，如果失去了它，语言活动就会散漫无羁。不管是文字文本，还是音像文本，都需要一定的结构。结构合理，有利于受众的阅听收视，不合理则会影响传播的效率。因此，我们在对新闻作品进行语言分析时，一个重要的任务就是对其结构合理与否的考察。

新闻文本结构的基本类型大体有编年体式、倒金字塔式、钻石式、穿插式。每一种类型都有其自身的特点和适用的情形，因此应该分析结构使用的具体情况，而不能简单地指出它是什么结构，因此就优于另外的结构。

---

① 《日本内阁首相村山发表谈话向亚洲各国人民道歉》，《人民日报》1995 年 8 月 15 日。

　　编年体式严格按照事件进程的时间顺序，将事件进程中的关键环节记录下来，其优点是清楚显示事件发展的脉络，凸现事实链条中关键的环节，使文本显得确凿可靠。譬如法新社 1964 年 10 月 15 日播发的关于赫鲁晓夫辞职的报道中①，将事件（赫鲁晓夫辞职的消息的确认）的进程，按照密集的时间点顺序列出：16 时 05 分、16 时 09 分、16 时 34 分、16 时 55 分、17 时 45 分、18 时 04 分、18 时 45 分、18 时 49 分、18 时 53 分、18 时 55 分，这些时间词汇精确的刻度记录下事件的整个过程。对重大事件、突发性事件的报道，采取这种方式，可以精确、明快、详尽而又高效地传递信息。在对时间的跨度很大、关涉的问题很复杂的事件报道中，采用编年体方式则需要有高度的剪裁能力，恰当地安排详略，做到既呈现过程的清晰脉络，又凸现重要的事实。譬如合众国际社记者露辛达·弗兰克斯和托马斯·鲍尔斯于 1970 年采写的系列报道《一个恐怖分子的成长》②的第一篇，追溯戴安娜的成长历程，整个报道一共有 37 个段落。报道的主体部分，用 3 个段落叙述她的家庭和她的出生，用 13 个段落叙述她的幼年和童年（跨时 14 年），用 16 个段落叙述她的大学生活（跨时 4 年）。从这些段落的分配情况，我们可以清晰地看到记者将戴安娜大学四年的经历作为重要的部分予以突出，正是在这一部分中，戴安娜从一个清纯女孩变成一个恐怖分子的社会性因素得到揭示，这实际上也是报道的主旨所在。因此，在对编年体结构的报道进行分析时，依然要注意其材料的取舍，在这种分析中可以推断出新闻的价值取向。

　　编年体报道不仅适用于重大事件、突发事件、跨时长的事件的报道，也可用于小型事件的报道。譬如下列这则报道：

美国大兵比卡尼克和他的妻子成了住房短缺的牺牲品

　　[美联社 1932 年 2 月 3 日电]33 岁的美国大兵柯尼斯·比卡尼克和他的妻子、30 岁的艾琳成了住房短缺的牺牲品。

　　他们一家住在凑合着搭起来的房子里。昨天大雨倾盆，比卡尼克家旁边的一株四十英尺高的树倒了。紧接着，被水泡松了的山坡塌了下来。泥土压在他们的房子上，结果两个孩子——十二岁的艾利森和他三岁半的小妹妹朱迪安被活埋在十二英尺厚的废墟下面。

　　他们的邻居查利·福特夫妇听到轰然一声响，赶快从家里跑了

---

①　见李大卫、石维康主编：《百年好文章——法新社新闻佳作》，陕西师范大学出版社 2002 年版。

②　见《新闻与正义》(II)，沃尔特·李普曼、詹斯顿等编著，展江/主译评，海南出版社 1998 年版。

出来，只见比卡尼克像发了疯似地用手扒又湿又重的泥土。后来发现，在土堆的重压之下，孩子们的卧室塌陷到地下室里去了。

比卡尼克在干嚎："孩子啊，孩子啊，快出来罢！"福特费了好大力气才把另一个房间的门挖开，进去后，他发现比卡尼克夫人木然地站在那里，瞧着孩子房间塌陷下去的大洞发呆。

她目瞪口呆，絮絮叨叨地说："孩子们能支持多久？多久？多久？有人来救他们吗？"

消防队和铁路抢险队闻讯赶到，他们动用推土机干了十二个小时，才把废墟和泥土清除干净，找到了孩子们的尸体。

在被砸坏的床上，两个孩子并排睡在一起，男孩子用胳臂护着小妹妹。两个孩子的头上盖着床单，看来，他们在生命的最后一刻想用这床单挡住不断落下来的泥土。①

正如评论者所评价的那样：这篇写得相当动人的编年体结构新闻，非常重视细节的描写，选取几个重要细节着墨，将一幅幅生动、感人的画面展现了出来，取得了报道的效果，产生了较大的社会反响。同时，它写得也是那么短，同样干净利落。在如此短小的篇幅中，记者仍然能对事件进行细腻的描写，写活了人物，把读者内心深处的情感激发了出来。只有具备敏锐观察力和高超写作技巧的记者，才能写出如此精彩的短新闻。②

值得注意的是，编年体的方式有时候并不独立使用，而是与其他结构方式套用。譬如，大卫·马纳尼斯撰写的《〈华盛顿邮报〉记者被取消获普利策奖资格》③这篇报道，整体上是一个倒金字塔式的，但是，关于如何确证珍妮·库克的《吉米的世界》是虚假报道，对其过程记者严格按照时间顺序逐一介绍。又如，《马科斯执政 20 年——贪污浪费盛行　贫富差距扩大》④这篇解释性报道，导语部分和正文开头，与报道的结尾呼应，呈一个钻石型报道结构，但是，对马科斯执政 20 年的情况的追溯，却是典型的编年体结构方式。

倒金字塔结构是西方新闻写作中的主要结构形式，它的特点是把最重要、最精彩的事实放在一开头的导语中，其他事实按重要性大小顺序排列。这样行文清晰明了而简捷，使读者在最短的时间内获得最多的信息。这种结

---

① 转引自王蕾编选：《外国优秀新闻作品评析》，中国广播电视出版社 2000 年版，第 10 页。

② 同上，第 11 页。

③ 原载 1981 年 4 月 16 日美国《华盛顿邮报》，引自黎信、蓝鸿文编：《外国优秀新闻通讯选评》，长征出版社 1984 年版。

④ 《参考消息》1986 年 3 月 3 日第 4 版。

构，既便于记者以最快的速度写出报道，也便于编辑根据版面大小，从稿件尾部向前删减，直删到稿件长度适合安排版面而不致影响新闻的完整性。

在对倒金字塔结构的新闻报道进行评析时，应该特别关注的是，其重要性的等级。

> ［新华社洛杉矶1984年7月29日（记者……）］中国在奥运会历史上"零的记录"的局面在今天11时10分（北京时间30日凌晨2时10分）被中国射击选手许海峰突破。许海峰以566环的成绩获得男子自选手枪冠军，夺得了奥运会的第一块金牌。

> 中国体育代表团副团长陈先在许海峰获得金牌后对新华社记者发表谈话说，这对中国运动员是极大的鼓舞。这是中国在奥运会历史上得到的第一枚金牌，实现了"零"的突破，在中国体育史上具有深远的意义，他表示感谢运动员和教练做出的艰苦努力。

> 许海峰今年27岁，是安徽省供销社的职员。他在获得金牌后对新华社记者说，这还不是他最好的成绩，只不过是正常发挥技术。他最好的成绩是583环。他表示要不骄不躁，继续努力，争取今后取得更大的成绩。①

从文本的叙述次序上看，许海峰作为该消息主要的新闻人物，对他的采访在该消息中被放到了最后，"中国体育代表团副团长"的"位置"被放到了前面，我们可以从中读出该文潜在的声音是"国家利益是第一位的"，这就反映了我国上层建筑所遵循的价值观。由此可见，结构本身隐含的意义，往往比公开的文字表述还要重要。

钻石式模式由于它的结构类似于钻石的菱形结构而得名，这种模式开头和结尾往往篇幅短小，中间部分很长，也是主体部分。它来自《华尔街日报》的报道写作模式，即：以一个事例、一句引语或一个人的故事开篇，力求做到人性化的开头，然后从人物与新闻主题的交叉点切入，过渡到新闻的主题，接下来集中而有层次地展开这个新闻主题，最后重新回到人物，将人物引入新闻，在一个更新的层次上揭示人物与新闻主题的关系。②

譬如《华尔街日报》2005年4月29日发表的《大陆民众重新审视国民党》③，共有13个段落的新闻，其开头写道：

---

① 转引自刘保全、彭朝丞《消息范文评析》，新华出版社2001年版，第148页。
② 参见车书明：《〈华尔街日报〉式新闻的写作技巧》，《中国记者》2003年第1期。
③ http://chinese.wsj.com/gb/20050429/chw173915.asp，《华尔街日报》中文网络版。

和中国大陆大多数年轻人一样，李胜(音)自小就对跑到台湾的国民党有一种敌视情绪。上学时，他就从教科书里知道蒋介石领导的这个政党贪污腐败的种种劣迹，以及 30 年代日军入侵时节节败退的行径。

这个开头以一个普通人的感受切入，将报道要展开的主题落在一个普通人的身上，意在引起更多的人的共鸣，引起人们的阅读兴趣。这样的开头选取的对象看似平常，却是这种新闻写作时的关键所在，它建立在记者扎实采访和精心选择的基础之上。

本周五，这位 23 岁的北京大学(Peking University)研究生将和本校大约 400 名同学一起聆听国民党现任主席连战的演讲，李胜对此非常期盼。他说，他已开始对这个党派怀有敬意，因为"我知道他们也坚持'一个中国'的政策"。这项政策指的是坚信台湾和大陆都是中国的一部分。

这一段引出了主题：关于连战访华及其产生的影响，揭示全文主旨，并在导语与主体之间扮演承先启后的桥梁角色，使导语中所描述的情境与主体的内容衔接。这里的衔接要自然，引语也要精心选择。接下来的第 3 至 12 段报道连战大陆之行及其引起的各方反应，涉及美国白宫、台湾政党、大陆官方新闻机构和大陆民众。

连战本周的大陆之行，是海峡两岸在 1949 年内战分隔后国民党主席首次踏上大陆土地。大陆官方媒体和普通民众的热情欢迎凸显了近年来国民党形象的巨大转变。在大陆长期被视为反面角色的国民党，现已被中国政府和许多大陆人视为抗击台独、实现两岸统一大业的希望所在。分析师们表示，中国领导人希望通过与目前台湾最大的在野党——国民党打交道，给陈水扁政府施加压力、迫使其转向统一立场。

不过，连战此行能否给两岸关系带来实质性进展目前仍不清楚。台湾报纸纷纷撰文，对国家主席胡锦涛周五下午会见连战的情形大加猜测，从提议加强经济合作到捐献大熊猫等不一而足。

但国民党目前在台湾属于在野党，连战并不具有代表台湾进行谈判的权力，如果试图这样做必然会在岛内引起强烈反对。海峡两岸关系要想取得真正进展，北京必须要与台湾总统陈水扁打交道；大陆普遍认为陈水扁支持台湾独立。

"我们欢迎北京和台湾的重要政治人物对话，"美国白宫(White

House)发言人斯考特·麦克莱伦(Scott McClellan)周三在回答有关连战此行的提问时表示,"但我们希望这是北京开拓与陈水扁及其内阁接触方式的开端,因为只有北京与台湾的合法当选政府谈判,才能达成长期解决方案。"

连战是当前的焦点。大陆官方媒体对连战"回家之旅"进行了事无巨细的报导,甚至连他的饮食和夫人的服装也没有漏过。新华社(Xinhua)专门开通了一个网站跟踪报导连战此行,不但有连战拥抱大陆儿童的巨幅照片,还有已故国民党将领蒋介石的自传,强调了他坚决反对"分裂中国"的立场。

连战的行程安排重点突出了他个人以及国民党与大陆的纽带关系。本周三,他拜谒了中国民族英雄、被尊为中华民国国父的孙中山先生的陵寝中山陵,中华民国政府于1949年被国民党带到了台湾。周六,68岁的连战将游览其出生地、内陆城市西安。

"我们都希望通过和平协商以及对话的方式,取得一个和平双赢的未来,"连战本周四抵达北京时表示,"这是海峡两岸人民共同的心愿。"当日晚些时候,连战会见了中国台湾事务最高官员陈云林。据新华社报导,陈云林透露,双方讨论了周五与胡锦涛会面的细节以及如何建立未来两党交流互动的机制等问题。

和许多中国人一样,周丰祥(音)也密切关注着连战此行。作为中国人民解放军(People's Liberation Army)的老兵,周丰祥在40年代与国民党军队打仗中腿部受伤。但这个星期,这位75岁的老人一直和老战友们留心电视、收音机中的相关报道。老人说,他心中已没有怨恨。"我以前恨国民党和它的军队,"身在山东的周丰祥接受电话采访时表示,"现在我把国民党人视为兄弟。我们都是中国人……国共两党是该坐下来的时候了,找出一个和平解决台湾问题的办法了。"

在台湾岛内,连战并不常常能看到如此的热情支持。2000年和2004年,连战在总统竞选中两次败给主张台湾独立的陈水扁。连战本周二离开台湾时,抗议人群在机场引发了流血冲突,谴责连战背叛了台湾。台湾TVBS电视新闻台本周二公布的一项902人调查显示,46%的受访者认为连战此行可能有助于改善两岸关系,31%的人认为不会,23%的人没有作答。

陈水扁不太情愿地批准了连战的访问,并警告他不要做任何可能损害台湾主权的事情。与此同时，这位台湾总统似乎并不打算向大陆方面的根本性要求做出让步。周四，他抨击了北京提议的以"一国两制"方式统一台湾的计划，他告诉来自香港和澳门的访问者，中国对待这两个前殖民地的方式证明"一国两制"部分是空话，部分是谎言。

在这个长长的主体部分，我们看到这篇报道的主题所涉及的各个方面得到充分的展示。而得到充分展示的条件则是，记者进行大量的相关采访，采用尽可能广泛的消息来源。这个条件非常重要。如果仅仅找到了一个漂亮的开头，并精心设计过渡，而无扎实细致的采访，主体部分的展开就没法进行。有的记者采用这种结构方式，但在这个展开部分，却大量采用第二手甚至第三手信息，从别的报道或资料中挖来填上，从而造成"注水新闻"。对此，我们在新闻作品评析中应予以警惕和明辨。

接下来则是结尾部分：

> 北京和台湾的现任政府之间分歧这么深，即使是一些为连战之行感到鼓舞的大陆人也对此行的影响不那么乐观。"我们应该欢迎国民党……在这个时候访问大陆，这为和平解决两岸问题带来了希望，"81岁的解放军老兵纽志华（音）表示，他也曾在内战中与国民党军队打过仗。"但国民党目前不当政，希望渺小。"

完整的钻石结构应该是"凤头豹尾猪肚子"，即漂亮的开头、充实的中间和有力的结尾。结尾一般要求回应开头，回到开始时的人物，但也有不一致的情况，如本篇报道。是不是同一个人物也许不是最重要的，最重要的是，在经过了主体部分的充分展开之后，结尾能否同样在个性化的言语或行为中强化报道的主旨。

所谓穿插式结构，是指报道在对核心事件进程或核心事物展开的呈现中，插入相关内容，便于受众对核心事件或事物的感知与理解，揭示事件或事物的深层意义，渗透传播者的意图，强化新闻的主题。使用这一结构的关键在于确立主线和选择插入点。如下列这则由新华社记者王攀、刘书云于2001年11月17日采写的报道《最后一跳》：

> 当熊倪走上三米跳板的时候，全场都寂静了下来。这是熊倪的"最后一跳"。随着这一跳，熊倪将无可争议地获得九运会跳水比赛男子三米板冠军，而这一跳之后，这位老牌世界冠军将告别他为之奋斗了二十年的跳水事业。
>
> "我当时知道自己已经拥有很大优势了。所以我只想尽力把这

个动作跳好。这是我的最后一跳，也是我的告别演出，我要尽力把它跳得完美一点。所以我有意识地放慢了节奏。"

他静静地站在跳台上，准备起跳。动作是"向内翻腾三周半抱膝"，难度为3.4。

1986年，同样是在广东，13岁的熊倪还是个"初生牛犊"，却一举拿下了六运会跳水赛十米跳台和全能的第二名及三米板的第八名。这是他体育生涯的"起跳"。从这一时起，熊倪就已经同中国的跳水事业血脉相连，息息相关。

熊倪开始走板，每一步都走得非常缓慢，因为这是迈向世界的步伐，每一步都意味着走向辉煌……

1988年，汉城奥运会。熊倪以不到一分的差距输给了当时在跳水界如日中天的美国名将加洛尼斯，获十米跳台银牌。那位被称为"跳水王子"的美国名将赛后也承认，自己是赢在印象分上。熊倪"初出茅庐"的第一步就让世界震惊了，他们看到的是一颗将比加洛尼斯还要耀眼的新星。

1996年，亚特兰大奥运会。这时，23岁的熊倪已经从跳台转到了跳板。由于种种原因，这位早已在跳水界"扬名"的中国运动员始终没能夺取奥运金牌。现在，火候到了。在这届奥运会男子跳板跳水比赛中，他力挫群雄，成为第一名获奥运会男子跳板金牌的中国运动员，从而使中国跳水事业又向前迈出了一大步。

熊倪走到了三米板的尽头，缓慢地转过身体……

在参加八运会并夺取金牌后，熊倪退役了。这个"转体"似乎证明他和其他运动员一样，要"功成身退"。但是，他没有。去年，在国家的召唤下，这位老队员挺身而出，再次代表中国出征奥运会。但是，当他走在悉尼跳水馆的三米板上时，他面对的是有史以来最大的挑战：被称为"梦之队"的中国跳水队此前已丢失了被视为囊中之物的三块金牌；而身后，又有"天才"之称的俄罗斯名将萨乌丁正虎视眈眈。

熊倪要尽乎完美地完成这最后一跳，动作就是今天晚上的这个"向内翻腾三周半抱膝"。

现在，在汕头跳水馆，和在悉尼一样，熊倪举起双臂，开始起跳。他腾身而起，在空中轻盈转身，随着翻腾三周半，他近乎无声地落入水中，几乎没溅起一点水花……

　　这个新闻报道了熊倪告别跳水生涯的最后一跳，在写作上的特色是，它以这最后一跳为主线（主体），中间插入了对熊倪跳水生涯的回顾（背景）。它把跳水过程短短的几分钟时间切割开来，分为几段，分别是1、3、5、8、11段，而在第4、6、7、9、10段落里，按时间的顺序插入了熊倪运动生涯中几个关键的阶段。这样一来，这短短的几分钟时间，就浓缩了较大的时空内容，可以说凝聚了熊倪整个跳水生涯，因此大大地拓展了眼前这一事件（熊倪的最后一跳）的意义内涵。值得一提的是，在插入的过程中，记者很巧妙地利用了一些描述跳水动作的动词来衔接主体和背景，使行文在由实而虚或由虚而实的变化中不失自然。

　　在穿插式结构中，主线的确立有时候依据新闻事件的进程，如上面的《最后一跳》。有时候依据现在的场景，如《伊娃的礼物》[1]中，主线是根据伊娃手术复明后的感想和活动展开，中间穿插她的家庭背景、家人的不幸、过去的生活经历。有时候可以根据一个关键线索展开，如西摩·赫什的《战争压力与杀戮者的产生》[2]中奥尔森的那封信。这也就是说，主线的确立可以是多种多样的，但值得注意的是，它不仅是用以串联和组织材料，使之成为严密的整体，而且用以凸显新闻的主题。下面我们通过对《战争压力与杀戮者的产生》的结构分析来体会这一点。

　　　上尉厄内斯特·梅迪纳连队的一位前成员，在今天被公开的一封信中写道，在美莱事件发生的两天以前，这个部队里的一些人已经成了"野兽"，他们殴打儿童并且践踏一个友善的农妇致死。"这种事怎么会以上帝的名义发生呢？"格雷戈里·奥尔森，这个俄勒冈州波特兰市的20岁的中士在1968年3月14日寄给他父亲的信中这样问道。"所有这些看起来挺正常的人，其中一些还是我们的朋友，在某个时候却像野兽。"

　　　据报道，当美莱事件发生时，梅迪纳是第11轻步兵旅第21步兵团，第1营C连连长。据参与者和目击者说，梅迪纳的连队3月16日，星期六，在广义东北6英里的平克维尔长驱直入，故意杀死了370名男子、妇女和儿童。军队指控奥尔森的排长、来自迈阿密的26岁的小威廉·卡利中尉在此事件中杀死了109名越南平民。这个排的另一个人：来自路易斯安那州圣佛郎西斯维尔的戴维·米

①　杰里·施瓦茨：《如何成为顶级记者——美联社新闻报道手册》，中央编译出版社2003年版。

②　沃尔特·李普曼、詹斯顿等编著，展江/主译评，《新闻与正义》（Ⅱ），海南出版社1998年版。

切尔因蓄意谋杀正在接受调查。

奥尔森在信中还写道，附近一枚炮弹爆炸，排里一人被炸死、4人受重伤后，他们杀死了一个越南妇女。这封用军用铅笔写的字迹潦草的信往下写道："当回'据点'时（据点是这个连在平克维尔的给养基地），他们看到一个妇女在田里劳动。他们开枪打伤了她，然后一直把她踢死，并向她的头部发射弹火。他们袭击遇到的每一个小孩，这是屠杀，我为自己对此无能为力感到羞耻。这不是第一次，爸爸，我以前已经看到过很多次。我不知道为什么全部告诉你，我想我只是想倾诉胸中郁积的这一切。"

奥尔森在平克维尔时刚刚 19 岁，是个有着虔诚宗教信仰的高个方脸的年轻人。他是一个摩门教徒，而且像大多数教堂里的人一样，深信应保卫他的祖国不受侵犯。他没有参与美莱的屠杀。"当其他人向人群开枪时，我打死一头猪和一只小鸡，"他在接受采访时说（他仍在军队中服役），"我得到的惟一命令是杀死敌人，我心里清楚谁是敌人。"

在平克维尔和此前发生的事严重动摇了奥尔森对于上帝和人的信念。他在寄到父亲办公室的信中写道："我已经完全不相信我的这些伙伴了。我只希望时间快点过去，我只想回家。我确实相信，正如您说的，爸爸，所有这一切背后有一个原因，如果是上帝的意志让我去，我愿呆在这儿而不是迅速溜回家。"

梅迪纳连队到底发生了什么呢？奥尔森相信是连队里的道德和纪律败坏。在许多次采访中的一次，他说："我们梅迪纳连，似乎总是派到肮脏的活儿，道德水准极度低下，每个人都感到我们正在做错事。"没有一个军官或未授军衔的官员试图惩罚犯罪和犯罪的人。而且许多目击者揭发，到平克维尔的任务下达时为止，连队成员已参与了多起强奸和屠杀。奥尔森信中所描述的在此前和此后的采访中得到了本连至少 3 个人的证实。特里说，当地村民向附近的政府官员抗议此事。"村里的人总是被杀死，"他继续说，"但没有采取任何举措。"这是平克维尔事件的序幕。

奥尔森仍然相信，并没有直接的命令要毁坏村子和杀死居民，像众所周知的越战中山美事件那样。如同部队里的其他人告诉记者的那样，他仔细回忆起前一天晚上连里开会的每一细节。会上梅迪纳概括讲了这次任务。这是奥尔森的叙述："梅迪纳的确说了——他的确说——我们有理由报复和扯平（他指的是前天的炸弹事件）。他确实告诉我们说，要到那儿去破坏食物供给和村庄。他告诉我们，他们（村民们）全都是越共的支持者。他要我们向敌人射击，也向任何逃离我们，躲着我们的人或看起来像敌人的人射击。他绝对没有说过要杀死所有人。如果他说过'屠杀平民'，我一定会记得……一些人问'谁是敌人?'梅迪纳解释说，如果一个人奔跑，就要向他开枪；有时即使是一个携带步枪的女人，如果奔跑，也向她射击。他的确停下来解释过谁是敌人。"

奥尔森说，他确信这只是"错误的人在错误的时间、错误的地点发生的事件……我知道的，那些开枪者都不是最坚定的人。它（这次事件）是一场自发的不理智行动……一旦我们到了那儿，我认为梅迪纳并不能阻止它发生。任务完成时，那儿一个人也没有……"敌军对这次攻击早有提防，他们在前一天晚上就溜走了。

为什么奥尔森没有参与射击呢?"我觉得这有一些像屠杀……一旦我明白在发生什么，我想自己不能这么干——即使受到指责。"正如奥尔森所说，他被卡利派去掌管机枪，不再要求直接参与射击。"但是就一个像保罗·米德罗（米德罗上周承认至少打死了35个平民）那样的小伙子来说，他对自己并不十分确信。他的感情战胜了理智。"尽管米德罗称，射击时他感觉良好，但奥尔森说，那天夜里这个年轻人哭了。

奥尔森说他把信寄到父亲办公室，因为他不想让母亲看到。他父亲萨姆·奥尔森说，他让妻子读了。"我们在他走后很清楚，这是一场完全不同的战争"（上述所有的采访都是在本宁堡卡利案审判前进行的，该审判禁止可能的目击者就平克维尔事件公开发表看法）。

如前所述，这篇报道是以奥尔森的家信为线索的。第1、3、5、10段是这一线索的呈现部分，第2、4、6、7、8、9段是调查采访的情况。实际上，围绕"美莱事件"，西莫·赫什有一系列报道，这封信显然也是记者调查采访的收获，在报道中它就成了非常重要的新闻来源。在别的记者手里，这封信也可能被集中引述，作为"美莱事件"的有力证据之一。但我们看到，本篇报道将信切割成了几块，串联起其他在采访中获得的材料。这样，信就像一根线，清晰地呈现了报道的脉络和层次。不仅如此，仔细看一下所引述的信的内容，我们便可以发现，它除了陈述事实，还包含着奥尔森的情感和情绪内容，包括它所引起的奥尔森父亲的评价。这样一来，这个线索担负的就不只是串联材料的功能，而且包含了非常突出的价值判断——反对和质疑这场战争，它渗透在事实信息之中。在报道中，记者虽然没有一个字是自己的议论分析，但是，通过这个主线的设置，记者的反战态度潜伏其中。可以说这样的结构方式很好地实现了"以事实说话"，将倾向性隐含于事实的客观报道之中。

新闻作品除了上述四种结构外，当然还可以有别的选择，这需要我们面对具体文本作具体分析。再者，如我们前面提到的，在新闻实践中，记者不一定是按照标准的结构图式来组织他的文字，他可以对既有的新闻作品结构方式进行综合，加以变化，寻求更新的方式。但无论怎样，跟文学文本或其他文本相比，新闻文本在结构上的最大特点是：它需要服从新闻传播谋求信息快速、有效、清楚地传递这一铁律，而要者优先、清晰连贯和以事实说话是其一般的准则，也是我们在评析新闻结构时依循的标准。

四、语言情境

语言的运用除了具有指涉事件的信息功能，还具有表达情感的作用。新闻报道要求客观地叙述事件，但是这并不代表它完全排斥传播者主体的情感活动，只是它的前提是，事实必须清楚和准确，而情感则需要渗透在字里行间，不宜直接浮露于外。做到这一点，需要传播者具有驾驭语言的能力，善于在对事件的叙述中创设情境，让读者在接受事实信息的同时，也能感受到其间的氛围和情绪。对新闻作品评析来说，这里涉及到语言的情境的分析。

所谓语言的情境，即是指作者通过多种语言手段，创造出情感、情绪、氛围等效应，构成读者接受信息时的语言环境。譬如鲁迅的散文《秋夜》的开头写道："在我的后园，可以看见墙外有两株树，一株是枣树，还有一株也是枣树。"如果仅从传递事实信息的角度看，这样的表达显得太啰嗦了，不如直接说："在我的后园可以看见两株枣树。"但是这样一来，原来的那种语言节奏取消了，我们获得了信息，但是却无法感知作者在传达这些信息时，那种沉郁顿挫、百无聊赖的心境。

《秋夜》虽然是文学作品，但这个开头的笔法，在新闻纪实类的表达中同样可以使用。譬如日本记者本多胜一的《死在故乡》的开头：

"久蒙关照。"七十八岁的 T 子，留下这样一张简短的字条，离开东京巢鸭的寓所，出走了。那是 6 月末的一天。再过不久，就是她七十九岁生日。她没有庆祝自己的长寿，而是静悄悄地在宇都宫的深山里自杀了。9 月 14 日，遗族们将她的遗体在宇都宫火化。①

这段导语在交代整个报道的关键事实，同时也让我们感受到其间的悲凉和作者深含同情的态度，尽管作者没有说"我深致同情"或者"这多么令人感到悲凉"之类的话。我们试着把这段文字改为："6 月末的一天，七十八岁的 T 子离开东京巢鸭的寓所出走，留下一个'久蒙关照'的字条，后来在宇都宫的深山里自杀。9 月 14 日，遗族们将她的遗体在宇都宫火化。"对照一下可以发现，事件的信息依然像原文一样清楚，但是，那种情感氛围顿时消失。仔细分析这里的语句，我们便会发现这样几点：一是原文用含"了"的句子，舒缓了语气；二是"那是……一天"则传递追怀的意味；三是"她没有庆祝自己的长寿，而是静悄悄地在宇都宫的深山里自杀了"，这样包含对比的表述，蕴含着情感的因素，内敛而不外露，在叙述事件的过程中挥发出来。

记者利用语言手段创设特定的情景，不仅告知人以事实，而且牵动人的情感，甚至是将记者的主观态度和立场植入其中，以期引起读者的共鸣。譬如在《令人恐惧的法佛尤》这篇报道中记者写道：

本报经过 3 个月的调查，发现：

在法佛尤，精神病人不是被看护人员或受他们怂恿煽动下的其他病人毒打时当场丧命，就是在毒打后死亡。

就在法佛尤，凡遭毒打致死的精神病人都被诊断为死于心脏病突发。

就在法佛尤，精神病人的性命被视为儿戏，被打得鲜血淋淋不省人事。

就在法佛尤，一个看护人员在打病人，其他所有在场的看护人员必须上去一起打，这已成为一条不成文的法规。

就在法佛尤，精神病人被强行与看护人员或其他病人互相鸡奸。

就在法佛尤，精神病人被迫连续几年赤身裸体，有时还被带上手铐，住在冰凉的病房里。

就在法佛尤，看护人员把精神病人召集在一起，挑唆他们互相斗殴，而看护人员却就其输赢打赌。

就在法佛尤，除了使用镇静药外，几乎所有的精神病人，被关上 30 年才能获得自由。

---

① 黎信、蓝鸿文主编：《外国新闻通讯选评》，长征出版社 1984 年版。

　　　　就在法佛尤，一个病人从住院到被确诊为患有精神病需要等上26年，这里仅举此一例。

　　　　就在法佛尤，精神病人连诸如卫生纸这样起码的享受都被剥夺。

　　　　就在法佛尤，精神病人乃至工作人员，都必须在互相欺骗、敲诈和偷盗的基础上生活。①

　　这里以排比句式将记者调查的事实陈列出来，既不容置疑又富有气势，让我们读来感受到代表正义的声音在宣读法佛尤的一条条罪状，读者的情绪很容易被这样的表达激发起来。

　　从上面的分析可以看出，语言的情境是综合使用语言手段的结果，包括词语、句式、修辞方式诸方面的选择和细节的描写等。如果遣词造句不够恰当，有可能破坏或模糊语言情境，从而影响读者在对事实信息的接受中对特定气氛的感受。譬如下列这则新闻的导语部分：

　　　　当记者闻讯驱车前往海口椰旺食品加工厂时，已是"五一六"职工中毒窒息事故发生后的六小时。傍晚六时半，椰旺加工厂显得非常平静。除了工厂门口两堆正在窃窃低语的人群，一辆停在路边的公安车，两位身穿制服守在工厂院门前的公安人员，看不出这里就是刚刚发生八人死亡重大事故的现场。

　　"平静"、"窃窃低语"、"公安车"、"两个公安把门"，这些细节很好地传递了现场的气氛：严肃、压抑、某种程度的秘而不宣。但是，最后一句"看不出"却冲淡了上述这些意味，因为，在很大程度上，前面的细节描述恰恰是指证这里刚刚发生了重大事故。因此，"看不出"这个词语与整个情境不甚相符，可以删掉。

　　值得注意的是，语言情境的创设，应该来自事件本身，贴合事件本身，而不是刻意制造煽情的效果和耸人听闻的效应。再就是，在特稿和通讯写作中，语言修辞手段复杂，因此语言情境的创设相对来说比较注重。但这并不等于说，简短的消息就没有语言情境，实际上，很多对重大事件的报道，以其快速的节奏，动词的突出位置，也很容易将人们置身于紧张的情景之中。

---

　　① 艾塞尔·穆尔，小温德尔·罗斯：《令人恐惧的法佛尤》，引自威廉·大卫·斯隆等编：《普利策新闻奖最佳作品集》，中国新闻出版社1987年版。

第二节　叙事学分析

一、叙事学的观念

　　叙事学(Narratology)作为一门学科，首先由法国语言学家、文学理论家托多洛夫于 1969 年提出的，他在该年发表的《〈十日谈〉语法》一书中写道："……这部著作用于一门尚未存在的科学，我们暂且将这门科学取名为叙述学，即关于叙事作品的科学"；他在《叙述的结构分析》一文中指出，叙事学应是对"叙述的本质和叙述分析的几条原则，提出几点一般性的结论"，即研究叙事的本质、表现、功能等叙事文本的普遍特征，不管它是用文字、图像还是声音来叙事。稍后，法国叙事学家日奈特有感于当代大众传媒的多样性及其各不相同的秉性，就将叙事学划定为只对叙事文学的研究，而不涉及影视等。但是，叙事学在发展过程中，逐渐越出了文学叙事的框限，其基本观念和方法为越来越多的领域里的研究所运用，如视觉艺术(包括绘画和影视)、传播学、人类学、历史学、心理学、文化学、社会学、法学、伦理学、计算机语言，等等，都或多或少地吸取了叙事学的观点和方法，并且与 20 世纪西方其他的思潮如解构主义、女权主义等相融合。在此过程中，叙事学不仅拓展了自身的研究范围，而且也丰富了其他学科领域的研究，带来了新的发现。可以说，叙事学已经成为在人文社科领域影响巨大、运用甚广的一门学科。

　　叙事学之所以能够从最初的文学叙事研究的狭小空间走向更为开阔的天地，很大程度上取决于它所研究的对象——人类叙事活动——的广泛性。正如罗兰巴特所说的，以"几乎无限的形式出现的叙事遍存于一切时代、一切地方、一切社会。叙事是与人类历史本身共同产生的；任何地方都不存在、也从来不曾存在过没有叙事的民族；所有阶级、所有人类集团，都有自己的叙事作品，而且这些叙事作品经常为具有不同的，乃至对立的文化素养的人所共同享受。所以，叙事作品不分高尚和低劣文学，它超越国度、超越历史、超越文化，犹如生命那样永存着"。[①]

　　叙事学在思想方法上的来源是索绪尔语言学以及深受其影响的结构主

---

　　① 罗兰·巴特：《叙事作品结构分析导论》，载张寅德主编：《叙述学研究——法国现代当代文学研究丛刊》，中国社会科学出版社 1989 年版，第 2 页。

义。索绪尔主张不能把语言（langue/language）和言语（parole/speech）混为一谈，这一区分至关重要。在索绪尔看来，语言是一个整体，一个系统，言语总是个别的、境遇的，他用这样的公式来表述二者的关系：$1+1+1+1$……$=1$。[①] 左边是言语，右边是这些言语共有的语言，语言学应该研究的是语言。由此出发，形成了索绪尔语言学的一系列基本观念。语言是一个心理原型，是下意识的、被动的；言语是有意识的、主动的。语言是社会性的；言语是个人性的。语言是一种符号系统，是同质的；言语活动则是异质的。语言是一个人为的分类原则，是文化的产物；言语的功能是自然的，从起源上来讲，先有个体间的言语活动，再有约定俗成的语言系统；但是，语言的起源并不重要，重要的是语言的原则一旦确立就永远存在，语言比言语重要。语言具有由内力即可恢复的自足的平衡状态，即共时态（synchronic）；而时间是造成言语活动变化的因素，形成语言在时间中的不平衡状态，即历时态（dia-chronic）。语言的要素是符号，意义是符号的所指（signifie/signified），是概念；语言的音响形象，即它在心理上留下的印象或痕迹是符号的能指（signi-fant/signifer）。索绪尔的这些观念表明，在千差万别的言语活动下面，有着共同的稳定的内在结构（语言）。索绪尔语言学把语言看做一个整体，主张应从构成某一语言现象的各成分的相互关系中、从语言的内在结构中，而不是从它的历史演变中去考察语言，以及建基于语言/言语的一系列二元对立的分析框架，这些都成为结构主义思想的一个重要源泉。

结构主义作为一种方法论，强调在研究事物时，不应注重因果关系，而应从事物的整体上，从构成事物整体的内在各要素的关联上去考察事物和把握事物。瑞士心理学家让·皮亚杰在其《结构主义》一书中概括了结构的三个基本特性：其一是整体性，结构整体中的各元素之间存在着有机联系，整体大于部分之和；其二是转换功能，即结构内部存在着具有构成作用的规律和法则；其三是自我调节功能，在结构执行转换程序时，它有自身的调节机制而不需要求助于结构之外的事物。法国人类学家克洛德·列维－斯特劳斯对结构主义观点和方法在法国的传播起到了推动作用。他在《结构人类学》中进一步对结构作出了四点说明。第一，结构中任一成分的变化都会引起其他成分的变化；第二，对任一结构来说，都有可能列出同类结构中产生的一系列变化；第三，由结构能够预测出当某一种或几种成分变化时，整体会有什么反应；第四，结构内可观察到的事实，应该是可以在结构内得到解释的。

---

① 索绪尔：《普通语言学教程》，商务印书馆 2001 年版，第 41 页。

　　叙事学在创立之初，显示出与索绪尔语言学和结构主义的密切关系，这主要体现在如下几个方面：其一，叙事学在确定研究对象的时候，将叙事作品视为一个内在的实体，一个不受任何外部规定性制约的独立自足的封闭体系。这样形成叙事作品的一切外在的因素——历史的、心理的、文化的，等等，都被叙事学研究排除在外。作者的个人状况、写作作品的真实意图也被叙事学研究置之度外，即所谓"文本之外，一无所有"，人的主体性位置被彻底废黜。取而代之的是，叙事作品本身的构成因素，各成分之间的关联表述，如主人公、叙述者、所叙故事、叙述行为、叙述结构、叙述视点、叙述时间等，成为研究的兴趣和着力点所在。其二，由于叙事学将目光限于文本之内，其对意义问题的探究与传统的作品分析不同在于，不再从文本之外引入意义之源，即意义不是来自于现实和有关现实的观念、价值体系，而是来自文本，一系列文本策略的运作就是制造意义或者说唤起意义的过程。其三，叙事学强调对叙事作品的抽象研究，叙事学的研究对象与其说是叙事作品，不如说是叙事作品的规律，是实际作品的抽象，因为它分析和描述的并不是个别的、具体的叙事作品，而是存在于这些作品之中的抽象的叙述结构。如托多洛夫的《〈十日谈〉语法》一书，只是将薄伽丘的这一作品作为验证的材料，把它看成某些抽象的叙述结构的具体表现，讨论"一般的叙述结构，而不是一本书的叙述结构"，由此可见，语言学的方法和手段为叙事学研究所采用。简言之，叙事学就是要研究"叙事语法"，发现和总结文本的"叙事性"。其四，与上一个方面相联系，叙事学努力探寻文本的深层结构，也体现了结构主义的原则。对叙述结构的研究和分析是叙事学研究的重要内容，并且它所关注的不是文本的表层结构，而是能够运用于所有叙事的结构规则。因此，叙事学对结构的分析中，常常致力于揭示出不同叙事文本共同的叙述模式。

　　进入 20 世纪 80 年代以后，叙事学被广泛运用于各个领域。荷兰学者米克·巴尔在其修订版的《叙述学：叙事理论导论》中界定"叙述学"为"关于叙事，叙事文本，形象，奇观，事件，以及'讲述故事'的文化制作品的理论"。① 而旧版中的定义则是"叙述学是关于叙述文本的理论"。② 这里不仅将原先的一个简单界定加以扩展，而且特别强调了对于"文化产品（cultural artifacts）"

---

　　① Mieke Bal：*Narratology—Introduction to the Theory of Narrative*（Second Edition），P1，University of Toronto Press Incorporated 1997。

　　② ［荷］米克·巴尔《叙述学：叙事理论导论》，中国社会科学出版社 1995 年版，第 1 页。

的研究，这样一来，其适用的范围就远为扩大了。包括新闻在内的信息的传播无疑也是一种极为普遍的叙事活动。传播学者华尔特·费希尔强调指出："所有形式的人类理性的基础基本上都是叙述，因此，所有形式的信息传播都可以当作叙述来理解。"①也因此，新闻传播活动理应在叙事学的研究视野之中。当叙事学的观念被新闻传播学界接受，新闻传播的过程便被视为叙事的过程。1989年，美国学者文森特就美国电视网对航空事故的报道进行了叙事性分析。当一家航空公司的客机发生事故而坠落，各家电视网开始了"新闻大战"，整个报道过程正是叙事的戏剧性过程：从事件的开端它引入情节、人物、悬念，进入冲突发展，进而达到高潮直至结局。一个有关"技术事故"的现实报道就这样被纳入悲剧性故事框架之中。文森特对新闻报道的叙事性分析表明，"叙事成为理解社会现实的工具"，新闻的真实性问题则被置换成叙事方式的真实性问题（现场镜头、同期声、实地采访等），同时，叙事结构成了文森特等人对媒介内容分析的分类框架。②

二、新闻的叙事学分析

叙事学理论将文本的构成作了区分，譬如托多罗夫区分出：故事/话语（story/discourse），热奈特进一步分解为：故事/叙事话语/叙述行为（historie/recit/narration），里蒙·凯南则分为：故事/文本/叙述行为（story/text/narration），而叙事学的兴趣更多地集中在叙述行为或者话语的研究，这方面有诸多的概念，我们拟介绍其中的叙事聚焦和叙事模式，用以对新闻文本的评析。

1. 叙事聚焦分析

在阅读一段叙事性的文字或者观看一段叙事性的影像时，我们会注意到，这些文字文本或影像文本，有时候并非叙述者直接呈现于我们的面前，而是经由一个人物的眼睛，让我们通过作为观察者的他的眼光来捕获信息。比如电影《可可西里》中大部分故事的呈现，是那个记者的眼睛所看到的情景和人物活动。如果由此进一步扩大到人的感知活动，那就不仅是眼睛的观看，而且包括耳朵的倾听或者内心的沉思，其活动主体在叙事中都可以被设置为呈现事物的中介。正如日奈特所说的，我们在分析叙事文本时，应该用"谁感知"来代替"谁看"，确定"感知的焦点"（the focus of perception）在哪

---

① 转引自斯蒂文·小约翰：《传播理论》，华夏出版社1999年版。
② 冯郁青：《媒介内容分析的相关理论》，《新闻与传播研究》1998年第3期。

里？① 在叙事学上，这种由叙述者呈现出来的诸成分与观察者的视觉（通过这一视觉这些成分被呈现出来）之间的关系被称为聚焦（focalization）。②在文学中，聚焦是形成极具表现力的叙事和富有质感的叙事的手段。对新闻叙事来说，虽然聚焦的手段不如文学那么复杂，但是，对形成叙事的效果来说绝非可有可无。另一方面，对新闻叙事的聚焦进行分析，也是解释新闻文本深层蕴含的有效手段。

从经验中我们即可知道，不同的人对同一对象的感知所呈现的图景和面貌是不一样的。在新闻叙事中，聚焦问题首先体现在感知的主体的选择，以谁为聚焦者？对这一问题的落实直接关系到新闻叙事文本将什么样的事实图景呈现在受众的面前。

叙事学上一般将叙事文本中的聚焦分为三大类。一类是传统的无所不知的叙述者的叙事，被称作"零聚焦"或"无聚焦"叙事；在这类叙事中，叙述者比人物知道的多，更确切地说，叙述者说的比任何人物知道的都多。一类是"内聚焦"，它以特定的人物来感知和呈现对象，可以是固定的一个人物，也可以是不同的人物，还可以是对同一事件的不同人物的感知；在这类叙事中，叙述者只说某个人物所感知到的情况，也就是说叙述者与人物知道的一样多。第三类是"外聚焦"，叙述者说的比人物知道的少，只呈现人物外部的活动（行为和话语），不涉及人物内心活动。

依据这样的分类来考察新闻叙事，我们会发现，通常的消息类新闻，大多采用零聚焦的方式，即新闻文本的叙述者表现出"无所不知"的特性。譬如下列这段文字：

　　　　现在是星期日的子夜时分。正在发这份急电的时候，街道一片沉寂。但是在城市中心，人们的心碎了。

　　　　家园沉入水里，汽车也被淹没。房子里黑漆漆的空无一人，而家具漂在水上。

　　　　缓慢上涨的水在防护墙上发出阴森森的响声。但是人已撤离的地区静悄悄的。一切都很平静。③

这是 1983 年普利策地方一般现场新闻报道奖获奖作品《洪水毁家园 灾

---

① Gerard Genette：*Narrative Discourse Revisited*. Cornell University Press 1988，P65.

② Mieke Bal：*Narratology—Introduction to the Theory of Narrative*（Second Edition）. University of Toronto Press Incorporated 1997，P142.

③ 1983 年普利策地方一般现场新闻报道奖，《洪水毁家园 灾民夜难眠》，《韦恩堡新闻哨兵报》丹·卢泽德。

民夜难眠》的开头三个段落，在这些段落里。叙述者明显的表现为"全知"的特性，他不仅将洪水后的"城市中心"、"家园"、"汽车"、"房子"、"家具"、"防护墙"等物象呈现给我们，而且听见"阴森森的响声"，感知"一片沉寂"、"一切都很平静"，甚至让我们感受到"人们的心碎了"。采用这种"全知聚焦"的方式，感知的焦点所在是变动不居的，因此给叙述者带来很大的自由度。在这种方式下，叙述者可以根据需要很好地交代背景和场景、描述环境、渲染气氛、叙写事件的过程、展示人物的精神状态。

　　第二类"内聚焦"的方式在西方的特稿类新闻和我国的通讯类新闻中出现较多，它通过选择特定的人物来感知事件，既能表现人物的心理和其他各方面的状态，也能创造出一种戏剧性的情境，起到引人入胜、扣人心弦的作用。

　　　伊娃不明白商店的门外为什么悬挂这么多精心装饰的横幅。是的，看上去的确很美，不过难道不是因为会有什么事情发生吗，比如说游行或节日？店主肯定不会只为好看才这么挂。"肯定是有原因的，"她总结说。①

　　这里的叙述是以伊娃的感受来展开的。这种方式的优点是，一方面，它贴近人物，让读者在阅读的过程中进入新闻人物的世界，甚至产生感同身受的效果。另一方面，这种方式产生的真实感也强于"零聚焦"的叙事，因为它淡化了叙述者的介入。

　　第三类聚焦方式，可以称之为"冷漠叙事"，叙述者严格将自己限制在记录者的角色，隐匿在文本背后，只记述人物的活动，记录人物的语言，而不进入他的内心世界。例如2001年2月1日《人民日报》国际版的一篇简讯《洛克比案一被告被判有罪》，全文如下：

　　　审理洛克比空难的3名主审法官1月31日做出裁决，宣判一名利比亚籍被告阿卜杜拉·巴塞特·阿里·迈阿拉希有罪，另一名利比亚籍被告阿明·哈立法·费希列无罪并当庭释放。

　　在这篇新闻作品中，我们只看到一个简单的事实被平铺直叙地陈明，没有任何解释和评论，没有新闻背景、人物描写，叙述声音没有任何指向，叙述者似乎"消遁"了。在简讯中我们经常可以看到这种聚焦方式的独立运用。而更为普遍的情况是，在新闻文本的局部出现这种外聚焦的方式。如《纽约每日新闻》1973年1月23日发表的记者威廉·谢尔曼的报道《一次感冒，一

---

　　①　奥利尔：《伊娃的礼物》，杰里·施瓦茨：《如何成为顶级记者——美联社新闻报道手册》，中央编译出版社2003年版。

个小时看了三个医生》中有这样一段：

  在候诊室，一位穿白衣的护士用静电复印机复制了好几张病人的医疗证，不断问道："请问您的教名、出生日期，您有电话吗？"

  她将这些情况填在一张登记表上，这张表将由病人附在账单上，等看完病，再交给医院。接着，她问道："您要看什么病？"

  "我觉得有点感冒，我得找医生看看。"

  "好吧，内科医生正忙着呢。你先到脚病医生那儿去看看脚，他现在有空。"

  "干嘛？我只是有点感冒。"

  "那你也得先检查检查脚。"

这段叙事极其客观地展示了当时的场景。

实际上，三种聚焦方式都并非总是独立使用，正是聚焦的变化带来叙事的变化：人物、场景、事件会在这种变化中得到展示。这三种方式，提示我们注意到记者在叙述新闻人物或事件时面临着的选择：究竟是让人物自己呈现其所见所感，还是让叙述者代为呈现人物所见所感；是通过这个人物来呈现，还是通过那个人物来呈现。处理不当，会影响叙事的生动、客观与逼真。在我们的一些人物报道中，往往因为聚焦选择的考虑未尽细致充分，从而影响表达效果。譬如下列这段文字：

  雪花在凛冽的寒风中狂飞乱舞。一会儿工夫，大家都变成了雪人。人们穿着大衣，还是感到阵阵发冷。脸、手和脚都被冻得失去了知觉。孔繁森看到一位藏族老阿妈把外衣脱给了在风雪中哀嚎的小羊羔，自己却在零下20多摄氏度的严寒中冻得瑟瑟发抖，他的眼睛湿润了。他用手捂住脸，强忍着不让泪水流出来，猛地转身回到越野车上脱下自己的一套毛衣毛裤，递给那位老阿妈。老阿妈伸出已经冻僵的双手，接过那还带着体温的毛衣，嘴唇颤抖着久久说不出一句话。

这段文字引自通讯《领导干部的楷模——孔繁森》[①]，从主题和内容来说，这是一篇优秀的人物通讯。但是，对我们这里所引述的文字作叙事学分析，会发现它在叙事聚焦的处理上不尽如人意，表现在它以孔繁森为聚焦人物："孔繁森看到"，"他用手捂住脸，强忍着不让泪水流出来"，而实际上写作这个报道的时候，孔繁森已经殉职，通过他来"看"和感知——"强忍着"，就显得不可思议。记者不可能采访到孔繁森本人，读者会问这里的场景通过

①　1995 年 4 月 7 日《人民日报》。

谁看到的呢？很明显的是，记者不可能当时在场，因此使用零聚焦的方式也有所不妥。那么以谁的眼光来呈现这一场景更为真实可靠呢？我们认为，更为明智的选择应该是那位老阿妈。

2. 叙事模式分析

所谓模式是对真实世界理论化和简约化的一种表达方式，它将已存在的结构或过程中的相关要点联系起来，以便更好地描述、分析、预测研究的对象。① 叙事学出现之初，即表现出对叙事模式的关注。俄国学者普洛普对俄国民间故事研究时，运用了"功能"一词，是指从多样的具体的事件和构成中抽象出来的始终不变的成分，这个概念的意义是"依据其对于行动过程的意义来说的一个人物的行动"，即使行动者的身份发生了变化，功能仍可能保持不变。② 普洛普举了下面的例子：

① 一个沙皇送给一位英雄一只鹰。鹰把英雄载到另一个王国。

② 一个老人送给苏申科一匹马。马把苏申科载到另一个王国。

③ 一个魔术师送给伊万一艘小船。船把伊万载到另一个王国。

④ 一位公主送给伊万一枚戒指。从戒指中变出来的小伙子们把伊万带到另一个王国。

普洛普以此说明，尽管民间故事的人物多种多样，但是人物在故事中的功能是不变的和有限的。普洛普对上百个俄国民间故事的功能进行了比较分析后，发现功能的总数不超过 31 个，每一种功能就是一个基本事件。另外，普罗普还把实施功能的人物分为 7 类角色：① 坏人，② 施物者（提供者），③ 帮助者，④ 公主（被寻求者）和她的父亲，⑤ 派遣者，⑥ 英雄（寻求者或受难者），⑦ 假英雄。在任何一个故事中一个人物可以扮演一类以上的角色；或者一类角色可以由几个人物担任。普罗普的这种形式主义叙事结构分析为结构主义叙事学在理论和方法上奠定了基础。在普罗普的基础上，格雷马斯提出了"角色模式"的概念，他认为角色与人物的区别在于，"角色"一定与作品中的功能性事件有关，而"人物"则不一定。根据作品中主要事件的不同功能关系，他区分出了叙事作品的六种角色：主角与对象、支使者与承受者、助手与对头。③

① 参见沃纳·赛佛林、小詹姆斯·坦卡德著：《传播理论：起源、方法与运用》，华夏出版社2000年版，第44—45页。

② 参见里蒙·凯南《虚构叙事作品》，北京三联书店1989年版，第35—36页。

③ 参见 Lisa Taylor and Andrew Wills：*Media Studies：Texts，Institutions and Audiences.* page71—77，Blackwell Publishers Ltd 1999。

当我们把上述理论用于新闻叙事文本的分析时,就可以发现关于新闻作品的"类"的特征和故事模式。新闻事件相当于故事,新闻报道是对故事的讲述,在讲述这些故事时,叙述者如何派定角色,选择什么"功能"来连接人物角色与事件的关系,并在此基础上开展文化批评。美国学者 Cambell 对美国电视节目《60 分钟》的分析,给我们提供了这方面的范本。他通过对大量的《60 分钟》的报道的分析,总结出 3 种叙述模式:侦探式、分析者式和游客式叙述模式。这 3 种模式分别赋予记者们侦探、分析者和游客 3 种隐喻身份。在侦探模式中,《60 分钟》所展现的各种叙述人物至少在表面上与侦探故事中的叙述人物颇为相似,既有邪恶的罪犯和无辜的受害者,也有机智的侦探和效率低下的官方调查机构。如同故事中的侦探们一样,《60 分钟》的记者们解决罪行时也要采取一系列行动:介绍罪行,确认罪犯、受害者和旁观者(他们或提供证据或设置障碍),重述造成犯罪的各种因素,抓获罪犯,解释犯罪行为。这些故事往往建立于这样几种冲突之上:安全与危险、个人与集体、诚实与欺诈。分析者模式将记者表现为调解当代文化冲突的分析者,并具备两种形式:社会和文化的评论员,精神分析学家或治疗学家。前者就宏观的社会文化现象作出评析,后者则深入探讨个人的精神生活。在一则报道中记者可能同时扮演这两种角色。但是无论是哪种角色,记者首先都是一个解释者,他重新塑造、安排并讲述别人的故事。它也由 3 种主要冲突组成:成功与失败、传统与变革、个人与社会。在这些冲突中,作为精神分析学家或治疗学家的记者要离开"公众"事件去深入探索"个人"感情世界,从而再次肯定或否定某种价值观。在游客模式中,记者则负有以下几项任务:作为观众的代理人探索并描述新鲜的或陌生的事物;寻找真实;试图恢复过去和自然,砸碎并穿越现代文明的门面;质问坏人,一般是官僚制度或现代化本身(通常披着美国化的伪装)。这种游客模式的报道中,记者调节了 3 种主要叙述冲突:传统与现代化、自然与文明(或乡村与城市)、个人与制度。如同侦探报道和分析报道中一样,游客模式所构筑的叙述冲突也不仅需要一个结局,更重要的是对冲突的解决,在《60 分钟》里,记者作为冲突调停人对叙述中的矛盾双方进行综合并支持一套基本价值观,以此结束故事并赋予意义。①

从这里我们可以看到,当叙事模式的分析用之于新闻作品研究时,纷繁芜杂的新闻作品被赋予"类"的特征,这当然具有高度的抽象性。但是,只要我们以新闻作品为基础,坚持面对新闻作品说话,那么这种抽象就可以帮助

---

① 参见王纬、刘浚:《保持中间地带——论〈60 分钟〉的叙述模式》,《现代传播》1997 年第 3 期。

我们更好地认识新闻作品及其产生机制，理解其背后的社会及文化关联。比如说，关于犯罪报道，我们可以抽象出以下的模式：

（1）A 犯下罪行，B 跟踪破获罪案的过程。

（2）A 犯下罪行，B 追溯其成长过程。

（3）A 犯下罪行，B 调查其造成的伤害。

（4）A 犯下罪行，B 调查其引起的反应。

（5）A 犯下罪行，B 追溯其犯罪过程。

当我们抽象出这些模式，来分析新闻作品时，需要进一步考虑的是，在特定情况下，采用哪种模式叙述，起决定作用的有哪些因素。或者说，是什么促成了这种模式的叙述而不是另一种。这时候，我们就需要更具体地分析其中的新闻消息源接近的程度、意识形态因素、现实"语境"的因素。通过这样的分析可以获得对新闻报导更为深入的理解。

叙事学运用于新闻作品评析，当然不止于叙事聚焦和叙事模式这两点。实际上在这里存在着一个非常广阔的领域。譬如叙事人称、叙事时间、叙事声音、叙事节奏、叙事伦理等概念都可以运用于新闻文本的解析，为我们理解和研究新闻作品乃至整个新闻传播提供丰富的理论视角。

第三节　内容分析

一、什么是内容分析

内容分析的定义。内容分析作为一种研究方法，源于社会学，后被广泛运用于传播学，用以分析各种媒介的传播内容。根据美国学者乔治·V. 希特（George V. Zito）的定义，内容分析是这样一种方法：研究者用系统的、客观的和定量的方式进行分析，以测定写作、言谈或出版物等形式传播的具有明确特性的内容……在这样的研究中，考虑到任何传播内容都是由特定的传播者制作的，传播者的意图便可以确立为研究的目标；也可以尝试描述和分析传播中的受众接收情况。[1] 内容分析将"具有明确特性的传播内容"作为其研究对象，因此有别于旨在揭示媒体文本的潜在含义的其他分析方法。[2]

---

[1]　Arthur Asa Berger: *Media Research Techniques*（second edition），P23，Sage publications Inc，1998.

[2]　Lisa Taylor and Andrew Wills: *Media Studies*: *Texts*, *Institutions and Audiences* Page46，Blackwell Publishers Ltd 1999.

　　我国的传播学者卜卫指出，内容分析有三种形式①：第一种是描述传播内容的倾向或特征——这是最常见的内容分析形式。譬如，考察有关艾滋病的媒介报道，分析它们是否存在着对艾滋病的偏见以及达到何种程度等；考察新闻报道中对女性的再现是否包含性别歧视的内容；考察有关民工报道中消息来源是否发出弱势群体的声音以及报道者在此过程中的偏向，等等。第二种是描述传播内容的变化趋势——这类研究常常需要分析五年、十年或更长时间的样本，以发现对某一主题的报道量或其观点是否有变化等，如有论者以1950年—1990年这40年间《中国妇女》杂志报道的325位典型人物为样本，描述出不同历史时期我国妇女典型形象的不同特征：20世纪五六十年代是单一劳模型，70年代末劳模型、个人成就型、勇于斗争型并存，80年代是以个人成就型和女强人型为主，揭示女性典型形象变化与社会变迁之间的联系。② 第三种是比较不同样本的内容特征———即采用同一评价标准，对两种以上的同类媒介内容进行分析，以比较它们之间的内容特征和风格。例如，评论者对伊拉克战争时期人民网与联合早报网有关美伊战争中的平民报道进行比较分析，探讨了两个媒体的把关标准和倾向。③ 这三种形式均与社会现实、传播者、受众发生某种程度的联系。这三种方式，都可以运用于新闻作品的评析，但是相对而言，第一种方式和第三种方式样本采集上的工作要简单一些，工作规模小一些，因而可以更多地采用。

　　内容分析的目标。④ 内容分析目标之一是将媒介现实与社会现实进行比较。研究者在从事这类研究时，往往基于一种假设，即传播内容的倾向与社会现实（或现代社会价值观）不符，传播内容歪曲了社会现实或不符合现代社会的价值观念、科学观念等。研究者需要通过系统的计量分析，揭示传播内容与社会现实之间的偏差，进而探究其间的偏见。在这一目标下，仅仅分析某种内容倾向的百分比是没有意义的，只有将这种百分比与社会现实、社会观念联系起来的时候，才能对数据进行分析和价值判断。值得注意的是，在实现这一目标的过程中，研究者的最初假设当源于他的经验观察，而不是凭空想像；研究者对社会现实的把握必须准确可靠，而不能以一种偏见（媒介传播内容）与另一种偏见（研究者自身对社会现实的描述）相参照，只有这样

　　① 卜卫：《试论内容分析方法》，《国际新闻界》1997年第4期。
　　② 凤笑天：《变迁中的女性形象——对〈中国妇女〉杂志的内容分析》，《社会》1992年第7期。
　　③ 刘敏、杨新敏：《把关标准与媒体倾向——（一）人民网与联合早报网美伊战争平民报道比较分析》，《新闻与传播研究》2003年第2期。
　　④ 参见卜卫：《试论内容分析方法》，《国际新闻界》1997年第4期。

内容分析才能帮助我们理解和解释社会现实。

　　内容分析的第二个目标是从媒介内容推论传播者的态度。这一目标所基于的假定是：在大多数情况下，媒介内容在相当程度上自然而然表现了媒介或传播者的态度。如：研究日记可推断写日记的人的态度；研究某个杂志中的妇女形象可推断这个杂志对女性的态度；比较两家报纸对某个暴力事件的不同报道，可以看出它们对这个暴力事件持有不同的看法；统计分析受众来信(在这里，受众也是信息制作者)，可推断出受众对某种媒介或某种媒介内容的兴趣倾向等。当然，也有个别的情况，如为了某种利益，媒介发表与其态度相反的内容。这时，推论研究者态度的研究效果将会大大降低。

　　内容分析的第三个目标是从媒介内容推论传播效果。这里的假定是：人们长期接触某种媒介内容，就会受到某种媒介内容的影响。这一假定已得到传播学理论的支持。其理论主要是：李普曼的报刊意义构成功能、格伯纳的培养论、肖和麦考姆的议程安排功能和德弗勒、普莱克斯的媒介影响语言的功能。但传播学的其他理论指出：媒介内容对受众的影响不是直接的，而是有条件的。受众接触该内容的动机、态度、原有认知结构以及其他因素也将决定媒介内容的影响。当受众大量接触与其原有态度一致、原有认知结构相同等内容时，才有可能增加受众认同媒介内容的机会，进而影响受众。

　　对新闻作品评析而言，考虑到它主要是面对新闻作品(文本)，其内容分析的目标设定，主要是将媒介现实与社会现实进行比较和从媒介内容推论传播者的态度这两个方面。

二、内容分析的步骤①

　　第一，提出研究问题或假设，将研究目标加以清楚明白的陈述。如《把关标准与媒体倾向——人民网与联合早报网美伊战争平民报道比较分析》开头就明确：在各个中文网站对战争的报道中，"关于战时平民的报道无疑是最具人性化，也是格外值得关注的一部分。战争一旦开始，首先遭殃的就是平民百姓，他们的幸福、健康乃至生命都随时可能遭到无情的剥夺，这种对于最基本的人权的侵害与践踏应该是所有声称面向大众、以人为本的媒体着力报道的对象。……但是，笔者以为，由于各个中文网站的指导方针不同，在因'海量'而显得看似差不多的报道背后，它们应该有着各自的把关标准，

---

　　①　这里对内容分析步骤的介绍，依据李本乾的论文：《描述传播内容　检验传播研究假设——内容分析法简介(下)》，《当代传播》2000年第1期。

并进而形成各个媒体特有的报道倾向。"

第二，确定研究范围，就是要说明研究对象的界限和范围，对研究对象下明确的操作性定义。操作性定义必须包括两个方面：指定主题领域、确定时间段。指定主题领域应与研究的问题保持逻辑上的一致，并与研究的目的相连贯。确定的时间段应该要够长，以保证研究现象有充分的发生机会。如《把关标准与媒体倾向——人民网与联合早报网美伊战争平民报道比较分析》中，研究者在人民网上的"伊位克战争爆发"网页中的"战争影响"及"伊方动态"专栏中共找到从 3 月 20 日到 4 月 10 日有关平民的报道 177 篇，在联合早报网站，研究者查阅了所有有关伊拉克战争的报道在同样期限内有关平民的消息 66 篇。

指定主题领域和确定时间段后，研究者要对研究中的有关参数进行清楚的叙述。例如："把关"一文的研究者设立了八个具体的量化指标——消息来源、内含信息、情感倾向、报道方式、标题倾向、内容倾向、信息渠道、信息比重，并对其进行明确的界说。

第三，搜集资料和数据。当分析涉及数量有限的资料时，可以对内容进行全面的搜集和普查，上面提到的对人民网和联合早报网关于伊拉克战争中平民报道的比较研究就是如此。但是，当研究者面对数量庞大的内容时，就无法对它们进行全部统计，这时必须进行抽样。大多数大众媒介研究的内容分析实行多段抽样法。如前文提到的《变迁中的女性形象——对〈中国妇女〉杂志的内容分析》一文，研究者从 1952—1989 年间的《中国妇女》杂志中，选定了 1952—1956 年、1961—1965 年、1978—1981 年、1986—1989 年这四个时期的全部杂志，作为分析的总体，分别代表 50 年代、60 年代、70 年代末和80 年代。

一种简单的随机抽样方式是：从一个任意的时间点以后，每隔 n 次选择一个样本。比如，研究一季度《中国青年报》头版新闻，可以设定逢 5 的日子抽取样本。但是 n 不能呈现出周期性，否则这种抽样不具有代表性。例如，如果抽取的目标是 50 期报纸，用 7 作为间隔数，那么样本就有可能全是周末报纸。由于周末报纸有一定的特性，这种抽样就不具有代表性。

时间抽样的另一种方法是把月按周分段，把周按天分段。从一周中抽取不超过两天的样本，可代表整月的总体分布。还有一种方法是从每个月的日期中抽样，组成一种"混合周"。例如，从一个月的所有星期一中随机抽取一个星期一，再从所有的星期二中随机抽取一个星期二，依次类推，直至一周的所有天数都抽齐。一般来说，样本数在合理的情况下，越大越好。如果选择样本太少，研究结果就可能不具有代表性。如果随机选择的样本量较大，尽管一般很少出现不具有代表性的结果，但会造成任务太重。那么，究竟选择多少样本数为宜？一般而言，它依研究的目的和研究对象而定，没有一个统一的标准。如研究对象发生的频率越低，则选取的样本数就应越多；反之，选取的样本数就可相对较小。

第四，选择分析单位。分析单位是指实际计算的对象，为内容分析中最重要、同时也是最小的元素。在文字内容中，分析单位可以是独立的字、词、符号、主题（对某个客观事物独立的观点）、整篇文章或新闻报道。在电视或电影分析中，分析单位可能是动作或整个节目。分析单位的操作性定义应该明确具体，其标准应该便于操作。

第五，建立分析的类目。内容分析的核心问题在于建立媒体内容的类目系统。这种系统的构成随着研究主题不同而变化。在有效的类目系统中，所有的类目都应具互斥性、完备性和信度。所谓互斥性是指如果一个分析单位可以且只可放在一个类目中，那么这个类目系统就具有互斥性，否则，类目的定义就需要进行修改。所谓完备性是指类目中必须有适合于每一个分析单位的位置，如果发现一个或几个不正常的例子，可以用"其他"或"混合"的类目来解决问题。但有10%或更多的内容属于"其他"或"混合"类目时，就需要重新检查当初的类目。还有一种确保完备性的方法，就是把内容分成两部分或三部分：如解决问题的态度可以分为积极性和消极性；陈述可以分为正面的、中性的和负面的三种类目。所谓信度是指不同的编码者对分析单位所属类目的意见应有一致性。这种一致性在内容分析中以数量表示，称为"编码者间信度"。在建立类目的过程中，应防止类目过少和类目过多这两种极端的情况。因为类目太少，基本的差异容易被忽略；类目太多，每一个类目中仅有少量的内容，从而大大限制了研究的推理性。

第六，建立量化系统。内容分析中的量化方法一般用于类目、等距和等比三种尺度。在类目尺度中，研究者只需简单地分析单位在每个类目中出现的频率。例如，报纸社论的标题、电视节目播出的情况等问题，都可以通过类目测量的方法来完成。等距尺度可以构造量表供研究者探讨人物和现象的特性。例如，在研究广告中妇女的形象时，每一个类目都可由编码者通过检测在如下量表上打分：

独立的：—、—、—、—、—；依赖的

支配的：—、—、—、—、—；顺从的

这种量表能增进内容分析的深度和结构优化，比类目测量获得的表面资料更有意义。等比尺度适应于一些空间和时间的问题。如在印刷媒介研究中，通过计算栏数来分析涉及一些特定事件或现象的社论、广告和新闻报道的特征；在广播电视研究中，等比尺度通常测量与时间有关的问题，如广告时间、播出的节目类型及一天中各类节目的总量等。

第七，进行内容编码。将分析单位置于内容类目称作编码。这是内容分析中最费时，同时也是最有意义的部分。进行内容编码时应做好如下工作：训练编码员，改进编码计划；进行实验性研究，检查编码员间的信度；使用标准化表格，简化编码工作；利用电脑进行编码和统计工作，也是一种非常理想的方法。

第八，分析数据资料。内容分析中常使用描述性统计方法，如百分比、平均值、众数和中位数；也使用推理的统计方法，如方差分析、卡方分析、相关和回归分析。

第九，解释结论。如果研究者要检验变量之间关系的假设，其解释将很明确。但是，如果研究是描述性的，就需要对研究结果的含义及重要性进行解释。例如，一项关于儿童电视节目的内容分析显示，30％的广告是零食和糖果。那么，30％这个数字究竟是高还是低？这时，研究者面临着应该报告"足足30％的广告属于这一类"，还是报告"只有30％的广告属于这一类"？显然，研究者需要进一步的比较，如把它与广告中的其他产品或与成人节目中的广告相比，可能30％是较高的数字。

下面是一篇比较完整的内容分析的实例，我们可以从中看到如何运用这一方法来评析新闻作品。

苏州日报网络版要闻内容分析报告①

为深入研究《苏州日报》网络要闻版的指导性、贴近性、可读性，我们运用随机抽样法，抽取了2003年1月至6月《苏州日报》网络要闻版所刊登的内容，采用传播学的内容分析法，进行了要闻版的内容分析。

1. 研究目的

我国的新闻界一直以来都十分注重党报的宣传和指导工作的作用，把报纸看做是"宣传者、鼓动者、组织者"。在目前互联网迅速

---

① 该文作者：任意，来源：2005年1月16日中国新闻研究中心网站 http：//www. cddc. net/shownews. asp？ newsid＝8080。

发展，报纸普遍上网的情况下，网上媒体日益成为受众了解外界、获取信息的重要途径，网上媒体的影响力也与日俱增。中国互联网络信息中心（CNNIC）2004 年 1 月所发布的调查报告显示：截止到 2003 年 12 月 31 日，我国的上网计算机总数已达 3089 万台，是 1997 年 10 月第一次调查结果 29.9 万台的 103.3 倍，我国上网计算机总数呈现出比较快的增长态势。截止到 2003 年 12 月 31 日，我国的上网用户总人数为 7950 万人，同 1997 年 10 月第一次调查结果 62 万上网用户人数相比，现在的上网用户人数已是当初的 128.2 倍。我国上网用户总数增长非常之快。

传播内容是产生传播效果的关键因素之一。要深入探讨网络媒体（特别是网络党报）的传播效果，就需要对网络媒体的内容进行分析研究，从而使传播效果的研究与传播内容相联系。

2. 研究方法

根据内容分析法的研究步骤与要求，我们的研究过程大致如下：

（1）确定内容分析的总体为 2003 年 1 月至 6 月《苏州日报》网络要闻版所刊登的内容。

（2）根据随机抽样的原理，对所确定的总体内容进行抽样。为均衡地反映《苏州日报》网络要闻版所刊载的内容，我们分别按照日历周、结构周和组合周的抽样法，在 2004 年 1 月至 2004 年 6 月间选择了 7 天作为分析样本。

（3）建立分类系统，设计内容分析编码表，并确定分类标准与编码定义。

（4）按照编码定义进行编码。在正式登录前，进行了试编码，对编码定义和登录内容作了补充和修改。

（5）运用统计分析法，计算所得数据的百分比。

（6）根据数据进行分析研究得出结论。

3. 分析统计结果

在这次内容分析研究中，我们通过对《苏州日报》网络要闻版报道内容的报道来源、报道主要涉及人物、报道涉及的地方、报道的主要内容分类、报道涉及的领域、报道的立场、报道的体裁、报道数量和报道篇幅的分析，描述出《苏州日报》网络要闻版的内容特征，并对其指导性、贴近性、可读性做出了初步判断。

（一）关于报道来源的特征及分析

《苏州日报》网络要闻版的内容 50% 来源于新华社的电讯稿，另外 50% 由报社自己的记者和编辑采编，没有其他来源的新闻稿件。这和我国的新闻体制和纪律有很大的关系。所采用的新华社的通稿一般都是国家最重要的新闻，而报社自己采编的稿件则是本地重要的新闻。没有从其他传统媒体或者网络媒体上转载新闻，说明《苏州日报》网络要闻版并没有充分利用网络媒体海量性的特点，消息总汇的功能没有充分利用。

（二）关于报道内容的特征及分析

在所有报道中涉及到重要的党和国家领导人的报道占 57%，涉及到地方主要领导人的占 38%，涉及到普通群众的仅占 5%。可以看出，《苏州日报》网络要闻版还是很重视媒体的宣传作用的，但是，关于如何才能达到更好的宣传效果还是有值得探讨的地方。比如，领导人和普通群众所占的比例问题。到底是应该把视线更多地投向高层还是底层大众呢？应该是个很值得重视的问题。

在所有的报道中，关于会议进程的报道占到了总报道的 23%，关于会议内容的报道占总报道的 23%，这两报道就占到总报道的 46%，将近一半。而在所有的会议报道中，全国性会议占 67%，地方性会议占 33%。关于先进典型的报道占 19%，时事新闻占 8%，领导人的政务、外事活动占 23%。

从这些数据可以看出，关于会议报道的比重过大，而且会议进程报道也占了很大的比例。各传统媒体已经在如何报道好会议新闻进行了很多的尝试，在网络媒体又出现了这样的问题，应该好好地深思一下。地方性会议和全国性会议的比例问题也值得注意，毕竟，地方性会议的贴近性应该更加强一点，同时对普通群众的指导功能应该更多一点，应该适当地提高。但是，在报道会议时，应该重点报道会议的内容，而不仅仅是进程。群众最需要知道的是会议的内容，又有什么新政策、新思路、新目标，而不是仅仅想知道什么时候开会、什么时候闭幕。领导人的政务和外事活动一直是媒体的报道重点。但是，一些程序性的、礼仪性的活动报道过多、过滥，而实质性的活动却被忽略，也是一个十分重要的问题，这和会议报道有很多的共同点。典型报道一直是我党新闻工作的一个重要法宝，在过去发挥了很重要的作用。在网络媒体上典型报道也能占一定的比例是个很好的事情，但是，网络媒体毕竟不同于传统媒体，如何能充分利用网络媒体的特性，把典型报道提高到一个新的档次，让群众爱看、相信、学习，是一个迫切需要解决的问题。我们一定不能再把过去的经验生搬硬套到网络媒体上，因为整个传播环境已经发生了翻天覆地的变化。

在报道所涉及的领域中，经济领域的报道占35%，涉及政治领域的占54%，涉及外交领域的占11%。应该说，关于经济的报道有点偏少，而政治性的报道过多，另外，与广大群众更加密切相关和更受关注的医疗卫生、文化体育方面一点报道也没有。从这里可以看出，《苏州日报》网络要闻版的贴近性还是没有深入的。

（三）关于报道立场的分析

在所有稿件中，批评性报道占0%，表扬性报道占85%，中性报道占15%。我们党的传统媒体一直有批评和自我批评的传统，善于发挥舆论的监督作用。可是，在被人们认为言论更为自由的网络媒体中，竟然听不到批评的声音，看不到舆论监督的影子，确实有点让人费解。虽然，我们的方针是"团结、稳定、鼓劲，以正面宣传为主"，可是，正确地开展舆论监督并不和这个方针矛盾。网络媒体作为一个互动性的媒体一定可以在舆论监督上大有作为的。

（四）报道的体裁、数量和篇幅

所有报道中，消息占85%，通讯占12%，评论占3%。从体裁上看，网络版的报道发挥了网络媒体迅速、快捷的优势，但是，报道的深度则有一定的损失。

在所有的21天中，没有报道的天数竟然有12天，占到了57%。1篇报道的为4天，2篇报道的为1天，3篇报道的为2天，6篇报道的为2天。一般来说，如果没有什么会议召开，报道的数量就会非常少。而当有重大会议举行时，报道的数量就剧增。

在所有的报道中，500字以下的报道占8%，500~1000字的报道占20%，1000~2000字的报道占46%，2000字以上的报道占26%，其中最短的一篇报道为150字，最长的一篇报道为5618字。应该说，报道的内容还是适中的，基本上符合网络受众的阅读习惯。但是，没有一篇报道用到图片，更不用说音频和视频了，说明网络媒体的最大优势没有被利用起来。

4. 结论与启示

（一）主要结论

（1）《苏州日报》网络要闻版仍然是一个比较典型的党报网络媒体。与它的纸质版区别不大，基本上是纸质版的翻版，没有多大变化。党报存在的一些问题，不仅没有在网络版得到解决，反而有加剧的趋势。网络版仍然停留在上网占位置的阶段。

（2）《苏州日报》网络要闻版指导性、贴近性、可读性都做得很不够，应该还有很大的提高余地。

（3）《苏州日报》网络要闻版没有充分利用网络媒体的优势，生动性、多媒体性、时效性、互动性(如，没有留言功能)都不强。

（4）《苏州日报》网络要闻版信息量太少，无法满足受众的基本信息需求。

（二）解决思路

（1）充分发挥党报的权威，在网络上也要树立权威的形象。把在现实环境里的优势继续在网络上发挥。毕竟网络环境中，信息真伪的分辨有一定的难度，一定要从开始就充分树立网站的真实、权威。

（2）充分发挥网络媒体的特长，利用图片、音频、视频使报道生动、可读，把宣传和指导寓于隐性之中。目前，单纯的信息已经不能充分满足受众的需要，他们不仅需要知道信息，而且希望以不同的形式来获得，满足自己的需要。因此，应该把信息包装得尽量符合网络受众的阅读习惯。

（3）加大报道的数量和力度。应该充分利用链接功能，充分利用互联网的海量信息资源，把关于信息的信息提供给受众，满足他们在信息过载环境下的信息需求。

（4）充分发挥互动的特征，调动广大受众的积极性，使他们参加到报道中，倾听他们的意见，使网络版成为引导舆论的一个重要阵地。

（5）加大贴近性，提供大量和受众生活密切相关的信息，并提供受众反映问题的渠道。

《苏州日报》网络要闻版内容分析。

　　编码表：

1. 报道来源

（1）新华社

（2）报社自己采编

（3）领导文章

2. 报道涉及的人物

（1）国家领导人

（2）地方领导人

（3）群众

（4）其他

3. 报道涉及的地方

（1）本地

（2）全国

（3）其他地区

（4）香港、澳门、台湾及国外

4. 报道的内容

（1）会议进程报道

（2）会议内容报道

（3）先进典型报道

（4）时事新闻报道

（5）领导人活动的报道

（6）政府公告、文件

5. 会议报道分类

（1）全国性会议

（2）本地会议

6. 报道涉及的领域

（1）经济

（2）政治

（3）外交

（4）医疗卫生

（5）文化体育

7. 报道立场

（1）批评报道

（2）正面报道

（3）中性报道

8. **报道体裁**

（1）消息

（2）通讯

（3）评论

9. **报道数量**

（1）无

（2）1 篇

（3）2 篇

（4）3 篇

（5）4 篇

（6）5 篇

（7）6 篇

10. **报道的篇幅**

（1）短（500 字以下）

（2）中（501 ~ 1000 字）

（3）长（1001 ~ 2000 字）

（4）超长（2000 字以上）

思考练习题

1. 选择一篇新闻报道，对其直接引语的运用情况进行分析和评价。

2. 结合具体的新闻报道，分析其语句顺序安排上的得失。

3. 叙事聚焦这一概念如何运用于新闻作品的评析？

4. 选取你熟悉的一个或一类新闻作品，对其叙事模式进行分析。

5. 试选定一个媒体，就某一主题对其传播的新闻进行内容分析。

第四章　新闻作品评析的基本类型

本章要点

● 新闻评析中，个案研究主要包括错误"诊断"、作品形成过程分析、范本分析等。

● 新闻评析中，综合研究主要是从宏观上分析和把握新闻作品中带有普遍性的写作方式、主题倾向、一般趋势等问题。

● 新闻评析中，比较研究主要是分析属于不同空间、不同属性、不同技术、不同形式的新闻之间的异同，并作出评价。

　　本章将在前两章的基础上，介绍新闻评析的基本类型。从不同的角度，可以对新闻评析进行不同的分类。如从评析对象的题材特征看，可以分为消息评析、通讯评析、特写评析、新闻评论评析等；从评析对象的媒介性质看，可以分为报纸新闻评析、广播新闻评析、电视新闻评析等。上述类型在本书其他章节均有涉及，本章将从方法论的角度介绍几种不同类型的新闻评析。在第三章我们谈到新闻作品评析的三种方法，在其他章节也涉及另外的方法的运用。进一步看，这些方法实际上属于三种不同的类型，即个案研究、综合研究和比较研究。

第一节　个案研究

　　个案研究是指选定一个案例或若干个小案例，采用多种方法，对案例的特征、环境和复杂构成进行分析研究，通过对这个案例的分析和研究，可以提示我们对其关涉的总体情形的把握，尽管它并不把这个个案的研究成果普遍化，即不意味着这一成果适用于其他个案。正如有论者指出的，个案研究实质上是通过对某个（或几个）案例的研究来达到对某一类现象的认识，而不是达到对一个总体的认识。至于这一类现象的范围有多大、它涵盖了多少个体，则是不清楚的。个案研究的逻辑基础是直接从个案上升到一般结论的归纳推理形式，其研究目的主要是通过解剖"麻雀"，即对具有典型意义的个案进行研究，形成对某一类共性（或现象）的较为深入、详细和全面的认识，包括对"为什么"（解释性个案研究）和"怎么样"（描述性个案研究）等问题类型的认识。因此，个案研究有助于我们对某一类别现象进行定性（或定质）认识。①

　　个案研究原来产生于社会学研究，后被广泛应用于包括新闻传播学在内的其他各种学科的研究，可以说，在本书的各个部分都涉及到个案研究。在这一节里，我们要做的工作是，从研究类型的角度，进一步对新闻作品评析中的个案分析进行梳理和总结。

　　新闻作品评析活动中的个案研究大体包括下列情形：

一、对特定的新闻作品中表现出的不当和错误进行诊断

　　新闻作品中出现的不当和错误大体上涉及两个方面，一个是采访相关的活动中的行为不当在新闻作品中表现出来，一个是在写作过程中的失误。这两个方面的具体情形，我们在前面章节中已经多有涉及。在个案研究范式下，需要选择典型的文本进行这方面的分析。如郑兴东、陈仁风两位先生主编的《不要这样写——对百篇新闻写法的商榷》②一书，就是选择了一百篇新闻文本，对每一个文本的突出"病症"进行评析，涉及的范围覆盖了新闻写作的各个方面，诸如新闻的客观性、新闻价值的突显、新闻来源的交待、新闻主题的明确、会议新闻的写作、新闻结构、新闻导语、新闻背景等等。该书通过对这一百篇新闻报道的分析，揭示它们存在的问题，明确新闻写作应该遵循的规范。

　　采访活动中的不当也会在新闻作品中表现出来，因此，在新闻作品评析中，也可以选择这方面的典型文本进行"诊断"。例如，本书第二章里涉及消息源问题的分析时提到需要考察三个方面的问题，这些问题多是新闻采访实际操作过程中的问题，而最终反映在文本里面。我们可以选择一个典型的文本进行分析：该报道是否具有并显示了可靠的消息来源，该报道的消息来源在性质上是异质的还是同质的，该报道的消息源在数量上是单一的还是丰富

---

　　① 参见王宁：《代表性还是典型性——个案的属性与个案研究方法的逻辑基础》，《社会学研究》2002 年第 5 期。
　　② 郑兴东、陈仁风主编：《不要这样写——对百篇新闻写法的商榷》，中国人民大学出版社 1990 年版。

的，该报道对消息源的选择是否显示出明显的偏向以致影响新闻的客观、公正和平衡，等等。这样的分析，便是"诊断"的过程，可以揭示新闻作品中暴露的采访中消息源采用的问题。除了消息源问题，采访活动中的行为不当在新闻作品中的表现还有：对事件的新闻价值的判断是否准确；是否很好地遵循了新闻伦理原则，比如说秘匿权的使用是否适当、隐形采访的手段是否恰当、细节披露是否伤及无辜等等；采访准备是否充足；采访中的提问是否适当。

二、对特定的新闻作品的形成过程进行分析研究

在一般情况下，我们所面对的只是新闻文本——已经公开发表的新闻作品，这个新闻的产生过程是怎样的，一般的公众往往不得而知，也无须得知。但是作为专业的新闻工作者或新闻研究者，如果有条件获得有关新闻的产生过程的资料，则可以更好地分析新闻文本和总结新闻采写的得失。这方面同样可以按照个案研究的思路来展开。很显然，在这种对新闻作品的形成过程进行个案研究的过程中，不仅要选取典型的新闻文本，而且要搜集有关这个文本产生过程的点滴资料。关于后者，可以从新闻工作者的经验谈中获取，也可以直接向刊播了相应新闻作品的媒体征求。

我们前面提到的人物特写《伊娃的礼物》，选自《如何成为顶级记者》一书，该书对这个新闻的产生过程就有详细的介绍和分析。这些介绍和分析涉及到新闻价值的判断。书中提到，伊娃的孙女米歇尔·威拉德不明白怎么会有人想报道她的祖母，而记者海伦·奥尼尔却深信，对于一个先天失明而突然间又得到了视力的 80 岁的老人来说，她的身上一定蕴藏着一个伟大的故事。当然，不是其他记者没有发现这个新闻素材，曾有其他人给伊娃打过电话，但最终都没有做成报道，因为她的语言表达能力实在是太差了。因此对记者奥尼尔来说，挑战就在于要找到一个合适的采访方式，使伊娃将自己的思想倾泻出来。

于是，我们看到文章的介绍和分析涉及到采访的准备。奥尼尔是在一次婚礼上和朋友聊天时听说伊娃的事情的。当她决定采访伊娃时，便意识到自己有关失明及视力的知识太少，不能够对伊娃这种有着独特经历的对象进行有针对性的采访。于是她联系了几家盲人机构，试图找到其他突然间恢复了视力的人；她阅读了多本有关失明的书，并在网络上查询相关资料；她结识了在美国盲人协会任职的梅勒妮·布鲁森。布鲁森终生失明，嫁给了一个靠眼睛吃饭的人——一名摄影师，他们在一起进行了长谈。摄影师试图向她讲

解颜色、空间、透视等概念,但无论布鲁森如何努力,也始终不能真正搞明白。这些无疑是奥尼尔走进伊娃的世界必要的准备。

接下来是采访过程了。奥尼尔陪伴了伊娃好几天,带她出去吃午饭,陪她在镇上闲逛,观察她对人的表情、商店的橱窗、路边的台阶等事物的反应。她从伊娃脸上看到了喜悦,但也看到了恐慌:她对未知的一切感到害怕,念念不忘早已习惯了的黑暗世界。奥尼尔带着伊娃回了趟那座她曾居住过的小岛,开车大约一个小时的时间。奥尼尔发现,从来没有见到过家是什么模样的伊娃竟能准确无误地找到回家的路。可是到家后,她只是紧张地笑着,要求回到养老院去。慢慢地伊娃的谈话多起来。在这个过程中记者的直接观察和体验确保了后来的写作有那么多动人的细节。采访中,奥尼尔也充分体会到摄影记者的合作给她带来的收获。伊娃喜欢上了和奥尼尔一同采访的摄影师托尼·塔伯特。"他把她当作有史以来采访过的最重要的人物,"奥尼尔回忆道,"他使她感觉自己像个明星,她很高兴。这样她也就对我更无话不谈。"除了对伊娃本身的观察和采访,奥尼尔还见了伊娃的孙女米歇尔,更多地了解了伊娃的生活,她女儿的死以及儿子的自杀。第二天她开车带伊娃去了米歇尔的家,在那里伊娃更多地谈了一些她生活中的不幸遭遇。在具体的采访方式上,奥尼尔并不在采访前准备一大堆的问题,而只是事先写好几个采访中要问的重点问题,尤其是比较敏感的话题,但内容很少,只在本子上草草地记几笔,除此之外,就任其发展。奥尼尔说:"我其实是在和对方谈话,而不是在采访。"奥尼尔还努力控制谈话的时间,因为长时间的谈话太耗精力,而出去吃饭或去什么地方或干点儿什么的时候,谈话可能会更放松。这样,奥尼尔便能够经常会和被采访的对象达到心灵深处的碰撞。她非常在意他们应以一种什么样的形象出现在自己的报道中,以及自己是否真正发掘出了他们内心深处的苦与乐,做到感情全部投入,才能保证所写的东西真诚与坦率。

在如何处理采访内容上,奥尼尔同样有独到之处。奥尼尔在采访过程中从不动笔。"我喜欢让自己沉浸在某件事情中,然后从另一端走出来认真思考后再动笔写"。不过有时她会草草地记下开车时脑袋里闪现出的一个词甚至一段话。伊娃的故事的结尾部分显然是她离开养老院几分钟前看到的老人与狗在一起的情景。"那一幕真是太清晰了,"她说。每天和伊娃分手后,奥尼尔就要做一些记录,"不会太长,大多只是脑子里的一些想法,与报道的内容无关,而是我观察到的一些事情。只是一些小事,以便我能记住,以便日后我能将自己再带回到那个场景中去。有时我会让谈话者录一段话下来,不是录制采访的全过程,因为我想记住他们的声音。如果他们说点儿什么,即使是读一段文字，留下来的声音就会使我想起当时和他们一起坐在屋子里的情景"。奥尼尔并不忙着记录被采访者说的每一句话。事实上，她在报道文章里很少引用原话。填满她的笔记本的，是众多细节内容的描述——某人的衣服的颜色，他端坐的姿态等等，尽管她知道最终被用在文章里的也没有多少。在采访当中她经常会因为专心识别对方的眼睛到底是淡褐色还是棕色而把问题与答案弄混。我们看到，记录与现场感的获得是如此紧密地联系在一起的。正因为如此，我们在读到她的新闻稿时，会感到鲜活生动的内容俯拾皆是，报道给人以充盈而饱满的印象。①

《伊娃的礼物》是一篇感人至深的人物特写，对其形成过程的分析和介绍，无疑会增进我们对新闻工作的理解和新闻采写艺术的体味。对失败之作是否也可以采取同样的方式进行分析研究呢？我们认为，如果文本足够典型，并且能够获得相应的资料，同样可以对其进行这样的分析研究。就此而言，它与我们上面阐述的对不当和错误进行诊断属于同一性质的工作，只是它更强调新闻作品的形成过程中的哪些因素导致作品的失败。

三、对新闻作品中出现的模范文本进行分析研究

提炼和总结模范文本值得推广的经验，并阐明新闻传播的一般规律。优秀的新闻作品无疑最适合拿来作为个案研究。在这种情形下的新闻作品评析，首先要确保所评析的作品的确是优秀之作。其次，要能够从有关的新闻原理透视其优秀之处。再次，要能够以对该作品的分析评价丰富新闻原理。下面这篇新闻评析文章可以让我们具体地看到如何进行这类个案研究。

新闻应求意无穷

——评获奖消息《七年上诉冤屈未伸张》

《七年上诉冤屈未伸张》是一篇颇具耐读性的报道。耐读在于有新闻，耐读更在于有引人思索的新闻背后的新闻——作者不仅告诉读者自己见到了什么，更重要的是自己领悟到了什么、发现了什么。

消息说的是河北省唐山市丰润县大令公庄村民 1994 年在村委会选举时，有百余人没投上级指定候选人的票，事后有数十人被县

---

① 杰里·施瓦茨：《如何成为顶级记者——美联社新闻报道手册》，中央编译出版社 2003 年版，第 58 页。

政法机关个别人和村干部打伤、打残，多人遭非法拘禁，村民数十次到各级部门反映问题均无结果，反遭更加严厉的打击报复。1999年底，新华社记者采访报道了这一严重事件，多位中央领导作了批示，河北省派出了工作组。经过两个多月的调查，查清了事实，并向市、县交办了20多个问题。为了落实省委调查组交办事宜，唐山市委成立了由6位市领导组成的领导小组，成员由市里一个部门的主要领导组成，仅地厅级干部就有8人；领导小组下设四个工作小组和一个办公室，人员近30人。再加上丰润县委县政府、七树庄镇的两套"配合班子"，在长达一年多的"落实"过程中，各类证据、文件摞起来就有一尺来厚，可受害村民的冤屈竟长达七年之久仍未讨回公道。这则获奖作品最为可贵的是，不仅仅报道这一新闻事实，起到信息的传播作用，而且集中笔墨直指"七年久拖不决"的要害——有关部门用"认认真真"的形式主义，对付中央领导的批示和群众多年的冤屈。消息在导语及简洁地交待清楚事情的来龙去脉与回访记者进村见闻之后，便超越事件本身，集中笔墨和篇幅，用确凿的事实对各级被访对象进行形象的勾勒。生动而又深刻的表现手法，一针见血地告诉人们久拖不决的"大令公庄事件"，已绝对不是一般意义上的冤案，也不止是一个基层民主选举规范问题，而是新形势下干部作风中存在的种种问题的集中表现。

这则不足千字的消息，一播发，便在社会上引起巨大反响。全国很多报纸、网站在显著位置刊用或转载；各地读者纷纷来电来函，称赞报道寓意深刻，耐人寻味，表现手法别具一格。有的新闻学院还将此文列为新闻教学范例。稿件播发不到半月，河北省委、唐山市委、丰润县委领导一行多人，代表省委到新华社，感谢新华社客观、负责、事实准确的报道，表示诚恳接受批评，并通报了对相关责任人的查处意见和要求全省各级干部以"大令公庄事件"为活教材，吸取教训，从根子上抓干部作风转变的情况。

这则获奖消息的有效传播，又一次告诉我们：在信息时代，由于信息来源的多样化，传送手段的高科技化，记者的成功往往并不全在于发现新闻，而在于对其深度透视的能力——即透过表面现象洞察事物本质的能力。这就像新华社总编辑南振中所说的那样：事物的本质总是透过许多"泡沫"一样的现象表现出来的，作为一名有经验的优秀记者，就不能仅仅停留在对事物"泡沫"的发现和描述上，而总是要透过漂浮在水面上的"泡沫"，潜入深流，揭示和反映许多人都感受到了但还未能理清头绪的"本质"。

　　这则获奖消息的采写成功还告诉我们：在新闻写作中，作者首先要对报道对象作深入调研、思考，把感性材料上升到理性认识，只有作者的认识有了深度，作品才会有思想深度。尔后，再将理念性的东西变为人的行动，转化为具体事实形象，还原为表现认识、理念的客观事实的载体。这篇被誉为新华社"抓作风、改文风"一大成果的获奖消息，就是记者从数十万字的采访资料中捕捉到最有新闻价值的素材，从十多个部门、100多名采访对象中采集关键的证人证言中，提炼出超越事件本身，挖掘出事件背后更为深层的东西。

　　时下，可读性、趣味性在新闻圈内使用频率都很高。无疑，这些对于办好报纸、写好新闻作品都是应当关注的。但讲可读性不可不讲思想性，讲趣味不可不讲品位。有思想性的可读性、有品位的趣味，才是真正为读者所喜爱的可读性和趣味。"以意为主，以文传意"，达到词义"双美"，应该是我们新闻写作要追求的目标之一。这篇获奖消息不仅寓意深刻，耐人寻味，表现手法也别具一格，亲历、新颖、流畅、清晰，读后心情为之怦然而动，可算得上一篇词义"双美"之作。①

　　总的说来，在个案研究的范式下，新闻评析应该精心选择适当的个案，细致分析个案中涉及相关原理的各个方面，灵活运用各种具体的分析手段和方法，能够从具体个别的新闻作品研究中提升出普遍、一般的道理。

第二节　综合研究

　　按照《辞海》(1980年版)的解释，综合和分析在思维活动中起着重要作用，是思维的基本过程和方法，以对实物的实际分析(分解)和综合(合成)作为基础，是由两种信号系统协同活动所实现的。分析是在思想中(头脑中)把事物分解为各个属性、部分、方面；综合是在思想中(头脑中)把事物的各个属性、部分、方面结合起来。两者彼此相反而又相互联系。分析中有综合，综合中有分析。分析与综合贯串于思维的整个过程，但只有对事物内部矛盾的各个方面进行具体分析，再综合起来把握起矛盾的总体，才是真正深入到事物的本质，把握事物发展

---

① 彭朝丞：《新闻应求意无穷》，《新闻战线》2003年第2期，略有删节。

的规律。而当我们将综合研究作为一种研究范式的时候，是强调在零散的、单一的、随机的分析基础上，进行由零散到完整、由单一到全面、由低层次到较高层次的综合，从而形成对研究对象的完整而富有深度的把握。

在新闻评析中，综合研究的范式主要表现为下述几个方面：

1. 对新闻作品表现出的写作方面诸问题进行综合分析和评价

如有论者谈到当前新闻文风问题，指出现在新闻传媒上有部分新闻传播效果甚微。虽有多方面的原因，但文风不好是这类新闻不吸引受众的通病，解决新闻文风上的问题应该做到"四少四多"。在阐述"少一点陈词旧调，多一点活泼清新"时，作者批评了时下新闻报道模式千篇一律，用语离不开大话、空话、套话，没有几句新鲜活泼的语言。进而指出，像"中国新闻奖"获奖作品中的《上海打出"中华牌"》（新华社1992年6月8日播发）、《按"智"分配造就亿万富翁》（原载《湖北日报》2000年2月23日）、《洞庭湖长大五分之一》（原载《湖南日报》2001年12月26日）等新闻，其取胜的诀窍之一，就是采用了来自群众中的新鲜活泼、有个性、有生命力的语言。在"少一点鸿篇巨制，多一点短小精悍"、"少一点耳提面命，多一点娓娓谈心"、"少一点简单肤浅，多一点深刻分析"的论述中，论者都将现实中存在的不良倾向与优秀之作进行对比，阐明了自己的主张。[1] 显然，这四个方面的归纳，是建基于对新闻现象的敏锐观察之上的。

新闻写作中的模式和方法，也常常运用综合研究的范式来展开。如前面章节中介绍的对《60分钟》叙事模式的分析，还有对引语应用情况的分析，对消息源种种情况的分析，都是属于这种类型。还可以是对新闻报道写作中更为具体的问题进行综合分析。如有论者专门就新闻报道中术语的问题进行考察，指出新闻报道中的术语有三种类型，即科技类术语、社科类术语和社会类术语，研究术语类型有利于记者或通讯员树立术语意识。论者结合具体的新闻作品实例阐明，在新闻报道中，有些术语必须解释。并对其诠注的方法加以介绍，即句子诠注、段落诠注和文章诠注。论者也指出有些术语不需要诠注，但必须具备以下条件中的任意一种，即特定的对象、特定的时段和特定的地域。[2] 经过这样的综合研究，散见于各种新闻报道中的情况被集中起来，其本质的特征被凸显出来，可以加深人们对新闻作品中相关问题的理

　　① 参见刘保全《增强感染力 文风需改进》，《当代传播》2003年第5期。
　　② 参见胡德桂《关于新闻报道中术语的问题》，http://media.people.com.cn/GB/22114/44110/44111/3176456.html。

解，认识和掌握新闻规律。

2. 对新闻作品的主题倾向进行综合分析和评价

新闻作品的思想性、政治性和社会性，集中体现于其立意和主旨，对其进行分析评价，也是新闻评析活动的重要内容。综合研究的范式，可以更为集中和深入地展开这方面的评析。譬如有论者对传媒低俗化进行理论思考，据中央政策研究室文化研究局有关专家分析，这一"公害"主要表现在：少数媒体采用非常手段，甚至通过偷窥的方式，把注意力集中在明星的绯闻、丑闻、诉讼和琐事上；少数"时尚"报道热衷于对豪宅、盛宴、名车和其他奢侈品的炒作，或者将性虐待等低俗的文化元素当作时尚标签加以追捧；少数媒体以"性"为卖点打"擦边球"，以追求"眼球效应"；少数媒体漠视苦难，轻薄死者，缺少人文关怀。比如，无论是中国工人在阿富汗遇袭，还是俄罗斯别斯兰人质事件，都有电视节目号召观众通过短信竞猜。少数媒体渲染暴力色彩，过度追求猎奇，比如对抢劫、凶杀、强奸等报道津津乐道，细节描写、大标题、大图片，以求最大限度地刺激读者感官。①

在这样的评析中，同样是将零散的报道集中起来，得到凸显和透视。对新闻作品主题倾向的综合研究除了上述对某种现象的直观考察和评价，还可以以某种理论为武器，对具体的新闻文本的主题倾向展开分析和研究。例如有论者以女权主义和叙事学的相关理论，考察反腐败新闻报道中女性的"刻板印象"，论者选取 2000～2002 年间《法制文萃报》、《中国青年报》和《今日早报》（浙江）上的反腐败报道作为文本研究的对象（分别作为专业类报纸、严肃报纸和面向市民阶层的都市报的代表，因而具备较广的覆盖性）加以考察，根据叙事学中的角色功能理论，指出这些报道中的女性形象就其角色功能来说，可以分为：腐败行为的推动者（甚至有时候是起决定意义的推动者），行使的功能是促使男性主人公开始受贿或者在腐败的泥潭中越陷越深；"权色"交易中的商品，行使的功能是以"色"换"钱"。其中人物可以分为两种：腐败的促成者和性消费的对象。而其中每一种又都作进一步细化，如第一类分为两种：一是"贪内助"，即女性作为妻子唆使或帮助丈夫受贿，并充当重要的"中介"；二是"贪官"的情妇，直接或间接促使贪官们为她们大肆捞钱。② 这样的考察，可以帮助人们透过具体的新闻文本看到社会文化方面的

---

① 参见杨同庆《对传媒低俗化的理论思考》，http://media.people.com.cn/GB/40628/3124210.html。

② 参见毛力《反腐败报道中的女性形象的叙事学分析》，中国新闻传播学科研究生学术年会优秀论文。

价值取舍，使新闻作品评析履行其社会文化批评的作用。

3. 通过具体的新闻作品分析，总结新闻报道的一般趋势，从宏观上把握一个时期的新闻报道的情况

例如，有论者从五个方面总结我国媒体 2003 年在新闻报道上的突破和创新：会议报道改革力度空前；"负面新闻"报道及时；国外战争报道全面跟踪；关注弱势群体成为议题；注重新闻言论，时评异军突起。每一个方面都是对具体的新闻报道进行研究的结果。如在对第一个方面阐述时，论者注意到，会议新闻中的诸多革新和突破：对党委、人大、政府、政协多位领导参加的会议或活动，只综合编发一条消息，不分别发稿；对出席会议、活动的领导同志名单，能省略则尽量省略；对领导同志在会议上的讲话，综合在消息中，不另专门编发；以标题新闻形式报道领导同志的活动；对政府工作报告进行深入浅出的解读分析等等。①

由于是对新闻报道情况的宏观把握，在评析的时候就要注意考虑到全面的情况，而避免以偏概全的局面。因此，在陈列事实（新闻作品的情况）时，既要有标志性的核心材料，又要以概述的方式交待同类的"卫星"材料，这样做到点和面的结合，使情况得到整体的反映和透视。例如上文提到的研究者这样论述负面新闻报道及时的情况：

> 实践证明，"负面新闻"的信息公开与及时报道，增大了信息透明度，保障了公众知情权，有利于防止谣言的传播，有利于增强媒体的公信力，有利于保障社会的良性运行。5 月 2 日，新华社发布消息，编号 361 的中国常规动力潜艇在山东省内长山以东领海进行训练时，因机械故障失事，艇上 70 名官兵不幸全部遇难。国际军事专家指出，这是中国自 1949 年以来首次公开重大潜艇事故。这是在公开非典疫情之后的又一次公开灾难信息的惊人之举。从此以后，对于灾难性新闻，都给予了及时报道。例如，5 月 13 日，安徽淮北芦岭瓦斯爆炸，86 人死亡；8 月 11 号，山西大同杏儿沟瓦斯爆炸，42 人死亡；11 月 14 日，江西丰城建新煤矿瓦斯爆炸，49 人死亡；12 月 23 日，重庆市开县一处矿井在起钻作业中发生天然气"井喷"，造成 233 人死亡，灾害波及 4 个乡，4 万多名灾民被紧急疏散，方圆 5 公里内形成了一个"无人区"。对这些重大的灾难性事

---

① 参见董天策等《新闻报道的多方面突破——我国媒体 2003 年内容创新的历史回顾》，《西南民族大学学报》2005 年第 2 期。

件，不回避、不掩盖，客观报道，正确引导舆论，与以往相比具有很大进步，显示出媒体对灾难性新闻的理性和成熟。①

局部如此，全文也是如此。

从上述介绍中，我们可以看到，在运用综合研究这一范式时应该注意的是：

第一，综合研究的主题确立和对象选择，在涉及主题倾向和趋势描述的时候，往往具有更为强烈的意识形态性。因此，评析者应该具有先进的世界观和新闻价值观，注意把握舆论导向，站在党和人民群众的立场上，以马列主义、毛泽东思想为指导方向，才能有效地揭示纷繁复杂的新闻作品现象背后的实质。

第二，综合不是简单地将相关现象拼凑到一起，而是要有一定的合乎逻辑的框架，评析者不仅以这种框架组织材料，而且以这种框架来看待和分析材料。因此，这种框架的构建，要求评析者具备很高的理论眼光和思想深度。没有这样的眼光和深度，势必不能从众多的新闻作品现象中发现问题，也就谈不上进行综合研究。要达到这样的要求，科学的研究方法必不可少。如果没有科学的研究方法，没有切入问题的言路，问题就没法得到透视，综合也就难免会变成材料的堆砌和现象的罗列。综合研究中，具体的方法是多种多样的，应该根据实际需要灵活运用。本书其他章节中，提供了许多这方面的实例，可以作为参照。当然，更多的方法显然是要在实践摸索和理论研习中获得。

第三，相对而言，对新闻作品的综合研究范式，关注的是带有趋势性、普泛性的问题。因此，在确立具体的研究对象和命题时，评析者应该能够从琐碎的、零散的、具体的材料中跳出来，从宏观着眼，在大处落笔。要做到这一点，评析者需要有统观的意识，需要有将看起来散乱的现象联系起来的眼光，而不能只见树木不见森林，拘泥于孤立的单个材料之中。另一方面，应该强调的是，综合是以具体问题的切实分析为基础的。如果没有对具体材料的扎实掌握和细致观察，而只是按照某种先验的理论框架和言路，来套新闻作品的实际状况，甚至不惜削足适履，那么，这样的综合研究不仅不能帮助人们提高对新闻作品的情况的认识能力，反而会因为脱离实际，造成空洞无物，因而遮蔽客观实际存在，甚至误导读者。

----

① 参见董天策等《新闻报道的多方面突破——我国媒体 2003 年内容创新的历史回顾》，《西南民族大学学报》2005 年第 2 期。

第三节 比较研究

俗语云"不怕不识货，就怕货比货"，说的就是比较的作用，它是进行分析和作出判断时的一种常见的方法。比较作为一种方法，可以说在各个学科领域的研究中都得到广泛的运用，它可以启发人们去思考特定学科领域的问题，分析同类或异类问题中的因果关系，探索学科的规律，把握研究对象之间的相似性、差异性，并从各种材料的细微区别中抓住特点，抓住本质的东西，对特定范围内的具体现象进行定性的鉴别和定量的分析。许多学科都以比较的方法为基础扩展出新的学科分支，诸如比较文学、比较历史学、比较法学，等等。近年来，比较新闻学也开始兴起。由此可见，比较不仅是一种具体的研究方法，而且是一种研究范式。本节将探讨这种研究范式在新闻评析活动中的运用情况。

在新闻评析活动中，比较研究的范式最突出地体现在"同题比较"上，即比较两则或两则以上对同一事件的不同报道。郑兴东和陈仁凤先生主编的《不要这样写——对百篇新闻写法的商榷》一书中，给我们提供了这方面的典型范例。书中比较了下列两篇新闻作品。

（稿件1） **苍山"蒜薹事件"主要责任者受到严肃处理**

本报讯中共临沂地委对"蒜薹事件"已作了全面调查，最近作出处理决定：撤销对"蒜薹事件"负有主要责任的李常存苍山县委副书记职务，并建议撤销其县长职务；县委书记杨国胜停职检查，视检查情况另行处理。对借机煽动搞打砸抢的少数违法分子，苍山县司法部门进行了收审，经审理逮捕9人，对29人分别作了罚款、赔偿、教育释放处理。

苍山县盛产优质蒜薹，是我国传统的大蒜出口基地之一。近年来随着农村产业结构的调整，大蒜作为当地的一种主要经济作物，种植面积不断扩大，今年达到9.2万亩，产蒜薹4500多万公斤。蒜薹丰收本是一件好事情，但由于苍山县委、县政府存在严重的官僚主义，领导不力，工作失职，造成蒜薹滞销，引起部分群众的不满。首先，他们缺乏商品经济的观念，对蒜薹生产、销售中出现的新情况、新问题缺乏正确的对策，对今年蒜薹销售中可能出现的问题没有引起足够的重视。当发生蒜薹滞销时，又没有把多渠道经营抓起来，致使商业、供销等主要渠道和集体、个体的购销渠道均未能发挥应有的作用。蒜薹大量上市后，县委、县政府对各业务部门的购销活动基本失去控制，对经济管理部门乱收费，滥罚款等现象没有及时制止。在蒜薹购销经营和管理中，该县一些业务部门经营思想不端正，不为农民着想，片面追求部门利益。在蒜薹开始上市时，他们抬价收购，挤走了部分外地客户。有的地方为了装满自己的恒温库，规定不准外地客户收购，甚至连一些村民委员会和蒜农与外地签订的购销合同也强令作废。尤其是在蒜薹购销活动中，该县计量、工商等部门借机巧立名目，乱收费、滥罚款，从而造成了与蒜农的对立。对此，县委、县政府听之任之，没有及时纠正和制止。另外，苍山县委、县政府对今年蒜薹产量和销售进度也心中无数，指导价格定得晚，宣传不够，致使开始收购价格每公斤高达8角到1元，严重滞销时却下降到1角钱，使部分蒜农利益受到很大损害。更为错误的是，在蒜薹事件发生后，县委、县政府主要负责人不深入现场，不研究采取具体有力的措施，不制止事态扩大，最终导致了蒜薹事件的严重后果。

苍山"蒜薹事件"发生以后，省委、省政府十分重视，立即组织有商业、供销、交通等部门主要负责人参加的工作组，协同临沂地委、行署工作组，连夜赶赴苍山，帮助蒜农销售蒜薹；同时通电各地市，要求他们到苍山运销蒜薹。这样很快将苍山剩余蒜薹销售出去，保护了农民的利益。此后，又有省、地委领导带队组成调查组对整个蒜薹事件进行了全面调查，认为苍山蒜薹事件主要是由于县委、县政府主要负责人思想上、作风上严重官僚主义和失职造成的，据此对他们分别进行了上述处理。

省委还将苍山"蒜薹事件"的处理情况通报了全省，要求各级党委、政府认真吸取这一事件的教训，防止和克服官僚主义，转变领导作风，改进工作，适应农村商品生产发展的新形势，努力加快脱贫致富的步伐。临沂地委还就苍山"蒜薹事件"召开民主生活会，认真总结经验教训，并帮助苍山县采取自上而下、自下而上层层发动的方法，有领导地组织各级党组织和广大干部、群众总结经验教训，提高思想认识，增强团结，振奋精神，搞好工作，弥补损失。苍山县的广大干部群众对省、地委及时果断地处理蒜薹事件，感到满意。县、乡(镇)、村的干部说：吸取"蒜薹事件"的教训，牢记党的宗旨，进一步树立商品经济观念，关心群众疾苦，努力做到全心全意为人民服务。蒜农们说：省、地委正确处理"蒜薹事件"，把坏事变成了好事，今后在大力发展商品经济中，努力加强自己的社会主义精神文明建设，遵纪守法，反对无政府主义，维护和支持各级政府的工作，为把苍山建设成为社会主义的物质文明和精神文明的先进县贡献力量。（发表日期：1987 年 7 月 20 日）

（稿件 2） 山东通报处理苍山"蒜薹事件"责任者

新华社济南 7 月 18 日电（记者尹建华）山东苍山县"蒜薹事件"中犯有严重官僚主义错误的县长、县委副书记李常存最近受到撤职处分，县委书记杨国胜停职检查，等待最后处理。

苍山县盛产优质蒜薹，今年又是大丰收。但是县委、县政府没有做好购销工作，造成 1000 多万公斤蒜薹短期内滞销，价格猛跌，引起群众强烈不满。5 月 27 日千余蒜农冲进县府大院，找县长解决蒜薹销路问题。这件事被人们称为"蒜薹事件"。

事件发生后，中共山东省委、省人民政府和中共临沂行署先后派工作组到苍山县，帮助蒜农在几天之内把蒜薹都销售出去了。"蒜薹事件"暴露了苍山县主要领导人官僚主义严重，工作上失职。他们对某些地方和部门画地为牢，欺行霸市，乱收费、滥罚款，挤走外来客户的行为未能及时制止，以致造成蒜薹的严重滞销。更为严重的是，当一些蒜农找到县政府，要求县长、县委书记帮助解决蒜薹销路问题时，县长李常存、县委书记杨国胜没有积极做工作。5 月 27 日中午，三合乡邵家村两个蒜农把一车卖不出去的蒜薹拉到县政府大院内抛撒，引来一些赶集群众围观。当县委办公室值班人员将这一情况报告杨国胜、李常存时，他们只是让县政府办公室主任王汶清带人去处理，自己照常在家午休。下午一点多钟，数百人不听劝阻闯进县府院内，喊着"找书记！找县长！蒜薹卖不出去怎么办！"王汶清见事态扩大，先后六次打电话找杨国胜和李常存，但都没找到。下午二时，在事态继续扩大的情况下，王汶清直接打电话报告临沂行署。行署专员电话指示李常存，县委、县政府领导立即出面向群众做工作。但李常存只是口授一个广播稿，让人送广播站广播。这时，一位副县长打电话要求李常存去现场做工作，李却对他说："你别去，去了也白搭。"下午三时和三时半，中共临沂地委负责人又分别打电话给杨国胜和李常存，要他们理直气壮地到群众中去做好教育疏导工作，但他们仍然不敢和群众见面。由于苍山县县长、县委书记严重失职，致使事态不断扩大，造成严重后果。更有甚者，当蒜薹事件发生之后，对这一事件负有重要责任的县长李常存，没有从这一事件中认真吸取教训，而是加高了自己住处的院墙，还插上了碎玻璃片，以防范群众。

7月18日，中共山东省委和山东省人民政府向全省通报了对李常存、杨国胜的处理决定。（发表日期：1987年7月19日）

对这两则关于同一事件的报道，评析者首先指出两个稿件在主题上的差异：稿件1在导语中没有将矛头集中对准官僚主义，却拉拉杂杂地把处理违法分子扯了进来，把酿成"蒜薹事件"的主要责任者——该县县长、县委副书记和少数不法分子混在一起相提并论，在很大程度上干扰了人们对事件主要原因的认识，分散了对官僚主义斗争的火力。而稿件2的导语就一针见血地点出了"严重官僚主义"的主题。稿件2把报道蒜薹事件的主题定在揭露、批判官僚主义上，不仅符合新闻写作对提炼主题的要求，也符合抓主要矛盾的辩证法思想，符合"蒜薹事件"内在的逻辑关系，贴近人民群众对党内官僚主义、腐败现象深恶痛绝的心理，符合党中央关于先端正党风，进而带动整个社会风气好转的精神。而稿件1在导语及全篇中，把两个问题混在一起，不分主次则是不妥当的。

评析者更为具体地分析了在报道"蒜薹事件"主要责任者有哪些"严重官僚主义"的表现方面，两篇稿件存在的差距。评析者指出稿件1只在三处与"严重官僚主义"的具体表现有关，却也是泛泛空谈，没有具体时间、地点和行为，只有抽象的判断、笼统的结论，很难让读者看到责任者是怎么"领导不力"的，是怎么"听之任之"的，又是怎么"不深入现场"的。而与此相反，稿件2不仅用事实有力地说明了"蒜薹事件"主要负责者"严重官僚主义"的具体表现和危害，而且还较好地运用了"视觉新闻"的写作技巧，从而使读者对事件有身临其境的感受。评析者还指出，因为稿件2紧扣住严重官僚主义的主题一气呵成，使人对事件的原委得以了解得清清楚楚；而稿件1叙事中脉络不清，主线常被一些枝节和插曲打断，因而很难使读者对事件的过程获得清晰的认识。评析者最后补充说明，为了让读者全面了解蒜薹事件，稿件2在结尾处也应提及对少数违法分子的处理。①

---

① 郑兴东、陈仁凤：《不要这样写——对百篇新闻写法的商榷》，中国人民大学出版社1990年版，第93—95页。

　　我们看到，通过这样的比较，两篇稿件的优劣性质被充分地揭示出来；在这样的比较中，新闻传播的规律和准则得到更为有力的阐发。就像高个子和矮个子站在一起时，高矮的情况会被非常直观地观察到一样，同题比较中，评析者对作品所作的判断比起单篇分析的情形来说更具有针对性和说服力。应该说明的是，比较研究中除了像上述例子中进行优劣判断外，还有其他方面的内容，这一点我们可以通过对比较对象的类型划分进一步了解。比较研究中的对象，大体上可以分为下列几种情形：

　　第一，从刊播新闻的媒体所属的空间角度看，可以比较的有：中外媒体对同一事件的报道，异地媒体对同一事件的报道，全国性媒体与地方媒体对同一事件的报道。在这类比较中，最常见的是中外媒体对同一事件报道的比较。如前文我们介绍内容分析方法时，曾援引有关中国的人民网和新加坡的联合网对伊拉克战争中平民报道的比较的文章，它通过比较研究揭示了两种媒体的舆论导向和新闻价值观的不同。除了聚焦于舆论导向和新闻价值观，中外媒体的同题比较，还往往注意不同的新闻报道策略和写作方式。在异地媒体对同一事件的报道和全国性媒体与地方媒体对同一事件的报道的比较研究中，注意力则可主要放在对新闻的接近性的关注、利益冲突与回避、新闻事件重要性的衡量等方面。

　　第二，从刊播新闻的媒体的属性看，可以比较的有：党报与都市报对同一事件的报道，专业性媒体与综合性媒体或大众性媒体对同一事件的报道。在党报与都市报对同一事件的报道的比较研究中，新闻价值取向的揭示依然是研究的重要内容，准确描述和评价其间的价值冲突或价值认同是评析的重要任务。在此过程中，需要考察党报的严肃性、政策性和都市报的通俗性、平民化的具体表现，并考察二者在具体的语言表达上的不同策略以及相互影响的情况。在我国，许多专业领域都有相应的媒体，如科技发明、教育改革、文学动态，在《科技日报》、《中国教育报》、《文学报》这样的媒体上会得到及时和充分的报道，而其他媒体也会报道。我们在对专业性媒体与综合性媒体或大众性媒体对同一事件的报道的比较研究中，侧重点可以放在特定的专业领域里的事件，相应的专业性媒体与综合性媒体或大众性媒体所采用的新闻话语方式有什么不同，尤其是专业性内容在专业性媒体上得到多大程度的保留，而在综合性或大众性媒体上如何变得"通俗"。

　　第三，从刊播新闻的媒体运用的技术特性看，可以比较的有：电子媒介与平面媒介对同一事件的报道，电视与广播对同一事件的报道，互联网与其他媒体对同一事件的报道。显然在这样的比较中，更多关注的是使用不同的技术手段制作新闻。大体而言，在制作和传播新闻中，报纸用文字、广播靠声音、电视用音像，而互联网则综合了传统媒体的手段。但是，具体到某件事情的报道，需要考虑的问题要复杂得多：不同的媒介所产生的文本，有哪些差异；这些差异除了表明手段的不同，还意味着作用于人们的方式和效果有何不同；这些文本是否最充分地发挥了自身在传播手段上的优势，等等。这些问题，都值得以比较研究的方式来探讨，通过比较使各自的特征和特性更鲜明地呈现出来，更好地总结不同媒介传播的规律。在这类比较中，一个基本的方法是语言分析，即通过语言分析来看不同媒介的同题报道之间的差异、造成这种差异的原因以及由此而来的其他问题。譬如，国外有学者指出广播新闻与报纸新闻的不同：报纸要在第一段或导语中摆出"五 W"信息，广播电视则要求在报道开篇删除一个或多个"W"，甚至颠倒"五 W"的顺序以保证报道完整而符合逻辑。他举的例子是：

　　报纸："市议会所有成员都应因滥用公共基金而被起诉。"一个新成立的政治活动团体领导人在昨天公众集会上这样说。

　　广播或电视：一个新政治组织希望市议会成员应因滥用公共基金而被起诉。[1]

本书其他章节中，会专门讨论各种媒介的新闻作品评析情况，他们会为这类比较提供更多的依据和方法。

第四，从新闻传播的形式特征来看，可以就同一事件的不同报道在标题处理、结构安排、语言方式、叙事策略、报道模式、新闻背景处理等方面进行比较。这类比较更加注重新闻报道的技术分析，通过这些方面的比较，评析者据以判断评析对象在新闻写作上的各个环节是否符合写作规范和新闻规律。譬如上文我们引述的例子中，评析者就指出稿件 1 在写作上的不具体、空洞和抽象，而稿件 2 采取了"视觉新闻"的写作技巧，使读者有身临其境之感。又如，2002 年 7 月 23 日，首都机场离港系统发生电脑事故，导致约 60个航班延误，约 6000 名旅客无法按时搭乘飞机离京。有论者对部分首都媒体在报道这一新闻时使用的标题作了比较分析：

（1）首都机场离港电脑系统两次出现故障致使正常航班延误（引）

六千人昨天误了飞机（主）

（2）因电脑故障航班延误（引）

大批旅客滞留首都机场（主）

----

[1]　罗伯特·赫利尔德著：《电视广播和新闻媒体写作》，华夏出版社 2002 年版，第 105 页。

（3）首都机场昨天出现机器故障（引）

近万旅客无法按时离京（主）

（4）首都机场电脑故障（引）

部分航班延误（主）

分析者指出：这4则标题各有侧重，但也有不尽如人意之处。从突出新闻价值的角度上说，电脑故障、航班延误、旅客滞留是这一事件连贯的三个事实，因此标题4忽视了旅客滞留这一事实明显不妥，而标题3笼统地说是"机器故障"并夸大旅客人数也影响了新闻事实的准确性；标题1中说旅客"误了飞机"也会使人产生歧义，准确地说是旅客没能按时登机，从标题的简洁要求看，强调"正常"航班延误也没有必要，"离港电脑系统两次出现故障"的说法也比较繁琐，但标题1强调"昨天"，表明事实已发生，故障已排除，又比标题2的信息含量要高。① 对前述新闻作品的其他方面，同样可以用这样的比较方法进行研究，品评优劣得失。

应该说明的是，上述分类是为了分析的方便，在实际的评析活动中，经常是几种类型交叉进行的。譬如，对不同媒体报道同一事件时的主题倾向的比较，离不开对语言修辞、叙事策略的比较，对新闻价值取向的比较则又往往构成对不同属性媒体的同题报道进行比较的具体内容。对形式特征的比较与媒体运用的科技特性也密切相关。

从上面的分析中，我们也不难看出：首先，同题比较的操作应该确立比较的对象，其基本的依据是作品之间具有可比性，即不同新闻作品在一个或多个方面有相互对应的关系。发现和分析这些对应的关系，是比较研究的重心所在。其次，评析者在展开比较的时候，应该有明确的价值尺度和标准。有了明确的价值尺度和标准，才能作出清楚的判断，得出明晰的结论。没有价值尺度和标准，比较就会沦为简单的现象罗列和比拼，而无法真正体现比较研究在定性分析上的优势。再次，比较的手段，即具体的分析方法，应该根据比较对象的性质来选择。因此，评析者需要具备多方面的知识储备和分析方法，才能作出适当的选择。

思考练习题

1. 请选择一个新闻作品作为一个个案，写出对之进行评析的思路。

---

① 参见刘刚《新闻价值判断与表现》，新华出版社2003年版。

2. 搜集有关资料，对一个新闻作品的形成过程进行个案研究。

3. 在新闻作品评析中，综合研究范式的应用应该注意哪些方面的问题？试举例说明。

4. 从宏观上看待新闻传播现象，你关注的问题是什么？写一份对你关注的问题进行综合研究的提纲。

第五章　着眼新闻写作视角的评析

本章要点

● 新闻作品标题的评析。

● 新闻报道主题的评析。

● 新闻导语的评析。

● 新闻作品结构的评析。

● 新闻报道角度的选择的重要性。

● 新闻作品表现手法的评析。

第一节　新闻作品标题的评析

新闻作品的评析，第一项工作就是评析新闻作品的标题。新闻标题是新闻的门面、招牌，是新闻内容的精华所在。如果说新闻是画好的龙，那么，标题就是那画好的龙头上的眼睛。新闻标题具有告知新闻内容、评价新闻内容、引发阅读兴趣、美化报纸版面等功能。所以，新闻界有所谓"题好一半文"之说。

"看书看皮，看报看题"过去是用来讥讽那些读书不求甚解的人的，在今天则是读者信息时代读报活动的写真。判断一则新闻的好坏，首先看标题。那么，哪些标题算好标题，哪些又算是不好的标题呢？我们知道，读报行为有着自身特殊的规律，根据人的视线位移的一般规律，标题首先进入读者的视野，而除了字号变化外，标题能够具有抢眼度的地方就是内容了，标题通常是给读者先入为主的第一感觉。人们往往是因为标题而继续新闻的阅读的。一则新闻的标题内容具有震撼力、吸引力，可以在一瞬间拨动读者的心弦，另外，标题也可告知主要的信息，读者不必看新闻主体就已对发生的事件了然于心了。

西方早期的报纸上是没有标题的。17 世纪末，美国出现了第一张报纸，版面上没有标题，只是加大了每则新闻两段首字字母的字体。人们发现这些特别大的字母仿佛鹤立鸡群，使得原本沉闷、呆板的版面有了一些生气。但是仅仅是点缀、美化版面，而没有赋予这些特别大的字母以特别的意义。19世纪人们开始在新闻之上加标题，这时报纸上的大号字母不仅仅是为了醒目，也有了提示新闻内容的作用。19世纪中叶的墨西哥战争为美国新闻界带来了变革。在此后报业的竞争中，标题的重要性越来越为人们所重视。

随着传播技术的不断进步，传媒竞争加剧，传媒制作手段迅速更新，同时，人们对信息量的要求越来越高，新闻标题的功能和作用得到空前的强调。报纸新闻发展到今天，说它进入了"读题时代"一点也不夸张。人们依据新闻标题决定是否有必要进一步了解新闻内容。标题在某种意义上不仅是一种独立的编排形式，而且也出现了一种成为独立的新闻传播方式的发展趋势，即所谓"标题新闻"等。在编排手段上，新闻标题更是奇光异彩、千姿百态。如何判断、辨别标题的好坏美丑，更好地掌握现代标题艺术，这需要我们不断地积累，所谓"观千剑而后识器"，只有不断观察新闻标题制作过程中的创意之处，才能领悟标题艺术的内在规律。

第一，判断一则新闻标题的好坏要看其新闻核有没有得到突出。如果新闻标题不能看出所要表达的意思，那么这一标题就是不成功的标题。从某种意义上说，言之无物的标题就是浪费读者的时间。1948年华北解放区召开了一次中等教育会议，9月14日由新华社播发了一则新闻和一篇社论，这两篇稿子都是毛泽东同志批改过的。新闻的原题是：《华北召开中等教育会议》。毛泽东改为：《华北中等教育会议决定／改善中等教育诸项制度》。毛泽东同志还在改后的稿件上批了这样一句话："凡新闻标题必须有内容。原题并无内容，不能引人注目。"新闻记者、编辑在拟题时往往不能有效地突出重点，致使读者丈二和尚摸不着头脑，其实也正是新闻敏感性不强的表现。标题能让读者一下子明白所要报道的事件，才能算是好新闻。标题要与内容吻合，这是拟新闻标题必须遵循的一条准则。香港回归时有一家省级党报的标题是这样的：

中华民族的百年盛事 世界和平的伟大庆典（引）

中英香港政权交接仪式在港举行（主）

江泽民主席庄严宣告中国政府对香港恢复行使主权（副）

在这则新闻里，江泽民同志宣布香港特别行政区正式成立，"是中华民族的盛事，也是世界和平与正义事业的胜利"。表面上看，标题的对仗十分工整，但仔细推敲，就会发现，香港回归可以说是中华民族的百年盛事，但要说是"世界和平"的"伟大庆典"就有点不太贴切和妥当。所以，标题内容一定要与实际报道的事件相吻合。

第二，判断一则新闻标题的好坏要看其语言有无信息量。随着新闻报道在信息量上的加大，人们更希望在标题上就能接触到信息的主要内容，因此对标题的信息量要求越来越高。由于生活节奏日益加快，人们接触媒体的时间越来越少，获得信息的渠道越来越多，因此希望能在最短的时间内掌握事情的全部事实。尤其是有些并不是特别重要的新闻事件，借助于标题的浏览，往往就可以了解事件大概。标题新闻就是一种极短消息的浓缩，所反映的内容往往是一题一事，有题无事的新闻标题通常不宜作标题新闻，像通讯、特写、报告文学一类的虚题就是不适合作标题新闻的。这是标题新闻的特点决定的，因为标题负载着很强的信息内容。例如：

第九届中国围棋天元赛鸣金

聂卫平在沪落马

马小春奋蹄卫冕

该题简明扼要地交代了事件的全部结果，作为标题新闻，其实下面的内容看与不看都不是太重要的事情了。有些新闻稿将重要信息放入标题，使得标题本身就有可读性。请看下面一例：

中组部要求各地大胆选拔、支持改革者(引)

改革贵在用人(主)

配备领导班子要有"四化八门"观点，即干部要革命化、年轻化、知识化、专业化，要有工、农、经、贸、理(科)、文、教等专门知识(副)

中组部改革用人制度，这件事作为一条新闻，往往是在内容部分详细介绍，但如果在标题就能将要点提示出来，则可以帮助读者注意用人制度改革的要点，省去大量阅读时间。

第三，判断一则新闻标题的好坏还要看其标题是否有新意。新闻之所以为新闻，关键就在于一个"新"字。它所传播的内容是新颖的、新鲜的，是受众未知而欲知的。这种未知欲知的东西越多，新闻性就越大。作为新闻的眼睛"标题"，要做到熠熠发光，魅力无穷，就一定要紧紧抓住新闻中最富有新意的东西，把那些不为人所知或者知之甚少的新的变化的事实用新颖的、新奇的、别具一格的方式表现出来。由于新闻所包含的信息是多数人所未曾听到过甚至是未曾想到过的，新闻事实是一种反常的、新鲜的事件的记录，这就要求新闻标题一定要抓住新闻的新异点和反常性，以富有创意的形式表现出来。

标题所传递的信息,在发展趋向上具有新的特点、新的因素或在时空上具有反差均能产生较好的效果。如"市长告状 状告市长"(《襄樊日报》)、"一等奖发给第二名"(《解放军报》)、"清水衙门有'赃官'"(《人民日报》)、"新郎今年九十四"(《新民晚报》),这些标题都具有一定的反常性:市长和告状是两个极为平常的事情,但当这两个事情结合到一起的时候,就会产生特殊的效果,有了新意;一等奖怎么不发给第一名而发给第二名呢?这有违常理呀,究竟是怎么回事读者需要看看内容;既然是"清水衙门"又怎会产生"赃官"呢?到底是什么原因,这吸引读者去弄个明白;在现实生活中,一般都是年纪较轻的人才结婚做新郎,这则新闻中的主人公已经94岁了,怎么还做"新郎"呢?这个年纪结婚在全国乃至全世界都是一件新鲜事,这则新闻标题充分调动了读者的好奇心。

1982年2月12日,《新华日报》一位记者采写了这样一篇稿件,报道徐州军分区有一位身经百战的老干部,他在临终前对子女说:"我死后没有什么遗产留给你们,只是身上还有三块弹片,把它们取出,留给你们作纪念吧!"记者给这篇新闻稿所拟的原题是:

一个老干部的临终嘱咐

虽然这一标题四平八稳,但却不够醒目,缺乏吸引力。经过编辑的推敲、提炼,将新闻中最富有新意的部分突出了。编辑是这样修改的:

三块弹片作"遗产"

这样一改,既简洁又醒目,既形象又感人。遗产不是金钱,而是弹片,闻所未闻,发人深思。标题富有新鲜感,引人入胜,内容就非看不可了。①

第四,新闻标题应富有生动性。标题生动、风趣往往能吸引读者的注意力。形象生动的语言能够把新闻信息形象化地记录下来,使正在发生的事件被生动地记录下来,能够使抽象的事物具体化,让概念的东西具体化,从而赋予标题语言以明晰的立体感,以唤起受众丰富的联想,诱发其阅读的兴趣。例如,1996年6月在北京举行的中美知识产权正式磋商进入关键时刻,双方谈判夜以继日,各大新闻媒体均对此作了跟踪报道,不少报纸大都是诸如《中美知识产权正式磋商在京继续举行》之类的平面陈述性的标题,但中国青年报的标题则显得别开生面:

中美知识产权磋商秉烛夜谈(1996年6月17日《中国青年报》)

该题回避了一味地抽象陈述,恰到好处地用"秉烛夜谈"四字对谈判进行

---

① 参见左克《标题鉴赏录》,新华出版社1998年版,第60页。

形象的描述，真切地再现了新闻场景，赋予了标题语貌以鲜明的立体感。又如下例：

　　出来带两只手 回去盖一座楼（引）

　　无为保姆真有为（主）（2001 年 1 月 18 日《光明日报》）

上例也是摈弃了单一的空泛平面的概念陈述，而融入了一种形象生动的描述方法，以"两只手"和"一座楼"直观地展示安徽省无为县外出打工的保姆，"出来"时与"回去"后构成的贫富反差对比。这种借形载义、以形感目的方法的运用，使得标题语貌的立体感呼之欲出。

有时可运用幽默风趣的语言来制作标题，它可以让读者在会心一笑中对新闻内容产生阅读兴趣。例如，《扬子晚报》的编辑左克在阅稿时看到这样一条新闻标题：

　　戴某做昧心生意害了自己

　　一桩好端端姻缘被拆散（双主题）

编辑看了内容才知道，原来这则社会新闻要讲的是这样一则故事：鱼贩子戴某做生意不讲诚信，将一条做过手脚的鱼卖给了尚未见过面的岳父，准岳父从他那买鱼回家后，剖开鱼腹，见鱼腹中塞进了一堆石子，气得要命。不几天，新女婿上门，岳父一见，火冒三丈，原来女婿竟是那缺德的鱼贩子！不言而喻，这门亲事便告吹了。这是一个很有趣的新闻故事，但标题中并没有反映出来。于是，编辑将标题修改为：

　　昧心钱赚到岳父大人头上（引）

　　好端端姻缘成泡影（主）

很显然，修改后内容更加明确了，读者一看便知道是怎么回事。这则标题获得江苏省新闻好标题奖。

好的新闻标题往往还富有幽默风趣的色彩。这些标题一般以讽刺或嘲笑现实生活中某些不良现象、不法行为为特点。例如：

　　小灵通连换三主板不见灵通（2005 年 5 月 27 日《姑苏晚报》）

　　我们穷得只剩下钱了（主）

　　精神文明建设备忘录（副）（1986 年 12 月 26 日《哈尔滨日报》）

　　加油站成了"揩油站"（主）

　　油价直到昨晚才调整（副）（2005 年 5 月 25 日《姑苏晚报》）

　　小泉一边想"入常"一边还"拜鬼"（2005 年 5 月 16 日《人民日报》）

还有一类标题，往往用诙谐、幽默的形式来创造一种喜剧气氛，制造一种轻松的阅读效果。例如：

白宫宴请记者　劳拉妙语连珠损布什(主)

"晚上9点已鼾声阵阵"(副)(新华社2005年5月1日稿)

山城雨纷纷　瓜贩欲断魂(1995年7月4日《华西都市报》)

好新闻通常在修辞手法上也有自己的特点。如比喻、拟人、夸张等修辞手法运用得当就会产生很好的阅读效果。如果能在平白如话的标题语言中蕴蓄潜在的美感信息，使有限的笔墨获得一种醇厚意味、言有尽而意无穷之功效，无疑也是新闻标题于平稳中求得变化的有效途径，而标题的上品就往往出自其中。夸张是标题拟写中经常使用的手法，合理使用会产生一定的感染力。请看下面一则新闻的标题：

高高的模特儿使大厅变矮(主)

40名佳丽今晚服装节开幕式亮相(副)(1995年3月21日《新民晚报》)

新闻标题恰当运用夸张手法，可使标题增加生气，更加鲜明生动。1983年5月3日《解放日报》一则新闻的标题是：

后仓"老鼠"大如斗

前店豆浆淡如水

"老鼠"是将人拟物，"大如斗"便是夸张修辞，"淡如水"也有夸张味道。这则新闻是说一家中心店有人盗窃黄豆，结果使该店做出的豆浆淡如水。

合理地使用"借代"这一手法也可以产生很好的阅读效果。所谓借代就是不直接把人或事物的名称说出来，而用一个跟它有密切关系的名称或事物来代替。运用借代，可以显示事物的特征，表达特定的感情，引来读者的联想，增加标题的生动性。

"梁山伯"新婚燕尔　"祝英台"快做母亲(1957年1月8日《解放日报》)

这里的"梁山伯"，是指饰演梁山伯的演员范瑞娟，"祝英台"是指饰演祝英台的袁雪芬，她们当时都已建立起幸福的家庭。这种借代，应是广大读者所共知的，不然会令人猜测，甚至弄巧成拙。成功地使用"借代"会使标题妙趣横生。例如：

"眼中钉"正在指挥反击战(主)

扎卡维又让美国迷茫了(副)(新华社2005年5月30日稿)

网络上的"奶酪"不能随便"动"了(2002年7月10日《姑苏晚报》)

"眼中钉"显然是借用美国人的口吻说的,这里借用来说明扎卡维在国际上所扮演的角色以及其地位和影响。《网络上的"奶酪"不能随便"动"了》报道的是一次国内网络传播政策研讨会的内容,该题借用当年美国的一部畅销书的书名《谁动了我的奶酪》来形象地告诉人们:网络版权保护有新的政策,不能随便将未经许可的他人作品任意转载了。

受众接触某一标题,不仅观其神、悟其意、品其味,而且还感其势,如果能恰当地在新闻标题中张扬一种气势,变语势平缓为激扬,不仅能生动明快地传达出新闻内容的主体理性信息,而且能使标题传达一种精神,增添一种活力和风采,能在激发受众视听美感的过程中透视丰富的潜在的美感信息。排比手法往往就容易达到这样的效果。在新闻标题中,为了追求表达上的一种气势,往往使用排比的修辞手法,例如:

　　青灯黄卷笔耕勤

　　旦复旦兮薪火传(《文汇报》1999 年 12 月 22 日)

其他修辞手法也常常见诸报端,诸如拟人、拈连等,例如:

　　征地造房为啥等煞人(引)

　　一道公文背着 39 颗印章旅行(主)

　　希望有关部门舍繁就简,多办实事,加快住宅建设(副)(1980
年 9 月 19 日《文汇报》)

　　老挝不老,万象更新(1998 年 12 月 19 日《中国青年报》)

　　"鄞图"下乡"播种"换来新绿一片(引)

　　鄞县乡乡镇镇都建起图书馆(主)(2001 年 1 月 10 日《宁
波日报》)

第一则标题是揭露官僚主义弊端的批评新闻,该则标题运用拟人化的手法,把"公文"比作人,背着沉重的包袱到处旅行,旨在说明文牍主义已经到了令人发指的地步。这则富有新意的标题获得了当年全国好标题奖也是意料之中的事。第二则标题可以看到作者充分调动拈连、拟人、双关等修辞手法,而使标题生发深厚的意蕴:"老挝不老",仅四字,却使人感悟出,老挝就像一个老人历经沧桑,却没有衰老迹象的意味;而"万象更新",除却字面上"首都万象面貌更新"的意味外,还隐含着"万象更新"的成语意义。第三则标题的引题则是恰到好处地运用拟人、比喻和象征的手法,营造出一个诗意盎然的标题意境:"鄞县图书馆",下乡扩展,给群众带去精神食粮,就像初春在农田"播种"后,"换来新绿一片"一样,使农村精神文明建设景色动人。两题的作者匠心独运,使得平白如话的标题语言一下充满了张力,让受众读来如饮醇酒，意味隽永。

我们不妨再比较几则"水门事件"关键线人"深喉"露面的相关报道的标题：

水门水落石出（凤凰网2005年6月2日新闻）

水门事件关键线人"深喉"费尔特终露面（2005年6月2日《文汇报》）

我就是那个"深喉"（主）

水门事件神秘线人现身（副）（2005年6月2日《海峡都市报》）

隐匿30余年"水门事件"线人身份被公开（新华网2005年6月2日新闻）

应该说，这几则标题都不错，但是如果认真地推敲，就会发现，后四题均很详细地交代了人物事件的来龙去脉，稍嫌烦琐，而第一题运用拈连修辞手法，将人们熟知的"水门事件"关键线人身份被公开这一主题，用"水落石出"来形容，简练而精当，让人一看就能明了。

第五，好的标题往往通俗易懂，富有音韵美。汉语是最能表现出节奏美感的语言，如果在语音上对平淡板滞的语句进行内部结构的加工调整，从声、韵、调诸方面进行恰当的处理，无疑能有效地使标题语句起伏明显，而表现出抑扬顿挫的节奏美感。以如下两题为例：

垃圾山，垃圾山，害得居民苦不堪，不知几时搬？

臭水流，臭水流，流到大街小巷头，行人个个愁！（2001年2月21日《长江日报》）

这一标题通过语句的反复与押韵，以及语句错落有致而紧凑的排列，赋予了标题以抑扬顿挫和琅琅上口的节奏美感。由此不难发现，新闻标题从语音上富有变化，自然就使其具有了表现力，有时甚至可以把事物的形象特征较鲜明地表现出来，给受众以强烈的视听美感；有时打破平稳服帖的语法习惯，采用一种反常规的排列组合词语的方法来结构标题，也使新闻标题于平稳中求得变化，同时还能在有限的标题语句中凝聚丰富的信息和浓郁的情感。例如：

停业啦！四百个体户（1998年2月5日《开封日报》）

此题一反常规，将标题语句的谓语部分游离出来，置于句首，这一倒装组合，突出了语意重点，表达出了作者浓郁的思想感情，显得突兀挺拔，响亮惊人。再如：

越穷越不买书，越不买书越没文化，越没文化越不买书，越不

买书越穷(引)

　　文化消费何时走出怪圈?（主）(2000 年 2 月 8 日《信息日报》)

　　该题的引题则是采取一种奇特的具有回环往复之趣的措辞法,使标题词语首尾呼应,句句相连,使之运动轨迹呈圆合状。如此架构标题,不仅深刻地揭示了事物之间互为条件的特殊关系,把一个值得深思的问题推到了受众面前,而且在表现形式上更显得别具一格,鲜亮醒目,给人以全新的视听感受。

　　琅琅上口、妙趣横生的口语化标题具有易于选择、易于理解、易于记忆的特点。易于选择的原因是因为口语亲切、通俗、简单;而因为直白、简单使其易被理解;因为人们习惯用口语记忆,那种以口语拟出的标题,使读者直接进入记忆系统,一下子了解了事件的内核。如《北京晚报》2000 年 2 月 7日 5 版的《威廉王子"与老爸"不和》是谈英国查尔斯王子与儿子威廉王子在许多方面意见不一致的新闻,如果用《查尔斯王子与威廉王子意见相左》,有英国王室相关知识背景的人不难理解,但如果是缺少一点国际知识的人看这条新闻,就会因为不清楚两人是什么关系,很有可能将他俩误解为争夺王位的"兄弟俩"。而文化低的读者也同样不是很明白什么叫"意见相左"。用日常口语来表述不失为一种很好的拟写标题策略。读者日常生活中鲜活的口语形式,做成标题就是读者所喜闻乐见的形式,容易引起共鸣。如"厂长离任不可拍拍屁股就走"、"新娘接新郎　乐坏丈母娘"等都是口语性极强的新闻标题。新闻标题中数字的使用也是生活化语言在标题上的一种表现,例如:

　　猫猫狗狗咬一口　三百四百掏出手

　　　　　　　　　　　　　(2005 年 5 月 30 日《姑苏晚报》)

　　德联邦医生协会公布报告(引)

　　滴答十三秒　呜呼一烟民（主）

　　　　　　　　　　　　　(1994 年 4 月 15 日《人民日报》)

　　口语化标题富有亲和力和人情味,凸显了新意和个性,这一标题形式的使用,增强了新闻的可读性,提升了新闻价值,因而不失为一种有效的尝试。在报业竞争日益激烈的今天,可读性越来越成为衡量报纸竞争力的一个重要指标。

第二节　新闻报道主题的评析

　　评析新闻作品,通常要从作品的内容与形式两方面进行具体的分析,不对新闻作品的内容和形式作具体分析，就不可能充分理解这一新闻报道的具体内容。而分析新闻作品的具体内容，最常见的工作是分析作品的主题。新闻作品的主题是新闻作品的灵魂，是记者认识和提炼新闻事实的思想结晶，是新闻作品内容所具有的新闻价值的体现。虽然新闻强调平衡、客观、中性报道事件，但这也并不是要求新闻报道没有倾向性，事实上，即使是西方某些标榜中性、平衡的新闻媒体，它们的新闻作品中也有着很强的倾向性，只不过这种倾向性往往是隐含在作品的叙事过程中的。可以说，除了一般的短消息外，多数新闻作品都有主题。新闻构思中的核心问题就是主题的提炼。新闻主题是新闻的生命，它来自事实，统领事实，又寓于事实。新闻主题如一根丝线贯穿于新闻写作的全过程，新闻中的每一个细节、一字一句都是为表现新闻的主题服务的。

什么样的主题是好主题？艾丰同志指出："不同性质、不同阶级、不同集团的报纸，评定好主题的标准是不同的。黄色报刊自然就认为那些荒诞离奇、桃色新闻是最好的主题了。"他强调，好的新闻作品主题，一是离不开正确的理论指导，特别当遇到一些复杂的新闻事实的时候更是如此；二是要符合所报道的事实，也就是说，报道中的事实为主题提供了充分的依据；三是符合当前的新闻报道思想。①

如何分析新闻作品的主题呢？

（1）评析新闻作品的主题，要看它所反映的主题是否具有价值和意义。优秀的新闻作品往往都有很好的立意，有很强的针对性。新闻往往是富含一定的信息量的，这就是说，新闻价值的大小本身就可以说是新闻主题价值的大小。新闻主题的意义和价值往往是与社会、时代共同认同的观念和风尚有关，与受众的需求有关，只有关系民生，新闻作品才有存在的价值。1980年有一条获奖新闻作品叫《新乡七里营"视察田"调茬后又获好收成》，这一则消息所报道的新闻事实是：1958年，毛泽东同志在这个生产大队视察了一片350亩棉花地，于是这片地便被称为"视察田"，年年种棉花，一直种了20年。前10年，棉花的产量连续超百斤。可是从1968年起，由于土质发生变化，加上病虫的危害，尽管群众不惜投工投资，产量仍然连续下降。1978年，他们采取科学种田的方法，开始调茬，改种了小麦，结果在不增加投入的情况下，连年增产。为什么七里营这块地会连年种棉花呢？一般农民都知道种棉花是要不断调茬才能增产的，而这里为什么要做违背科学规律的事情

---

① 艾丰：《新闻写作方法论》，人民日报出版社1993年版，第127页。

呢？经过调查发现，这里人十分崇拜毛主席，之所以坚持这块地连年种棉花，那是因为这块地是毛主席视察过的，既然毛主席视察时这里种的是棉花，那么这里就得永远种棉花，毛主席做过的事没有错。正是由于这一现代迷信，使得这块地种棉花连年减产。现在，农民改变了认识，开始实事求是地按科学规律办事了，调茬改种小麦后，小麦的产量连年增加。选择这一主题不仅在于它的深刻性，更在于它的针对性。因为在 1976 年粉碎"四人帮"以后，中国面临着一个很重要的拨乱反正的任务，从 1978 年的真理标准讨论开始，中国正在进行着一个思想解放运动。这个运动的核心问题实际上是使全国人民从"两个凡是"的现代迷信中解放出来。而《新乡七里营"视察田"调茬后又获好收成》这一新闻稿适逢其时，是一个难得的好"教材"。这篇消息稿之所以获奖，就在于在当时的环境下找到了一个有价值的主题。

（2）评析新闻作品的主题，要看它是否是在事件真实基础上的提炼，是否反映了事件的本来面目。真实，是新闻写作对主题思想的又一基本要求。这里所说的真实，不仅包含主题思想的正确，还包括主题思想与新闻事实是否一致。这就要求我们在提炼主题时，充分反映新闻事实的本来面貌，科学揭示新闻事实的本质。

通过新闻事实的本来面貌提炼主题，有时较容易，有时却要付出艰苦的努力。对于那些显而易见的，确立主题可能较为容易，对于那些蕴含于新闻事实内部的，却需要我们反复地认识、分析和思考。这是因为，客观世界的本身就是纷繁复杂、多种多样的，并以各种不同形式存在着。要真正认识新闻事实的本质，就要不断发挥主观能动性，善于通过新闻事实的表面现象揭示其本质，发现其内在规律。对于作者来说，任何人都会因自身阅历、工作经验、知识储备、认识判断事物能力的局限，对新闻事实有不同的认识。《谁是最可爱的人》这篇通讯是大家公认的好通讯、好的新闻作品。艾丰同志认为，"它成功的原因是：材料好、文采好、主题好。也就是说，没有好的主题它也不会成功的"。①那么，这篇报道的主题是怎样提炼出来的呢？作者魏巍在《我是怎样写〈谁是最可爱的人〉的？》这篇写作体会的文章中说："《谁是最可爱的人》这个主题，是我很久以来就在脑子里翻腾的一个主题，也就是说是我内心感情的长期积累。"他在去朝鲜战场采访之前就已经形成了，但到了志愿军队伍里，他才深切地感受到战士的可爱，他采写了 20 多个战士的感人事迹，正是这些感人事迹才使《谁是最可爱的人》这篇通讯的主题更加鲜明、

---

① 艾丰：《新闻写作方法论》，人民日报出版社 1993 年版，第 134 页。

突出。

范长江是我国著名的记者。当中国工农红军开始进行震惊中外的二万五千里长征时，为了深入了解红军北上抗日对中国局势的影响以及抗战爆发后西北地区的现状和未来，他走出书斋，到实地去进行调查。范长江从川北出发，经过甘肃、陕西、青海、内蒙古等广大的西北地区，全程4000里，历时10个月写成了《中国的西北角》。《中国的西北角》这部通讯集试图要回答两个问题，一是红军北上以后中国的动向如何？一是即将成为抗战大后方的西北地区的现状和未来是怎样的？范长江认为这是中国人民当时最关心的两个极其重大的问题。他正是抱着回答这些问题的目的去采访的。虽然这些目的还不能说就是报道的主题，但是它毕竟从大的方面概括了记者的新闻报道的主题的范围，正是立足于深入的调查研究，以亲眼所见、亲耳所闻的实际感受来写通讯，才使得《中国的西北角》的主题具有很高的可信度和感染力。

当然，对许多新闻事实来说，蕴含其中的主题思想并不是惟一的。同一个新闻事实，不同的作者可能会提炼出不同的主题；即使是同一位作者，从不同角度、不同侧面提炼出的主题也会多种多样。但这并不是说提炼主题可以随心所欲，而必须立足新闻事实本身；离开新闻事实本身，提炼出的主题思想再新颖、再深刻，也没有什么实际意义。不好的新闻作品在处理新闻事实与新闻主题之间关系上往往出现问题，常见的问题有：

"制造"典型　新闻报道中经常出于政策宣传的需要而寻找典型，将某主题与生活中某一现象牵强地联系起来，制造所谓"典型"。例如，某村一党员养蟹致富，而他左右邻居也养蟹致富了，于是，有记者就写了篇通讯稿，说这位党员致富不忘乡亲，他带领全村农户一起养蟹致富，以自己的行动切实体现了"三个代表"的思想。事实上，那位党员养蟹还在其他村民之后。这种生拉硬套贴标签的新闻报道方法，其基本的思维方式是从认识到实践，然后再回到认识，违背了新闻采写的基本原则，写出的稿子要么脱离新闻事实，要么因新闻事实不典型缺少说服力，因而既不可能反映出新闻事实的本质，得出的主题也缺乏必要的说服力。比如，我们经常会看到，中央某项思想教育刚刚展开，马上就有反映这项教育成果的稿件飞往报社。这些成果也许是存在的，但很难说是因搞了这项教育才取得的，有些成果甚至在没搞教育前就已经取得了。

材料造假　上述"制造典型"的做法中，"典型"人物是现实中确有其人，只不过不是那么的"典型"。而材料造假的问题是整个事件和人物压根儿就不存在。某些记者在"观点先行"的情况下，为了表现某个"主题"，刻意编造假材料来"证明"某个观点。臭名昭著的前《华盛顿邮报》女记者库克为了制造轰动性的新闻，便开始寻找新闻。她认为，20 世纪 80 年代成人吸毒的案例报道很多，很少发现有未成年人吸毒，如果有必然轰动美国。可是"观点先行"后就是发现不了她所期待的材料。于是，她就编造了一个符合她这一观点的材料。1980 年 9 月 28 日由库克"采写"的新闻《吉米的世界》在《华盛顿邮报》上发表了。报道记述了一个住在华盛顿南区的 8 岁男孩鲜为人知的吸毒故事。报道在当时引起社会极大的反响，她被授予美国新闻界最高奖——普利策新闻奖。但是，她的谎言很快被揭穿了，警方经过大量周密调查，发现这个"吉米的世界"根本就不存在。在舆论的压力下，库克不得不承认：她是凭着自己的报道设想编造的新闻。其实，类似库克的故事，在我国一些记者、编辑那里也发生过，观点先行是一个重要祸根，主题不是在客观事件中产生的，那就只有造假，而且，有些记者为了使实践更具有逼真性，往往会将这些材料编造得绘声绘色。

"穿靴戴帽" 这种做法常常出现在政策宣传报道中，一些媒体记者为应景而写作，按照政治宣传的观点，给事实"穿靴戴帽"。1987 年 11 月，中共十三次代表大会刚刚闭幕，一家省报就推出了《在十三大精神鼓舞下》的新闻专栏，并同时编发了三条报道。报道说：党的十三大刚刚闭幕，××纺织厂捷报频传，10 月份全面完成生产计划，进入 11 月以来，棉纱棉布分别比计划超产 31 吨和一万多米。××发电厂为了向党的十三大献上一份厚礼，已全面完成全年发电任务。××丝织厂在党的十三大精神鼓舞下，加快科研步伐，研制出"古香缎"和"桑波缎"两种新产品。报道刊出后，读者纷纷议论，因为十三大于 10 月 25 日召开，11 月 1 日结束，基层单位对这次会议有什么精神还不是很了解，而且即使知道其一二，短短几天功夫也谈不上产生物质效果。可是，记者却硬是把与会议无关的生产经营成绩，塞进"十三大鼓舞"的大帽子下，为了这样的宣传主题，竟然置新闻真实性原则于不顾，弄出这样贻笑大方的新闻报道来，这是"文革"时期形成的庸俗化习惯在某些新闻媒体的遗留。

刻意拔高 新闻报道不顾新闻事实固有的承载能力，将主题思想人为地拔高。似乎不这样，就显示不出作者的认识高度，体现不出作者的提炼主题的"本领"。新闻主题来源于新闻事实，但也要通过新闻事实来展现。对于记者、通讯员来说，遇到有报道价值的新闻事实，应该提高认识高度，揭示事实发展的内在规律，揭示蕴藏于事实内部的本质性东西，但这并不是说可以随意拔高。提高认识高度与随意拔高的根本区别在于，是否立足于新闻事实本身。从新闻事实本身出发，深刻认识新闻事实的内在规律和本质，是提高认识高度；脱离事实本身，一味地将某种不属于新闻事实或与新闻事实不吻合的观点强加于新闻事实，就属于拔高了。

风马牛不相及　新闻报道中主题表达完全背离新闻事实。在这种表达形式中，常常出现新闻事实叙述的是一回事，主题思想表达的则是另一回事。主题思想与新闻事实没有内在的必然联系。是风马牛不相及的两回事。比如，某地媒体报道：今年某地夏熟农作物长势喜人，丰收在望，这是国务院减免农业税政策带来的结果。表面听起来，似乎是那么回事，但深究一下，农作物长势喜人，这可以说是新闻事实，但这一事实与气候、农作物田间管理有关，与国务院农业税政策则没有必然联系，不征收农业税农民希望农作物丰收，确保丰收，征收也还是要农作物丰收，所以，夏熟农作物丰收在望与农业税没有直接的联系。类似这样的主题思想带有生硬的强制性，读者很难接受。我们在评析新闻作品时，首先就要辨清新闻主题是否真正来源于新闻事实。

（3）评析新闻作品的主题，要看它所选取的角度是否独到、新颖。新闻作品的主题有时是以前出现过的，为了使新闻主题的呈现具有新鲜感，而不会有似曾相识的雷同感，选择不同的角度，就成了衡量新闻主题提炼的一个重要标准了。新华社1980年1月17日的一则电讯稿《从邮局看变化》就是一篇角度新颖的消息。十一届三中全会以后，新疆同全国各地一样，也发生着翻天覆地的变化。如何反映这些形势喜人的变化呢？作者似乎有意避开通常的思路，没有从一般的生活、生产的成绩方面泛泛介绍，而是另辟蹊径，选择邮局这个不大会为人所关注的社会窗口，通过邮局业务繁忙点的转移，看"政策开了花，经济结了果"，体现群众物质生活的改善，精神文化生活需求的提高，这样使读者由这个特殊的窗口真真切切地感受到新疆社会所发生的变化。通过这一小的窗口过去与现在的对比，显示出强烈的反差，这种对比反差，使新闻主题得到逐步深化。

1993年4月7日《北京日报》刊载的一则消息《京郊出现"科学热"》报道了北京郊区农民学科学、用科学的情况，虽然这一主题在当时各大报刊上已不鲜见，然而与以往不同的是，记者表现这一主题的角度有点特别。这则消息突破了消息写作上的传统结构形式，消息开头摘录了北京农业大学廉教授一个星期的工作记录，表面上看是写廉教授工作十分辛苦、繁忙，但仔细看就会发现，廉教授每天的工作几乎都与去京郊农村传授科学种田知识有关。这就从侧面生动地反映了农民学科学、用科学的情况，角度选择十分独到新颖。它避开直接描写京郊农民学科学、用科学的一般场面，从而跳出了反映这一主题的场面描写的俗套，只在 3 月 23 日的工作日记中如实提到"有三百个农民听课"。同样，在 1994 年 4 月 26 日《中国青年报》发表的一则消息《取下神像挂地图》也是因为选择了新的报道角度，给人耳目一新的感觉。这篇消息报道的是，在只有一百多户人家的河南省上蔡县东黑河村，过去村民们因"十年九涝一贫如洗，在茅草屋里度日月"，家家户户"在当地人最神圣的中堂位置"，挂上一幅全神图，"写的是万事如意，生财有望"，可是"东黑河依然穷得叮当响"。现在，改革开放的春风吹进了这个村子，农民们由封闭转为开放，纷纷带着地图，利用地图闯荡外部世界，寻求致富之路。这则消息中列举了一系列的生动事例，说明农民在外走南闯北，经过吃苦耐劳、勤奋努力而摆脱贫困的情况。于是，全村有二十多户农家取下神像挂上了各色各样的地图，不求神仙保佑而靠勤劳致富，以致连东黑河村周围的农民也喜欢上地图了。"上蔡县新华书店说，1993 年，农民从他们那儿买走了 17500 幅地图。"这则消息抓住农民取下神像这件新鲜事，眼光独到地发现其中所蕴涵的特殊信息，从一个全新的角度反映了改革开放后中国农村农民思想观念发生深刻变化这一大主题。它与同一主题的其他报道没有雷同，显示出它的个性特色。

主题表现的角度的选择还关系到报道主题的深度。1998 年某报一则消息报道某地养蛇出口创汇取得好成绩，《500 万条蛇"游"出国境 创汇一千多万元》这一成就报道表面看没有什么问题，但由于角度很平直，所以只能如此。另一记者以《500 万条蛇"游"出国境的思考》为题，对某地外贸工作存在的问题进行了反思。记者发现，该地的外贸出口其实在全国很具有代表性，即还停留在靠出口原料创汇的阶段。于是记者算了一笔账，每双蛇皮鞋的美国市场价格是 500 美元，如果 500 万条蛇皮加工成皮鞋出口，那么将会创汇多少，这笔账一算，读者就会明白。因此，从这一意义上，主题立意得到了深化。

最后，评析新闻作品的主题，要看它在作品中是否鲜明、集中。主题是新闻作品的灵魂、统帅，纲举而目张，主题不能模糊不清，必须清晰、鲜明。

第三节　新闻导语的评析

导语是新闻(消息)中最重要的部分，是新闻事实的触角，是引发新闻阅读的最活跃的因素。美国著名新闻学家唐纳德·默里(Donnald Murray)在

《为读者而写》(*Writing for Your Readers*)一书中指出："三秒钟内抓住读者视线并留住读者视线,你必须在这个时间里吸引读者并向其提供信息。"[①]在美国有一项眼球跟踪研究项目,旨在监控读者在阅读报纸时移动眼睛视线的情况。该研究显示,读者只是浏览标题,很多读者根本不读报道,即使他们开始阅读,很多人尤其是在线读者也不读完整个报道。这一研究还揭示了人们读报习惯的一个惊人事实:读者经常跳过导语,到第三或第四段去找核心段、一个有趣的引语或一个有影响的陈述,因为读者已经对那些重复标题的导语见惯不惊。导语是否有足够吸引力而使读者能够继续读下去,完全取决于新闻的制作者。现代新闻写作有很多途径帮助新闻记者、编辑实现他们的目标。导语在新闻中占有很重要的地位。

随着时代的发展,特别是在大众化报业时期,阅读、观赏新闻逐渐变成了娱乐休闲的一部分,因此,那种纯粹为接受信息而接受新闻的习惯正发生着变化,导语也朝着多元化的方向发展,那种严肃、干巴的导语被新的导语形式所取代,人们似乎更喜欢形式轻盈、活泼、多样的新闻稿件,于是新闻中的喜剧感、幽默感、悲剧意识、人情味逐步成为导语追求的目标。到本世纪初,第三代导语已发展出的主要类型有:直叙式导语、描写式导语、比喻式导语、抒情式导语、逸事式导语、聚焦人物式导语、对比式导语、噱头式导语、神秘式导语、水晶球式导语等。这里,我们着重介绍评析直叙式导语、描写式导语、逸事式导语、聚焦人物式导语、对比式导语、特写式导语。

直叙式导语是一种以直接叙述事实的梗概、精华、结果、主旨为先导的导语类型。这一导语好在什么地方?简单地说,这一导语的特点是以叙述方法直接交代事情的结果。由于报纸的立场及观点需要记者开宗明义地加以交代,因此,直叙式导语要求叙述事实中最本质、最要害的东西,重点突出,主旨明确,使读者一下子就能明白新闻真正要报道的是什么。也有人把它说成是一种更新过的"倒金字塔结构导语"。它的生命力在于能用最少的字、最快的速度、最直接的方式,使读者获取新闻及其主旨。因此,至今仍有不少媒体乐于使用,而且被认为是可读性很强的导语。

直叙式导语的难点,集中表现在"叙述什么"、"怎样叙述"两个方面,这两个方面处理得好,才能完成该型导语的"特殊功能"与任务于一目了然之中,予读者以要领,从而起到成功导读的作用,同时也能报告最新事实、最新变化和最关键、最本质的问题。美国新闻学家威廉·梅茨在他的《怎样写

---

① 　[美]卡罗尔·里奇:《新闻写作与报道训练教程》,中国人民大学出版社2004年版,第155页。

新闻》一书中要求记者首先要学会"W+H"导语。在他看来,一般化的直叙式导语是:"身份+名字+事实"(所谓名字出新闻);一条较好的直叙式导语是:"事实+人名";一条最好的直叙式导语是:"特点+事实+人名"。我们不妨看看下面这则新闻的导语:

> 温家宝11日与加拿大总理克雷蒂安会谈时提出四项建议:加强高层及各级交往、加强能源等合作、促进科教等交流、加强维和等问题上的沟通。其中,温家宝提到,希望加方早日承认中国市场经济地位。克雷蒂安说,尽管他将于近日退休,但加政府完全赞同温总理的积极建议。 ——新华网2003年12月12日《温家宝与加拿大总理克雷蒂安举行会谈》

这是一则时政新闻,属于典型的"硬新闻",消息越硬,越需要一目了然、一针见血的直叙式导语。很显然,政治问题、政策问题往往都是十分严肃的,长篇大论往往使读者厌烦,难以产生阅读兴趣,因此,宜用简洁的文字直截了当地将所要报道对象的核心内容交代出来。

导语写作有时也需要描写,描写式导语就是以绘声绘色的描写手法而达到一目了然效果的导语样式。它提供导语的现场感、生动感,使读者在阅读中产生身临其境的感觉。例如:

> [本报讯]一只羽毛雪白、红冠竖立、雄赳赳的大公鸡和四只同样漂亮的白母鸡,11月23日代表它们的家族——"北京白鸡","神气十足"地通过了畜禽专家的技术鉴定。 ——《产白壳蛋的优良鸡种通过鉴定 "北京白鸡"在全国28个省市区"落户"》载1985年11月25日《北京日报》

这则新闻的导语运用白描的手法,一开始就将新闻事实——通过鉴定的北京白鸡的特点再现出来。记者抓住现场中有动感的画面,以画面入题,引出新闻事实。"一只羽毛雪白、雄赳赳的大公鸡"、"漂亮的白母鸡"、"神气十足"等都是文学语言,形象生动且富有拟人化特点的导语,给人以亲切之感。这样写,与那种干巴巴的交代科技成果的写法相比,可读性明显增强。

再看下面一则:

> 新华社成都一月二十日电 在著名作家巴金《家》中描写过的成都商业场,一家名叫"小酒家"的酒店在新年期间开张营业。酒家门前高挑的红灯笼照着一副热情洋溢的对联:"客一位二位三位请坐;酒一两二两三两尽饮。"店堂内丰富的佳肴使满堂顾客喜形于色。这家受到人们欢迎的"小酒家"是成都过去一年新建的一百四

十个商业网点中的一个。

这则导语不但对成都这家酒店开业时的盛况进行了细致的描写，而且透视性极强，为了增强说服力，达到以小见大，"窥一斑而见全豹"的效果，记者不厌其烦地描写小酒店的情况特点，其中对于对联的处理，更增加了整个信息的生动性与趣味性。当然，采用描写手法写新闻导语也不是万能的，不是所有的导语都适合使用描写。只有那些适合使用描写手法的新闻事实才使用；被报道事实本身必须具有较为明晰的或生动的色彩、声响、细节、动作、语言画面，使记者的描写有所附着，并有其必然性；记者要对所描写的东西确有所动，有把握报道对象的能力，在此基础上展开想像然后运用描写、拟人、比喻等手法，再现事物本身的某些特征。描写必须首先提供事实与消息，至少是有助于提供。因此，它常常是与对事实的叙述密切结合的。例如，"中新社哈尔滨1984年3月14日电　鱼群重新出没在美丽的松花江上，这条历来被人们讴歌赞美的河道，经过五年的积极防治，遭受污染的情况开始好转。"记者在这里不是为描写而描写，而描写的情景本身，就是记者提供的消息的一个部分。另外，描写在新闻中的应用尤其是在导语中的应用，也不是随意的，在篇幅上它有一定的限制，它不能随意发挥，描写只限于具体报道对象，不能因描写而淹没了具体信息。

逸事式导语也是西方常用的第三代导语之一。这种导语从一个人的故事或者一件事开始讲起。从某种意义上说，所有的社会新闻的导语都带有逸事特点，因为它们都采用讲故事的方法。许多导语结合了描写和逸事两种技巧。我们可以从下面这段导语中体会一下：

　　一个春季的深夜，在一家酒吧喝酒之后，伊莱恩·霍利斯虽然有点反对但还是同意男友把他们的激情一夜记录在录像带上的愿望。

　　在爱德华·贝利斯的公寓中，摄像机在床尾转着。

　　他答应抹掉录像带上的镜头。

　　七年以后，和贝利斯已经有了一个儿子的霍利斯在特拉华县法院起诉贝利斯播放那盘录像带损坏她的名誉。[1]

在这一导语中，新闻事件被作为富有悬念和意味的故事来加以叙述，故事的人物、事件相信看完导语的人很快就会明白的。这一新闻导语的效果是将事件背后的故事和盘托出了，戏剧性叙述勾起了读者的阅读兴趣，读者看

　　[1]　转引自卡罗尔·里奇《新闻写作与报道训练教程》，中国人民大学出版社2004年版，第174页。

完导语便知道事件的结果了。

引语式导语是直接或间接引用某人精彩的或有针对性、有代表性的谈话构成的导语。直接引语型导语是指直接引述谈话人原话的导语。这一类型的导语由于使用原话，使得报道对象——人物更加具体、生动。当然，引语式导语首先要保证所引用的话具有权威性、代表性，只有对某问题最有发言权的人的话，才能起到其他导语所起不到的作用。

"霍老师，您写来的信我收到了，您提到的要进一步加强师资建设的建议很好！今天特意来看看您。"

5 日上午，中共中央政治局常委、国务院总理温家宝走进北京第二实验小学退休教师霍懋征家中，紧紧握住了这位精神矍铄老人的手。

——《教育兴，民族兴：温家宝总理与几位教师的对话》，2004年 9 月 10 日新华网新闻

中新社香港 1984 年 2 月 24 日电　光大实业公司董事长王光英今天接见记者时说："我来香港就是做买卖的，而且要以资本主义方式做。香港是做生意的好地方，这里经济讯息灵通，资金流通方便。"

从上两段材料看，我们不难发现，作为国务院总理的温家宝，他的讲话具有权威性，他对老教师霍懋征建议的肯定，某种程度上就是肯定了当前教育工作中某种观点、某种做法。而王光英的讲话则属于有代表性，在当时，是对我国政府在香港问题上的一个具有影响力的解读，由于王光英的特殊身份，他对香港地位和制度的看法，打消了相当一部分人心中的疑虑。引语式导语必须能回答当时人们所共同关心并迫切需要得到回答或澄清的问题，有时具有政策上的披露与宣传作用。上述的两则导语亦具有这一特点。

聚焦人物式导语与描述式导语较为相像，通常用聚焦某一人物这一形式，来讲述一个带有普遍性的现象。用逸事手法讲述这个人的小故事，或者用描写手法描述这个人或者展示这个人的行为。这种类型的导语适用于人物特写或者问题性新闻报道。导语需要揭示的核心问题是：这个要报道的人只是很多人之一。我们可以从下面一则新闻导语中体会这种导语的特点：

尼塔缓慢地走在狭长的大厅里，熟练地引导着她蹒跚学步的 11个月大的儿子走在废弃的婴儿助步车和玩具之中。

在她狭小的卧室里，这位 17 岁的母亲指出她儿子的父亲和她的一些朋友的照片，近处是庆贺她最近高中毕业的贺卡，婴儿床被

塞进靠近门的一个地方。

　　作为富勒顿市弗洛伦斯克里滕顿服务中心的85个住户之一员，尼塔是奥兰治县数量不断增长的少年母亲之一——这个数目在五年内上升了36%。①

对比式导语常用于反映时代变迁、环境变化。在我国新闻中的一些政绩报道中，往往会通过对比手法来凸显今天所取得的成就。

　　新华社记者报道：北京人的生活节奏变快了。过去那种"工作不像工作，休息不像休息"的状况正在改变。

　　——新华社1984年11月27日讯：《政策的威力　改革的成果　知识的力量　时代的要求　北京人的生活节奏在加快》

西方国家新闻界也热衷于使用这一导语形式，来反映当下人或事正在发生的变化。请看下面一则新闻导语：

　　在一个标有"工业废弃物"字样的池塘上方，两只秃鹫栖息在一树枝上。数十条牧羊犬从穿着白色防护服的工人那里跑出，沿着路飞快跑过一片田地。在放置着成千上万含有芥子气废料的桶堆角落周围，一群长耳鹿站立在灌木丛中。

　　这是一种自相矛盾，有些人认为它几近诗歌的浪漫特征：陆军落基山兵工厂——一家已经关闭的兵器工厂、一个破坏环境的典型、美国毒性最烈的几块土地之一——已经成为野生动物安居乐业的天堂。②

通过这一对比读者可以强烈地感受到问题的严重性，读者在阅读到这些对比强烈的内容时很容易就会产生精神震撼。

过去和现在的时间对比是展现变化的有效方法。当新闻背景有趣或重要并且与报道重点相关时，使用这种导语是比较恰当的。

　　新华社乌鲁木齐1980年1月17日电　本社记者顾月忠报道：春节将到，记者在新疆维吾尔自治区邮电管理局里，看到了跟一年前大不相同的情况：过去忙于分拣从内地寄来的大批副食品包裹，而今天却忙于收订大量报刊。

从上面这则导语来看，对比的结果一目了然，读者很快就会领悟新闻所要报道的核心是什么。

---

①　转引自卡罗尔·里奇：《新闻写作与报道训练教程》，中国人民大学出版社2004年版，第175页。

②　转引自卡罗尔·里奇：《新闻写作与报道训练教程》，中国人民大学出版社2004年版，第176页。

特写式导语是指在新闻事实中以生动的语言抓取人或事的某些具体特征加以再现的导语写法。这种导语富有立体感，能在很大程度上使读者在阅读过程中如见其人(物)，如闻其声，如临其境，能在读者的感官与心理上引起强烈共鸣。其实，特写的基本手法仍是描写，但它与一般的描写式导语不同，主要表现在：一是特写式导语强调选择局部性与典型性，比如画面、声音、动作、细节或人物肖像速写等；二是所选择的部分，以工笔细描为主；三是在所达到的效果上，较之描写更富有真实感、现场感、动感、立体感，因此，它在画面描写中常伴以惊人的动作、语言或声响，以是否产生特写效果为检验标准；四是在重大题材中，寓新闻主旨于特写镜头之中，是体现新闻用事实说话的功能的重要方法，但对记者娴熟地驾驭笔力有很强的要求。我们来看下面一则消息的导语：

> 星期天的早晨，上海徐家汇教堂的灰色双塔出现在黎明朦胧的天空下时，中国祈祷者的圣歌在教堂哥特式的拱顶下回响了，这时已经有一百多人跪在祈祷凳前，用上海地方方言唱着圣歌。他们大部分人头发已经灰白了，但偶尔也有衣着漂亮的青年。①

记者在采用特写式导语时往往是在采访中具有一种特殊的眼光，能捕捉到富有特写效果的镜头，并凭借自己的新闻敏感及时将它表现出来。为了使导语没有累赘感和松弛感，特写式导语通常会采用复合结构，即开头自然段首先出现声响或动人画面，简要再现某一特写镜头，再以另一自然段进行诠释和补充。

每天有大量的新闻见诸报端，哪些能抓住读者的视线、吸引读者的眼球，这是记者、编辑需要动脑筋的地方。根据不同的题材、内容选择合适的导语现在已成为各国媒体非常讲究的地方。著名的新闻实践专家卡罗尔·里奇从心理实验的角度来认识导语写作，他指出："导语告诉读者报道的主要内容。导语可以被看做报道的引子或者预告。不管你写的导语是哪种类型，你必须用使之具体化的信息来支持它，假如你没有实质性的内容来支持导语，你的导语就写错了。"他将导语概括为一个术语，这就是"焦点陈述"②。美国哥伦比亚大学著名新闻学教授梅尔文·门彻对导语的好坏有自己的独特见解，他指出，"有效的导语满足两个要求：它抓住了事件的实质；它吸引读

---

① 转引自张惠仁著《新闻写作学》，四川人民出版社 1986 年版，第 348 页。

② [美]卡罗尔·里奇：《新闻写作与报道训练教程》，中国人民大学出版社 2004 年版，第 156 页。

者或听众为该报道停留"。①门彻主张去"发现导语",他引用《华盛顿邮报》专栏作家托马斯·博斯维尔(Thomas Boswell)的话说:"写报道最重要的是寻找中心思想。一件事被给予一个主题,但是你必须在那个主题内找到思想或概念。一旦你发现了那个思想或思路,剩下的所有奇闻逸事、阐述说明与引语便是串在这条思路上的珍珠。串珍珠的线可能微不足道,珍珠可能光耀夺目,但仍然是线造就了项链。"②门彻认为,记者在为他们的报道寻找合适的导语时要问自己 5 个问题:①在发生的事实中,什么是独一无二的、最重要的或者是最不同寻常的? ②该事件与谁有关——谁做的或谁说的? ③最好用直接式导语还是用延迟式导语(报道的主题是放在了第一句还是放在前六段中的某一处)? ④我是否有一个吸引人的词语或生动的短语可以放在导语中? ⑤主语是什么? 什么动词最能吸引读者阅读报道? 以美国《夏洛特观察家报》的一则报道《窃贼偷走 36 节电池》为例,他作了专门的分析。一名窃贼破门而入一家汽车零部件商店,偷走一批电池,记者写了一篇报道,这位记者是这样写的:

> 警方昨天被告知,闯入夏洛特一家汽车零部件商店的盗贼偷走了 36 节 Delco 电池。
>
> 被盗的皮埃蒙特汽车交易店位于阿坦多大街 410 号,该店经理、49 岁的罗韦尔·厄斯金告诉警察,盗贼是在星期二下午 5 点至星期三 8 点之间进入商店的。盗贼在这幢一层砖结构房屋的后墙凿开了一个洞。
>
> 厄斯金说,被盗电池价值 539.18 美元。

《夏洛特观察家报》的主编对这则消息进行了分析,他认为,从这则消息可以看出以下一些特点:① 导语集中于基本事实:一批电池被盗。记者知道,读者每天翻开报纸时带着一个问题:"今天发生了什么事情?"② 记者回答了他或她认为读者按逻辑接下来可能会问的问题:"非法进入事件发生在哪里? 它发生于何时? 它是如何进行的?"对上述问题的回答解释与丰富了导语。③ 提供背景。记者知道,读者被告知被盗商品的价值。

有没有其他的假设的可能情形呢? 门彻认为可能的思路有这样一些:假设盗贼是在光天化日之下偷窃成功的,那么,何时偷盗与如何偷盗将是导语的主要内容,报道将按照这一思路写作。如果盗贼是攀过 15 英尺高的墙进入

---

① [美] 梅尔文·门彻:《新闻报道与写作》,华夏出版社 2003 年版,第 126 页。
② [美] 梅尔文·门彻:《新闻报道与写作》,华夏出版社 2003 年版,第 130 页。

商店，那么盗贼如何做到这一点将被安排在导语里。如果盗贼在商店里留下一张便条，为他的行为道歉，并且说他需要钱为他生病的妻子付医疗费，盗窃为什么发生——根据盗贼的说法——将被写进导语。

一则新闻往往要涉及时间（when）、地点（where）、人物（who）、事件（what）、原因（why）和如何（how）——五个 W 和一个 H，侧重某一个点，就形成了关于这一个点的报道核心，至于安排哪一个点作为报道核心，则由记者、编辑的新闻敏感决定。

而在导语中处理报道核心的技巧决定了导语的好坏。门彻给我们举了一个不好的案例，那是一篇关于当地"联合道路运动"组织的报道，当时该组织正在进行一次筹资活动。这一报道的作者是一个新闻专业的学生，他认为，筹资行动的重点可能是核查整个行动进程的好时机，于是，他的稿件是这样完成的：

> 本地的"联合道路运动"目前正在为明年的活动筹集 75 万美元的经费，今天它发行了第二期一周报告。
>
> 该组织主席托尼·戴维斯说，头两周的捐赠已经超过去年同期的筹集数量。
>
> "我们已经筹到了 35 万美元，比去年多出 25000 美元。"戴维斯说，"由于我们市区志愿者的工作，本地商人已经受到前所未有的彻底游说，他们慷慨解囊。"
>
> 这次为期一个月的行动是为了给 28 个机构筹集资金，这些机构包括老大哥（the Big Brothers）、养老院以及一项新的救助残疾儿童计划。

门彻认为，这篇报道的根本问题在于，消息中最核心的内容没有得到突出，本应成为报道核心或"新闻眼"的内容却被放到了第二段。这位学生记者搜集到关于这次活动的事实是，筹款行动收到的捐款比去年多，毫无疑问，这就是今年这一活动的"新闻眼"，应当将其放入导语中。学生记者认识到问题所在后，对这篇报道做了修改，修改后的导语是：

> 计划筹资 75 万美元的"联合道路运动"在进行到一半时，取得的成果已经超过了去年。

卡罗尔·里奇指出，"当你写概括式导语时，你如何决定哪些内容要写进语中同时按照什么顺序安排这些内容？需要强调的信息应该放在开头或者结尾。判断哪个元素是最重要的——何人、何事、何时、何地、为何、如何、结果怎样。用主—谓—宾句式通常比较安全：行为主体是谁；发生什么事；针对谁。不过，有的时候如何或者为何是最重要的"。①记者在现场首先搞清楚人、事、时、地、因，然后再观察其结果如何。2005 年 3 月 12 日苏州太湖边发生一起事故。其主要事实是：

何人：三名来自盛泽的女青年

何事：汽车撞上大树，冲入湖中，两人死亡，一人受伤

何时：星期六下午

何地：苏州太湖边

为何：初学驾驶、速度太快

如何：报道中继续解释

在这一事实材料中，针对不同的侧重点，导语的写法就有多种。

以何事为中心：一辆小车撞上大树后坠入太湖，车中三人被证实有二人已经死亡，另一伤者已被送往医院抢救。

以何时为中心：星期六下午二时左右，三名来自吴江盛泽的女青年驾乘一辆小车，不慎坠入太湖，酿成二死一伤的惨剧。

以何因为中心：初学驾驶即来苏作自驾游的三名吴江盛泽的女青年，不慎驾驶失控，车撞大树后坠入太湖，酿成二死一伤的惨剧。

以何地为中心：在苏州太湖边距西山 2 公里处，星期六下午发生了一起惨剧，一辆载有三人的私家车撞上大树后坠入太湖，二人死亡，一人受伤。

导语设计在西方被提高到艺术鉴赏的高度来加以认识，成为新闻从业人员自觉的追求。根据梅尔茨的观点，一条优秀的导语往往要具备十个特征：

1. 提供消息

新闻一定要有新闻核，而且在导语中就应当能够直接看出来。

2. 简短

好的新闻导语以一句一段的形式有力地表现出来，简短而有内容。在导语产生的早期，开头往往会占很长篇幅。而在信息快速传播的时代，导语必须短小精悍。美国新闻界有人提出，导语应限制在 35 字以内；有些人主张即使是具有特殊性的延迟式导语，也不宜超过 6 个短句式段落。里奇所说的"主—谓—宾句式"导语通常比较安全。例如，合众国际社 1940 年 5 月 10 日消息《德国对荷兰、比利时、卢森堡不宣而战，欧洲大战全面展开》的导语是：德国于今日黎明时分对荷兰、比利时、卢森堡不宣而战。这条短新闻的导语讲述了一个事实，即德国向三国发动了战争，表述的内容简短而不累

---

① [美]卡罗尔·里奇：《新闻写作与报道训练教程》，中国人民大学出版社 2004 年版，第 162 页。

赘。美联社 1945 年 8 月 14 日消息《东京宣布无条件投降》的导语是："Japan has surrendered"（日本投降了）。

3．明晰

明晰来自短词或短语。尽可能地使用简单明了的词汇，而不使用大词（big words）。像美国一些著名媒体《纽约时报》要求新闻稿"一句一个意思"，反对冗长的句子造成意思的不明晰。

4．准确

导语表达的各项内容必须准确，新闻报道很自然会涉及人、事以及与人、事有关的数据、时间、地点等。这就要求记者要把事实的基本要素搞清楚，否则失去真实性的新闻会影响到媒体的声誉。一家报纸报道某艺术团抵达的消息，开头说"凌晨欢迎者到达车站"，后来又说欢迎仪式是在"晨曦"的微光照耀下举行。这样的报道，时间概念就不是很精确。凌晨一般是在一两点钟，晨曦则是在清晨五六点钟，读了报道给人的印象是欢迎人群在寒风中等了四五个小时，实际上欢迎者和艺术团都是在同一时间到达车站的。表达不准确，容易使读者产生误解。

5．简单

西方新闻界十分看重新闻的时效性，因此，往往都尽可能用简单的词汇来表达思想，突出要害部分，把最重要、最新鲜、最精彩的内容放在前面抢先发出，因此不允许拖泥带水。

6．直截了当

对所要报道的内容，直截了当地说出，不要绕弯子，不需要考虑其他因素，如是否要避讳等。路透社 1963 年 11 月 22 日在达拉斯发布的一条消息急电《肯尼迪遇刺丧命》中，导语简单到只有一句话：肯尼迪总统今天在这里遇刺客枪击身死。其他如海湾战争中一些消息的导语："白宫今天宣布海湾战争开始"、"巴格达上空出现高射火炮"等都很简单地传达了重要信息。

7．生动

这要求新闻导语要能吸引读者，要能很快抓住读者视线，因此，导语要生动、有声有色、富有可读性。出色的导语能够点出全文精华所在，一下子吸引读者的眼球。

8．客观

客观是新闻报道的起码条件，这一点往往就先在导语中表现出来。这是新闻伦理中的是一个重要命题，无须赘言。

9. 富于色彩

这一点与第 7 点有相似之处。指的是导语构思中要注意那些精彩的场面、情节、动作、细节、语言可以一个精彩而富有吸引力的开头。如果导语不能在某种程度上使读者相信下文值得继续花费时间和精力读下去，那么，他们就会失去阅读的兴趣，而转移他们的注意力。

10. 格调高尚

这同样是一个新闻伦理学命题在导语中的体现。有些新闻虽然具有新闻价值，但导语构思中由于刻意哗众取宠，导致导语低俗化，格调不高。美国新闻界强调导语不宜产生负面影响，因此，要求新闻记者在写作导语时要格调高尚。

第四节　新闻作品结构的评析

记者写一篇新闻稿，往往在动笔前首先要有一个基本的思路，有一个基本的谋篇布局的考虑。

看一篇新闻作品结构的好坏，首先是看其是否简要。如果说我们要求一部文学作品在结构上体现跌宕起伏、错综复杂，充满了伏笔和悬念的话，那么用这样的办法去结构新闻作品弄不好很可能会侵害新闻事实的真实性。艾丰指出："一般地说，如果能把问题或事情说明白，新闻作品的结构是越简单越好。'精简机构'是新闻作品写作在结构上的第一要义。"①

新闻报道是写给读者看的，读者的读报行为需要报纸提供简单明了的信息。因此，新闻作品的结构不能过于复杂，应当尽可能地简单。《中国日报》1986 年 11 月 8 日发表的人物消息《好啊！诚实永存》，是一篇报道一位年轻的女售货员自费登广告寻找外国顾客退钱的故事。这则消息用主人公张建华的几句话结构全篇，段落短小精悍，节奏感强，通过几句人物语言，读者便可以明白事件到底是怎么回事。新华社前社长穆青曾说过一句十分通俗而又精辟的话："新闻是发电报，通讯是写信。"这就是要求新闻稿要简洁、明了、清晰、流畅。如果新闻稿写得逻辑混乱，东一榔头西一棒，那么这一新闻稿就是不成功的新闻稿。只有把握新闻的组织方式和内部构造，才能把整条新闻稿写得波澜起伏。曾经两次获得普利策新闻奖的美国记者唐·怀特黑德说："新闻写作中最困难的部分是什么？清楚明了！要写一篇让读者明确无

---

① 艾丰：《新闻写作方法论》，人民日报出版社 1993 年版，第 176 页。

误地了解你所要说的事情，这比做什么事情都更难些。我虽然已搞了 40 年的新闻报道工作，但是我现在仍然感到自己还在为实现清楚明了的目标而奋斗。然而我懂得，清楚明了只有在把新闻写得简明扼要时才能实现，而要做到简明扼要却并非易事。"①要实现很好的阅读效果，注重整篇新闻的结构是十分重要的。我们在评析新闻作品时，也要善于考察新闻作品的结构是否简洁明了，将其放在衡量新闻作品标准的一个较为重要的位置上。

其次，好的新闻结构往往是灵活多样的，富有创新性。新闻作品的文体差异是很大的，而新闻作品的内容也是千差万别的，在这样的情况下，新闻作品的结构也就必然有很大的差别，因此不可能强求一律。好的新闻结构往往是灵活自如、随物赋形的，因为任何墨守成规的结构都不可能产生真正创新性的作品来。新闻作品的结构可以借鉴文学、电影等的结构形式来提高新闻作品的可读性。例如，电影的蒙太奇方法在新闻通讯中使用，就可以使通讯作品的节奏感加强。当代新闻史上的通讯名篇《为了六十一个阶级兄弟》（《中国青年报》1960 年 2 月 28 日），报道的是一个头绪纷繁的救人故事。这篇通讯的结构就很富有特色：它采用了时空结合的结构形式，即纵横式结合的结构形式。作品先是以时间的进展为纵向线索，同时又以空间的变化为横向线索，把发生在同一时间、不同地点的事情巧妙地交织在一起，做到时空结合，纵横交错，引人入胜。通讯中虽涉及的部门、单位不少，又人多事杂，叙事却有条不紊；虽事件经过波澜起伏，却变而不乱，衔接自然。整篇通讯把复杂的事件交代得清晰明了，显示了这种多姿多彩的结构形式所产生的效果。

再次，新闻作品的结构与"最重要的事实"有直接的关系。记者根据新闻价值判断来组织材料，在作品层次构想中，哪些材料对反映重要主题起到关键作用，哪些是重点讲述的，哪些是次要讲述的，记者"心中有数"。魏巍在写长篇通讯《谁是最可爱的人》时就遭遇到材料过多，如何更紧凑、更具有表现力地表现主题的问题，经过他多次修改，终于在结构层次上作出了调整，使得文章结构更加紧凑，更加层次分明。紧扣主题，是考察新闻作品结构的一个重要指标。我们不妨以一篇人物通讯来作一探讨。

马永顺：无愧于大森林

今年 4 月 28 日，小兴安岭冰消雪融、大欧根河水开始流淌，82

---

① 《美国名记者谈采访工作经验》，新华出版社 1981 年版，第 9 页。

岁的马永顺老人又乘上公交车，来到了他曾经战斗过的铁力林业局卫东林场，与这里的职工一起起苗、植树。迎着和煦的春风，他栽下一株又一株幼苗。5 天时间里，他植树 150 多棵。

林业所张主任新过门的儿媳妇，看到这个身材魁梧、紫红色脸膛的老汉与众人一道干得热火朝天，好奇地问周围的人："这老爷子是谁？"

"他是老模范马永顺！"

"这么大岁数咋还来山上栽树？"

"他在'还账'！"

"还账？"

"对！给大山'还账'！"

马永顺要向青山还一笔什么"账"呢？那还得从头说起。……

(《黑龙江日报》1994 年 7 月 4 日 作者：徐晓海 王宏波 王柏成)

我们可以看到这一开头形式我们并不陌生，这一开头，设置了一个悬念，马永顺老人还什么"账"？为了满足读者的好奇心，自然就引起下文的"分解"：

马永顺，是新中国第一代林业工人，他曾靠弯把子锯一个冬天采伐木材 1200 立方米，一人完成六人的工作量，创全国手工伐木产量之最，创造出"安全伐木法"、"四季锯锉法"在林业战线推广。马永顺得过无数荣誉，并 14 次受到毛主席、周恩来等老一辈革命家的接见。

岁月流逝，各式各样的荣誉，马永顺渐渐淡忘了，可心中却牢记住 1959 年全国群英会上，周恩来对他的教诲："永顺同志，林业工人不但要多生产木材，支援国家建设，还要多栽树，实现青山常在，永续利用。"

夜深人静时，老伴和孩子们都睡熟了，总理的话语在耳畔回荡，如何完成总理嘱托？他躺在床上辗转反侧……渐渐地，朦胧变得清晰，一个想法跳了出来：向大山还账，自己砍了多少棵，就栽它多少棵。他估算了一下，他为共和国建设采伐原木大约有 36500 棵，从此，栽树"还账"成了他生命旋律中崭新的一章。

接下来记录的就是还账过程。整个报道的终点，就是马永顺经过自己的辛勤努力，终于将 36500 棵采伐林木的欠账还上了。在这篇报道中，作者的结构意识是十分强烈的，全文由三个事实材料构成：一是高龄老人最近一次植树事迹的情节叙述；二是引出具体人物在植树现场的好奇问答，用特写语言推出了作品的主题悬念；三是叙述还账的起因（包括高龄劳模的荣誉背景以及对总理嘱托的思考和决心）。这样的结构使得这篇人物通讯具有了故事性，全文布局合理，层次清楚，故事环环相扣，情节紧凑。对于典型人物报道来说，这样的结构有利于增强作品的可读性。

第五节　新闻报道角度的选择

报道角度的选择是新闻报道中最常需要考虑的问题，它是新闻记者新闻敏感的直接表现。新闻事实由丰富多彩的多种元素构成，呈现在人们面前的新闻事实同样是多种元素构成的"多面体"。新闻作品要筛选挖掘各种元素，进而采用恰当的方式来再现新闻事实。艾丰同志将选择新闻角度比喻为"挖矿"。报道角度选择的好坏，首先要看新闻内容是针对什么受众群体的。不同的受众群体对新闻内容的需求是不同的，即使是同样一个事件，不同的受众，他所关心的角度也不尽相同，接受的程度也不相同。因此，看一篇新闻报道的角度选择，应根据不同的受众群的需要，考察这一作品是否在报道的侧重点上有所调整。1995年底不少跑经济新闻的记者都得知，中国最大的海上天然气将于1996年1月初举行投产庆祝仪式。这当然是一条重要的经济新闻。拿到请柬的记者等着到庆祝仪式那天发稿。一位新华社记者却敏锐地发现，在油气田即将投产的事实中还包含着一个信息：崖13—1气田生产的绝大部分天然气，将首先向香港输送。当时距离中国恢复对香港行使主权还有一年多时间，在这种政治背景下，只要改变一下报道角度，把读者对象从对内改为面向海外读者，把报道的主题从一般的"建成投产"改为"开始向香港供气"，这条程序性的经济新闻就有了更大的新闻价值。于是，这篇新闻稿的开头导语就是这样的：

今天凌晨，在海南岛以南91公里处的海面上，一座天然气平台
通过778公里长的海底管线，正式开始向香港输送发电燃气。

文中引用海南省经济研究发展中心负责人的谈话画龙点睛："这条长达700多公里的海底管道作为华南地区和香港之间一条新的合作纽带，将成为内地不断向香港供气输送发展动力、保持香港长期繁荣的象征。"如果说，这篇报道仅仅从一般的经济新闻的开工投产仪式角度作程序性报道，就很难产生很好的效果。

　　在选择报道角度时，寻找所报道的事实与受众在时间、地点、心理或者利益上的接近点，往往是一种行之有效的方法。接近的因素越强，受众的阅听愿望就越大。回答受众普遍关心的问题，解答他们想知而未知的问题，这就是最佳新闻报道角度。例如，1998 年美国大片《泰坦尼克号》在北京上映，许多家报纸都报道当时影片上映时的盛况、观众的反响等。《北京青年报》独具慧眼，它选择了一个无论时空还是心理距离都与中国观众最接近的角度，发出的新闻报道是："泰坦尼克"号上有六位中国人。此稿引起读者极大的兴趣。据了解，该报记者在看电影时发现，在演员表中有一个角色"中国男人"由林凡（VAN. LIN 音译）饰演，他顿时产生了新闻敏感，于是，他一头钻进首都图书馆，首先从 1912 年 4 月 22 日的上海《申报》上查到了有关报道，然后从国际互联网上查到乘客名单，上面有这六位中国乘客的姓名，他们都坐在三等舱，三等舱的票价为 30 美元。他又向有关历史学专家求教，专家从事发的历史年代和船票的价格推测，这六个中国人很可能是赴欧美的留学生。而当年的三等舱男乘客几乎无一生还。他根据上述材料所发出的这条新闻，其价值不仅在独家报道，而且是"冰点新闻"，即从尘封已久的历史中挖掘出新闻。从接近性上寻找新的角度是这篇报道获得成功的关键。由这一案例我们不难发现，只有从受众普遍关心的具体事情入手，了解他们想知道什么、最关心什么、最需要什么等方面寻找新闻价值的落实点，新闻就容易出奇制胜。

　　任何事物都处在不断变化之中，要选好新的新闻角度，就要从事物的发展中去寻找，社会的不断变迁也在不断产生新闻，当我们面对某一静止的事物时，要用跨越时间、空间的动态眼光去审视，洞悉它与系统中其他事物的联系。用发展的、联系的眼光看问题，就会从事物的起因、发展、变化到结果的全过程中，从内因与外因、历史与现状、表象与本质、时间与空间等全方位上把握新闻事实和新闻报道的真实性。发表在 1995 年 4 月 27 日《解放日报》上的《上海家化公司好气魄，1200 万买回美加净》，就是一篇从变动中找出来的新闻。据介绍，记者 1995 年 4 月从有关方面获悉，曾是中国化妆品第一品牌的"美加净"商标，"卖"给合资企业庄臣公司 4 年后又被原主上海家化联合公司重金"买"回，便敏锐地感觉到这是一个极好的新闻素材，当天即与家化公司取得联系，并在上海家化总经理葛文耀出访归来的第二天，对此事的来龙去脉进行细致的采访。这篇稿件第二天作为头版头条见报，并由此揭开"名牌怎么打"报道战役序幕。

　　求异思维往往是发现新闻角度的有效途径。新闻贵新，这个"新"除了时效性的特点外，更重要的是求异思维，就是不按常理去思考问题，有些事如果按常理想不通，就可以倒过来想一想，往往就会有新的发现。大家都这样想，新闻肯定不能出奇，只有"我偏不这样认为"，"我要唱唱反调"，才会容易出新，新闻作品也容易为人们所关注。求异思维可以帮助记者、编辑摆脱困境，突破老一套的模式，于无声处听惊雷，从而找到人所未见、人所未识的新闻角度。新华社 1982 年 2 月 18 日的电讯稿《学习南京市绿化经验要注意三点不足之处》就是运用求异思维选取新闻角度的代表作。以往的新闻报道中往往报喜不报忧，对很多存在的缺点总是避而不谈，至多是轻描淡写地提一提，造成这种情况的原因，主要是长期以来我们的新闻报道存在一种思维定势：宣传典型，可以起到正面引导效应，报道缺点或问题，那就会在社会上产生负面效应，容易给方方面面带来不必要的麻烦。这篇新闻稿运用求异思维去思考南京市绿化工作存在的问题，进行总结，及时对全国绿化工作提供有益的建议：

第一，50 年代 60 年代绿化的街道，树干高二米五，太低了，影响交通安全。……

第二，行道树在栽植时打洞普遍偏小，由于打洞小，树根扎得浅，在大风袭击下南京市发生过四次大面积倒树。……

第三，树的品种单一，悬铃木(法国梧桐)太多。……

在新闻稿中对这些不足的分析实实在在、具体中肯。比起那种大唱赞歌的新闻报道来说，显然是令人耳目一新的。要分析这篇新闻作品的求异思维，我们把它放到当时的社会背景下看才会深切地感受到它的特殊意义。正是因为没有迎合当时的主流意见，这种不同的声音才显得尤为可贵，才容易引起人们的注意。

从不同角度、多方面寻找解决问题的答案，这就是发散思维在新闻报道中的体现。运用发散式思维可以帮助我们发现新闻报道的新的角度。全国新闻奖获奖作品《羊城千余青年做"不掌印的市长"》，报道广州在东方宾馆举行"假如我是市长"提建议活动颁奖大会，15 人获奖，市长出席大会并讲话。这是一则会议报道，根据采访所得材料和一般化的构思，按时间、地点、会议名称、会议参加者、会议内容、领导讲话等程式写下来，就可以完事。当然，其一般化的宣传效果也是完全可以预料的。这篇作品没有囿于会议报道的老框框，而是在掌握了来自各个不同方面的大量的新闻素材后，在构思和写作过程中大胆运用开创性思维，刻意求新，最后确定了青年人踊跃参政议政、争当主人公的新鲜角度。这一角度一改会议报道的平稳、呆板和老套，犹如扑面春风，给读者送来一股新鲜气息。

　　总之，新闻作品要想产生好的社会效果，就必须在寻找新的报道角度上下功夫，角度的独特新颖，往往使新闻作品能够出奇制胜，获得意想不到的效果。

第六节　新闻作品表现手法的评析

　　新闻写作中通常比较喜欢使用"表现手法"这样的概念，笔者认为作为新闻作品，它是再现的，它强调的是事实的再现而不是表现，但新闻确实存在如何讲述的问题，这就是叙事的问题。

　　新闻作品要求原原本本地讲述事实，客观地反映事件的原貌。但并不是说就不要讲究叙述的方法和技巧，因为这关系到新闻作品本身的可读性，或者说作品的本身的价值。有魅力的新闻作品往往是十分讲究叙述方法的。叙事写作是一种用在小说或非小说故事中的富有戏剧性的叙述或描写。可以说，在文学作品中它是最为常见的方法，在新闻作品中如何运用却有一个方法的问题，文学作品可以虚构，但新闻作品却不可以虚构，为了让新闻故事讲述得精彩生动，需要新闻记者写作前进行详尽的采访，收集大量的与人物、事件有关的真实生活细节、人物对话、场景记录等。美国学者卡罗尔·里奇指出："叙事写作使文章不像是硬新闻报道，而是更像小说或戏剧，文中的消息源成了一个个人物角色，他们使文章中叙述的事件复活了。报道中仍然必须包含有新闻应该具备的基本要素，但是表达方式有所不同。"他引述《圣彼得斯堡时报》记者杰夫·克林肯博格的话，来解释新闻五要素在叙述新闻故事的角色："何人是指故事的主人公；何事是指故事情节；何时是指时间顺序；何因是指动机；何地是指地点。"①里奇用《圣彼得斯堡时报》另一位记者，普利策奖获得者弗伦奇的获奖作品《天使与恶魔》(Angels and Demons)中的一个叙事片段来阐释新闻报道中的细节描写：

　　　　那是个女人，脸朝下漂浮着，双手被绑在背后，双脚也被绑住了，一条细细的黄色绳子缠绕在她的脖子上，她的腰部以下是赤裸的。

　　　　一名男子在一艘叫做"淡黄色波浪"的帆船上，用无线电通知了海岸警卫队。然后，一艘搜索救援船就从位于圣彼得斯堡波罗湾码头的基地出发了。海岸警卫队的队员很快就找到了尸体，但是他们

---

① 　［美］卡罗尔·里奇：《新闻写作与报道训练教程》，中国人民大学出版社2004年版，第233页。

发现无法把尸体翻转过来。缠绕在脖子上的绳子好像系在水下什么重物上，无法拉起来。记录下发现尸体出现的坐标后，海岸警卫队队员们切断了绳子，把女尸装入一个盛尸袋中，然后把袋子装上船，调转船头向基地开去。还没等他们到达岸边，他们又收到了另一条无线电消息：第二具女尸刚刚被帆船上的两个人看到。

　　这一具尸体漂浮在发现第一具尸体处以北的地方，那里距离圣彼得斯堡的栈桥 2 英里远。与第一具一样，这具尸体也是脸朝下，被绑着，脖子上缠着绳子，腰部以下赤裸。同一批海岸警卫队员被派去把尸体收回来。他们正在收尸体的时候，又一个电话打来了，东面仅两三百码的地方发现了漂浮着的第三具女尸。

这是什么？这是一个惊心动魄的小说故事？然而又是真实的，没有任何虚构的成分。那么为什么它看起来很具有吸引力？实际上，尽管不同的新闻传播制度造就不同的新闻价值取向，但有一点是相通的，那就是要让新闻富有可读性。上述报道形式，不是简单的五要素、六要素交代，而是有着完整的故事形式，那么为什么它看上去像个故事呢？这主要是因为作者作了细致的观察和记录，把事件经过中的许多细节记录下来，并写入文中，因为记者有这样的意识，所以采访时这样的细节记录就是有心的了。弗伦奇就是受了新闻文学化流派观点的影响，他自述受到拉美作家加西亚·马尔科斯的影响。其实，在 20 世纪六七十年代新新闻主义十分流行，记者们乐于在报道内容中使用戏剧冲突、场景描写、人物活动等，使新闻看起来像小说一样。我们经常听到这样的说法："让新闻活起来！"那么怎样才能让新闻活起来呢？硬新闻要求将事件的相关元素交代清楚就可以，我们不能说交代清楚六要素的新闻不是好新闻，只是它不一定能抓住读者的注意力；而特写的写法则强调六要素的交代必须在叙述中完成。不妨比较一下下面两篇报道：

　　周五早晨，当伊安·J.奥布里恩(Ian J. O'Brien)动身上班的时候，他还只是个普通的上班族，可就在上班的路上，他变成了英雄。

　　早上 7 点 30 分，在哈特福德大街的拥挤的车流中一点点前行时，他看到一名妇女开着一辆切维布莱泽尔车要拐到第 9 号公路上去。突然那女人的车碾到了一大片冰，打了个滑，然后那辆布莱泽尔车滑过了护岸的树，掉进了康涅狄格河中。

　　"当我意识到她就要翻下河岸时，我想必须有人下去救她！"来自东汉普敦的 26 岁的奥布里恩说道，"谁会去救她呢？"

　　于是他把车停下，跑下了河岸的斜坡，脱掉了外套，跳进了冰水中。在那辆布莱泽尔的车身前端沉入水中的时候，他听到了车里那女人的尖叫。那女人来自德菲尔德，61 岁，名叫玛丽·K.科科斯卡(Mary K. Kokoszka)。

他游到了离他最近的车门旁，乘客座位一侧的那扇门。他看到车窗开了条小缝，"她一看到我，她就镇静下来了。"他说，"我让她打开车窗，但她说她没办法打开。"

他拼命想把门拉开，但车门纹丝不动。很快整个车头被水淹没了，他转到了车后面，发狂似的想要寻找一个通道以便把科科斯尔救出来。

"那车正在一点点不断地下沉，我叫她屏住呼吸。"奥布里恩，这位米德尔镇雷蒙德工程公司的技师说道。

布莱泽尔很快下沉，汽车底盘碰到了 10 到 12 英尺深的水底，奥布里恩看不到科科斯卡了，于是他潜入了阴暗而混浊的水中。

他开始猛踢汽车后窗，但没有反应。

"我并不认为她还没事，我真的非常担心她已经不行了。在一分钟内，我站在那儿不知道该做什么才好。"

突然，旁边一小群人中有人喊道："司机那扇门！"

奥布里恩马上游了过去，那门是锁住的，但窗户是开着的。他把手从窗户伸进去，试图握住车把手把门打开，但车门一点都不动。他浮上水面，吸了一口气，再次潜到水下。

他看到车里有什么黑色的东西，从窗户伸手进去，他摸到了那女人的钱包。他换了一口气又潜下去。

"我又一次看到什么东西，于是抓住它。"他说，那是她的手臂。终于，他把那女人从开着的车窗里拉了出来。

汽车掉入水中 5 分钟之后，他们回到了水面上，科科斯卡仍然在屏着气，她的嘴唇因缺氧而变成淡蓝色，她还一直紧紧攥着自己的眼镜。"岸上所有的人都叫她快点呼吸。"奥布里恩说道。

这两个人都被送到米德尔镇医院接受了外科检查，并很快就离开了医院。与此同时，一队来自警察局和消防队的潜水员直到下午才把沉没在岸边 65 英尺深处的汽车拉了出来。

周五下午，科科斯卡在床上躺着休息。她的已经成年的孩子威廉(William)和卡罗尔(Carole)说，她现在记忆力不太好，记不住什么东西，只记得她开着布莱泽尔车停在交通信号灯下，那辆车是她那天刚从儿子手里借来的。她的孩子替她给奥布里恩捎了个口信，感激他，"从她的内心深处。"

奥布里恩，从公司回到家里，躺在他那加热过的水床上取暖。

他承认，像这样的事情以前从来没有在他身上发生过。不过在他六七岁的时候他曾经把一个朋友从小溪中拉出来过。"那不是一件了不起的事，"奥布里恩说，"我是一个游泳能手。"

苏姗娜·萨特琳《哈特福德科伦特报》

我们可以辨出，这篇特写，其中用了大量的叙述手法，看起来故事性很强，它有故事的开端、发展、结局，同时，人物的对话使人感觉它如同小说一样感人，富有可读性。这篇特写的开头就写得简单而别致，奥布里恩这一见义勇为的英雄，他是在上班路上成为英雄的，为什么会成为"英雄"的？文章为读者设置了一个悬念。报道使用倒叙形式，用第三人称口吻讲述事件的经过，使故事的结构十分紧凑，事件的叙述简短而富有节奏感，紧张而扣人心弦。作者在叙事过程中大量使用了描写和人物对话，使报道看上去生动而富戏剧性。下面这段在写法上明显不同，我们不妨体会一下：

一名 61 岁的米德尔妇女驾车滑过河堤坠入康涅狄格河后被人救起。

玛丽·科科斯尔上午 7 点 30 分正要驾车驶上第 9 号公路，警方称，那时她驾驶的切维布莱泽尔汽车碾到了一块冰上。她被困在了车里，汽车迅速沉入了几英尺深的冰冷的河水中。

据警方称，一名正在哈特福德大街上开车上班的人看到了事故并且停车去救她。26 岁的东汉普敦人伊安·奥布里恩潜入水中，把科科斯卡从水下汽车的一扇开着的窗户中拉了出来。

两个人都被送到中性(Middlesex)医院接受 X 光检查，然后离开了医院。

一队来自警察局和消防队的潜水员直到下午才把沉没在岸边 65 英尺深处的汽车拉了出来。

科科斯卡在家里休息。她的孩子说，她现在记忆力不太好，记不住什么东西，只记得她开着布莱泽尔车停在交通信号灯下，那辆车是她那天刚从儿子手里借来的。她的孩子替她给奥布里恩捎了个口信，说她"从内心深处"感激他。

奥布里恩回到家中以后说："那并不是什么了不起的事，我是一个游泳能手。"

　　上面所列的两篇报道，一篇是特写，一篇是普通硬新闻。两者的区别在于视角、人情味元素和风格，前者使用了充满细节描写和戏剧性动作描写的表现手法。"硬新闻经常被限定为关于已发生的或即将发生的事件的及时报道。同样的，特写报道也可以是关于事件或人物的及时报道，但是它也可以是有关某些普遍性话题的报道，或者人物专访，或者从人情味的角度报道的新闻事件"。[①]硬新闻和特写都可以使用叙事技巧来加强感染力。在新闻叙事过程中常用的手法有：叙述、描写、议论、抒情、说明等。根据新闻报道的具体内容和对象可进行细分。例如，叙述就可以分为顺叙、倒叙、插叙；描写可分为人物描写、细节描写、景物描写、场面描写等；人物描写还可以再分为对人物的外貌、行动、心理、语言等方面进行具体描写。为了生动地表情达意，还常用对比、衬托、悬念等表现手法。我们在评析新闻作品时，要注意剖析作者在运用各种表现手法来进行新闻报道时，有哪些得失成败。

　　叙述是新闻报道中使用最多的方法。每一个新闻事件从开始到结束，其发展过程充满很多环节，哪些应写进新闻，哪些不要写进新闻，需要进行取舍。一则新闻要将事件的来龙去脉讲清楚，如何讲以及用什么材料讲都很有讲究。例如，许多揭露性新闻，必须用事实说话，对新闻事实只能原原本本讲来。而在一些深度报道中，为了使报道生动而富有可读性，叙述往往会变得十分复杂，在许多特写、长篇通讯中叙述手法的多样化表现得尤为明显。例如，美国新闻奖普利策新闻奖中就专门设立"特稿写作奖"，对那些善于讲述新闻故事的作品给予奖励。戴维加洛克在他所编《普利策新闻奖特稿卷》的"前言"中指出："一篇杰出的特稿首先要关注的应该是高度的文学性和创造性。"当然作为新闻特稿，其文学性和创造性是以新闻性为前提的，因此，从报道方式来看，新闻特稿是一种文学性新闻报道。在这部戴维加洛克所编选的特稿作品集中，给读者最深刻印象的就是这些作品的叙述方法。它们摆脱了传统的平铺直叙，叙述手法多样，多角度叙事使特写稿事件过程呈现故事化倾向，让戏剧效果和情节自然展开，在叙事中巧妙地运用冲突和解决，形成独具一格的风格。如《弃婴》，作者采用的是双层叙述的手法，发现弃婴的经过和对"母亲"生活的描述齐头并进，到矛盾冲突最激烈处又将之合并为一。有些叙述看似一条主线，但其中穿插着多种分述，如《策普的最后一站》作者将注意力集中在策普乘坐的银色流行号前往华盛顿的决定性旅途上，在旅程中主人公的过去和现在被交叠再现，这是一种迂回叙述的手法，顺叙的

---

①　[美]卡罗尔·里奇：《新闻写作与报道训练教程》，中国人民大学出版社2004年版，第237页。

同时又不断地插叙，与之形成对比，从而清晰地再现了故事的完整。①另外，叙述多采用转换感知主体，即不断从不同人物、不同的感情角度去展开事件的进程，有些叙述还突出了叙述层次的可感觉的转移。几乎每一篇都采用了不尽相同的报道方式，但共同的特点是将叙述与描写交叠使用，大胆而创造性地展开一个立体多维的故事空间，给人以真实而艺术的强大震撼。

在新闻叙事中使用最多的手法之一是描写，无论报道事件还是人物，都会使用到描写手法。而在人物通讯中，细节描写最为常见。新闻作品中描写细节通常有三种方法：一是动作描写。在写人物时，准确抓住关键时刻表现出来的一两个有意义的动作可揭示刹那间的心理活动。二是服饰描写。一个人物的服饰如何，可以表现出他的修养、风度、爱好。三是对话描写。细节描写要有鲜明的表现力，这就要求选择那些典型的细节；要从大事着眼小处入手，描写细节要反映意义重大的问题。通讯《为了周总理的嘱托……》写的是农民科学家吴吉昌受周总理嘱托解决棉花脱蕾落桃科研课题。可是他回乡不久，"文革"开始了，他被打成"黑劳模"。就是在失去人身自由，在残酷迫害下，他也没有忘记周总理的嘱托，在暗地里进行着棉花栽培的各种试验。通讯分五大段，每一段中都有细节描写，这些细节描写增强了通讯的生动性。其中有一个细节较具有代表性：吴吉昌被揪出来打成了"黑劳模"，失去了人身自由。可是群众怎么看待这件事呢？作者没有正面回答，只写了一个细节就把群众与吴吉昌的心心相印刻画出来了。这是吴吉昌看到棉苗正在不开花疯长的时候，他终于鼓起勇气凑到大家休息的大树下面，说了棉花疯长是因为后期管理没有跟上。"这时候，一位中年女社员冲口说'吴劳模，你给指点指点吧。'吴吉昌凄然一笑，摆摆手说：'好妹子，不敢再称劳模了。'那位女社员噙着眼泪回答：'劳模大哥，俺们心中有数……'"这个细节向人们表明：史无前例的"文革"不得人心，吴吉昌仍然是人们心目中备受尊敬的人，他和群众心连心。这一细节从侧面勾勒了人物的形象。

如果说通讯《为了周总理的嘱托……》在写法上还留有六七十年代的一些痕迹的话，那么，到了20世纪90年代，写作人物通讯更注重细节描写的真实可感性。例如，人物通讯《领导干部的楷模——孔繁森》（新华社1995年4月6日，何平、朱幼棣等）就是一个典型。在这篇报道中，记者通过详细的调查，掌握到第一手材料，特别是掌握了很多孔繁森工作、生活中的一些细节，使党的好干部的典型形象更加丰满、具体生动。我们很容易发现，这篇

---

① ［美］戴维加洛克编《普利策新闻奖特稿卷》，新华出版社2001年版。

通讯的细节描写确实富有特色。不妨看看下面几段文字：

> 1994年初，正当孔繁森带领全地区人民为实现阿里发展的宏伟蓝图时，一场罕见的特大暴风雪席卷了阿里高原。
>
> 漫天大雪，吞没了农田、牧场和村庄……
>
> 2月26日，孔繁森来到受灾严重的革吉县亚热区曲仓乡。这里海拔5800米，是阿里最高的一个牧业点。……
>
> 雪花在凛冽的寒风中狂飞乱舞。一会儿工夫，大家都变成了雪人。人们穿着大衣，还是感到阵阵发冷。脸、手和脚都被冻得失去了知觉。孔繁森看到一位藏族老阿妈把外衣脱给了在风雪中哀号的小羊羔，自己却在零下二十多摄氏度的严寒中冻得瑟瑟发抖，他的眼睛湿润了。他用手捂住脸，强忍着不让泪水流出来，猛地转身回到越野车上，脱下自己一套毛衣毛裤，递给那位老阿妈。老阿妈伸出已经冻僵的双手，接过那件带着体温的毛衣，嘴唇颤抖着久久说不出一句话。

送毛衣毛裤的细节显然来自于他人转述，但读来却让人感到自然朴实，十分感人。它让读者感到，作为报道典型的孔繁森没有什么豪言壮语，正是这些朴实无华的细节反映出人物平凡中的不平凡之处。每一个具体生动的细节都闪动着主人公的精神火花。人物正是在这些无言的细节中立起来了。

细节描写在新闻报道中虽有其独特作用，但在分析新闻作品的细节描写时，要注意细节应真实可靠、富有典型性，能说明问题，能反映事物的特征。只有真实典型的细节，才具有说服力，才能以一当十。有些新闻报道为了使报道内容生动，刻意进行细节刻画，设置一些虚假的细节，结果造成新闻作品有很强的虚假感。里奇将描写的形式分为两种：

> 有效描写：50岁的民航飞行员——检察官指控他杀了自己的妻子，并用电锯碎尸后将尸体丢入木屑中——出庭作证，他的声音和举止都非常镇静，脸上带着一种极度的冷漠。林恩·图伊(Lynne Tuohy)《哈特福德科伦特报》
>
> 无效描写：研究表明大学生们正在变得更保守，那位研究人员一边说着，一边眨着她那蓝色的眼睛，两只精心修养过指甲的手抱在胸前。

那么，为什么前者是有效的描写，而后者就是无效的描写呢？因为前者的描写是为新闻人物服务的，因此描写使这一人物更加具体可感，个性鲜明；而后者，报道的主体是"大学生们正在变得更保守"这件事，但描写的却是"那位研究人员"而不是新闻事件本身，显然，描写得再好也无济于事，对新闻事实没有任何实质的影响，因此，是无效描写。由此可见，判断一篇新闻作品细节描写使用的好坏，还要看它是否与新闻报道的内核有关系。

　　抒情作为虚构作品中常见方法，在新闻作品中是作者直截了当地抒发对事件、人物产生的激动情绪，起到感染读者、引起共鸣的作用。新闻报道中抒情的特点，表现在它不需要任何"附着物"。作者在叙述、描写或议论中直接地加进自己的感情，直接抒发胸臆，不讲究婉转、含蓄，而是公开地袒露出来，从而显得感情奔放、痛快淋漓。魏巍在其所写的《依依惜别的深情》中，以不可遏止的激动情绪进行直接抒情，自然而富有感染力，其手法已达到了炉火纯青的地步。这篇通讯报道的是中国人民志愿军停战后即将归国时，与朝鲜人民群众依依惜别的情景。在对临行前场景进行了介绍之后，接下来水到渠成地抒发作者的感情：

　　　　我的一滴泪，也止不住滴在这千行泪雨中。呵，亲爱的、可敬的朝鲜人民！在纷飞的战火中，你是那样刚强！敌人把你的城镇变成了废墟，你没有哭；敌人把你的家园烧成了灰，你没有哭；敌人杀死了你的亲人，你没有哭；敌人把你绑在大树上，烧你，烤你，你没有哭；你真是一张拉不断的硬弓，一座烧不毁的金刚！可是今天，当你的战友——中国战士们要离开你的时候，你却倾洒了这样多的眼泪！仿佛要把你们每个人一生一世的眼泪，都倾洒在今天！你是多么刚强而又多情多义的人民！

　　　　请收起眼泪吧，亲爱的、可敬的人民！你的泪是这样倾流不止，已经洒湿了你们的国土。我知道你，是为中国战士的鲜血痛惜，为中国战士的一点点工作而感怀。你今天的泪，是对中国战士的最崇高的评价，是给予中国战士的无上的光荣！我知道，这泪雨中的每一滴，都不是普通的眼泪，一颗，一颗，都是万金难买的友谊的珍珠！

　　　　　　　　　　　　　　　　　　　魏巍《依依惜别的深情》

　　在上述这段文字中，作者着墨惜别的泪与哭是独具匠心的，以泪寓情义深厚，以哭寓难舍难分，从而增强通讯的感染力。穆青同志曾经指出：在采写人物通讯中，我们时常感到仅仅用客观事实的描述还不足以表达出感情，也不能满足读者感情上的需要。因此为使读者和记者一样地动感情，在必要时就需要用蕴涵哲理的抒情描述和议论。他又指出：人物通讯中的抒情和议论不能滥用，要掌握得恰到好处，起到画龙点睛的作用。

　　说到议论，我们就会想到那是评论文章的表现手法，但是，新闻也离不开议论。好的议论有画龙点睛之妙。但是，这里的议论和一般议论不同，它不需要交代论据，不需要进行论证，也不需要像议论新闻那样要求完整，而是把议论当作手段，通过议论抒发感情。例如，通讯《为真理而斗争》，作者就是通过议论来抒发对张志新烈士的崇敬之情的：

　　　　安息吧，张志新同志，历史已经作出公正裁判。林彪、"四人帮"喷在你身上的血污已经洗刷掉了。在历史的镜子面前，人们重新看到了你——一个同林彪、"四人帮"进行殊死斗争的坚强战士，一个忠贞的共产党员。你那高大的形象，已矗立在向四个现代化进军的行列中间。你那崇高的革命精神，激励着人们将革命进行到底。

　　这是议论，但是在议论中注入了作者感情。既对张志新作了评价，也抒发了作者对张志新的敬仰之情。通过议论对通讯中的主人公进行评价，实现叙述后的总结和升华。通讯不是说理文章，其中的议论只能适可而止，用在关键之处。与抒情一样，议论是新闻表达的辅助方式，以少、短、精为标准。议论与抒情常常结合在一起，二者在新闻作品中要交相辉映、相得益彰，议要议得准确、到位，议论还必须具体有力，切忌呆板、干瘪、概念化、空泛抽象。

　　对比，是新闻作品中最为常见的手法之一。在进行新闻报道时，记者有意把两个相反或相对的新闻事件放在一起加以比较；或者把一个事物的两个方面摆出来，互相映衬，突出矛盾，明确是非，表达主题思想。对比写法的客观基础在于事物本身存在着相似性和差异性。作者运用对比法，寻找事物间的种种异同点，多角度、多层次地认识事物。知道相同点，就能认识事物的共性；了解相异点，就能区分事物间的不同个性。对比的作用表现在：两个新闻事件通过对比，更容易鉴别好坏、善恶、美丑；一个事件两面对比，更容易认识事物的本质特性。对比能突出事物的特点和差别，使新闻内容丰富，道理深刻，说服力强，表达鲜明强烈，富有文采，具有形式上的对称美和感人的效果。对比可以是两事物、事物的两方面、事物的前后变化等。在电视新闻中我们常常可以看到这类报道。山西电视台1993年播出的电视新闻《南浦南原两村党支部作用不同结果不同》可以说是一篇典型之作。

画面	解说词
南浦碳黑厂竣工典礼现场	（背景声）灵石县南浦村云青化工碳黑厂竣工典礼现在开始，第一项，鸣炮奏乐
划转南原村拍卖支部窑洞现场划转	记者：（现场报道）观众朋友，这里是灵石县静升镇。今天上午，这个镇一条山沟两个相邻的山村同时发生两个事件：一个晋中首富南浦村投资800万元的碳黑生产线投产了，一个是穷得叮当响的南原村变卖集体的最后一点家当——村党支部的办公窑洞
慢转换	这两件事情联系到一起，记者在它们背后发现了这样一个事实：南浦村几十年始终不渝坚持党的领导，村庄日益繁荣兴旺；南原村长期放弃党的领导，村庄日趋衰败
……	……

接下来，记者分别采访南浦、南原两个村，通过大量的对比，让观众清楚地看出两个相距不到一公里的村庄为什么差距这么大。在这则电视新闻中，画面由南浦村碳黑厂竣工典礼现场切转到南原村拍卖党支部窑洞现场。这两个场面在镜头画面上的切换打破了现实的时空观，形成了强烈的反差，表达了单个画面难以表达的思想内容：是否坚持党的领导是事业发展的决定性因素。

在通讯《醒来，铜陵！》中，对比手法的使用也很富有特色。文中"同处一江景不同"这一部分里，多处运用对比的表现手法，让人们"在辉煌中看到不足"。有的是将1990年与1985年全市的主要经济指标进行纵向对比，"不仅没有上升，反而惊人地下降了"；有的将本市与临近的繁昌县作横向对比，"1985年该县与铜陵县还处于同一个发展水平，而如今他们的工农业产值已超出铜陵县一倍。即使剔除一些不可比因素，我们也难以和他们平起平坐。一江春水向东流，同处一江景不同"。通讯中还有其他方面的对比，诸如产值利税率、资金利税率、销售收入利税率等与周边地区的对比等。通过多方面的鲜明对比，提出发人深思的问题。这些对比显然有助于表现作品的主题。

在新闻写作中，常常用到的手法还有衬托。衬托与对比不同，对比是同一个事物的两个方面或两个对立的事物作比较，以表明对立现象优劣、好坏，两个方面之间的关系是"平等"的，没有主次；衬托的两个事物、人物之间是主宾关系。对比的两个方面、两个事物之间有一种必然的内在联系，而衬托的两种事物、人物之间的关系并没有必然的联系，往往是触景生情中产生的。但是，对比与衬托又有一定的联系，甲乙对比，同时又互相衬托，甲衬乙，乙也衬甲；甲乙陪衬，也可以形成反衬，某种程度上也含对比的成分。

在实际写作中，反衬手法相对而言用得最多。例如，1986年11月12日《羊城晚报》所发表的《买蛋记》就是一篇典型的运用反衬手法写出的通讯。这篇通讯起笔先描写被陪衬的对象，对东山市场海珍店卖蛋的营业员精笔细描。见了人主动打招呼："同志，这批鸡蛋很新鲜，买点吧！这里有照蛋盒，随你挑。"并且描写了她认真为顾客挑蛋、包装的过程，写得十分细腻、亲切、动人，真有使顾客不想买而被感动得也得买蛋的魅力。对这篇报道的"主体"精描细写、不惜笔墨，而对反衬的人物则惜墨如金："这使我想起不久前，我在福今农贸市场也买过一次蛋，当时那位档主也是信誓旦旦，说什么'包你新鲜'，可是回家敲开一看，五颜六色，浓烈的硫化氢味扑鼻，十之八九都是坏的。"这篇通讯在当时意义不同一般，因为我国市场经济改革刚刚起步，许多计划经济下形成的坏的工作习惯和工作作风还残留在人们的思想意识中。通过这篇通讯，作者赞扬了顾客至上的服务态度，对那种坑蒙拐骗恶劣的服务态度进行了批判。借助这一反衬手法，作者提倡什么、反对什么，读者可以一目了然。

新闻作品要吸引读者，达到引人入胜的目的，就需要记者多动脑筋。借鉴文学的一些表现手法，往往可以起到很好的效果。如巧合法、曲径通幽法、欲擒故纵法、悬念法、铺垫法等。这里，限于篇幅，我们着重介绍一下悬念设置法和铺垫法。

悬念的设置可以增加文章的可读性、趣味性。悬念的设置要根据事件发展的要求，服从新闻主题的需要。一般来说，悬念设置要早，而"释念"要迟。这样文章的节奏感会很强，看一篇新闻作品悬念技巧运用得好坏，就看它在何时"释念"——揭开谜底、真相。悬念的种类有总悬念和分悬念两种。总悬念是新闻开头设置下的笼罩全篇的悬念，分悬念是在总悬念范围以内为某一具体情节设置的悬念。总悬念中有分悬念，大悬念套有小悬念，悬念越多，疑团就越积越多，读者已经悬起的心就越提越高。读者急于解悬释念，新闻作品却始终引而不发，一再抑制、拖延，吸引读者一段一段往下看，紧紧扣住读者心弦。悬念设置法写新闻稿，对于改变新闻报道，特别是改进新闻报道中的模式化、概念化、公式化做法，能起到良好作用。但是，判断一则新闻作品悬念方法使用的好坏关键还得看事件本身，如果事件本身并不具有设置悬念的条件，硬要设置悬念，其效果会适得其反。篇幅较短的新闻，特别是消息中，悬念设置不能过多，简而精才有价值。

新华社稿《从邮局看变化》的导语这样写道："春节将到，记者在新疆维吾尔自治区邮电管理局里，看到了跟一年前大不相同的情况：过去忙于分拣内地寄来的大批副食品包裹，而今天却忙于收订大量报刊。"为什么会出现这种情况？个中原因是什么？这鲜明的对比令人惊奇，于是形成悬念，吸引读者阅读，去寻找答案。

《人民日报》1979 年 5 月 29 日曾经发表一篇通讯《"一一一〇案件"侦破记》，是一篇使用悬念法较为成功的作品。这篇通讯开始就说北京市公安局治安处某科值班室接到报案：在朝阳区某地发现一具女尸。这是全文总悬念。通讯开始就使读者的心情立即紧迫起来：这个女尸是谁？为什么会被杀死？凶手是谁？一连串的疑问，吸引着读者看下去。在现代新闻写作中，大多数作品在导语部分就设置悬念。《参考消息》2004 年 7 月 6 日新闻《男女比例失调造成中国"光棍"阶层》，导语就是采用提问方式设置悬念的："如果社会上数以千万计的青年男子娶不到老婆，你会担心吗？这正是中国和印度现在必须面对的令人感到烦恼的一幕。"这条新闻报道中国男女比例失调，越来越多的父母利用胎儿性别鉴定技术在胎儿出生之前就把女孩打掉，这不仅使女孩出生率降低，而且还将致使一大群年轻男子难于找到对象，无法开始自己的家庭生活。在报道这一情况时，记者采用提问的方式来写导语，一开头就用悬念把读者吸引住。美国合众国际社 1995 年 4 月 6 日一条新闻的开头这样写道："送葬的队伍缓慢地行进，低沉的钟声叩击着他们的心扉，这支队伍停了下来，他们把棺材放在地上，50 名克里斯勒公司的失业工人和他们的妻子儿女一道，为他们失去的工作举行了一次葬礼。"一般来讲，只有死了人才送葬，但这条新闻在导语中报道失业工人和家属一道，为失去的工作举行葬礼，使人觉得反常怪异，进而勾起人们心里的悬念。

在中央电视台新闻频道的《新闻调查》和《社会记录》中大量使用悬念，使得这些具有深度的新闻报道能够抓住观众的眼球。

铺垫法作为新闻的一种表现手法，有着特殊的功效，它新闻由平静转而富于起伏，从而增强文势，吸引读者。这如同提高水位，加大落差，水落下来声势浩荡，水花四溅；这如同雕像，如果安放在平地上，就没有气势，没有姿态美、造型美，如果把雕像安放在适当的基座上，雕像高高地耸立起来，就显得形象高大，光彩照人。1983 年新闻奖获奖作品《"妈妈教我放鸭子"》赞颂全国"三八"红旗手、湖北沔阳县女青年陈惠容敢于向旧的陈规陋习挑战，甘愿当"鸭司令"，用勤劳的双手致富的事迹。作者点出主题后，没有立即写陈惠容放鸭的事迹，而是从"妈妈教我放鸭子"开始。显然，采用的是一种积极铺垫的表现手法。全文共有 16 个自然段。7 个自然段是这样运用的：陈惠容初中毕业后没有工作，她妈妈做她的思想工作，说服她跟妈妈学放鸭子占了一个自然段，她向妈妈学习放鸭子技术写了 6 个自然段。作者在铺垫上下工夫，给先进人物打上牢固的根基。陈惠容不是放鸭子能手吗？可是她的妈妈更是能手中的能手，铺垫向人们暗示：即使是先进人物，也不能骄傲自满。陈惠容说："慢慢，我把妈妈的本事学来了。"作者用这句为转折，前面的蓄势以待发，后面的如开闸放水，一泻千里，文势骤变。接着，作者连着写了陈惠容不仅把妈妈的本领学到了，养好了鸭，还摸索到了鸭子吃食、走路、产蛋等其他习性。真可谓青出于蓝而胜于蓝。这篇通讯的特色在于，把开合之笔紧密配合。陈惠容的妈妈教育她放鸭子时说的话，可以看做是点睛之笔，三百六十行，行行出状元！平凡的岗位也能干出不平凡的工作。

思考练习题

1. 新闻作品标题有哪些拟写的方法？
2. 新闻报道主题的评析可以从哪些方面入手？
3. 新闻导语的写法有哪些？
4. 新闻作品结构的特点有哪些？
5. 新闻报道角度的选择为什么是重要的？
6. 新闻作品表现手法有哪些？

第六章　不同媒介的新闻作品评析

本章要点

● 报纸新闻的特点及其评析方法。

● 广播新闻的特点及其评析方法。

● 电视新闻的特点及其评析方法。

● 网络新闻的特点及其评析方法。

第一节　报纸新闻作品的评析

　　报纸作为印刷媒介，在传播信息方面具有简洁明了、说服力强等特点。报纸所传播的新闻往往是最近的时间内发生的事件，由于报纸的版面有限，这就决定了它必须尽可能地用最为简洁的语言传达更多的内容。与其他媒介相比，报纸还具有价格低、携带方便等优点，它目前仍是人们最喜爱的媒介之一。报纸按照经营特点分，可以分为高级报纸和大众化报纸，前者如《纽约时报》、《泰晤士报》、《华盛顿邮报》，后者如纽约《太阳报》、纽约《世界报》。按所属性质分，在我国，可分为党的机关报、都市报。前者如中国的《人民日报》，它是中国共产党的机关报，代表党和政府的言论，具有很高的权威性；后者如《新民晚报》、《南方周末》等，这一类报纸往往较为突出其消遣性和娱乐性。按照报道和发行的区域分，可分为全国性报纸和地方性报纸，前者如《光明日报》、《工人日报》，后者如《新华日报》、《南京日报》。按照内容分，可分为综合性报纸和专业性报纸，前者如《人民日报》、《文汇报》，后者如《经济日报》、《人民邮电报》、《法制日报》等。报纸新闻的特点有哪些呢？

　　报纸新闻的第一个特点是通过文字来传达内容，也就是说，报纸新闻的表情达意要借助读者的联想来实现。因此，报纸对读者有文化水平上的要求，一般的读者，要具有基本的阅读能力，换句话说，具有阅读能力——具有一定文化水平的读者，对报纸传播信息的要求自然也就高了。报纸新闻除了采访很重要外，更重要的方面是写作，即如何用文字来描述事件。"写"的水平如何，是读者看待报纸新闻好坏的一个重要尺度。

报纸新闻的第二个特点是与报纸作为媒介的特点分不开的，这就是读者可自由控制阅读，特别是重复阅读。一般读者常重读他们已经读过的东西，以校正他们的记忆，重新研究其内容，或者，读者可重复一次阅读的兴趣。所以报纸新闻比广播、电视等媒介的新闻较可能获得重复传播后的积累效果。

报纸新闻的第三个特点是提供权威信息。在电子媒介不很发达的年代，报纸是具有权威性的媒体，在今天这一媒体也常常是"官方"消息最正规的发布场所之一。它要求新闻报道准确无误，不容出现报道差错，因为白纸黑字，一旦出现差错，会引起社会纠纷。报纸可反复阅读，这就要求报纸新闻具有一个品德，即要经得起读者研读和反复推敲，新闻作品文本必须严谨。而其他媒体的新闻如广播媒体的新闻报道，即使出现差错，也不太容易为听众所注意。

报纸新闻也有弱点，即在网络化时代，其时效性上显现出不足，在提供受众具体可感的声画形象上不如广播、电视和网络媒体。但报纸新闻可以在深度报道上下功夫，这是扬长避短的有效途径。

报纸新闻的评析，可以从以下两方面入手：

一、考察报纸新闻的新闻性

新闻评析者在拿到报纸后，首先是看新闻作品的新闻性强弱，也就是依据新闻价值的大小，进行分析、判断，也就是：依据重要性，看做品的选题是否新颖，角度是否独特，是否反映当前最为引人关注的重大事件或者揭示当前事件的重大意义；依据显著性，看做品涉及的人物和事件的显著程度；依据新鲜性，看做品的时效如何，是否是令人耳目一新；依据趣味性，看做品是否是社会大众所喜闻乐见的；依据人情味这一价值取向，看做品是否体现了人文关怀……

二、考察报纸新闻的文本特性

报纸新闻是借助文字来表达的，新闻稿的写作成品是新闻评析的对象。那么，新闻作品的文本特性表现在哪里呢？根据新闻作品不同的体裁，对新闻作品的要求不完全一样。消息，一要考察其标题的拟法，是否形象、生动、概括地传达了新闻事件的全部内容；二要考察其导语的写法，导语是否精练、概括，是否将最关键的核心信息传达出来；主要考察其结构采用何种叙述类型，是倒金字塔型、沙漏型还是华尔街日报型。通讯、特写，要看其表现的主题是否富有时代气息，看其报道的角度是否独到，看其报道的人物是否真切感人、富有立体感，看其结构是否合理、新颖，是否提供读者直观的印象等。根据报道方式，通常还可以对一般报道、深度报道进行比较分析，将报道的深度作为考察作品的主要标准。在深度报道中根据报道的形式、手段的差异，还可将报纸新闻分为解释性报道、调查性报道、精确报道等。总之，这些报道形式千姿百态，衡量的标准只有一个，那就是是否具有深度，是否具有可读性，是否能够打动读者、抓住读者的眼球。根据报道内容，还可以对时政新闻、经济新闻、文教新闻、社会新闻作出不同的要求。

三、考察报纸新闻的审美形态

报纸新闻是提供给读者阅读的，它不仅要传递信息，同时也给人以审美享受。报纸新闻的审美特性主要体现在通讯报道中。在通讯报道中，审美形态体现在人物形象之美、情节之美和表现形式之美上。因此，新闻评析的任务就是看做品中的人物塑造、情节展开、结构方式、语言和表现技巧等层面的成功与否。

新闻作品的人物形象与文学作品中的人物形象塑造有一个本质的不同，那就是它必须是真实的，是现实中的真人真事，而文学作品中的人物形象则是虚构的，因此，两者的人物美也是差异很大的。新闻人物通讯在报道采访对象时要深入挖掘人物身上固有的美，他的行为细节、他的语言、其他人对他的评价等都是非常重要的素材。主人公就靠这些已有素材才显得丰满。新闻评析，看作品的人物美，实际是看记者采访是否深入、具体。如新华社获奖作品《领导干部的楷模——孔繁森》，之所以获得好评，是与6位记者的深入采访、掌握大量人物活动材料分不开的，作品通过一系列动人的事迹，热情歌颂了具有坚强党性和时代精神的领导干部典型形象。魏巍的《谁是最可爱的人》之所以感人，正是通过具体可感的人物塑造，才使作品中的志愿军战士的形象丰满起来，赢得读者的共鸣。

通讯的情节结构也是考察新闻作品的一个很重要的环节，好的结构，使文章看起来富有悬念，能够引发读者的阅读兴趣。《为了六十一个阶级兄弟》运用纵横式结构产生的时空变化给作品带来的阅读效果是很特别的，可以说，这一作品在结构上的特色堪称典范。《醒来，铜陵！》中的对比结构也给作品的论述增强了说服力，这篇通讯给读者留下了深刻印象，引发读者内心的震撼，其写作技巧确实是可圈可点的。

　　在报纸新闻作品阅读过程中，有大量审美感知效果来源于细节描写。新闻的细节写法纯属"白描"，这与文学描写有着显著的不同。从传播角度分析，新闻的细节描写是针对已发现的新闻人物或者新闻事件的某一有传播价值的变动结果的全部或局部特征，采用镜头放大的手法展示给读者看。由于镜头拉得近，所以看到的便是记者提供的细部，于是新闻细节的表现手法也称之为"特写"。特写出来的材料使读者看到的是人和事的具体特征，加深了对作者所要表达思想情感的认同程度。这一点可以在《谁是最可爱的人》中看得更清楚："松骨峰战斗是朝鲜战场上的一次最激烈的战斗。敌人为了逃命，用了 32 架飞机、十多辆坦克和集团冲锋向这个阵地汹涌卷来。"这场战斗激烈程度从上述描写中还不能看出来，必须展示局部的特征："整个山顶上的土都被打翻了。汽油弹的火焰把这个阵地烧红了。但勇士们在这烟与火的山冈上，高喊着口号，一次又一次地把敌人打死在阵地前面……战后，这个连的阵地上，枪支完全摔碎了，机枪零件扔得满山都是。烈士们的尸体，保留着各种各样的姿态，有抱住敌人腰的，有抱住敌人头的，同样掐住敌人脖子把敌人摁倒在地的，和敌人倒在一起，烧在一起。还有一个战士，他手里还紧握着一个手榴弹，弹体上沾满脑浆，和他死在一起的美国鬼子，脑浆迸裂，涂了一地。另有一个战士，嘴里还衔着敌人的半块耳朵……"从上述比较当中我们不难看出，细节美对于通讯的重要。

　　报纸新闻作品的语言美，表现在对文学语言、生活语言的借鉴上。报纸新闻在阅读中产生美感，这就要求：报道语言准确严谨，能恰如其分地反映所报道的客观事物，鲜明生动、明快流畅、简洁明了、通俗易懂。例如，消息《我三十万大军胜利南渡长江》，其语言风格是言简意赅、气势雄伟、叙事如画、概括有力，可作为学习消息写作的范本。通讯《妈妈教我放鸭子》口语入文，读来琅琅上口，给人很强的亲切感。社论《再干一个二十年》以简洁、直白的语言陈述我们当前工作面临的困难和问题，阐述我们所处的时代环境和机遇，全文激情澎湃、语言酣畅淋漓、一气呵成，读来使人深受鼓舞、干劲倍增。艾丰同志将新闻的语言归纳为 10 个字："具体、准确、简明、通俗、综合"①，作为衡量报纸新闻语言的标准，应当是较为合适的，新闻的语言美正是体现在这些方面。

---

　　①　艾丰：《新闻写作方法论》，人民日报出版社 1993 年版，第 254 页。

第二节　广播新闻作品的评析

　　广播是以电波传递音讯的一种大众传播工具，这就决定了它传递信息的特点。

一、传递速度快、时效性强

　　无线电波运动的速度与光速一样，每秒钟 30 万公里，相当于绕地球赤道 7 圈半。无线电广播讯号传递如此迅速，以至从广播电台将节目播出，到千万里以外的听众接收到节目，在时间上几乎没有差距，所以，它早已成为最为理想的大众传播工具之一。

　　尽管报纸、电视的新闻信息传播也注重时效性，但报纸需要划版、校对、印刷，相对而言，传递速度要慢；电视需要制作，它受技术、设备条件的限制，而且电视节目播出时间短、新闻节目次数少，虽然可以实现随到随播，但这种调换节目的机动性、灵活性与广播相比，还是有差距的。广播只要有现场音响和广播稿，就能直接播送出去。这一优点在处理突发事件上表现尤为明显。1981 年，美国前总统罗纳德·里根在华盛顿希尔顿饭店的要人出口处，遭到不明身份者的行刺。面对这一突如其来的事件，美国三大广播公司和各报社、通讯社立即作出反应，其中以广播电台反应最快。事件发生后仅 2 分钟，美国广播公司(ABC)电台播出了驻白宫记者唐纳森的首篇报道。合众国际社记者迪安·雷诺兹抢先冲到希尔顿饭店的电话机前，接通电话后就大叫："总统被刺!" 3 分钟后，合众国际社发布了这条新闻。4 分钟后，电台广播了现场记者塔克的报道。6 分钟后，ABC 所属的电视台开始播放记者拍摄的现场录像。至于各种报纸上发布这条消息，则是好几个小时以后的事了。

二、广播传递信息声情并茂

　　广播喇叭传出的声音包括语言、音乐和音响，这三者被称为广播声音的三要素，其中语言是主体。语言是人们交流思想、传递信息和表情达意的工具。广播使用的是有声语言，有声语言以声音刺激人的听觉器官，作用比书面形式的语言更为直接，具有更强的感染力。例如，播送一篇录音专访，配上合适的音乐和背景声响，会给人一种身临其境的感觉。

三、对接受者的要求低

它的受众可以不受文化程度的限制，所以，只要具有听的能力就可以收听广播。

当然，广播虽然具有传播广、听众多等优点，但它同时也存在一些不足之处。例如，时间选择性差，广播的声音转瞬即逝，过耳不留，遇上杂音干扰、听不懂的地方，不能停下来仔细琢磨，如果前面的内容听不清，后面的内容就必然会受到影响。因此，广播不能像报纸等印刷媒介那样反复阅读，受众相对而言处于一种被动境地。广播媒介的长处与短处决定了广播的编排，为广播媒介在大众传播时代的竞争提供了扬长避短的可靠依据。

广播新闻的评析与报纸新闻的评析具有相似之处，它仍然需要把广播新闻稿作为审视对象，同样要审视其新闻性——要看它的新闻价值诸要素的实现情况。除了这些以外，就是要结合广播媒体的特点来看广播新闻的独特性。既然广播在新闻报道上是轻骑兵，能最快速地播报新闻事件，那么，新闻评析首先就要看它在时效性、新鲜性上实现到何种程度。其次是看其有无现场感。广播新闻报道通过声音提供给听众新闻事件的全部印象，通过现场录音在听众心目中建立起画面感，使听众产生身临其境的感觉，强化新闻的真实性。再次是看其内容是否精简扼要。广播是听觉媒体，基于易听易懂的原则，不宜作过于烦琐的、抽象的叙述，而且从维护听众收听兴趣出发，内容也要力求简洁，新闻报道以事实为主，细节、背景和深度方面难免要作出割舍。最后，广播新闻的评析还需要考察另一个特性——口语化程度。口语化决定了听众的广泛性程度，对于那些文化程度不高的听众来说，口语化的播出新闻使他们的信息接受突破了文化水平的障碍。

第三节　电视新闻作品的评析

电视与广播媒介一样，也是凭借电波传送节目，传送的速度和广播一样快。不同之处是，广播只传送声音，电视既传送声音，又传送形象。那么，电视媒介又具有哪些特点呢？

一、电视的一个最基本的特点是视听兼备

视与听是人类感知世界的最主要的途径，报纸、杂志等印刷媒体是通过视觉来传递信息的，而广播媒介则是通过听觉来传递信息的。很显然，由于

感觉器官的局限，它们的传播效果都不同程度地受到了影响。例如，在 2004 年雅典奥运会上，我国羽毛球选手张军、高凌与英国选手激烈比赛的场面，仅仅凭文字所描述的或广播里讲解的都无法得到全面了解，运动员的动作技巧、表情，观众的反应通过电视画面和音响则能真实地展现出来。电视的视听效果是报纸和广播无法给予的。

二、具有很强的真实性和现场感

与其他大众传播媒介一样，电视也是用来传递信息的。作为有媒介传播，通常其过程是：信息源—编码（制成符号）—传递—译码（还原）。在这一过程中，受众对编码符号的理解差别很大，这一方面受文化因素的影响，另一方面编码所产生的歧义也是一个很重要的原因。报纸、杂志、广播等媒介在传播过程中都存在译码的问题，在阅读和听的过程中借助想像来实现对语言文字、声响符号的还原。可以肯定，这种想像决不能等同于传播者所描述的情景。但电视则完全不同，它的编码活动离不开图像，也就是说，它可以逼真地向受众再现信息源的多种情景，这样，人们的译码活动就变得十分的简单，受众通过自己的视觉、听觉器官直接感受电视传递的图像和声音，接受信息。例如，2004 年 12 月，印度洋发生了强烈海啸，海啸这一自然灾害的严重性是一般受众难以想像的。电视新闻将印度尼西亚、泰国的受灾场面传播出来，倒塌的房屋、死亡的灾民，抢救伤员的情景，画面与声音都给人强烈的现场感。如果人们从报上看到同一题材的文字报道，就很难有这种现场感，因为，那是报社记者到救灾现场采访后写成的"转述"，尽管报道里不乏生动的细节描写，但对读者来说毕竟"隔了一层"，不如电视所报道的那样直接。

电视新闻除了现场性强外，还可以在深度报道上显示其特长。中央电视台的《焦点访谈》、《每周质量报告》、《新闻调查》等节目，规避了那种浮光掠影式的报道，在深度报道上狠下功夫，力争用更为原始的材料来阐述某一观点。

三、电视媒介更能使观众产生参与感

由于电视取消了编码符号的转化过程，因此，电视使大众传播形式转变为面对面的传播形式，而面对面的传播形式是需要传播者双方共同参与的。在西方，许多政治家们也正是看中这一传播方式的独特性，在竞选总统、议员、州长时，利用电视来鼓吹各自的政治见解、观点以赢得公民（观众）选

票。电视节目主持人是促成电视参与意识的一个重要角色。近年来的"说新闻"的流行，就体现了电视这一媒体的优点。

　　评析电视新闻作品，除了与报纸、广播新闻一样要强调新闻价值的实现程度、导语的写作、表现技巧外，还应当关注其与报纸、广播媒体新闻的不同之处。电视新闻的构成是多方面的，但最主要的还是镜头和文字。电视新闻的好坏还要看画面与文字语言的配合程度，只有画面与文字配合和谐，电视新闻才能达到很高的境界。看电视新闻水平的高低、好坏，还要看它反映报道新闻事件的深度。新闻要求准确、快速地反映社会生活和社会事件，电视新闻更是如此。有些电视新闻作品，对事件作一般化的处理，容易出现程序化、模式化，因而，千篇一律，缺乏新鲜感。电视新闻的创新，表现在选题的独特性、画面的精致、叙事的完整性，镜头的运动特点等。"用事实说话"，如何产生好的传播效果：一要看真实性，电视新闻是否充分展示了事件的全部真实过程；二要看用什么样的事实，有些事实是局部的，有些事实是非本质的，因此，应当看使用事实的充分程度、全面程度；三要看怎样使用事实，即电视报道的艺术性追求。

第四节　网络新闻作品的评析

　　网络这　媒介的特点主要体现在：很强的时效性、很大的信息量、容易实现传播者与受众间的互动、多媒体传播，集中了传统媒介的优点，声音、图像文字、动态的、静态的传播形式，极大地方便了受众的信息接受。网络新闻特性也正是基于网络这些特点，即网络新闻的可读性、趣味性较强，新闻选取的内在价值观和传统媒体有所不同，新闻更新的速度较快，容量较大等。但仔细地审视网络新闻，会发现它和许多的新生事物一样，其中不乏有稚嫩的地方：一是许多网站新闻更新的速度虽然很快，但却是大量重复新闻的再生，真正属于独家品牌的新闻较少；二是在新闻生产上缺少更多方法的运用；三是新闻发布绝大多数是照搬传统媒体的做法；四是新闻信息的覆盖面不够广，其可读性和宣传职能没有有机地结合等等。客观地讲，现阶段许多网络新闻还处在拷贝借鉴阶段向用户化阶段发展的过渡期，离网络新闻传播的原创阶段还较远，对于网络新闻自身的规律以及如何能适应读者需要、对采编有什么特殊要求，还缺乏系统的研究和成功的经验。

　　研究者发现大多数网上新闻的寿命最多不超过 36 小时。网上新闻的特点就是"生得快，死得早"。研究者们特别关注每条新闻的点击率和新闻发布时间之间的关系，以及网民访问网站的方式。结果发现，每条新闻的点击基本集中在发布当天，第二天的点击次数就急剧下降，只有第一天的1/4，到了第三天更低。在网站更新新闻之前，普通网民只会看主页上53%的新闻，只有7%的新闻会被网民下载保存。而且，不仅新闻网站是这种情况，其他粘贴最新信息的网站，包括网上市场也同样如此。这个结论可以帮助通讯社确定其报道产生的影响有多大。

网上新闻的短命特征直接影响到记者的写作风格。虽然大多数网站都能查询到以前的新闻，但人们在网上看新闻都抱着"看完就完"的心态，网络新闻的作者也因此不太注重新闻的长远价值，所以，他们写文章讲究"短平快"，不愿意花力气思考和分析新闻事件，容易出现"浅和杂乱"的新闻。

目前，我们尚没有固定的网络新闻评价的标准，中国新闻奖项中还没有网络新闻作品参与评选。但是，我们仍可以参考其他媒体新闻的某些特性来进行评析。考察网络新闻作品，首先要看它的真实性如何，网络新闻的时效性很强，但由于网络缺乏严格的"把关"程序，很容易就产生假新闻，只有确保其真实性才能开始对新闻作品的质量进行评价。网络新闻作品的新闻价值、报道的角度选择、独家性等都是评判的要素。

第五节　新闻专题片评析

"新闻专题是就某一新闻题材所作的深度报道，这种报道比较详尽且有深度。""在时效上，它和消息最为接近，是报道刚刚发生或正在发生的事，内容上它是消息类新闻简要报道的延伸、扩充，是较为详尽、全面的报道。"①近年来伴随着电视事业的发展，新闻专题片在屏幕上日益活跃，受到了广大观众的青睐和关注。

对新闻专题片的评析，可以从以下三方面入手：

一、题材的选择

题材的选择，是新闻专题片取得成功的基础，是否选准题材也成为评析新闻专题片的一个重要标准。

和其他类型的新闻报道一样，新闻性是专题片的根本属性，也是新闻专题片区别于其他类型专题片的一个重要特征。因此，新闻专题片的准确选材

---

① 杨伟光主编：《中国电视论纲》，中国广播电视出版社1998年版，第162－163页。

必须以具有新闻价值的事实为依托，在此基础上凭借敏锐的新闻嗅觉，捕捉具有时代特色又蕴含社会意义的题材。当题材本身具有深度、具有较高新闻价值时，才有可能为新闻专题片的成功制作提供先决条件。必须要指出的是，选准题材不仅指选择重大题材，还需要关注那些群众普遍关心的，人们实际生活中迫切需要解决的问题。电视，作为一种和群众生活联系紧密的大众传媒，在题材的选择上注重群众性至关重要。因此，新闻专题片要善于抓住社会关注的热点，抓住为广大群众普遍感兴趣的话题。只有与多数人的工作、学习、生活相关，才能为大家喜爱与接受。

以 2003 年度中国广播电视新闻奖专题类获奖作品为例，其中既有反映抗击非典这种重大题材的作品《一切为了"前线"——山东人民支援北京等疫情较重地区抗击非典纪实》，也有反映跟老百姓日常生活密切相关的、大家普遍关注的社会热点问题的作品《"双汇风波"始末》、《"鲜"火腿遭遇"污染"》等，较好地满足了受众对信息的需求。

二、内容的创作

新闻专题片和消息之间具有新闻性、纪实性等共同特点，但它们之间也存在着很大的差别，这种差别并非仅仅在于篇幅的长短，而主要在于对新闻事实报道的深浅。"消息讲究的是时效，以快、新取胜，而专题讲究的是深、广，以对消息的补充、延伸和拓展见长。"① 因此，内容是否体现出应有的深度，是评析新闻专题片的又一重要标准。

专题片的深度首先就体现在主题的深刻性上。主题是一部作品全部思想内容的体现和概括，是作品的灵魂。主题的深刻与否，直接关系着专题片价值的高低。要想提炼出深刻的主题，就要求记者在驾驭报道题材时，不能只是简单地客观再现事物，而是要对题材进行深入发掘，在大量占有素材的基础之上，通过多层次的思考、分析，提炼出深刻的、富有启示性的主题。

曾获得中国新闻奖的专题片《粤海情融天山雪——一个新疆流浪儿童的故事》就是一个以深取胜的范例。这部专题片反映的是广州各界热心帮助新疆七岁流浪儿童阿不都尼亚孜回到亲人身边的故事，创作者没有仅仅将报道的主题局限在流浪儿童寻找亲人或者是人们爱护照顾流浪儿童这些方面，而是跳脱窠臼，充分挖掘事物内涵，最终从这件社会新闻中提炼出祖国大家庭各民族团结友爱的深刻主题。

---

① 李岩:《广播电视新闻学》,高等教育出版社 2002 年版,第 250 页。

　　而在专题片《银线牵万家》中，针对乌鲁木齐市电话号码升位这一新闻事件，创作者没有孤立地、就事论事地报道，而是将电话号码升位的事实延伸到乌鲁木齐市兴起的电话热，进而由电话热揭示了当今人们对信息的迫切需求，使观众感受到乌鲁木齐在改革大潮中发生的巨大变化。

　　专题片的深度还体现在内容的丰富性上。消息由于篇幅有限，内容容量较小，多采用一事一报，简洁明了，难以向纵深发展。而专题片，在篇幅上有较大的自由度，具有深度报道的优势，对典型的新闻事物可以作多方位、多角度、层层递进地报道，能够向观众阐明事物的起因与发展变化的轨迹，还能通过反映事件的经过、背景，来揭示新闻表象后的实质，甚至阐述事物的未来趋势及影响。因此，评析新闻专题片我们还要看其内容是否丰富、报道是否深入。

　　如中国电视新闻奖获奖作品《被玷污的白衣天使》就是从一起普通的刑事案件入手，采用层层递进的方法，通过对受贿人员和行贿人员的深入采访，向观众讲述了犯罪分子如何向医生行贿并走向犯罪的过程，进而揭示了人们普遍关注的看病太贵、药价太高等问题的根源所在。

　　专题片《诱人的广告背后——来自永嘉的报道》同样是一部深度报道的佳作，全片立意深远，运用翔实的材料，从一个社会现象入手，通过作者层层剥笋，由表及里地剖析，将一些人利用广告行骗的内幕逐渐地揭示出来，使观众对这些骗术有了清醒的认识。

三、电视语言的运用

　　从制作手段上看，消息追求时效性，报道中往往来不及过多地讲究画面的用光、构图、声音的运用等因素，而新闻专题片由于时间相对较为充裕，从前期拍摄到后期制作，可以更加精细。因此，新闻专题片在艺术形式上应该更具有美感和较强的欣赏价值。"专题片是真实的，也是艺术的"[①]。如果篇幅较长的新闻专题片缺乏艺术性，便会枯燥无味，不能对受众产生吸引力。所以，注重艺术性是新闻专题片加强自身说服力和感染力的重要手段。只有将内容的深刻性与表现的艺术性结合，才能吸引受众观看。

　　艺术性的表达要借助一定的方式、手段，对于新闻专题片来说，就是要借助于电视语言。电视语言是指电视作品中表达思想感情、并能使受众获得

---

　　① 欧阳宏生，彭小华：《中国电视专题片：遵循自身创作个性——兼评2003年度中国广播电视新闻奖专题片获奖作品》，《新闻界》2004年03期。

感性信息的一切手段、方式和方法。电视是通过视觉和听觉两个方面来作用于受众的感知系统的，画面和声音便构成了电视语言的两大要素，而画面语言和声音语言在作品中是否能恰当运用以增进作品的艺术表现力也就成了评析新闻专题片的另一重要标准。

1. 画面语言的运用

画面是电视基本的表意单元，没有画面，就没有电视。因为篇幅的自由度，在画面语言上，新闻专题片的语汇比一般新闻节目更加丰富，这就为编辑、记者提供了创造性地运用画面语言的有利条件。当然，这同时也就对编辑、记者的素质提出了更高的要求。

对新闻专题片中画面语言的运用情况进行评析主要是看其能否较好地表现各种事物，叙述生动的情节，并给人以强烈的艺术感染力。这就要求在创作专题片时，要细致挑选和安排画面，在画面的拍摄过程中，要始终保持色彩的和谐、构图的平衡、造型的对称，这样，才能保证画面的质量，给人以美的享受。同时在画面表现方式上要讲究拍摄技巧，灵活使用推、拉、摇、移等各种手法，充分调动镜头的拍摄表现手段，各种镜头交叉使用，并且运用好景别的交换，以使画面更加丰富。画面组接要流畅、要有表现力，注意运用叙事式、交叉式、对比式等蒙太奇手法，以使画面呈现出更高的艺术水准。

中国新闻奖获奖专题片《遍地英雄遍地歌》就是一部很注重画面语言的作品，片中采编人员大量运用了推、拉、摇、移等多种运动镜头，充分表现了齐心协力抢险抗灾的壮阔场面，其中抢救被围困群众、在决口处抢险人员挽着臂膀筑成"人墙"等画面，都非常富有震撼力。同时，记者还抓拍了很多表现细节的中、近、特写镜头，如市委书记阻止记者朝他拍摄的挥手动作、军民跳进决口处抢大锤砸木桩等等。这些细节的镜头和壮阔的大场面交错组接，形象地刻画出众志成城抗洪救灾的场景。另外，片中还对画面进行了多种特技处理，如运用慢镜头把类似人像雕塑的画面展现在观众面前，凸显出人物坚毅的表情，还有定格和叠印等，都给人留下深刻印象。

而在专题片《粤海情融天山雪——一个新疆流浪儿童的故事》中，同样很注重画面语言的运用。如开片处，对阿不都尼亚孜脸上密布着的被烟火灼伤的痕迹、身上所留下的伤痕进行了集中的镜头处理，很有震撼力，也很自然地调动起了观众的感情。

2. 声音语言的运用

电视是一门综合的艺术，在作用于人的视觉的同时，也作用于人的听觉。新闻专题片中的声音成分主要有同期声、解说词等。他们在作品中相互配合，相互作用，形成一种综合性声音效果。

（1）同期声的运用。所谓同期声，是指拍摄电视画面时同时记录的人物语言、环境背景声、现场声响效果等。利用同期声，可增强画面的真实感。例如画面中介绍的是某一件乐器音质特别好，或某一个人的歌声多么美妙，这时使用同期声，就能够越发地让受众觉得真实可信。同期声所具有的特有声音形象，还可使环境氛围更加明显。比如说，当我们去拍摄一场婚礼，画面上是两个喜字和一对新人，如果加上新人敬酒的声音、宾客谈笑的声音、还有音乐的声音，一个欢快热闹的喜庆氛围很快就出来了。

同期声的作用使得其成为新闻专题片中一个重要的表现元素，而同期声是否被恰当使用也成为我们在评析新闻专题片时要关注的一个方面。优秀的新闻专题片必然要重视同期声的运用。

如专题片《遍地英雄遍地歌》中，就真实地再现了来自现场的各类声音：洪水冲击声、抢险人员跳进水中的声音、呼喊号子的声音、还有缅怀烈士时的哭泣声，等等。种种同期声真实地再现了现场那种紧张拼搏、群情激昂的情景。

在专题片《商战》中也保留了大量的同期声，有顾客诉说自己的感受和体会，有营业员讲述对工作的一些认识，还有商场经理谈自己的想法、心声，这些人或是"商战"的当事人，或是"商战"的目击者，他们的同期声极大地增加了节目的真实性和权威性。

（2）解说词的运用。解说词是附加于影像之上的画外语言，它介绍、叙述节目内容，发表议论或抒发感情。解说词是新闻专题片的重要组成部分，它的好与不好，直接影响到受众对整个片子的印象和评判。

评析专题片解说词的好坏，首先要看其是否与画面有机结合。新闻专题片在很大程度上是靠画面和文字解说的配合来表达意思的，画面和文字解说既不能成为两张皮，互相脱节，又不能形成文字解说对画面的简单重复，而是要使两者有机结合。因此解说词必须以画面提供的视觉形象为依据，与画面事实相辅相成。画面可以表达的信息，不必再用解说词去重复，解说词的内容要扩大画面的信息量或补充画面难以表达的信息。

专题片《武汉人"过早"》成功的重要原因之一就是画面与文字解说的有机结合。比如，在片子开头，画面出现的是婴儿、老人、姑娘、外国人吃饭的情景，与之相配的文字解说是"一日三餐对于这个星球上的每个人来说都是必不可少的"，这就把"吃"对于大家生活的重要性声画并茂而又简要明了地表达出来了，解说词和画面配合默契。而当片子在介绍甜食时，画面出现了做莲子汤特有的圆桶锅、身着白衣白帽的师傅往白瓷碗里盛小汤圆、热气腾腾的豆沙包子及顾客，这段画面的解说词是"这些年，武汉市又恢复和引进了许多甜食品种。诸如民众甜食馆清甜去火的莲子汤，武汉传统的糊米酒，五芳斋久负盛名的苏式汤团，青山实验餐厅的豆沙包子等等，给武汉人'过早'增添了许多甜蜜的气息。"通过解说词的表述，说明了改革开放给人民群众带来的实惠，从而使画面的意境得到扩大，思想得到深化。

　　除了声画关系之外，解说词自身的写作也是我们评析的一个重要方面，它必须要遵循一些写作的要求。因为解说词最终是化为播音语言传播给受众的，所以解说词的写作首先要尽量口语化，语言通俗易懂，朗朗上口，使受众能听得明白。当然要求解说词通俗易懂，并不是要像白开水一样，一点韵味也没有。解说词除了口语化要求外，还要讲究形象性，注重比喻、对偶、排比、拟人等修辞手法的运用，生动形象的语言才能产生强烈的感染力，从而有力地配合画面语言。另外，解说词的写作还应尽量凸显独特的风格。如专题片《商战》的解说词，写得就很有特色。它借鉴了演义小说的一些写法，把每一次"大战"都写得有声有色，痛快淋漓。同时还像章回小说一样在每一次"大战"结束时都留下一个悬念，不断刺激受众的好奇心理，吸引着他们继续收看。

思考练习题

　　1. 报纸新闻的特点有哪些？简述其评析方法。

　　2. 广播新闻的特点有哪些？简述其评析方法。

　　3. 电视新闻的特点有哪些？简述其评析方法。

　　4. 网络新闻的特点有哪些？简述其评析方法。

第七章　新闻评析的写作

本章要点

● 新闻评析的写作，要有鲜明、切实和富有新意的观点；观点来自对新闻文本现象的观察和立足新闻基本原理的思考。

● 新闻评析的写作，要服从主题的需要选择典型、新颖的材料；材料来自日常积累和专项搜集；搜集材料中要注意分类。

● 新闻评析的写作，在方法上要注意论述原因和影响、阐明概念和原理、采用对比和比较、处理过渡和衔接。

就写作的体裁而言，新闻评析的写作无疑属于议论性质的写作，因此它在一般要求上与议论文写作的要求并无二致，即要求有鲜明的观点、清晰的论述层次、充分的论证过程和翔实可靠的理论以及事实论据。但是，除此之外，新闻评析的写作还有它自身的特点和要求，明确这些特点和要求，有助于我们将新闻评析的结果诉诸文字，清晰地表达我们对新闻作品的分析和判断。在本书其他章节，我们援引了许多论者的片段或完整的评析文章，也结合相关论题进行了新闻评析，其表达实际上构成了本书主要内容的一部分。而本章将围绕新闻评析的写作，进一步集中阐述其特点和规范。

第一节　观点的确立

如同其他论文写作一样，新闻评析的写作要有明确的观点，没有明确的观点，文章便失去了灵魂，散乱的材料因为没有统帅而变得意义不明。

在新闻评析的写作中，确立观点应该遵循的基本原则是：

一、观点要鲜明

新闻作品的评析往往都是通过对新闻作品的分析作出关于作品的价值判断，因此应该褒贬分明而不能含糊其辞。譬如郑兴东先生在分析《渤海经济区

有丰富油气资源　国家确定本世纪内重点开发》这条新闻后指出："这条新闻对重要事实要不交待不清，要不写得很虚，无论是从容易读或引人读角度看，都有待进一步修改。"①又如有论者在分析了《一次感冒？一个小时看了三个医生》这篇新闻后总结说："这篇报道的文笔诙谐幽默，处处透露出记者的机敏与睿智。许多细节的描写，使文章显得生动活泼。文章以轻松的笔调报道了一个严肃的主题，揭示出医疗界丑恶的一幕，并对之进行了有力的打击。"②我们看到，这些评析都有明确的观点，并且有好说好，有坏说坏，不夸善，不隐恶。

二、观点要切实

新闻评析要针对新闻作品的实际状况作出判断，而不能高谈阔论，空洞无物。这需要评析者在写作时，时刻意识到新闻文本的存在，从新闻文本出发并回到新闻文本，而不是将新闻文本作为由头，一旦展开便弃文本而去，遁入某个或某些原理的推演与阐述。有论者在评析武汉电视台1990年播出的新闻《武汉市六千多住房特困户飞出"鸽子笼"》时，指出这条新闻的特点在于立足深度开掘，凸现新闻事实中所蕴涵的新闻价值。评析者的这一观点的阐发是紧密扣住新闻本身来展开的：

> 新闻报道不能仅仅平面地从动态上反映新近变动的事实，而要做到既反映最新发生的新闻事件的动态，又能揭示其发生的原因和它本身所具有的意义，只有这样，新闻报道才富有立体感，新闻事件所蕴涵的价值才能充分地显现出来，这篇报道正是这样的。它从最新事实入手，用最显著的位置报道武汉市最后一批人均住房面积在2平方米以下的住房特困户"今天"搬进新居，并用生动的现场画面和同期声显示这批喜迁新居的居民的喜悦心情。接着，报道追溯既往，报道武汉市政府急群众所急，为解决特困户的住房困难竭尽全力，并大胆进行住房制度改革，在全国率先走出了一条有偿解困的路子，两年间共筹措资金1.5亿元，提供解困住房30多万平方米。这段背景性材料，既介绍了这批住房特困户能喜迁新居的原因，又点明了武汉市这一做法(有偿解困)在全国尚属首创，有着创新意义和重大新闻价值。这无疑给报道提供了充足的新闻依据。为

①　郑兴东、陈仁风主编：《不要这样写——对百篇新闻写法的商榷》，中国人民大学出版社1990年版，第69页。
②　王蕾编著：《外国优秀新闻作品评析》，中国广播电视出版社2000年版，第19页。

凸显这条经验所蕴涵的价值,报道进一步运用国家建设部潘其源副司长对这种做法进行高度评价的同期声,点明武汉市的这一做法"在全国来说,已经进入先进行列"。这样,武汉市有偿解困做法所具有的新闻价值就得到了最充分的揭示。但是,这篇报道并不是到此为止。在追溯既往、显现意义的同时,它笔锋一转,进一步"面向未来",请武汉市市长王守海谈市政府今后在解决住房困难方面的新打算。全篇报道顺着现在——过去——未来的线索不断深入,不仅富有立体感,而且提供了丰富的信息,增强了报道的深度和厚度。①

我们看到评析者的评析始终贴合着报道层次的展开,这样,文章一开始亮出的观点落在了实处,而没有空泛或刻意拔高之嫌。

三、观点要有新意

观点要有独到的见地,而不是人云亦云或陈词滥调。一般而言,新闻评析者在对一则或一类优秀的新闻作品进行评析时,其观点的新意往往在很大程度上取决于评析的对象。优秀的新闻作品总是传递了最新的事实信息,在报道手段上或语言上富有创造性,发现它们并据以立意,便会有富有新意的观点。这里的关键在于一是发现它们,二是发现它的新意何在。譬如1983年3月28日的《新民晚报》上刊出的新闻《金山县一社员家里装上私人电话》,如果这个新闻评析者指出记者具有新闻敏感,善于发现新鲜事物并及时采写报道,似乎也不错。但蓝鸿文先生在评论时指出:"这篇新闻的特色,不仅仅在于它报道了农村实行责任制以后出现的一件新鲜事,而且在于构成新闻的主要事实:记者对唐明华进行电话采访的一段对话。有了这段对话,新闻不仅增添了活力,还增强了可信性。"他进一步分析说:"看得出来,记者在获悉唐明华家装上私人电话的信息之后,是有意对他进行电话采访的。这样做的好处是:可以向读者证实他家确装有电话,而且电话畅通。这比完全由记者出面来叙述事实更为有力,更加可信。再说,报道社员家安装私人电话,对他进行电话采访,这既顺理成章,又别出心裁。"②我们看到,蓝鸿文先生的评析一下子抓住了这则新闻形式上的特点,不仅如此,也强调了形式和内容的完美统一,与这种评价相比,前面我们假设的那种情况就显得太一

① 引自王苏华、曹华民主编:《中外新电视新闻佳作赏析》,中国广播电视出版社1998年版,第21—22页。

② 蓝鸿文:《面向新闻界》,警官教育出版社1995年版,第470—471页。

般化了。对优秀的新闻作品评析是如此，对存有瑕疵或错误的新闻作品的评析，同样需要富有新意的观点。

怎样才能获得鲜明、切实和富有新意的观点呢？首先应该明确的是，观点并不是从我们的头脑里凭空而生或是我们头脑里固有的东西，而是来自对现象的观察和思考。就新闻作品的评析而言，观察就是在对各种新闻文本的接触中，做一个有心人，发现其中的问题。思考则是对观察到的现象进行梳理、分析和综合，作出判断，得到结论。

仅仅有观察显然还不够。首先是因为，"如何观察"本身需要观念的指导。概而言之，一个不知新闻为何物的人当然无法对新闻作品进行观察，或者说进行有效观察，他也许能够复述他看到了什么，但无法指出他看到的这些东西中包含的问题。只有训练有素的人，只有掌握了新闻的基本规律，并形成关于新闻的观念的人，才能进行有效地观察。让我们来观察一下下面这则美联社新闻的导语：

Iraqi lawmakers adjourned in protest Tuesday and demanded an apology after a Shiite legislator linked to a radical anti-American cleric tearfully said he was handcuffed and humiliated at a U. S. checkpoint. Two American soldiers were killed in a car bomb attack. [①]

这里有什么问题呢？评论者 Brian Dominick 指出，这个导语让我们先感知到这个什叶派立法委员"linked to a radical anti-American cleric"，而后才知道美国士兵对他做了什么；而 linked to a radical anti-American cleric 是并不那么可靠的、有待证实的信息；而且"was handcuffed and humiliated"在句中所处的位置仿佛三明治的夹心一样被裹在长句之中。他还观察到，这里关于立法委员受辱和美国士兵受到袭击的信息，陈述时使用的是被动语态，让人感到故事中少有人的存在和作为，而是事件发生到人的身上。通过这样的观察，评析者得出的结论是，美联社所标榜的"客观"、"平衡"报道不过是化妆舞会上的面具而已。在这个例子中，我们可以看到，评析者对新闻的观察是借助于精细的语言分析手段，有关语言和措词的知识以及对语言运用的敏感，使他能够观察并发现问题的条件。

我们说仅仅有观察显然不够的第二个原因是，如果说观察时发现问题的话，那么要解决或者说解答问题，就必须思考。思考的方法因人而异，但是

---

① 引文及相关评说均引自 http：//blog. zmag. org/index. php/weblog/entry/they_call_this_journalism。

思考也有一个资源问题。一个头脑空空知识有限的人是无法展开对任何问题的思考的。在我们上面的这个例子中,评析者最后指出了美联社标榜的新闻"客观"、"平衡"的虚假,显示出他思考问题的方向是有关新闻的客观性和平衡报道原则,在这里是对其具体的情形进行质疑,而在另外的情况下有可能是对其印证。

我们从上面这个例子中可以看出,作为新闻评析的写作的必要前提,观察和思考是分不开的。那么,我们应该从哪些方面入手展开我们的观察和思考呢?

首先应该明确的是,当我们面对特定的具体的新闻作品时,新闻传播的一般规律应该是我们对这一作品进行观察和思考的依据与方向。实际上,在新闻学的相关课程中,在本书其他章节中,对这一问题已经多有涉及,这里我们进一步集中梳理一下,具体说来主要是以下这些方面的问题:

(1)它是否具有新闻价值,具有多高的新闻价值,它在新闻的选择上表现出怎样的新闻价值观,它在影响新闻价值的诸多因素方面表现如何。

(2)它是否遵循了新闻传播的一般工作原则,包括是否客观、公正地报道事件和人物;是否具有时效性;是否真实可靠。

(3)它是否遵循了新闻传播的伦理准则以及法律规范,包括它是否片面追求新闻价值的实现而罔顾社会公德;是否侵犯隐私;是否适当使用匿名权;它对事件的报道是否与国家相关法律冲突;是否存在以新闻报道取代司法调查和审判的倾向;是否以新闻之名行公关或广告之实。

(4)它是否遵循了新闻采访工作的规律,包括采访是否进行了充分的准备;采访涉及的消息源的性质和数量是否适合该事件的报道需要;在采访中的提问是否恰当;采访是否深入细致;采访方式的选择是否恰当;它属于哪种新闻方式——调查性报道、解释性报道、纯粹新闻、精确新闻;它是否采用了与新闻方式相适应的采访手段。

(5)它是否遵循了新闻写作的规律,包括在写作中是否能够凸显新闻价值;标题和导语是否凝练、是否突出新闻事件的核心内容;新闻的主题是否鲜明;它的倾向性的表达是否符合新闻的客观性原则;它的语言是否准确、明晰和通俗易懂,语序是否恰当;结构是否合理;它对叙事方式的选择是否恰当;它采用了怎样的新闻模式、对其运用是否恰当;它在新闻写作方式上是否具有新意和创造性。

(6)它是否具有社会意义,包括它在新闻的舆论导向上是否正确恰当;它对事件的态度和报道倾向反映了怎样的立场和观点;它是否把握了社会的一般趋势,是否反映了社会生活变迁的轨迹;它是否贴近人民群众的生活和心理需求。

上述这些方面的问题主要是关乎新闻本体的思想和理论资源，其间我们也可以看出，新闻传播并非一个绝对独立自在的存在，而总是与更广大、更深层的东西息息相关。这就要求新闻评析者对新闻作品现象的思考，不能停留于新闻本身，而应该如同一个高水平的新闻工作者一样，自觉地关注一个时代的新变动、新情况、新事物，把握时代精神的走向、趣味、时尚，通过其对新闻的评析活动引导和促成时代精神的形成。在此过程中，以下两个方面至关重要，它们在很大程度上决定了对新闻作品现象进行思考的深度、性质和方向。

一个方面是评析者的政治态度和立场、政治思想和信念。对新闻评析者来说，构成思考资源的一个重要方面是他的政治素养，具体来说，首先是马列主义修养，即必须树立马克思主义世界观，用历史唯物主义和辩证唯物主义的思想方法观察、分析和解决问题；其次是政治敏感的磨砺，即能够理解党的方针政策，把握和判断现实的政治气候。另一个方面是评析者的文化知识水平。虽然新闻因为要让尽可能多的人接受而必须浅显通俗，但是，这并不意味着新闻传递的信息就是浅显通俗的，也不意味着对新闻的制作不需要高深的知识和文化修养。相应地，要从对新闻的观察和分析思考中提炼出观点，也必须具有相当的文化知识水平，其具体内容和体现，我们在本书其他章节的阐述中已经有比较充分的交待。概而言之，评析者应该掌握尽可能丰富的语言、历史、文化、哲学等方面的知识，以开阔的视野和深邃的眼光看待新闻作品，这样新闻评析写作的观点才能深刻而富有洞察力。

第二节 材料搜集和选择

就像"巧妇难为无米之炊"一样，没有材料，无法写作文章；材料是文章的血肉，缺少材料的文章，势必形销骨立、干瘪难看。新闻评析文章的写作也是如此，因此评析者要重视材料的搜集和选择。在很大程度上，评析方式的不同决定了搜集材料的方法的不同，应该根据自己的具体需要确立搜集材料的方式。我们在本节试图结合新闻评析和写作的情况，阐述材料搜集和选择的一般原则。

在材料的搜集上，我们这里着重强调以下三个方面：

一、注重日常的积累

许多时候，大量的材料是在有明确的写作意图之前就已经储备了，而不是到了要写文章时再去找材料。新闻评析作为新闻专业工作的一部分，应该时刻保持对最新报道的新闻的关注。这里应该明确的是，新闻评析写作的材料中很大的一个构成部分就是评析者准备评析的对象。因此，对新闻作品的搜集是一个"常规"任务，即在对新闻报道进行广泛的浏览和视听之基础上，随处留意，捕捉有特色、有特点的东西，对其中的有些作品，如果有想法就可以据以写作评析文章了。当然，新闻评析的写作不仅需要对新闻作品的日常搜集，还需要对相关知识的积累。相关知识材料运用到写作中，不仅可以丰富充实评析的内容，而且可以提炼和强化文章主题的作用。譬如，有论者在评析《党员毕业生炙手可热》这篇获奖新闻作品时，一开头就写道：

> 美国著名记者唐·怀特黑特在《简明扼要并非易事》(见《美国名记者谈采访工作经验》一书，新华出版社出版)一文中说："一篇好的报道并不是写出来的，而是讲出来的。我这样说的意思，是指写作要具有对话的特征——仿佛记者正和读者交谈。记者采用这种方法，可避免使用呆板的句式和令人费解的措词。许许多多的初学者往往想方设法按新闻腔的风格写作，其实简单陈述句本来是可以使他们的报道交待轻松一些，作品更容易为人阅读的。他们的这种做法束缚了自己的手脚。如果一篇报道朗朗上口，那么它读起来就会流畅、自然。你要是不相信这一点，那么你就试着大声朗读写得好的新闻报道。你会感到这篇报道在经过你的舌头和眼睛时是如何的流畅。"①

这里的引述就凸现了这篇文章的观点和作者据以评析新闻作品的依据。

相关知识的积累可以分为两种情况。一是必要的新闻理论知识的积累。专业的新闻工作者往往经过了系统的学习和训练，掌握了基本的专业理论知识。但是，在这个领域如同在其他领域一样，不断有新的东西出现，如果不注意知识更新，就会抱残守缺，而知识更新的一个重要途径就是日常的积累，即随时关注新闻学领域的新知识，不断砥砺理论之"矢"，才能穿透评析对象之"的"。还有就是一篇新闻作品发表以后引起的反响，记者和编辑对该作品产生过程的回顾和总结，也都是新闻评析者应该加以关注和搜集的材料，它们会成为评析文章中非常有力的论据。二是包括时事政治、文化、历史、哲学、艺术、科学等方面的知识。新闻本身就是包罗万象的东西，具备相应的知识显然有利于对新闻的评析。对并非这些知识的专门研究者来说，这些方面的知识也主要是在日常的阅读浏览中积累起来的。

---

① 刘保全：《正确运用引语将新闻"讲"出来——评获奖作品〈党员毕业生炙手可热〉》，2003 - 7 - 1，http：//www.zjol.com.cn/gb/node2/node802/node37145/node202866/node202876/userobject15ai2298467.html。

二、做好材料的专项搜集

就是指有意识、有选择、有目的、有计划地进行搜集材料的工作。对搜集新闻作品来说，常见的专项搜集是有选择地浏览和视听特定的媒体传播的新闻，譬如说长期坚持阅读《中国青年报》，收看中央电视台二套节目等等；甚至可以专门浏览和视听某个媒体的某个板块或栏目，譬如某个报纸的头版，某个新闻杂志的封面人物报道、中央电视台的《新闻调查》，等等。这样可以形成对这一特定媒体、特定板块或栏目的资料的积累，在有了成熟的观点的时候，就可以写作了。有人长期关注"焦点访谈"，写出了解读《焦点访谈》的专著①，书中评述了焦点访谈栏目涉及的法制、行政、经济、文化、生活、农业、改革和反馈等类别的节目，具体分析了这些节目在图像摄制、语言运用和主持表达等方面的风格特点，提出并论述了有关新闻场的理论和电视新闻评论的价值体系，还就电视焦点类节目的舆论监督尤其是批评报道以及质量管理等问题进行了解剖。如果没有有意识、有选择、有目的、有计划的资料搜集，显然难以完成这样艰巨的评析工作。与专项搜集新闻作品资料同样重要的是，专门搜集相关理论和知识资料，尤其是研究方法方面的理论，如果不是有计划、有目的、有针对性地进行准备，到写作评析文章时就会捉襟见肘，无法有效地达到评析的目的，更不能做出明智的判断。

三、做好材料的分类整理工作，建立个人的资料库

如果将新闻评析作为一个常规的工作，那么资料的搜集必定跨时很长、数量庞大、内容繁多，为便于写作时调用，就有必要对搜集的各种资料进行分类整理，建立起自己的资料库。分类的方法多种多样，可以根据自己的具体需要来进行。大体上，我们可以以新闻作品为经、以相关原理和理论为纬，建立起分类系统。

在新闻作品的分类中，根据媒介的性质，可以分为广播新闻、电视新闻、报纸新闻、互联网新闻，如果你的评析关注不同媒介的新闻传播，并注意辨析其间的差异，那么不妨按照这种分类。而如果你更关注新闻作品的体裁，则可以按照消息、特写、通讯、新闻评论等进行分类。还可以按照报道的类型进行分类，如分为客观报道、调查性报道、解释性报道、精确新闻等。如果你更关注不同的报道领域，还可以分为经济新闻、体育新闻、文化新闻、

---

① 李文明著：《新闻评论的电视化传播——〈焦点访谈〉解读》，四川大学出版社 2003 年版。

政治新闻等。还可以在这些大体的分类中根据你的兴趣或目的建立更为细致的类目，譬如将人物新闻作为一类，可以分为人物特写、人物访谈、讣闻、人物消息等等。

在相关原理和理论的分类中，相关原理是指新闻传播活动本身的一般规范，如新闻工作的一般原则，新闻写作的各种原则，新闻采访的原则，新闻编辑的原则，新闻价值规律，新闻伦理准则，等等。相关理论则是指用以分析和评价新闻作品的原理和方法，如语言分析、叙事分析、内容分析。同样这些类别中可以根据自己的兴趣和需要进行更为细致的分类。譬如在新闻写作的原则中，可以更为具体地分为标题、导语、主体、结构、语言等方面，而在语言分析中，可以更为细致地分为语序、引语、语言情境、措辞等方面。

总而言之，在材料的搜集过程中，要根据具体情况进行分门别类，这样在选择材料和运用材料时更为便捷、准确，提高写作的速度，确保写作的质量。

材料的搜集是写作的准备工作，而材料的选择则是写作中的一个重要环节。写作中不可能把所有材料都堆砌上去，材料选择上，一个总的要求是精当，即精简、适当。要做到精简和适当，需要遵循的基本原则主要包括以下几个方面：

（1）根据主题选择材料。蓝鸿文先生在评析华山的名篇《我们还要回来的》的第三段写道：

> 写撤退之所以难，因为它容易使人联想到军事上失利。可在军事上的撤退并非"失利"两字就能概括得了的。承德撤退，并不是一个孤立的事件，它是 1946 年我们主动放弃占领的一些中小城市中的一个，在军事上正是"以退为进"。当时，蒋介石利令智昏，冒天下之大不韪，撕毁政协决议，破坏"停战协定"，以其在数量上、装备上暂时占优势的军队，大举向解放区进攻，在这种情况下，"若干地方，若干城市的暂时放弃，不但是不可避免的而且是必要的，"（毛泽东《以自卫战争粉碎蒋介石的进攻》）。[①]

运用这段材料有利于说明评析的题旨"难题出佳篇"，交代了《我们还要回来的》的背景，从而有助于下文对华山的这篇新闻在立意、角度选择、语言情感色彩等方面的特色展开具体的分析。

（2）选择典型的材料。所谓典型材料，是指那些最有特征、最有代表

---

① 蓝鸿文：《难题出佳篇——重读华山的通讯〈我们还要回来的〉》，引自《面向新闻界》第327页，警官教育出版社 1995 年版。

性，能有力地揭示事物的本质，能集中地表现论文主题的材料。就新闻评析而言，选择典型的材料首先意味着评析对象——新闻作品要在某个或某几个方面具有典型性，其次意味着对这一对象进行评析过程中运用的相关材料要具有典型性。如我们前面反复引述的郑兴东、陈仁风主编的《不要这样写——对百篇新闻写法的商榷》一书，其选择的就都是很典型的不符合新闻写作规律的新闻作品，因此通过对它们的评析，更好地阐发了新闻写作的原理和规范。相关材料的典型性可以加强评析的说服力。譬如，有论者在评论新华社记者吕岩松现场口述我驻南使馆被炸的新闻报道时，引用国际新闻工作者联合会公布的数据，说明全世界每年都有很多记者在采访中丧生，并援引该组织秘书长怀特的话说，20世纪90年代以后丧生的记者人数逐年减少，主要是由于全球的战争正在减少，但应该看到，死于调查性采访的记者人数正在逐年上升。另外，遭受骚扰、殴打、非法拘留的记者人数也在不断上升。① 这里引述的资料表明，记者的职业仍然是世界上危险的职业之一，从而凸现了吕岩松冒着生命危险报道新闻的英勇无畏精神。

（3）选择新颖的材料。新颖的材料既是指新闻作品，也是指该新闻评析所需要的相关理论和知识。之所以要选择新颖的材料，是因为它能够增强评析文章的现实感，传递新的信息，并使读者有耳目一新之感。尤其是，我们评析的主要是当下或近期的新闻作品，如果没有相应的新鲜知识和理论去评析它，便会减弱文章的说服力。譬如有论者在评析《10名"瞎眼"评标专家被清出局》这篇批评性报道，在一开始就引用了这样一则资料：

新华社新闻研究所就"群众对媒体的信任与满意度"问题进行的一次抽样调查结果显示：有81%的群众认为媒体的批评报道太少，舆论监督力度不够；有74.8%的群众认为媒体对本地政府监督不够；有51.7%的群众表示不赞同关于"媒体的批评报道有时候也过火了"的判断。②

这一资料以其对当下关于舆论监督报道的情况反映，非常有力地支持了作者对这一篇关于舆论监督新闻作品的论述，具有很强的现实性和说服力。当然，我们在讲求材料的新鲜性时，要注意避免刻意求新，以致不顾材料是

① 周克冰编著：《中外经典采访个案解读》，北京广播学院出版社2003年版，第45页。
② 刘保全：《事实有力 振聋发聩——评第13届中国新闻奖获奖作品〈10名"瞎眼"评标专家被清出局〉》，http：//www.zjol.com.cn/gb/node2/node802/node37145/node233882/node233895/userobject15ai2828111.html。

否典型，与观点是否吻合。同时我们还应该清楚，经典论述和有关常识，并不因为其距我们年代久远而丧失其真理的力量，因此，只要适合我们对当前作品的评析，它们同样会具有新鲜的活力。

第三节　写作方法

古人说，文无定法。新闻作品评析的写作也应是这样，只要能够清楚地、令人信服地表达出我们对特定的新闻作品的分析和判断，给人以启示，在写法上并不用拘于一格，不用合乎某种框框套套。但是，另一方面，文章的基本规范也永远发挥着它应有的作用。我们前面一开始就谈到，在本质上，新闻作品评析文章在一般要求上与议论文写作的要求并无不同，并不存在专门属于新闻作品评析文章的特殊章法，我们这里只是结合新闻评析写作的具体情况就写作方法上的几个方面略加阐述。①

一、论述原因和影响

在对新闻作品进行分析时，褒贬不能只凭感觉印象，必须持之有据，言之有理。因此对我们作出一个判断的原因进行论述，对作品产生的影响的论述，成为新闻评析写作中最重要的一个环节。有时候在某种意义上整个作品评析就由原因的陈述构成。譬如，前面我们引述的刘保全先生撰写的《事实有力　振聋发聩——评第13届中国新闻奖获奖作品〈10名"瞎眼"评标专家被清出局〉》一文，开篇写道："这是一篇舆论监督的好报道，为我们提供了值得学习和借鉴的经验。"下面的文章，分别从"面对问题，敢于监督"、"标题醒目，十分'抓人'"、"题材重大，影响深远"、"事实说话，说服力强"等四个部分展开，实际上是回答了为什么说这篇报道是一篇舆论监督的好报道，为什么说它提供了值得学习和借鉴的经验。有时候可由对原因的清楚陈述，推断出对作品的价值判断。譬如郑兴东先生在对《800万秦巴山民加快致富》这则新闻的评析中这样写道：

　　　　写"800万秦巴山民加快致富"这件事，也有角度选择问题。角
　　度可能是多种多样的，从结果写与从领导经验写，至少就是两种不
　　完全相同的角度。这两种角度，选择何者较好呢？

---

① 本节内容部分参考了 Arthur Asa Berger 的 *Media Research Techniques*（second edition）一书第 14 章 Writing With Style 的内容。

　　脱贫致富是我国人民梦寐以求的目标，党所领导的改革也正是要客观这一目标。而这里所说的加快脱贫致富，又牵涉到 800 万秦巴山民，这一结果无论从意义和影响来看都是十分巨大的，无疑具有很高的新闻价值。广大读者最感兴趣的也是 800 万秦巴山民脱贫致富的这个具体结果。因此，新闻最好选择报道结果的角度。这既有利于突出最具有新闻价值的事实，又可以与读者的新闻需求相吻合。

　　但是这条新闻，选择的是报道领导经验这一角度，致富的结果仅仅是作为领导经验的说明来写的。因而结果就写得不充分，读者据此很难清楚 800 万山民致富的具体情景。[①]

　　这里作者的分析依循的思路是：可能存在的写作角度—应该选择的写作角度—实际选择的写作角度—结论，如此层层推进，非常具有说服力。

　　对影响（效果）的论述同样是构成作品评价的重要因素。在有条件的情况下，即评析者能够搜集到作品产生影响的事实的时候，这种事实的陈述就提供了关于作品好坏得失之判断的有力证据。有时候这只需要一个细节。譬如《美联社新闻报道手册——如何成为顶级记者》中关于《伊娃的礼物》这篇人物特写的评介，就引述了伊娃的孙女米歇尔对报道的反应。"你的文章为我的祖母描绘了一张美丽的画像，"米歇尔在给奥尼尔的信中写道，"我不得不承认，你与她共处的时间比我这一生都要多。许多东西我都很陌生。今天我把这篇文章读了三遍，现在才发觉我对祖母的了解少得可怜……"[②]这充分说明了作品的成功。有时候可以是一连串的反响的印证。譬如我们在第四章引述的对《七年上诉冤屈未伸张》这篇获奖新闻的评析中写道："这则不足千字的消息，一播发，便在社会上引起巨大反响。全国很多报纸、网站在显著位置刊用或转载；各地读者纷纷来电来函，称赞报道寓意深刻，耐人寻味，表现手法别具一格。有的新闻学院还将此文列为新闻教学范例。稿件播发不到半月，河北省委、唐山市委、丰润县委领导一行多人，代表省委到新华社，感谢新华社客观、负责、事实准确的报道，表示诚恳接受批评，并通报了对相关责任人的查处意见和要求全省各级干部以'大令公庄事件'为活教材，吸取教训，从根子上抓干部作风转变的情况。"[③]这也同样有力地表明了这则新

---

　　① 郑兴东、陈仁风主编：《不要这样写——对百篇新闻写法的商榷》，中国人民大学出版社1990 年版，第 47 页。

　　② 杰里·施瓦茨：《美联社新闻报道手册——如何成为顶级记者》，中央编译出版社 2003 年版。

　　③ 彭朝丞：《新闻应求意无穷》，《新闻战线》2003 年第 2 期。

闻作品的价值所在。

但是，当没有直接的相关事实来表明作品的影响的时候，如何论述呢？这时候需要评析者从接受者的角度推论出作品可能产生的影响。例如前文引述的对《800 万秦巴山民加快致富》这则新闻的评析中这样写道：

> 这条新闻在写领导经验时又存在一个毛病：不得要领。领导经验是什么呢？导语是如此概括的："注意及时总结工作，改进措施。"这种概括太一般化了。它到底能告诉读者什么呢？看了这样一般化的导语，读者怎能有兴趣看下去呢？新闻主体接着对领导经验作了具体阐述，可惜眉目又很不清楚，到底有哪几条经验，读者很难一看就明白，必须仔细琢磨才行。而有这样耐心的读者大概是比较少的。①

这里，"它到底能告诉读者什么呢"、"读者怎能有兴趣看下去呢"、"读者很难一看就明白"、"有这样耐心的读者大概是比较少的"这样一些语句表明了对新闻作品可能产生的影响的推断。这种推断的表述中，当然并不是非得出现"读者"、"听众"、"观众"这样的字眼，关键还是在于作者对文本的具体分析，这种分析越扎实可靠，依据它而来的对影响的推断就越有说服力。

二、阐明概念和原理

在评价一个具体的新闻作品时，评析者所运用的方法或理论原则需要有明确的界定，不能自以为读者跟你一样清楚你运用的某个概念的确切含义，你在什么意义上运用某个概念。例如有论者评析美联社 1945 年 8 月 14 日电讯《东京宣布无条件投降》，将其作为"倒金字塔结构"典范，在对新闻作品正文评析之前，作者交待说："倒金字塔结构是西方新闻写作中的主要结构形式，它的特点是把最重要、最精彩的事实放在一开头的导语中，其他事实按重要性大小顺序排列。全文清晰明了，能使读者在最短的时间内获得最多的信息。这种结构，便于记者以最快的速度写出报道，也便于编辑根据版面大小，从稿件尾部向前删减，直删到稿件长度适合安排版面而不致影响新闻的完整性。"②在涉及某一个主题或一类新闻作品时，关于这个主题和类别的概念，应该交待清楚。譬如说评析关于暴力犯罪的新闻报道，那么对"暴力"这

---

① 郑兴东、陈仁风主编：《不要这样写——对百篇新闻写法的商榷》，中国人民大学出版社1990 年版，第 48 页。

② 王蕾编著：《外国优秀新闻作品评析》，中国广播电视出版社 2000 年版，第 7 页。

个词在你的类别划分中涉及什么范围、什么性质的事件，应该界定清楚。当然，我们不可能也不需要对文章中涉及的每一个概念都加以界说，那些已经广为知晓或在相当范围内其含义已得到认同的概念，就无需再费笔墨。

在新闻作品评析的写作中，有时候需要对你所依据的新闻原理或相关原理加以清楚的阐述，这样做的作用，一是表明分析和评价的方向，即评析文章的主题和旨趣所在，二是为对作品进行分析和评价提供依据。譬如在对《布里斯托海洋节》这个电视新闻作品的评析中，评析者一开始谈到，受众的需要对电视新闻工作者来说"不仅要求他们提供丰富的新闻事实，还必须满足受众的审美要求，赋予电视新闻报道以鲜活、有趣、多彩的外在表现形式。而电视报道的散文化则是电视新闻工作者在这方面作出的可贵探索"。在接下来的评析中，电视新闻散文化的含义结合对作品的评析渐次展开。先是指出"这一新闻素材本身就十分适合散文化报道来表现，而记者在报道中对趣味性与知识性的追求，则使报道的散文化特点进一步强化"；接着指出："形散神聚和历史背景材料的巧妙安排则表现了这篇报道结构上的散文化特点"；最后指出"这篇报道在语言上的散文化特点也较为明显，这充分地表现在叙述与描写的交替使用，用词的生动、形象和诙谐上"。[①] 在这样的评析中，"电视散文化"概念和原理得到了较为充分的阐述，也因此它对这篇新闻作品的特色揭示得清楚而令人信服。

三、采用对比和比较

在第四章我们曾谈到作为一种研究类型的比较研究，这里要谈的是具体的行文论述中采用的方法，它在原理上与第四章对比较研究的谈论有相当一致的地方，这里侧重于其作为修辞手段在论述中发挥的作用。比较突出事物间性质上的差异，对比突出事物间性质上的相反，借此，新闻评析的具体论述可以获得强烈而鲜明的效果。当我们分析作品得失，表达价值判断时，我们往往遵循着"是与否"、"好与坏"、"异与同"这样的思维模式，对比和比较的语言方式则外化了这种思维模式。譬如，有论者在评析电视新闻作品《"老井"已不再是那个〈老井〉》中的视角采用时写道：

农民的生活是否幸福，映在群众的脸上而不是挂在领导的嘴上，镂在人们的衣食住用里，而不是写在文件材料里。在《"老井"

---

① 参见王苏华、曹华民主编：《中外新电视新闻佳作赏析》，中国广播电视出版社1998年版，第456—457页。

已不再是那个〈老井〉》这一作品中，领导（村支书）的镜头很短，更
多的是群众脸上的微笑、碗里的炸糕、桌上的电话、飞跑的大卡车
……事实最能说明一切，群众的言谈举止最能说明一切："老井"的
确已不再是那个《老井》。这是群众的视角，作品的生动性和说服力
在很大程度上归功于群众视角。①

这段文字中开头一句用"（是）……而不是"这样的句式进行比较，接下
来将村支书的镜头与群众的镜头对比，非常清楚而令人信服地揭示了作品在
视角选用上的特点，最后一句的概括也就显得水到渠成，立足很稳。

有时候，对比或比较可以在已经存在的文字陈述与设想的文字陈述之间
进行，同样是为了突出对已经存在的文字陈述的特点的抓取和评价。譬如，
蓝鸿文先生在对 1980 年 7 月 16 日刊发于《人民日报》的新闻《上海绒布厂试
制出可做裙料的印花灯芯绒》进行评析时，为了突出这篇新闻导语写作上对
老框框的突破，采用了以下比较：

（这个导语）照老一套写法，可以成为这样：

"上海绒布厂今年生产了一种可用作夏天做裙子的灯芯绒。在
最近该厂举办的新品种、新花色展览会上，这种灯芯绒受到顾客的
称赞。"

可是记者却写下这样的导语：

"亲爱的读者，你知道灯芯绒可以做夏天穿的裙子吗？上海绒
布厂新生产的许多灯芯绒中，就有这样新奇的品种。"

这是一个问答式导语。显然，它比起上面那个平淡无奇的叙述
式导语来，是更能吸引读者的。②

通过这样的比较，孰优孰劣非常直观地呈现在我们的面前，作者达到了
论析和评价的目的。

四、处理过渡和衔接

过渡和衔接是指文章段落之间、句群之间的连接。任何文章都需要处理
好过渡和衔接，新闻作品评析的写作也是这样。处理好过渡和衔接，不仅使
文章富有整体感和层次感，而且让思路清楚地显现出来，使行文流畅自然，

---

① 引自王苏华、曹华民主编：《中外新电视新闻佳作赏析》，中国广播电视出版社 1998 年版，
第 67 页。

② 蓝鸿文：《面向新闻界》，警官教育出版社 1995 年版，第 467 页。

也便于读者的阅读。美国学者 Berger 开列了一个他名之为"修辞性过渡及其功能"的词语表，可供我们在处理过渡和衔接时参考。

提供事例	得出结论	观点延伸
例如	因此	进一步看
举例说来	于是	另外
作为例证	我们看到	还有
表明这一点的是	综上所说	同样
观念对比	**原因陈述**	**效果陈述**
但是	因为	作为结果
另一方面	既然	于是
形成对比的是	这导致了	相应的
尽管如此，可是	由此而来的是	结果是
系列陈述	**时间关联**	**意义阐述**
第一	以前	这意味着
其次	以后	我们于是看到
再者	同时	这表明
先来看	与此同时	这就告诉我们

①

这些词语在行文中起到过渡和衔接的作用，标志出文章思路的走势。在具体的写作中，可能有更多的词语。需要强调的是，不是说用了这些词语就能处理好过渡和衔接的问题，而是说，这些词语可以起到这些作用，那么关键还在于写作中是否运用恰当。这方面，我们前面谈论其他问题时引述的评析文章，不管是整篇还是段落，都提供了很好的范例，可以参照学习和揣摩，这里不再赘述。

思考练习题

1. 如何确立新闻评析文章的观点？
2. 新闻评析写作对材料的选择有什么要求？

---

① Arthur Asa Berger 的 Media Research Techniques（second edition），p23，Sage publications Inc，1998。

3. 自选一个新闻评析的主题，说明你打算搜集哪些方面的材料，如何对这些材料分类。

4. 新闻评析的写作方法，在书中所谈论的几点之外，你体会最深的是什么？

第八章　新闻作品评析实例

第一节　消息类作品评析

一、京郊出现"科学热"①

本报讯（记者刘连枢）　在北京农业大学采访，有机会看到水稻专家廉平湖教授一个星期的工作记录，经本人同意，摘录如下：

3月21日（星期一）与市农业局水稻顾问团谈水稻高产问题；

3月22日（星期二）去海淀区东北旺讲授水稻泡沫塑料育苗技术；

3月23日（星期三）到房山县石楼讲水稻育秧，有300个农民听课；

3月24日（星期四）应邀赴河北县涿州研究制定如何提高粮食产量的措施；25日返京；

3月26日（星期六）上午到朝阳区讲水稻育秧，下午审研究生考卷。

廉教授对记者说："不仅我一个人这样。今年以来，京郊各区县纷纷与我们农学系粮食作物栽培教研组联系，邀请讲授农业技术知识，培训农村科技人员，应用推广新技术，简直踏破了门槛，使老师们应接不暇，仅3月7日这天上午，就有海淀区永丰公社、朝阳区农科所和西郊农场三个单位派车来校商谈关于技术咨询的事宜。"

64岁的廉教授说："解放30多年来，北京郊区从来没有出现过今年这样学科学、用科学的热潮。作为我们来说，尽管忙些、累些，但心情是非常愉快的。"

【简评】　　　　　立意精巧　角度独到

20世纪80年代初，改革开放带来了人们思想意识的变革，学科学、用科学的观念逐步在人们的心目中扎根，全社会都很重视科学，新闻媒体大力营造尊重科学、尊重知识的社会氛围。因此，在当时，人民群众爱科学、学科

---

① 原载1983年4月7日《北京日报》。

学一类的主题，很容易在新闻媒体上看到。"京郊兴起科学热"这一选题，在这一背景下如果按照老的套路去写，很难产生新闻性。这则消息的独到之处在于：一、立意新颖，角度独到；二、以工作记事本为主体，侧面揭示、表达主题；三、点面结合，既写具体的人，也兼顾了"面"上的情况。

这则消息立意在于表现当今农村的新变化，表现广大农村农民新的精神风貌。过去农村农民迷信、赌博、违法乱纪的事情很多，农村发展状况不尽如人意，种田方式陈旧、产量不高，一些农民按老黄历办事，农业的出路很难找到。现在京郊农民开始学科学，用科学知识武装自己的头脑，改变过去的种田方式，出现了所谓的"科学热"。表现这样的"科学热"通常的写法是介绍农民如何买书、农民如何听讲座，缺乏新意。这则消息，从廉教授的日记这"一斑"来"窥见"农民科学热之全豹，一叶落而知秋，赋予老主题新的内涵。因此这篇新闻稿的新闻价值就来源于日记本身。

消息的结构通常是"倒金字塔"式的，然而，这篇新闻稿打破了这一常规，记者跳开导语，直接从日记下笔："在北京农业大学采访，有机会看到水稻专家廉平湖教授一个星期的工作记录"，接下来主体部分介绍一周工作日程内容也就自然而然了。记者以工作日程为主体不能不说是很大胆、巧妙而独到的。通过阅读廉教授的工作日程记录，读者可以感受到"科学热"的程度。

我们从廉教授的工作日程记录中看到京郊确实出现了"科学热"，廉教授一周满满的日程安排就已经说明了问题。记者着力写廉教授个人的活动，然而，仅仅这一个别情况的描写不足以说明就是"科学热"。因此，记者除了这一"点"的描写外，还借廉教授的口说道："不仅我一个人这样。今年以来，京郊各区县纷纷与我们农学系粮食作物栽培教研组联系，邀请讲授农业技术知识，培训农村科技人员，应用推广新技术，简直踏破了门槛，使老师们应接不暇，仅3月7日这天上午，就有海淀区永丰公社、朝阳区农科所和西郊农场三个单位派车来校商谈关于技术咨询的事宜。"这样写就兼顾到了"面"上的情况，点面结合，很好地说明了"科学热"的程度，烘托了主题。

二、跳水王子洛加尼斯

合众国际社印第安那波利斯1988年8月24日电　格雷格·洛加尼斯站在跳台顶端，黝黑的身躯纹丝不动，两眼凝视下方10米处的水面，庄重地迎击挑战。

两条粗壮有力的大腿奋力一弹，身躯高高跃入空中，转体、旋转，舒展的动作一气呵成。入水时全身形成一道直线，在几乎没有激起一丝水花的情况下没入水中。这就是洛加尼斯的跳水动作。其技巧纯熟、美妙而雄浑有力、优雅大方，真不愧为跳水艺术的大师。人们普遍认为，他将在汉城保住他在 1984 年夺得的两块金牌。

第一位入选美国奥林匹克 4 人跳水队的洛加尼斯已创下了 47 项全国跳水冠军的记录。他在 3 米与 10 米跳台上表演的跳水技术是无与伦比的。

洛加尼斯现年 28 岁，他是美国参加奥运会中年龄最大的跳水运动员。他认为，尽管他取得了辉煌的成绩，但跳水技术并非十全十美。他说："10 分并不意味技艺的炉火纯青，十全十美的跳水动作并不存在。它是一个需要人们去奋斗争取的目标，但这个目标是永远无法实现的。"

洛加尼斯并不是一个过分自信的人。他总是主动地汲取对手的长处。他说："人们说我看上去十分从容。但我是一个人。我对自己的跳水动作并没有很大把握。我看过中国式跳水。它给我留下了深刻印象，我愿意从中学到一些东西。"

【简评】　　　　　　　向读者展示人物的清晰面孔

消息中写人物最大的难点就是把人物写生动。因为消息有篇幅和字数的限制。一般的消息写法，无非是将人物的情况加以介绍即可。其结果是人物并不能在读者心目中留下深刻的印象。那么如何来报道新闻人物尤其是体育明星呢？这篇合众国际社的消息给我们提供了一个有益的借鉴。

报道体育运动方面的新闻人物，必然离不开对体育现场情境的描写。这篇消息稿规避了一般体育报道中过分强调比赛过程的铺陈、比赛结果的报道和历次比赛成绩的交代的传统做法，而是运用描写的手法生动形象地展示人物的个性魅力，把一个跳水健将洛加尼斯给写活了。

这一则消息采用描写式导语开头，给人以新鲜感和亲切感："格雷格·洛加尼斯站在跳台顶端，黝黑的身躯纹丝不动，两眼凝视下方 10 米处的水面，庄重地迎击挑战。"这是一个类似于定格的镜头，它很快将读者的视线拉到了跳水比赛的现场，使人很快联想到电视实况转播中的常见画面，跳水王子跳水前的英姿被栩栩如生地推到了读者的面前。

在这则消息的主体部分，记者又以形象简洁的语言，对洛加尼斯比赛时优雅、精彩的动作进行了描绘："两条粗壮有力的大腿奋力一弹，身躯高高跃入空中，转体、旋转，舒展的动作一气呵成。入水时全身形成一道直线，在几乎没有激起一丝水花的情况下没入水中。"洛加尼斯的形象经过这样一描述变得十分具体可感,他那娴熟的跳水技巧和优美的跳水动作被记者活灵活现、惟妙惟肖地勾画出来。

接下来,记者对洛加尼斯的年龄、跳水经历以及所取得的辉煌成绩都做了补充交代。记者特别提到洛加尼斯的个性,他是追求没有止境的人。为表现这一点,消息引用了两段话来做说明,一是他对跳水事业的看法:"10 分并不意味技艺的炉火纯青,十全十美的跳水动作并不存在。它是一个需要人们去奋斗争取的目标,但这个目标是永远无法实现的。"二是他虽然是明星但却具有虚心向他人学习的精神:"……我看过中国式跳水。它给我留下了深刻印象,我愿意从中学到一些东西。"从这两方面可以看出洛加尼斯的性格魅力。这则消息向读者展示了跳水王子善于取人之长、不断拼搏进取的精神风貌。

消息的背景材料也写得相当精彩:"第一位入选美国奥林匹克 4 人跳水队的洛加尼斯已创下了 47 项全国跳水冠军的记录。他在 3 米与 10 米跳台上表演的跳水技术是无与伦比的。"寥寥数十字,即概述了这位跳水王子的赫赫战绩。

三、世界飞人中国人　奥运田径中国日

——12 秒 91:刘翔平世界记录夺金①

特派记者　杨仁杰　张　玮

解放日报雅典 8 月 27 日专电　这是中国体育一个最难以忘怀的日子,这也是中国田径一个最值得纪念的日子。我国优秀运动员刘翔在今晚的奥运会男子 110 米栏决赛中,跑出了 12 秒 91 的绝佳成绩,并夺得金牌。这一成绩不仅平了英国运动员科林·杰克逊 1993 年在斯图加特创造的世界记录;同时也把美国运动员阿兰·约翰逊在 1996 年亚特兰大奥运会上创造的 12 秒 95 的奥运会记录足足提高了 0.04 秒。由此,刘翔也成为中国田径史上第一位获得奥运金牌的男子运动员。

中国田径队在本届奥运会可谓"不鸣则已,一鸣惊人"。在刘翔夺冠后不久,我国另一位运动员邢慧娜在女子 10000 米决赛中,又以 30 分 24 秒 36 的成绩获得冠军。这是中国田径在本届奥运会获得的第二枚金牌,这也是前所未有的收获。中国军团在本届奥运会上获得的金牌总数,已经上升到

---

① 原载 2004 年 8 月 28 日《解放日报》。

27枚。

今晚刘翔最成功的是起跑。记录显示，他的起跑反应时为0.139秒，在所有8名参赛运动员中名列第一。这是刘翔在正式国际大赛中从来没有过的，也是刘翔今晚能够刷新奥运会记录的最有力的保证。

赛后刘翔身披五星红旗绕场一周，并身披国旗接受了本报记者的采访。他说："我事先根本没有想到会跑出这样好的成绩，我这是为中国人、为亚洲人创造了一个不大不小的奇迹。"然后他又同本报记者合影留念，并委托本报向他的爸爸妈妈、家人和所有支持他的人们表示衷心的感谢。他说："我太激动了，我会更加努力，创造出更加优异的成绩，报答大家对我的关心。"

【简评】 **言简意赅 错落有致**

一个中国人在奥运会男子110米栏决赛中，跑出了12秒91的绝佳成绩，平了世界记录，打破了西方人在这一项目的垄断地位。就新闻价值而言，绝对是含金量十足的。但如何在一篇短消息中将这一事件的重大新闻价值凸显出来，是需要记者动一番脑子的。

在这篇600多字的短消息里，记者将这一事件言简意赅、错落有致地进行了叙述，信息量非常丰富，而且很有层次感。标题中的引题渲染了这一事件的意义，主题则非常精练、准确、清楚地交代了事实。导语在报道刘翔的绝佳成绩之后，自然地介绍这个项目以前的最好成绩，这一背景信息没有按通常做法挪后或者另行处理，而是直接嵌入主体事件的叙述之中，有力地衬托出刘翔的成绩。在相关信息的处理上，报道先以邢慧娜夺冠来呼应，强调了中国军团的骄人战绩，接着回溯刘翔能够一骑绝尘的重要原因，而没有面面俱到写他参赛的整个过程，以免冲击新闻的主要信息量。最后一段以直接引语的方式，让刘翔接受记者采访的原话真实再现，并以此作为消息的结尾，又一次呼应了引题，令人久久回味。

总之，这篇消息的语言非常简练朴实，没有刻意渲染，而是在一种比较大的背景下来叙述刘翔夺冠的情况及其意义，在事实的交代中渗透着生为中国人的自豪感。

三、11名记者在采访山西繁峙"6·22"特大爆炸事故中违纪被查处①

新华社北京9月26日电 11名新闻记者在采访山西繁峙"6·22"特大

---

① 2003年9月26日新华社通稿。

爆炸事故中因收受当地有关负责人及非法矿主送的现金、金元宝,最近受到纪检监察部门的查处。

2002年6月22日山西省繁峙县义兴寨发生金矿爆炸事故后,当地负责人和金矿矿主为隐瞒真相,分别给采访事故的一些新闻单位记者送了现金和金元宝,其中,新华社山西分社记者鄢宝红、安小虎分别收受现金2万元、金元宝1个(价值约2 400元)。记者王东平、谭旭各收受金元宝1个(价值约2 400元)。2002年7月10日,安小虎向太原市廉政账户上交20 800元。

新华社接到群众举报后,高度重视,要求严肃查处。中纪委驻新华社纪检组和社监察局立即成立调查组,对4名记者的违纪问题进行了调查。根据调查结果,决定给予鄢宝红开除党籍、开除公职处分,给予安小虎开除留用察看处分,分别给予王东平、谭旭党内严重警告处分。

据悉,在采访事故前后,《山西经济日报》、《山西法制报》和《山西生活晨报》3家新闻单位的7名记者收受矿主杨治兴等人送的现金共4.5万元,其中:《山西经济日报》记者苏勇收受8 000元,《山西法制报》驻忻州记者站站长刘玉柱收受8 000元,《山西法制报》驻忻州记者站记者白建芳收受7 000元,《山西法制报》驻忻州记者站记者闫珍寿收受7 000元,《山西生活晨报》记者魏停收受5 000元,《山西生活晨报》记者樊武杰收受5 000元,《山西生活晨报》记者郭龙收受5 000元。目前,山西省纪检监察部门根据党纪法规的要求,将对以上7名记者作出处理。

【简评】　　　　　　　自曝家丑的新闻效应

对2002年发生的11名新闻记者在采访山西繁峙"6·22"特大爆炸事故中受贿事件,新华社在事实全部查清后给予权威刊发,这在中国新闻界具有突破性意义,其新闻效应是多方面的。

首先,它呼应了广大人民群众对包括新闻腐败在内的各种腐败严重不满、极其憎恶的社会心理,是顺应民心之举。1990年以来,随着我国市场经济的发展,一些记者职业道德观念变得弱化,开始追逐金钱,搞所谓的拜金主义,写人情稿、向被采访者索要所谓的"消灾费",有偿新闻发展得"红红火火"。这不仅亵渎了新闻的客观公正,更是损害了党的喉舌媒体在人民群众中的权威形象。

其二,它显示了国家权威媒体自曝家丑的勇气和惩治新闻腐败的决心。将加强记者职业道德建设的一次实际行动公之于社会,无疑比许多文件和口号更具有说服力。自1997年1月中央宣传部、原广播电影电视部、新闻出版署、中华全国新闻工作者协会联合颁布"关于禁止有偿新闻的若干规定"以来，禁止有偿新闻一直是我国新闻职业道德建设的重要构成内容，但直接将其间的活动公之于众则实属罕见之举。

其三，它不是那种"反面文章正面做"，报道的重点所在不是如何调查和处理，而是对记者受贿细节的清楚交代：指名道姓，开列清单，毫不含糊。这同样显示了媒体直面事实、对公众负责的精神，它用事实回答了"谁来监督监督者"这样的问题。同时这种报道方式对新闻队伍中的不良之徒也是一种儆戒。

综上所述，这是一篇将载入中国新闻史史册的报道。

第二节 通讯、特写类作品评析

一、比尔·盖茨对中国中学生说

你也能成就"神话"①
杨 健

7月1日一大早，第九次访华的比尔·盖茨第一次走进中学课堂。在北京师范大学附属实验中学近千名学生当中，他收获了此行最热烈的掌声。

"在同学们眼里，微软是一个神话，比尔·盖茨是一本神秘的书。他们希望能够读懂你。"袁爱俊校长说到这里，盖茨露出孩子般灿烂的笑容："以前我去的都是大学，可是我大学没毕业。有机会到中学来，我很兴奋，因为我中学是毕业了的。"

考大学时我也很紧张

背景：1975年，上大三的盖茨辍学创立微软公司。微软成为信息技术领域里的传奇，现任公司董事长和首席软件设计师的盖茨是众多天才少年心中的偶像。

问：创立微软时，您还是一个学生。面对压力，您是否想过万一失败了该怎么办？

答：参加完入学考试，我非常紧张。我报考的3所学校都很难考，我不知道能被哪一所录取。至于办公司，父母对我非常支持，他们告诉我，学校

---

① 原载2004年7月2日《人民日报》。

也是个很好的选择，如果万一不行的话，还可以回来学习。

年少时我有两个毛病：一是总把问题的解决拖到最后一分钟，而且拖着拖着就"逃之夭夭"了，这当然会出问题。二是刚开始写软件的时候，我总是亲自动手，将别人编的程序推倒重来。后来我懂了，应该放手让其他人施展才干——要想自己有更大的影响，就要领着更多的人一起干。

以毕生精力追求梦想

背景：在实验中学校园里，盖茨种下一棵松树，名叫"数字时代"。使软件更加易用、更省钱和更富于乐趣，开创激动人心的数字时代，一直是盖茨的目标。目前，微软每年的研究开发经费超过50亿美元。

问：像我们这个年龄的时候，您的理想是什么？现在您算是功成名就，那么您今天的梦想又是什么呢？

答：我很幸运，13岁就有机会接触计算机。我当时很奇怪，为什么大人会觉得计算机那么难？为什么他们没有意识到计算机将完全改变他们的生活？我并没想要挣多少钱，建一家多伟大的公司。让计算机成为一种完美的工具，这就是我的梦想，毕生追求的梦想。

今天，这个目标已经实现了一半，我希望退休之前能够完全实现它。

问：您认为什么样的人才算是成功的人？

答：衡量成功的标准很多。我想首先你可以看一下你是否能为自己尊重的人，比如家人、朋友做些什么，能否让他们的生活有所改善。这也许是一个比较容易操作的衡量方法。更传统一些的成功标志是，你有没有创造一些全新的东西，有没有给这个世界带来变化？

教育塑造完美人生

背景：迄今为止，盖茨已为改善低收入人群的学习条件投入超过14亿美元，这次来北京，他代表微软和教育部启动"携手助学"计划，在中西部地区建设100间计算机教室。

问：如果您给您女儿的学校捐赠一点什么，您会选择什么呢？您怎样和自己的孩子相处？

答：我到世界各地旅行，看到不少地方还非常落后。我会把这些告诉女儿，希望她不要被优越的条件惯坏了。我会给她很多书，一台很好的电脑，而不是很多玩具。我教育孩子要有爱心，不要看太多电视，玩太多电脑游戏。我鼓励他们读书，掌握各种各样的知识，从小就树立信心，觉得自己是一个聪明的人，有能力面对任何挑战，你也能成就"神话"。满足孩子的好奇心非常重要。我总是尽可能解答他们提出的问题，如果我也解答不了，就跟他们一起学习，努力找到问题的答案。

问：很多人上完大学却没有取得您这样的成就。我想听听您对高等教育的看法。

答：这是个很好的问题。大学一定要读完，那非常重要。这一点我一定要讲清楚。当年我办公司是因为机会稍纵即逝，我得抓住它。我离开学校时办的是休学手续，所以我现在仍是在休学。说不定过两年我还会回哈佛去，完成我的学业。

袁校长带头鼓掌："大家努力啊，争取盖茨先生复学时，我们到哈佛去跟他做同学。"

【简评】　　　　　　**视角独特　别具一格**

作为财富和天才的象征，盖茨受到很多人崇拜。这个没有什么背景和资金的穷小子，这个其貌不扬的人，当年甚至大学尚未毕业，也同样能成为世界顶尖的大富翁。毋庸置疑，世界首富比尔·盖茨是一个知名度极高的人物。说起他，人们都能侃一通，老百姓会说，他富得流油；软件业界人士说，他领导着一个庞大的电脑帝国；法律界说，他不断出事，官司缠身；慈善机构说，他捐款无数，有仁爱之心；中国有网民说，美国权贵跟他套近乎，他不为所动，有骨气。总之，人们根据自己掌握的信息给盖茨画像，描出各种模样。但有一点是共同的，大家都会伸出大拇指说："了不起！"

在我们所常见和熟知的关于盖茨的新闻报道中，其形象多是高大而令人万分钦佩的。这则报道虽未脱此窠臼，但其报道视角和报道方式却与以往有着不小的差别。文章主体部分完全采用对话形式，以盖茨与中学生一问一答的方式将记者的采访所见所闻记录了下来，中学生的视角与话语特点使我们看到了些许与成人间对话的不同之处。与此相适应，盖茨的回答也采用了平易简洁的语言，将其年少时的理想、成长过程中的不足以及今天的许多想法生动形象地予以了交待。

此外，文章的标题也是经过了作者的精心思考。题目是文章的眼睛，枯燥无味的题目往往吓退读者，而好题目则能勾起读者阅读的愿望和兴趣。杨健的这篇报道的标题"比尔·盖茨对中国中学生说：你也能成就'神话'"，选取了盖茨的一句答语，富有吸引力，一下子就引起了读者的阅读欲望，为报道增添了不少光辉。

二、世贸中心被炸毁　五角大楼被撞塌

——美国连遭恐怖袭击①

何洪泽　丁　刚　任毓骏　王如君

今天上午，两架被恐怖分子劫持的美国民航客机分别在 8 时 45 分和 9 时撞击纽约曼哈顿的世界贸易中心，引起爆炸和熊熊大火。两幢 110 层的大楼顿时像两个大烟囱，浓烟滚滚。这是纽约迄今为止最严重的恐怖主义爆炸事件。

今天早上，记者像往常一样在客厅看《纽约时报》，同时收看早间电视新闻。当记者从沙发中站起来朝南面的窗外看过去时，突然发现世贸中心的一幢楼已经冒起浓烟，几乎同时，纽约当地的第一电视台也开始现场转播世贸中心被撞的画面。记者曾见过 1993 年世贸中心遭伊斯兰恐怖主义分子爆炸的情景。但今天的爆炸显然比 1993 年那次严重得多。

纽约电视台最初报道说，这是一架民用飞机从北面飞来，撞到有电视天线的一号大楼上。这时记者一边听电视台的现场报道，一边注视着已冒烟的世贸中心大楼。令人难以置信的是，记者看到又有一架飞机从西北方向飞近世贸中心大楼，直接撞到二号大楼的东北角，一团烈火和浓烟向外扩散，其景象就像电影《珍珠港》里的轰炸场景。

据纽约电视台的进一步报道，联合航空公司和美洲航空公司这两架班机被恐怖主义分子劫持，用作自杀炸弹。这样，飞机上的人自然在劫难逃。所幸爆炸发生时世贸中心的一些公司还没有上班，楼里的人没有平时多。但考虑到在世贸中心上班的人多达 4.5 万多人，而且这次爆炸的强烈程度大大超过 1993 年的大爆炸，即使只有一部分人在大楼里上班，伤亡仍然巨大。

世贸中心的爆炸发生后，纽约陷于一片混乱。全市的救火车都呼叫着往世贸中心方向冲去，但面对冲天大火，它们的作用有限。居民们则走上街头或到大楼屋顶，看着浓烟滚滚的世贸中心，大家都目瞪口呆。记者站前聚集的居民纷纷说："纽约又成了恐怖分子攻击的目标了！"市长朱利安尼立即宣布整个纽约市处于紧急状态。纽约周围的肯尼迪、拉瓜地、纽瓦克三大机场都被关闭，地铁全部停驶。从新泽西通向曼哈顿的林肯隧道、荷兰隧道，以及曼哈顿的东西高速公路也全部关闭。在世贸中心旁边的纽约证券交易所很

---

① 原载 2001 年 9 月 12 日《人民日报》。

快也宣布停市。市长还呼吁市民们保持镇静，并留在家里。在该地区的中小学校也紧急把学生疏散回家。作为预防措施，联合国大楼内的人员紧急疏散。原定今天开幕的第五十六届联大被迫推迟。计划在今天举行的纽约市长选举也宣布暂停。临近中午，整个曼哈顿下城区的办公大楼几乎全部关闭，成千上万的上班族都坐公共汽车和渡轮回了家。有亲属在世贸中心上班的家庭都焦急地想知道亲人们的下落，但没有人能回答他们。在世贸中心有一些中国公司和不少华裔工作人员。记者今天一早就设法与他们联系，至今仍未有音信。世贸中心的一幢大楼在燃烧约 1 小时后于 9 时 45 分轰然倒塌，整个曼哈顿金融区浓烟滚滚，尘土弥漫。10 时许，记者赶到纽约曼哈顿下城，在距世贸中心大约 1 公里的地方被警察拦住，虽出示记者证也不能进入。据头戴钢盔的武装警察说，这一地区已经封锁，所有人员正在撤出。在街头上可以看到人群如潮水般涌出。不少人都用卫生纸捂着脸，他们的身上落满了尘土。附近的电话亭前排着长队，由于无线通信中断，人们只能用公用电话给家人报平安。

　　记者正在与撤出的行人谈话时，突然又听到一声巨响，只见世贸中心的另一幢楼也轰然坍塌。这两座纽约的标志性建筑和象征就这样消失了。从爆炸现场逃生的居民描述了爆炸和大楼坍塌的恐怖情景：就像火山喷发，飞落的大楼碎片散射到好几个街区以外，人们惊叫着四处乱跑，但在滚滚浓烟和纷飞的碎片中根本跑不出去。令人感动的是，还有许多医务人员不顾安危在浓烟中抢救被烧得发黑的伤亡人员。从大楼里逃出的杰克先生对记者说，他是踩着死伤者的身体连滚带爬逃出来的。和他一同逃出来的许多人惊叫着，身上、脸上流着鲜血。纽约世贸大厦被撞毁后约半小时，就在人们惊魂未定之际，首都华盛顿中心离白宫不远的地方发生大火，白宫人员开始疏散。紧接着，一架飞机撞到国防部所在地五角大楼，引发大火，楼内人员被迫紧急撤离。据悉，五角大楼又发生第二次爆炸，楼体一角倒塌。紧接着，消息传来美国国会山发生爆炸并起火。据报道，浓浓的黑烟，从很远处就可以看到。

　　今天，整个华盛顿也陷入恐怖之中。美国国务院门口发生了汽车炸弹爆炸事件。国会、白宫、国务院和财政部等美国政府要地已全面封锁，以防不测。白宫所有工作人员已全部撤离，这座象征美国最高权力的建筑成了一座名副其实的"空城"。美国联邦调查局已经表示这一连串事件不是意外事故，而是"恐怖暴行"。

　　另外，还有一架联航从新泽西州纽瓦克机场飞往旧金山的民航飞机被劫持，并在匹茨堡附近坠毁。这样在今天的大规模恐怖主义劫机爆炸中，共有

4 架美民用飞机被劫持和撞毁。到记者下午 1 时发稿时为止，只有美洲航空公司宣布它被劫持的两架飞机中共有 156 名乘客和机组人员。联航还没有宣布它被劫持的两架飞机中共有多少乘员。至于在世贸中心伤亡的人员更是无法统计。

【简评】　　　　　　　　从容记述突发事件

"9·11 事件"作为恐怖袭击事件，在人类历史上是空前的。作为事件的亲历者，何洪泽等 4 位驻美记者发回的报道《美国连遭恐怖袭击》，以现场目击的方式在第一时间对此作了尽可能详尽的报道。

该报道的突出特点在于，它在一片混乱之中从容地记述了这起突发事件。它是如何做到这一点的呢？一个重要的因素是，记者极有层次地将来自当地媒体的信息、自己亲眼目睹的景象、随机采访获得的信息这三者穿插起来，编织成了一幅"美国遭恐怖袭击"的图景。例如："当记者从沙发中站起来朝南面的窗外看过去时，突然发现世贸中心的一幢楼已经冒起浓烟"，这是记者的目击；"几乎同时，纽约当地的第一电视台也开始现场转播世贸中心被撞的画面"，这是媒体的报道；"10 时许，记者赶到纽约曼哈顿下城，……据头戴钢盔的武装警察说，这一地区已经封锁，所有人员正在撤出"，这是现场的采访。而在此过程中，始终突出"亲历"的身份，这使记者可以自由调度视角，在大的场面(如"整个曼哈顿金融区浓烟滚滚，尘土弥漫"，"人群如潮水般涌出")和小的细节(如"电话亭前排着长队")以及记者自己的感慨(如"令人难以置信"，"这两座纽约的标志性建筑和象征就这样消失了")之间来回穿梭。加之记者基本上按照事件的进程记述，用了许多表示时间的词语(如"就在人们惊魂未定之际"、"紧接着"、"与此同时"，等等)，线索非常清楚，而且传递着当时当地的紧张感。这样，记者将这次重大突发事件从容不迫、井井有条地再现于读者的面前。

三、东方风来满眼春①

(全文内容略)

【简评】　　　　　　　　记述详尽　见事见人

《东方风来满眼春》是一篇报道重大事件的通讯。它记述的是邓小平同

---

① 原载 1992 年 3 月 26 日《深圳特区报》。

志南巡深圳的全过程。作为一个重大题材，这一事件通讯具有新闻性、政治性、时效性、生动性等种种特点。作者陈锡添作为一个老记者在把握这一事件素材上显示出自己独到、老辣的处理能力和经验。这一通讯有以下一些特点：

首先，记者对事件的性质进行新闻过滤，分析事件本身的性质及新闻价值。作者敏锐地感觉到，小平同志视察深圳的真正用意是肯定深圳在改革开放以来在物质文明、精神文明领域所取得的成绩，希望加快改革发展的步伐。因此，小平同志此举是为全国改革发展定调子。为了突出这一主题，作者突出了小平同志行程中几个具有代表性的活动：参观深圳市容、登国贸大厦、视察深圳先科激光公司、游览中国民俗文化村和锦绣中华微缩景区、到仙湖植物园种树和游览等，这些活动看上去既自然、随意，又富有深刻的政治内涵。参观深圳市容、登国贸大厦、视察深圳先科激光公司可以看做是检阅深圳市基础设施建设、工业生产的成果——深圳物质文明建设成就的缩影；而游览中国民俗文化村和锦绣中华微缩景区、到仙湖植物园种树和游览则是对深圳市人民群众精神生活水平即精神文明状况的一个考察。在叙述当中，作者自然地突出了小平同志关键性的讲话内容。关键的话语有：要坚持党的十一届三中全会以来的路线方针政策，关键是坚持"一个中心、两个基本点"。不坚持社会主义，不坚持改革开放，不发展经济，不改善人民生活，只能是死路一条。基本路线要管一百年，动摇不得。小平同志又说，要坚持两手抓，一手抓改革开放，一手抓打击各种犯罪活动。这两只手都要硬。主题是通讯的生命，这些关键性话语突出了整个作品的主题。记者正是抓住"两个文明"这一主题，并将其贯穿整个作品始终。

其次，《东方风来满眼春》属于事件通讯，但是没有"见事不见人"的毛病。作者选择典型的"骨干性材料"来表现小平同志作为一位政治伟人深邃的思想、精辟的观点和普通人的情怀。作品中描写小平同志下车伊始就迫不及待地看深圳的变迁，写他与深圳地方领导交谈，对今后的发展作出指示，表现出这位历史伟人的高瞻远瞩。与此同时，这篇事件通讯又通过大量的场面、细节描写，将作为普通人的小平同志的言谈举止栩栩如生地再现出来。在先科激光公司与叶华明叙旧、在民俗村与小孙子亲热、在植物园与杨尚昆共同植树，叙谈两人60多年友情等都亲切自然，展示了小平同志平易近人的品格。

再次，作品感情真切，文如泉涌。通讯是一种激情澎湃、文势轩然的体裁。从《东方风来满眼春》中我们可以感受到作者投入了浓厚的感情。正是作者怀着对小平同志的崇敬之情来写这一通讯，文中感情真挚、充沛，富有感染力。这也是这一作品的显著特色。

这篇长达一万多字的通讯共有七个部分，作者以时间为线，以活动为珠，将一个个活动串起来，读来自然流畅，是重大事件报道的典范之作。

三、《马燕日记》怎样感动了世界①

（这是路透社发布的一则特写搞，这一新闻稿在西方国家的媒体发表后，产生了广泛的影响。中文稿发表于《凤凰周刊》。）

【简评】   恰到好处的引语使用

《〈马燕日记〉怎样感动了世界》是以访谈为基础采写的一则新闻报道，不到 2000 字的报道，让读者获取了足够多的信息，知悉事情的来龙去脉，而且也受到感动。

这当然一方面要归功于作者的精到叙述与信息组合的能力，另一方面我们也不可忽略作者在叙述过程中的引语使用之恰当与贴切。如下列句子可作例证：1. 白菊花给了韩石和朋友一封信和三本小册子，要他们一定收下并认真读一下。"好像事关她的生死"，韩石后来在文中这样忆述当时的情景。2. 一个月后，韩石回到张家树，那个村庄"就像处在世界尽头⋯⋯而首都是在多少光年以外"。3. 就在马燕讲完自己的故事，大家都要回家的时候，白菊花从 400 多华里之外打工的地方回来了，她发现她扔到海里的漂流瓶到达了正确的彼岸，哭了起来。"这天晚上，宁夏的一个偏僻小村庄里的人都在哭泣。"韩石在他的文章中写道。4. 以前，韩石到宁夏去，那里的干部怀疑他是干什么的，而现在他再去那里，政府的人都会请他喝酒，"吃很多菜"。5. "故事的最后是上个月，马燕去了法国。"韩石说，马燕很开心，在法国，她见到了那些捐钱帮助她的人，她发现了一个崭新的世界。

这些引语的使用，无论是从其所出现的位置还是从其本身修辞手法的作用来看，记者在选取上均下了一番工夫。我们试着将那些引号去掉，并在叙述上做出相应的简单调整，就可以看出这些引语的叙述效果，即对读者阅读和接受产生的影响。

---

① 《凤凰周刊》总第 148 期。被采访者：韩石，英文名 Pierre Haskl，法国《解放报》驻京记者。

四、"奥斯威辛没有什么新闻"①

埃姆·罗森塔尔

本报波兰布热津卡讯　在布热津卡，不知怎么，最令人毛骨悚然的是，在这里，太阳和煦、明亮，一排排高大的白杨树长势喜人，在门前不远的草地上，还有儿童在嬉笑、打闹。

这真像是一场噩梦，一切都可怕地颠倒了。在布热津卡，本来不该有太阳照耀，不该有光亮，不该有碧绿的草地，不该有孩子们的嬉笑。假若在布热津卡，从来就见不到阳光，青草都枯萎凋残，那才合乎情理，因为这里是一个无法形容的恐怖地方。

但是，每天都有许多人从世界各地来到布热津卡，这里可能是世界上最可怕的旅游中心。人们怀着不同的目的来到这儿，有的是想看一看这里的情况是否像传说中所描绘的那样，有的是要提醒自己不要忘记这个悲剧，有的是想通过访问死难者受折磨的场所，来向他们致意。

布热津卡同南面更加著名的城市奥斯威辛只相隔几公里，奥斯威辛大约有12000居民，距华沙约171公里，坐落在莫拉维亚关卡东端的一片沼泽地上。

布热津卡和奥斯威辛共同构成了一座周密组织起来的大型杀人工厂的一部分，被纳粹称为奥斯威辛集中营。

从最后一批战俘脱光了衣服在狗和卫兵的驱赶下走进毒气室到现在，已经过去了14年，奥斯威辛的惨状被人们讲过许多次了，在集中营呆过的一些人曾写过许多回忆录，回忆录中提到的事是一般正常的人难以想像的。集中营总监鲁道夫·弗朗茨·费迪南德·豪斯在被处死前曾写了一部回忆录，叙述了大规模杀人以及在活人身上做试验的情况。据波兰人说，有400万人死在这里。

这样，奥斯威辛就没有什么新闻好报道了。但是，有一种无形的压力迫使你提起笔来。这种压力来自无法抑制的某种感情。专程到奥斯威辛来，什么也不说，什么也不写，对于这儿的受难者来说，实在是一种不友好、十分令人痛心的行为。

布热津卡和奥斯威辛如今已是十分宁静的地方，再也听不到刺耳的尖叫

① 原载1958年8月31日《纽约时报》。

声。参观者默默地迈着步子，先是很快地望上一眼，接着，当他的脑海中浮现出牢房、毒气室、地牢和刑房时，脚步就逐渐放慢，简直是在地上拖着走。导游也不必多费唇舌，因为只要他用手一指，就一清二楚了。

对于每个参观者来说，都有某些他认为永远也不会忘记的特别恐怖之处。有的人在奥斯威辛感受最深的是重新修复的毒气室，据说这还是"小的"。而给另一些人留下深刻印象的是：在布热津卡，德国人撤退时破坏了的毒气室和焚尸炉的废墟上已长满了雏菊。

许多参观者目瞪口呆地盯着毒气室和焚尸炉，因为他们觉得这一切都不可思议。当他们看到玻璃窗后堆积得像小山似的头发，看到一堆堆婴孩的小鞋，看到一排排堆放着被窒息而死的人的尸体的砖房时，不禁毛骨悚然，不寒而栗。

一位参观者突然张开大口，差不多叫出声来。他看到好多木箱，一排排地放在女牢房里。每只木箱都有三层，宽6英尺，高3英尺。每只箱子晚上都要塞进5到10名女囚，她们就在里面过夜。导游很快地穿过牢房。那里没有别的东西。

有一座用砖砌成的建筑物，在这里，德国人曾在女囚身上做绝育试验。导游推了推门，门上锁了。记者实在感激，不必入内了，但马上臊红了脸。

一条长廊，一排排面孔从墙上死盯着你。成千上万张照片，囚徒的照片。他们都离开人世了。这些曾经站在照相机前的男人和女人都清楚死亡在等待着他们。

他们目光呆滞。但是，中间一排有一张照片却使记者回顾良久，思绪万千。一个年轻姑娘，大约只有22岁，丰满可爱，满头金发。她温柔地微笑着，好像想起了什么甜蜜美妙的事情。究竟是什么念头在这个姑娘的脑海中闪过呢？她的形象在奥斯威辛挂满死难者照片的墙上留下的纪念又意味着什么呢？

记者被带进地下窒息室呆了一会儿，喉咙就像被人扼住了一样。又有一个参观者走了进来，她踉跄地退了出去，在胸前直画十字。在奥斯威辛，没有地方可以祈祷。

参观者恳求似的你望着我，我望着你，然后对导游讲道："够了。"

奥斯威辛没有什么新东西可以报道。这里天气晴朗，树木青青，门前还有儿童在打闹、嬉戏。

【简评】　　　　　　　　独特的印象　　独特的观感

　　写参观记，多半是用第三人称的口吻来介绍所见所闻，给人的感觉是十分乏味的。美国记者埃姆·罗森塔尔写这样一篇参观记选取的角度十分独特，他采用了一种被称之为印象性报道的方法来写一个具体事件的过程，突破了通讯、特写写作的一般常规，给人以耳目一新的感觉。

　　印象性报道，就是把对新闻事实的客观报道同记者的主观感受结合起来的一种形式自由的报道文体。印象性报道允许记者通过对事实的报道充分抒发自己的感情，写主观印象、写采访观感，从而使报道带有散文的笔调。在报道中加入记者的主观感受，是对事实的注释，可以深化读者对新闻事实的理解。

　　奥斯威辛为什么没有新闻？作者没有正面回答，而是将自己化身为旅行参观团一员，向读者介绍自己的所见所闻。详细描写参观纳粹集中营的经过，其主旨在于控诉法西斯的暴虐行径。奥斯威辛集中营的大屠杀暴行已过去十几年了，有关纳粹在这个集中营所犯罪行的报道和回忆文章已有很多，要想写出新意殊为不易。本文记者独辟蹊径，将视角转向同他一起参观的人群，把他们的动作、表情以及记者自己的心理感受细致地写了出来，以此感染读者，并衬托出人们对法西斯残暴行径的痛恨。

　　《"奥斯威辛没有什么新闻"》一文在写作中的突出特色在于对比手法的运用。作者不惜笔墨描写了布热津卡的和平的环境、气氛：和煦的阳光、碧绿的草地、高大的白杨和嬉戏的儿童……感叹"布热津卡和奥斯威辛如今已是十分宁静的地方，再也听不到刺耳的尖叫声"。与人们脑海中浮现出牢房、毒气室、地牢和刑房以及各种灭绝人性的法西斯残暴行径形成了鲜明的对比。读者在字里行间就感悟到作者的用心，从而更加珍惜宁静的和平环境和美好的生命。

　　作者在这篇新闻特写的写作中，合理借鉴了一些文学手法。给人印象最深的是文中的细节描写。"许多参观者目瞪口呆地盯着毒气室和焚尸炉，因为他们觉得这一切都不可思议。当他们看到玻璃窗后堆积得像小山似的头发，看到一堆堆婴孩的小鞋，看到一排排堆放着被窒息而死的人的尸体的砖房时，不禁毛骨悚然，不寒而栗。""一位参观者突然张开大口，差不多叫出声来。他看到好多木箱，一排排地放在女牢房里。每只木箱都有三层，宽6英尺，高3英尺。每只箱子晚上都要塞进5到10名女囚，她们就在里面过夜。"类似的描写在文中比比皆是。

　　这篇印象性报道在写作上的另一个特色是修辞手法的运用。文章在用事实说话时，采用多种修辞手法，充分表达了记者的感受。如为了向读者传递这样一种意思：正义已战胜了邪恶，悲剧不会重演，记者采用了象征的手法："毒气室和焚尸炉的废墟上已长满了雏菊"含蓄地表明：噩梦已经结束，新的生命已在朝气蓬勃地成长。文章的最后作者巧妙地点题，再次含蓄地点明了这一象征意义："奥斯威辛没有什么新东西可以报道。这里天气晴朗，树木青青，门前还有儿童在打闹、嬉戏。"

　　《奥斯威辛没有什么新闻》这篇印象性报道短小精悍，手法上自由飘逸、成熟老到，风格独特，富有强烈的感染力，所以它一经发表就引起了很大轰动，是美国新闻史上不朽的名篇，也是各国新闻教学中经常使用的范例。

五、福特总统遇刺　幸而无恙

　　合众国际社1975年9月6日电　今天晴空万里，阳光明媚，那个娇小玲珑的红衣女郎同群众一道等待着福特总统从他们面前走过。

　　大多数前来欢迎总统的人都希望同他握手。

　　这个红衣女郎携带着一支枪。

　　勒奈特·阿丽丝·弗洛姆，27岁，属于查尔斯·曼森那个恐怖主义团体。在那个团体中，她的代号是"雏鸽"。据目击者说，她一声不响地站在人群的后排，站在州议会大厦前等待总统光临。

　　她对人群中一位名叫凯伦·斯凯尔顿的十四岁姑娘说："啊，今天天气太好了！"

　　事件发生后，凯伦说："她看上去像吉普赛人。"

　　"雏鸽"身穿红色长袍，头戴红色无檐帽，同她的红头发很相配。

　　她的前额上有一个红色的"X"记号，这是1971年曼松及其三名女追随者因谋杀罪名成立在洛杉矶受审时自己刻上的。

　　"雏鸽"特地从北加利福尼亚赶到萨克拉门托，从而步正在服刑的41岁的曼松的后尘。现在，她正耐心等待总统的到来。

　　她的手提袋里藏着一支0.45口径的自动手枪。

　　太阳热辣辣地直晒下来，气温是华氏九十多度，人们热得不耐烦，不由得走来走去。

　　突然，欢迎人群振作起来了，原来福特出现在参议员大饭店门口，接着走上一条人行道，穿过州议会大厦前的停车场朝着人群走了过来。他的前后左右都是特工人员。

福特止步,向欢迎的人群挥手致意。

欢迎的群众被绳子拦在后面,他们纷纷向前拥去,同总统打招呼。

总统向左转过身去,他伸出双臂,去握欢迎群众伸出来的手。

每同一个人握手,他就说一句:"早晨好!"

"雏鸽"仍没有采取行动。

突然,她从人群后面挤到前面来,边挤边用双臂拨开周围的人。

警察说,她挤到离总统只有两英尺的地方时,突然拔枪瞄准总统。

凯伦·斯凯尔顿说,总统见到这支左轮手枪,"脸刷地吓白了"。

另一位欢迎群众、五十岁的罗伊·米勒说,福特"大吃一惊,吓坏了,把脖子缩了起来"。

说时迟,那时快,特工人员莱瑞·布恩道夫立即采取措施保卫总统生命安全。他冒着生命危险,冲到"雏鸽"和福特中间。

接着他把"雏鸽"摔在地上,同警察一道缴了她的枪。

"雏鸽"尖声叫道:"他不是你们的公仆!"

她还对警察说:"别激动,伙计们,别打我,枪不是没响吗?"

四五名特工人员同时围了上来,把福特与群众隔开,旋即簇拥着他离开。

福特的膝部一向有毛病,这次在惊吓中几乎支持不住自己,但他很快就站稳了。

当警察给"雏鸽"戴手铐时,她喊道:"美国乱透了!那家伙不是你们的总统!"

过了一小会儿,警车把她送走,这时,她的脸上浮现出一丝微笑,神情似乎很镇定。

【简评】　　　　　向读者讲述一个惊险、刺激的故事

这篇新闻特写给人以独特的印象就是它的结构形式。通讯报道的形式多种多样,然而以讲故事的形式来讲新闻事件应该说是不多见的。

首先是作品的独特之处在于故事性很强。作品报道了一个重大事件,读者的感受却如同听了一则故事。有人物、有叙事,叙事有开端、发展、高潮、结局。故事一开始,主人公就出场了,"今天晴空万里,阳光明媚,那个娇小玲珑的红衣女郎同群众一道等待着福特总统从他们面前走过"。作者以写故事的形式写通讯,不忘交代新闻的要素,告诉读者事件发生的时间、地点、人物。"那个娇小玲珑的红衣女郎"的出场同时也产生了故事的悬念,"红衣

女郎"到底要干什么呢？作者再慢慢讲来，通讯由此产生引人入胜的效果。报道开始写得非常宁静平和，与恐怖分子行刺总统的行为形成了对比。红衣女郎的险恶之举与欢迎总统的群众的善良行动形成了对比，从而增强了故事的叙事张力。随着叙事的展开，读者了解到"红衣女郎"带着一支枪，是恐怖主义团体成员，额上刻着"X"记号。这就使读者神经随之紧张起来，读者猜想中的事件终于发生了，文章也达到了高潮。然后，记者抓住要害，一句话一个自然段地描述着事件发生的一系列过程。运用分段突出的写法，造成快节奏，给读者以急迫感，从而在读者感情上形成强烈的冲击力。

报道采用客观性叙事技巧，回避了记者的直接叙述，巧妙地借事件中的当事人来讲述事件的经过，借凯伦·斯凯尔顿之口介绍她对"雏鸽"的印象，借罗伊·米勒之口来形容福特当时的表现："脸刷地吓白了""吓坏了，把脖子缩了起来"。通过描述现场的场景、对话、各种人物一连串的动作，再现了事发现场的情景，使读者如身临其境，体会到当时的恐怖、忙乱和刺激，从而增强报道的现场感和新闻的真实感，使报道具有可信度。

这篇报道打破了特写的固定程式，以电影剧本的形式来结构这篇特写，镜头意识特别强，每个镜头完成后，就换另一个镜头。所以，作品给人以电影的感觉。难怪它会成为美国新闻院系使用的范文之一。

第三节　言论类作品评析

一、改革开放要有新思路①

（全文内容略）

【简评】　　　　　　　有识是有胆的前提②

刘根生

20 世纪 90 年代，中国的经济和社会发展进入一个关键时期，改革开放也面临许多新的问题。这篇评论在全国较早地提出了要解放思想、防止新的思想僵化，以改革开放的新思路，开创经济建设新局面这一重要问题。文章立论高瞻远瞩，观点大胆新颖，被时人赞誉为："犹如滚滚春雷，催人惊醒，

---

① 原载 1991 年 3 月 2 日《解放日报》，获中国新闻一等奖。

② 刘根生编著：《新闻评论范文评析》，新华出版社 2001 年版。

促人深思。"文章在社会上引起强烈反响，受到国内外舆论关注。尽管这篇文章主题重大，但作者没有不着边际大发宏论，说一些大而无当的话，而是从上海和全国的实际出发，以具体事实为依托，夹叙夹议，阐明道理，使人感到既开窍，又实在。

写评论贵在有胆有识。胆即胆量，有胆就是要敢于把自己的新思想、新观点公之于众，敢于发表"异见"。识就是见识，就是能了解事物的状态、性质、发展规律，对所要评述的对象有独到的看法。写评论，没有胆固然不行，但仅仅有胆也不行，还必须得有识。可以说，有识是有胆的前提。一个人若对事物来龙去脉都搞不清，又如何能说出振聋发聩的"一家之言"？《改革开放要有新思路》的"胆"实际上就是建立在"识"之上的。这就是文章强调的"计划经济不等于社会主义，市场经济不等于资本主义，计划和市场只是资源配置的两种手段和形式，而不是划分社会主义和资本主义的标志"。尽管这篇评论主要是传播了邓小平的思想，但在当时大家仍讳言市场经济的条件下，敢于最先把这一思想公之于众，确实是需要有胆有识的。而要具备这样的勇气和胆识，就需要深厚的理论功底、洞察时势的能力和敢为天下先的勇气。

二、再干一个二十年——论我国改革发展的关键时期 ①

任仲平

（一）一个国家的发展道路是漫长的，但紧要处往往只有几步。

我们国家的改革发展正处在一个关键时期，这是党中央作出的科学判断。

改革开放开创了我国社会主义现代化建设的新时期。到2003年，人均国内生产总值突破1 000美元，按国际公认标准，我国已走出了低收入国家的行列。这是中华民族发展史上一座伟大的丰碑，为更加有力地推进社会主义现代化创造了新的起点。

（二）改革开放之初，邓小平同志提出了著名的"三步走"战略：从1980年起，用10年时间实现国民生产总值翻一番，解决温饱；再用10年时间实现国民生产总值再翻一番，达到小康；再经过50年的奋斗，使我国赶上中等发达国家水平。

经过党的十四大、十五大，"三步走"战略进一步丰富，形成了"两个100

---

① 原载《人民日报》2004年7月12日第1版（社论）

年"的目标：到建党 100 年时，国民经济更加发展，各项制度更加完善；到建国 100 年时，基本实现现代化，建成富强民主文明的社会主义国家。

党的十六大提出，对我国来说，本世纪头 20 年，是一个必须紧紧抓住并且可以大有作为的重要战略机遇期。我们要全面建设经济更加发展、民主更加健全、科教更加进步、文化更加繁荣、社会更加和谐、人民生活更加殷实的更高水平的小康社会。到全面小康社会建成之时，人均 GDP 达到 3 000 美元。

关键时期，就是人均 GDP 从 1 000 美元到 3 000 美元的特定时期，就是必须紧紧抓住并且可以大有作为的重要战略机遇期，就是全面建设小康社会的新的发展阶段。

"三步走"、"两个 100 年"、"重要战略机遇期"，这是我国社会主义现代化建设时空的历史坐标，是凝聚和激励全国各族人民奋勇前进的嘹亮号角，是实现中华民族伟大复兴的壮美蓝图。

（三）关键时期的人们，从不同角度思考着"关键时期"。

经济学家认为，人均 GDP 达到 1 000 美元是一个重要标志，意味着经济发展跃上一个新的台阶，迎来一个重要关口。在这一时期，以吃穿用为主体的基本生活消费阶段已成历史，以住房、教育、文化、旅游等为主要内容的享受生活消费阶段正在开始；服务业进入快速发展的轨道，经济结构加速调整；数以亿计的农民离开土地，寻找新的发展空间；经济市场化程度进一步提高，深化改革触及深层次的矛盾和问题，体制创新进入攻坚阶段；经济全球化和科学技术的突飞猛进使世界经济联系空前紧密，综合国力竞争空前激烈，我国开放型经济不断发展，对外依存度不断提高；在连续 20 多年高速增长的基础上，再保持长时期的较快增长，在世界上少有先例。

社会学家认为，在这一时期，我国工业化、城镇化快速推进，引起城乡关系调整，社会流动性增强，世界上最大的二元经济体正在转型；人民群众的物质文化需求和社会利益关系更趋多样化，统筹兼顾各方面利益难度加大；人民群众的民主法制意识不断增强，政治参与的积极性不断提高，对发展社会主义民主政治和落实依法治国基本方略提出了新的要求；人们受各种思想观念影响的渠道明显增多、程度明显加深，思想活动的独立性、选择性、差异性明显增强，思想意识呈现多样、多元、多变的特征；人们对美好生活的渴望和追求推动着经济社会进步，而物欲的贪婪也腐蚀着一些人的灵魂，与社会主义市场经济相适应的法律体系和道德体系亟待完善。

历史学家认为，这一时期对我国的发展至关重要。抓住机遇，就能实现跨越式发展，成为时代的弄潮儿；丧失机遇，就会不进则退，成为时代的落伍者。在人类历史的长河中，中华民族曾长期处于世界的领先地位，但到了18世纪，当西方主要国家先后进入工业社会时，清王朝统治下的中国仍沉醉在"康乾盛世"的落日余晖中，埋下了1840年之后上百年被人欺侮、任人宰割的祸根。新中国成立，中国人民站了起来；党的十一届三中全会以来，我们抓住历史机遇，实行改革开放，集中精力进行经济建设，中国人民富了起来、强了起来，迎来了民族复兴的曙光。

国际问题专家认为，当一个国家人均GDP跨入1 000美元的门槛后，可能出现两种前途、两个结果：有的跃起腾飞，有的盘桓不前。只有应对得当，才能加快发展。东亚一些国家和地区在这一时期较好地处理了各方面的关系，实现了持续多年的快速增长；而拉美一些国家在紧要处举措失当，陷入动荡和停滞，掉进了"拉美陷阱"。

（四）尽管人们思考的角度各有不同，分析的方法各有特色，得出的认识各有侧重，但在一些基本问题上，可以达到这样的共识：

第一，这是保持快速发展难度加大的时期。随着发展水平的不断提高，劳动力成本低等比较优势开始减少，技术和结构升级的压力日益增加，经济转型和结构优化的任务更为紧迫。

第二，这是深化改革阻力增大的时期。改革越是向前推进，触及的矛盾就越深，涉及的利益就越复杂，碰到的阻力也就越大。而这一切都绕不开、躲不过。我们面对的是一场改革的攻坚战。

第三，这是扩大开放风险更大的时期。在对外开放范围更大、领域更广、层次更高的新形势下搞建设、谋发展，既要"引进来"又要"走出去"，既要积极敞开国门又要维护自身安全，既要吸收借鉴一切先进的东西又要抵制抛弃一切腐朽的东西。国内竞争国际化，国际竞争国内化，我们面对的是一场全球范围的大竞争。

第四，这是资源环境制约趋紧的时期。资源消耗大幅增加，环境压力持续增大。既要加快发展、改善生活，又要节约资源、保护环境。这是一个无可回避的尖锐难题。

第五，这是维护稳定任务艰巨的时期。社会生活深刻变革，社会矛盾相互交织，社会问题大量出现。这要求我们比以往任何时候都要更加重视维护社会稳定。

第六，这是考验民族总体素质的时期。温饱问题的解决，总体小康的实现，可以激励我们致富思源、富而思进，攀登新的高峰；也可能会使一部分人在摆脱了生存压力后满足现状,不思进取。新的跨越取决于民族素质新的提升。

大机遇、大变革,千载难逢;大挑战、大跨越,千山万水。关键时期,是现代化建设承上启下、推动社会全面进步的时期,是既有巨大发展潜力和动力又有各种困难和风险的时期,是既有难得机遇又有严峻挑战的时期。一言以蔽之,关键时期:一个"黄金发展期",一个"矛盾凸显期"。

(五)"神居胸臆,而志气统其关键。"存在决定意识,物质决定精神,是从归根结底的意义上说的,是从整个社会发展的历史过程说的。但在客观物质条件已经具备的前提下,对于成就一项事业来说,精神的力量往往具有决定性意义。"狭路相逢勇者胜","境由心造,事在人为"。度过关键时期,必须有坚定的信心、昂扬的志气。既不能只见困难和挑战而悲观泄气,也不能只见成绩和机遇而盲目乐观。

(六)应当认识到,矛盾总是客观存在的,旧的矛盾解决了,新的矛盾还会产生;事物内部的矛盾运动是事物发展变化的动力,人类社会就是在不断解决矛盾中前进的。关键时期好比跑步的"极点时刻",它的到来标志着发展到了一定水平,也预示着更高水平的发展。

以信息科学和生命科学为代表的现代科技日新月异,为生产力和社会的发展开辟了新的广阔前景,为我们以信息化带动工业化,发挥后发优势,争取实现社会生产力的跨越式发展提供了现实可能;经济全球化深入发展,国际生产要素重组和产业转移速度加快,为我们提供了有利的国际条件;多年改革开放形成的综合国力,为我们提供了雄厚的物质基础;社会主义市场经济体制的不断完善,为我们提供了良好的体制保障。

事物总有两面性。全面看,有两面;两面看,就全面。机遇和挑战、利和弊都是相对的,在一定条件下可以相互转化。"物无不变,变无不通",就看应对是否得当,工作是否得力。关键时期的一些矛盾和问题,换个角度看,也是潜力和优势所在。城乡差距大是发展的"拦路虎",但坚持统筹城乡发展,加快城镇化和工业化,中国这个世界上最大的二元经济体在转型过程中必将释放出巨大的需求,成为拉动经济持续较快增长的"火车头"。人口众多,既是就业、资源和环境的"大压力",也可成为长期保持旺盛国内需求和劳动力成本优势的"大源泉";通过不断提高人的素质,还可以是人才资源的"大宝库"。加入世界贸易组织后,我们面临的经济风险显著增加,但坚持以我为主,趋利避害,就能在经济全球化的舞台上演出威武雄壮的活剧。

(七)还应当认识到,关键时期大有希望、大有作为,但这并不意味着前面就是浪静波平、顺风顺水的航程。

我们面对的困难比其他国家多得多。我国是人口大国，一个很小的问题，乘以 13 亿，就会变成一个大问题；一个很大的总量，除以 13 亿，就会变成一个小数目。按人均计算，我国又是资源小国，耕地和大多数矿产资源不到世界平均水平的 1/2，淡水不到 1/4，森林不到 1/7。

我们承担的任务比其他国家重得多。我国还没有完成从传统农业社会向现代工业社会的转变。许多国家的城市化和工业化是同步的，而我国的城市化远远滞后于工业化。在社会主义条件下发展市场经济，是前无古人的伟大创举，但建立完善的社会主义市场经济体制还需不懈努力。

世界在不断发展变化。我们在发展，人家也在发展。慢步走，差距会越拉越大；快步走，才有希望赶上去。这就是竞争的激烈性，这就是挑战的严峻性。

【简评】　　　　　　　立意高远　平白朴实

《再干一个二十年——论我国改革发展的关键时期》是《人民日报》评论员任仲平同志发表的一篇社论，这篇社论在 2004 年发表后在全国思想界、学术界产生了广泛的影响。

社论往往是报刊代表党和政府在特定时期发表言论的文体形式，它要求立意明确、论述全面、思维严谨、言简意赅，具有指导性、前瞻性。从整体看，《再干一个二十年——论我国改革发展的关键时期》这篇社论就具有这些特点。

在这篇社论中，作者高屋建瓴地阐述了关键时期的社会特点。论述层层深入，条分缕析地阐述我国改革发展"关键时期"所面对的问题和存在的机遇。文章开头，作者就开宗明义地指出："我们国家的改革发展正处在一个关键时期"。接着作者对改革开放的历史进行了简短的回顾，指出："关键时期，就是人均 GDP 从 1 000 美元到 3 000 美元的特定时期，就是必须紧紧抓住并且可以大有作为的重要战略机遇期，就是全面建设小康社会的新的发展阶段。"第三部分，作者对"关键时期"从不同的角度进行了阐述，作者假借经济学家、社会学家、历史学家、国际问题专家的观点阐述关键时期需要面对的问题。第四部分，对不同角度所产生的共识进行进一步阐述。第五部分，强调在改革的关键时期，人的精神力量是至关重要的。第六部分，作者对"关键时期"进行辩证阐述，指出："机遇和挑战、利和弊都是相对的，在一定条件下可以相互转化。"第七部分，对当前我国改革所处的处境作出忠告，告诚人们不能盲目乐观，应当冷静看待当前形势。最后，呼应开头，再次强调："慢步走，差距会越拉越大；快步走，才有希望赶上去。这就是竞争的激烈性，这就是挑战的严峻性。"整个文章环环相扣、一气呵成，给人一种气势美。

作为一篇阐述型社论，其最具价值之处在于透彻的说理功底，立足释疑解惑，做到了重点与全面的统一，客观辩证地分析利弊得失。作者实事求是地分析国内外形势，以古今中外的经验教训来阐述关键时期统一思想、抢抓机遇快速发展的重要性。

这篇社论另一个突出特点就是思路清晰，逻辑谨严。读后令人振奋、催人奋进、激人奋发！特别是关于"稳定"、"执政为民"的论述客观、实际、中肯。对当前形势和我们面对的问题、困难以及我们的使命阐述得入情入理。整篇社论行文言简意赅，毫不拖泥带水，文风朴实，通俗流畅，平易近人，如同与好友切磋交谈，语重心长，耐人寻味。

这是一篇不可多得的理论佳作，一篇在改革发展的关键时期振奋精神、催人奋进、鼓舞斗志、激发干劲的檄文！

三、不明财产该当何罪①

李天伦

大凡有贪官"落马"，这些平时十分精明的贪官总是留下一屁股"糊涂账"："巨额财产来源不明"。而且，其数额往往大大高于所供认的贪污受贿所得。据报道，广东省阳春市市委书记严文耀的私人存折里有来源不明的现金折合人民币逾500万元，创下了广东省检察机关历年侦破的巨额财产来源不明案中数额最高的记录，而他所供认的受贿所得仅30万元。

令人费解的是，巨额财产是他们一五一十地存入银行的，他们怎么会这么糊涂，连自己奋不顾身捞来的钱都"不明"来源呢？看来，他们是另有隐衷。其实他们心里清楚得很，只是讲不得。因为一讲明，拔出萝卜带着泥，就会牵涉到更多的人，暴露出更多的问题；因为一讲明，就会构成贪污罪或受贿罪，受到更重的处罚，我国刑法规定犯巨额财产不明罪，顶多处五年有期徒刑；而一旦你讲明巨额财产来源与贪污受贿，数额巨大便会有性命之忧，两相权衡还是不说为上策。

换句话来说，即使非法所得真正来源于贪污受贿，由于巨额财产来源不明罪的法定刑与贪污罪、受贿罪的法定刑相差悬殊，因此，行为人在非法所

---

①　原载1999年10月14日《中国青年报》。

得的事实被发觉后，往往利用罪与罪之间法定刑的差异，规避法律的重罚，拒不供认巨额财产的来源。从这个角度说，这在一定程度上，增长了犯罪分子的侥幸心理。这样的结果，无疑有悖于党和政府反腐肃贪的决心。

在司法实践上，这些"来源不明"的"巨额财产"主要是贪污受贿所得，这已成共识，这也正是严文耀等贪官们已查明来源的财产的主要来源。既然这样，我们的立法机关为什么不把巨额财产来源不明罪的法定刑定得更高一些呢？或者说为什么不根据数额的大小情况，有分别地严格地制订法定刑呢？新加坡反贪污法规定，在公务员不能说明财产来源时，其巨额财产一律视为贪污所得。可见，针对这种犯罪有必要也有可能从严处罚。

据《长江日报》9月18日报道，原西南航空公司副总经理宋贤杰服刑期间再曝贪污罪行，加上原判的14年有期徒刑，决定对其执行无期徒刑。这新暴露的260万贪污款当时就是他拒不说明来源的。

因此，我们应当把该完善的法制制度完善起来，把该监督的东西全部都放在阳光下，让巨额财产无藏身之处，让巨额财产的来源水落石出；二是告诫贪官们天网恢恢，疏而不漏，不要以为不说明巨额财产来源就会减轻刑罚。

【简评】　　　　　　　　　　一针戳穿假象①

刘根生

随着反腐力度加大，腐败分子越来越多地落入法网。但不少贪污几十万、几百万的腐败分子却说不清自己的"财产来源"。不少腐败分子最终也是以"财产来源不明"定罪。这篇评论见人之未见，揭穿了所谓"财产来源不明"的假象，使法律的漏洞得以裸露，对于完善法治，依法反腐败，具有一定的作用。

文章开始，作者先摆出事实：广东阳春市原市委书记，竟然有500万巨款"来源不明"。然后提出疑问：巨款是他自己存进银行的，怎么会来源不明？接着笔锋一转，指出其真实原因在于他有"苦衷"——担心被判贪污受贿定罪。为什么？作者就法律本身进行了分析：以"财产来源不明"定罪可以少坐几年牢，如果以贪污受贿罪则可以送命。一针扎到穴位上，让人恍然大悟。到此，作者提出完善法律的主张，就自然被人们接受了。

为什么"财产来源不明"屡屡出现在报纸上，绝大多数人都没有感觉出其

---

① 刘根生编著：《新闻评论范文评析》，新华出版社，2001年版。

中有何问题，而本文的作者却一眼看出其中的不是呢？从思维方式看，这是纵横比较的结果。纵的比较是指与过去人们的认识比。对这个问题，过去人们尚没有议论过。或者人们更多地只是从腐败的原因、后果、对策等角度议论，还没有从法律本身的漏洞来议论；横的比较是指与实际情况比。从大量的事实中可以看出，"财产来源不明"有假。作者把"枪口"对准此处，一下子就射中了要害。

第四节　广播电视类新闻作品的评析

一、三峡发电啦！①

王彬　郭静　郑明

各位听众，今天晚上7点30分，三峡电厂2号机组开始并网调试。开工十年的三峡工程第一次发出的强大电流，正源源不断地送入华中电网。

中国长江三峡开发总公司副总经理杨清："三峡工程十年建设，十年投入，现在终于发电啦，可以回报全国人民了。"

三峡2号机组随后还将进行72小时连续试运行，然后正式投产。在目前135米蓄水水位情况下，它运行的最大负荷是54万千瓦，月发电大约4亿千瓦时。首台机组发电比原计划提前了46天，这将缓解目前华中、华东电网紧张的供电形势。

制造、安装三峡2号机组的分别是VGS集团和中国水电八局。VGS集团运行调试总代表奥托先生：

（同声翻译）："他说，这是世界上最大的水轮发电机组，它的并网调试成功，不仅是中国的奇迹，更是世界水电业的成功，这标志着世界水轮发电机组的制造、安装水平又达到了一个新的高度。"

【简评】　　　　　言简意赅　文约事丰

广播新闻短消息要求用很短的篇幅传达丰富的内容。短小精悍是广播消息追求的境界。短是指篇幅短、段落短、句子短，语言简洁精练；小指的是层次少，结构简单明了；精指的是观点鲜明、思想深刻、材料典型；悍是指针对性强，切中要害。然而，越短的新闻写起来越难。湖北人民广播电台王彬、郭静、

---

① 2003年6月24日湖北电台22点《晚间新闻》播出。

郑明采写的短消息《三峡发电啦!》是用广播短消息反映重大题材的力作。

《三峡发电啦!》采用短消息的形式,对"三峡首台机组发电"这一举世瞩目的重大事件迅速及时地进行了报道,具有很强的显著性和时效性。作品用不足 200 字的简短篇幅,对三峡首台机组发电的意义、背景、对全国供电形势的影响、对世界水电业的贡献等,进行了充分的反映。其成功之处,在于作品篇幅虽然短小,内容却很丰富、信息量很大。作者在短短的一分多钟的时间里,向听众提供了大量有效信息。作品文字精练,三言两语就把新闻要素交待得清清楚楚。第二段交待新闻的背景。第三段是新闻主体部分,也是信息最密集的部分。作者只用了 90 多字,介绍了首台机组试运行和投产情况、发电时的水位、最大负荷、单机月发电量、提前多少天发电以及对全国供电形势的影响等。消息的结尾部分点出三峡首台机组制造安装、调试发电和并网的成功对世界水电业的贡献。这是一篇用短消息反映重大题材、用简短的篇幅反映重大新闻事件的成功之作。

广播短消息的成功与否在于作者是否能用最简洁的文字和音响把新闻事件(事实)"说清楚、说明白",因而让听众在最短的时间内"听清楚、听明白"。《三峡发电啦!》在广播语言和音响的运用上的主要特色是:一、标题简洁、通俗、明快,朴实而带感情色彩:"三峡发电啦!"二、恰当运用典型人物的典型音响。长江三峡开发总公司副总经理杨清短短一句话:"三峡工程十年建设,十年投入,现在终于发电啦,可以回报全国人民了。"便把三峡建设者的自豪感和喜悦之情表达得淋漓尽致。三、巧妙地选择了参与制造安装三峡首台机组的 VGS 集团运行调试总代表奥托先生的讲话录音。用外国专家的评价,说明三峡首台机组并网调试的成功,"不仅是中国的奇迹,更是世界水电业的成功"。这段音响对深化消息的主题、增强作品的权威性和说服力起到了很好的作用。

《三峡发电啦!》作品篇幅虽小,但信息容量大,广播特色鲜明,正因为其突出的特色,这篇作品获得了 2003 年度中国广播电视新闻奖广播短消息一等奖。

二、全旺乡农民贴对联①

王水明　周杭生

[画面]

推车卖粮的农民。扛粮上垛的村民。村民在乡政府大门上贴对联。对联

---

① 浙江电视台 1990 年播出。

内容。笑逐颜开的村民。

[文字稿]

12月1日是全旺乡秋粮收购的一天，一大早就在全旺粮站发生了一件新鲜事。几位卖粮的农民给全乡党员干部送来了一副对联。上联是"笑声喊声称赞声声声入耳"，下联是"急事难事大小事事事关心"，横批"群众欢迎"。

记者现场采访贺格亭村村民汪金土

（同期声）

问：你为啥贴这副对联？

答：因为干部和过去不一样，抗旱时他们自己的田不种，帮助我们抗旱、泼水。

记者采访蚂蚁村村民袁岳琦

（同期声）

村干部和乡干部来帮我们抗旱，设备没有，领导到外村去借，我家劳力不够，领导组织力量帮我们种下去。

资料。春旱情景。担水栽苗。干裂的田地。从山沟内取水。开沟引水。

今年全县遭受百年不遇的旱灾，全县两个月没下过一场雨，10万亩良田严重受灾，4000亩晚稻无法下种。

旱情在加重，全县35万农民心急如焚，为此，全县几千名区、乡、县干部和群众日夜抗旱。旱情最重的全旺乡300名党员干部提出，宁愿损失自己一亩，也要照顾群众百户，坚持十天十夜挖沟引水。

记者采访开手扶拖拉机的老农杨旺发

（同期声）

今年大旱年，多亏人民政府把铜山源水库的水放下来，加上集体灌溉，得了大丰收，收了9000斤，没有人民政府就会全部旱死。

一桩桩，一幕幕，党员干部在灾害面前的一言一行，农民看在眼里，记在心里。他们盼望的党员干部的形象又回来了。

记者采访乡党委书记徐光化

（同期声）

农民群众给我们送来了这副对联，我作为一个乡干部，心情是非常感动的。我很感谢乡村群众对我们乡村干部的理解。

（插画面）

推车卖粮的村民

去年，作为干部我们一年忙到头，忙着生产、要钱、计划生育，群众说我们是要钱、要粮、要命的三要干部。所以今年我体会到最深的是觉得只要和群众一起心连心，艰苦创业，自力更生，群众会理解我们和支持我们。

【简评】　　　　　　　　　　　现象与本质之间

胡桂林

记者每天都在发现和报道刚刚发生或正在发生的各式各样的社会现象，但是优秀的记者又总是不满足一般地报道这些社会现象，他们常常试图透过一个或一系列细小的新闻事实发现并揭示更深刻的社会内涵。

本文就是一篇通过平常事表现大主题，透过现象揭示本质的好作品。

全旺乡农民给干部送对联，这是一桩新鲜事，它至少表现了社会主义新农村密切的党群干群关系。如果把这件事作为新闻的本体加以报道，谁也不会说它不是一条新闻，但本文的记者没有这样来报道，而是以此为线索，寻找隐藏在这条新闻背后更具新闻价值的东西。记者在采访中发现，农民这么做是因为干部一心为农民服务，帮助农民战胜百年不遇的旱灾，帮助农民取得了农业生产的大丰收。

报道挖掘至此，似乎到位了。但这篇报道记者没有就此打住。他们又把取材的角度转向接受对联的党员干部一方，让他们自己讲述转变工作作风，与群众心连心的道理。看完这条新闻，一个观念就会在观众脑海中自然而然形成：农民盼望已久的党为群众办实事，与人民心连心的传统作风又回来了！

由一个简单的事实，挖掘出其深层的原因，揭示其广阔的社会背景，这不仅大大增加了新闻的广度，也增加了新闻的厚度、深度与力度。也只有这样，我们才能从更高的理性层次上把握新闻事件与人物，拓展、深化新闻报道的思想意义，才能有效地避免报道的简单与肤浅。

事物的本质包含在现象之中，现象与本质之间存在着内在的脉络和联系。记者的一项重要工作就是将它们之间的脉络与联系自然地表现出来。这则电视新闻在层次结构上正是遵循了这种内在的脉络与联系，遵循了人们认识事物的客观规律，从现象切入，由点到面，由浅入深，层层递进，最后接近事物的本质的。记者的思路随着对事实的采访而逐步深入，观众的认识也随着新闻报道的展开而不断深化。这种递进式的报道结构不但有利于报道主题的揭示，也适应了电视观众的接受心理和习惯，可谓报道内容与表现形式的有机统一。

三、爱心创奇迹①

江小青

各位听众，上海市第二医科大学附属第九人民医院近日收治了一位来自湖北的九岁女孩吴青，吴青患有国内从未有过、在世界上也很罕见的先天性胸骨裂畸形症。吴青的爸爸妈妈变卖了房屋和家具，从她出生起就带着她跑遍了湖北省的各大医院，得到的回答却都是：无法手术。但是小吴青最近在上海第九人民医院找到了希望。请听东广记者江小青发来的报道。

要说稀奇确实稀奇，但是这种稀奇却让人看得胆战心惊。九岁的小女孩吴青的心脏在腹部，而且不像正常人那样，由胸腔肋骨保护着。隔着薄薄的皮肤，我可以清清楚楚地看见吴青的心脏在跳动。上海市第二医科大学附属第九人民医院副院长钱云良教授说，吴青患的是一种罕见的病症，从1888年至今全世界一共只有不到100例的记录，而在中国还从来没有文献记载。

（实况：她的病是先天性的胸骨裂畸形，就是我们所说的胸骨缺损。不做手术的话，今后因为心脏就在皮下，不能承受外力。或者不小心碰撞一下，或被人打了一下，可能引起她的心跳改变，所以这个手术必须要做。）

为了这个必须要做的手术，吴青的父母从吴青出生起就跑遍了湖北所有的大医院，变卖了房产和所有值钱的东西，欠下了1.8万元的债务。但是得到的回答却都是：无法手术。第九人民医院的著名整形外科专家张涤生教授了解到吴青的病症后，就请钱云良副院长出面联系，3月23日，吴青和她的父母来到了上海。住进了第九人民医院，由张涤生教授牵头，会同整形外科、胸外科、普外科、小儿科等专家以及新华医院的小儿科专家进行了两次大会诊，并制定了周密的手术方案。小儿科的医护人员也全体行动起来，顾洪亮主任介绍说：

（实况：解决病人的疾苦是医护人员的责任，院长把如此高难度的病例放到医院来。虽然我们小儿科不是主要的动刀的科室，但是我们作为辅助科室，全科积极配合医院做好工作。小孩来之后，术前的准备、化验、拍片、超声波、心功能等都是直接由小儿科医护人员陪同做的。）

记者在第九人民医院小儿科惟一的等级病房里见到了吴青一家。吴青是一个很秀气、很水灵的小姑娘，已经上小学四年级了。爸爸吴进武、妈妈陈江艳说，孩子智力、身体发育都很好，喜欢画画，因为患上了这种病，女孩子

---

① 上海东方广播电台1996年3月29日至4月3日播出。

喜欢蹦蹦跳跳的天性被抹杀了，然而，吴青对着记者的话筒还是唱了一首歌。

（录：世上只有妈妈好……）

望着可爱的孩子，吴进武说，小孩是天使，哪怕倾家荡产也要治好她的病。

（录：小孩就是天使，我们结婚多年才有了这个小孩。医院的领导教授都来会过诊，我们对小孩的病抱着很大的希望，我有很大的信心，希望把这个病画上圆满的句号。）

这一大手术已定于下星期二进行。吴进武和陈江艳夫妇俩面对的将是近3万元的手术费和一天140元的住院费。而他们来上海治病所带的8000元钱还是借来的。他们期待着社会各界的关心和帮助。

以上由东广记者江小青报道。

各位听众，现在是北京时间下午3点钟，此时此刻，湖北小姑娘吴青的先天性胸骨裂畸形整复手术已经在上海市第九人民医院进行了6个多小时。在早上7点东广早新闻和10点、12点的东广快讯节目中，东广记者江小青已经及时向大家报告了手术进行的情况。下午两点半的时候，上海市广播电影电视局党委书记、上海市慈善基金会常务理事孙刚代表792为您解忧基金管委会，将上海市民捐赠给792为您解忧基金吴青心脏手术专项基金的28534.30元，转交给了吴青的父亲。现在东广记者江小青还在第九人民医院的手术现场，我们已经接通了她的移动电话，请听她发来的现场报道。

各位听众，我是东广记者江小青，我现在在第九人民医院整复外科大楼内。首先报告大家一个好消息，小吴青的胸骨裂畸形整复手术进行得很顺利，正在做最后的缝合，已经可以说大功告成了。通过我面前的医院闭路电视画面，可以看到三位手术医生正在分成两组进行伤口缝合。趁现在这个机会，我们来回顾一下今天手术的全过程。

小吴青是在早上7点10分被推进手术室的，8点40分由九院的副院长、整复外科专家钱云良教授划下第一刀。12点10分的时候，骨科专家、九院院长戴克戎教授从吴青的骨盆上部取下了一块两厘米左右的髂骨，像雕刻一样把这块骨头打磨成两块薄薄的骨片，然后覆盖在吴青那裸露的心脏上方，形成一个保护的屏障。1点30分的时候，戴院长完成了他的手术工作，走出了手术室。他告诉围坐在电视机前观看手术过程的记者，手术基本是按照昨天讨论的预案进行的。

两点钟的时候，髂骨移植完成，覆盖骨片的时候，吴青的心跳曾经从100

多次下降到 60 多次，这是因为骨片稍微厚了一些，压迫了心脏造成的，所以又进行了骨片打磨。现在吴青的心跳始终保持在 120 次左右，属于正常。现在正在进行的是取皮瓣缝合。这是利用皮肤的张力，用吴青自己侧身的皮瓣，转移过来覆盖创面。

（实况：医生的讲解声。）

大家知道，整复外科是九院的强项，取皮瓣修复又是正在主刀的钱云良教授的拿手好戏，所以现在听众朋友听到的戴院长在现场的讲解已经显得比较轻松了。他说，这叫"拆东墙补西墙"。

好，各位听众，手术已经进行到最后阶段了。这一手术失血量不是很多，到目前为止才输血 400 毫升，小吴青的心电图、血压等都很正常。从医院提供的闭路电视画面可以看出，手术室里的专家教授现在显得很放松了。喔，现在还剩下最后两针的缝合。我们从电视画面上看到，吴青的创口呈一个大 U 字型。

（实况：现在手术已经全部完成。）

噢，刚才赵佩琪副院长在宣布，手术已经顺利完成了。在电视机前观看的记者和医务人员，包括许多送来鲜花的社会各界人士由衷地发出了热烈的掌声，祝贺手术的成功。

好，听众朋友，今天晚上 18 点和明天东广早新闻，我们还将做进一步的详细报道。听众朋友，再见。

各位听众，国内第一例胸骨裂畸形整复手术昨天由上海第二医科大学附属第九人民医院顺利完成，这是一个奇迹，一个由社会各界人士、医务人员和政府部门共同奉献的爱心所创造的奇迹。请听东广记者江小青昨天发来的报道：爱心创奇迹。

什么叫"心心相印"？这几天来上海人为小吴青奉献的爱心与小吴青没有正常肋骨保护的脆弱的心可以称得上是真正的"心心相印"了。

来自湖北的小姑娘吴青才 9 岁，她也许还不会知道，她今天在上海第二医科大学附属第九人民医院所做的这次手术是在无数颗爱心的关注下进行的。

早上 6 点多钟，吴青在病房里因为害怕手术而不愿打针，记者给她带去了一封由中国人民银行上海分行第 14 期入党积极分子培训班学员写给她的信。她的爸爸吴进武一字一句地念给她听：

（实况：动手术的时候千万别哭鼻子，有很多很多的叔叔阿姨都在看着你呢。）

在整形外科护士长吴本莉和小儿科护士长于红亲自操作下，吴青手术前的灌肠、皮肤消毒等一系列准备工作顺利完成。随后她被推进了整复外科大楼二楼的三号手术室。

著名整形外科专家、81 岁高龄的张涤生教授 7 点半不到就坐进了手术室，坐镇指挥手术。正是张教授了解了吴青的病情并建议接来九院进行这次手术的。在进手术室之前，年迈的张教授说，他对手术的信心来自医生的天职。

（实况：头一个就是要为病人解除痛苦，解除她的疾患，所以从这点出发这是人们做医生的责任。）

手术是上午 8 点 40 分左右开始的。整整进行了 6 小时 20 分钟，这一罕见的手术终于大功告成。

（实况：手术已经全部完成。刚刚赵佩琪副院长宣布，手术已经顺利完成了。）

下午 3 点 05 分，当一直在进行总调度的赵佩琪副院长宣布了这一喜讯时，等候在手术室外的记者、医护人员和关心吴青心脏手术的社会热心人士高兴地鼓掌祝贺。上海电视台记者周骏说：

（实况：在迈向社会主义市场经济的今天，人们说人与人之间的关系变得越来越淡漠了，但是从小吴青的这一事例，我们可以看到我们上海人对于外地人，在中国社会主义大家庭中人与人之间"一方有难，八方支援"的亲密关系。我想我们新闻工作者的职责就是对于这样的事情作报道。）

当手术成功时，所有人的心情与走下手术台的钱云良教授也是一样的。

（实况：我们觉得吴青这个孩子是不幸的，但是得到的社会这么大的关心，这么多的爱，应该也是幸运的。现在手术达到预想的成功，预想的效果。我们觉得心情非常放松了。）

（实况：哭声。吴青，吴青，认识我吗，你爸爸妈妈都在门口等着你呢。）

这声声呼唤，不仅仅来自吴青的爸爸妈妈。在焦虑恐惧中度过了一整天的吴进武和陈江艳夫妇，此时只能是眼含着热泪拉着戴克戎院长的手，语不成句了。

（实况：在家里讲要找个活神仙，这次来上海找到张医生这个活神仙，把她的病治好了。）

其实，不是活神仙救了小吴青，而是社会各界人士、医务人员和政府部门共同奉献的爱心创造了奇迹。

以上由东广记者江小青报道。

　　湖北省仙桃市市委、市政府昨天给东方电视台发来传真，通过东方广播电台，代表仙桃人民向上海市委、市政府和所有关心帮助吴青的各界人士表示诚挚的谢意。

　　传真文中说，上海人民的义举，是上海精神文明建设的生动写照。正在向国际化大都市迈进的上海，不仅是在经济建设上起到了带头作用，而且在精神文明建设上也为我们作出了表率。湖北省慈善总会昨天向吴青和他的父母发来慰问电并捐赠了人民币1万元。慰问电说，请通过你们向上海人民和一切关心你们的人们表示衷心的感谢。

　　以上由东广记者江小青报道。

【简评】　　　　　　**营造生动、感人的艺术效果**

　　《爱心创奇迹》这组系列报道的特点是，创作者善于调动一切手段来营造现场感，达到打动人心的艺术效果。这一现场报道的采编制作者主要调动了以下一些手段：

　　首先这一广播新闻作品以连续现场直播的形式，巧妙地运用典型音响，形象生动地报道了社会各界人士齐心协力，全力拯救9岁小女孩吴青宝贵生命的感人经过，场景感人，催人泪下。音响效果是广播现场直播和录音报道的重要组成部分，选用得当有助于渲染气氛、揭示和深化主题，反之会破坏气氛，削弱和干扰主题。这组系列报道无论是人物同期声的运用，还是现场效果声的选取都给人留下了深刻的印象。如小吴青在病房唱"世上只有妈妈好"的歌声表现出她的活泼可爱；吴青父母的谈话"小孩就是天使……希望把这个病画上圆满的句号"，真诚地表达了做父母的朴素的心声；张涤生教授的肺腑之言以及其他人的谈话共同创造了一个信息场结构，使听众感觉到仿佛置身于新闻事件现场，拉近了听众与所报道的事件的距离，体现了良好的音响效果的魅力。

　　其次，《爱心创奇迹》的现场播报，也是一大亮点。在广播新闻报道中，播报或解说是否流畅自然、形象亲切、是否口语化关系到现场报道的成败。在这一作品中，东方台记者江小青解说时流利通畅，一气呵成，并随着新闻事件的发展、变化，语调起伏有致，分寸把握十分得当，把救治小吴青的紧张迫切之情、社会各界救助之情，与新闻报道的真实客观性，有机地结合起来，特别是记者直播时准备充分，各种材料背景信手拈来，取材非常广泛，提供了丰富的信息容量，这种熟练驾驭现场的能力为这组系列报道增添了许多光彩。

再次，细节描述也是这一广播连续报道的一大特色。在手术过程中，"覆盖骨片的时候，吴青的心跳曾经从 100 多次下降到 60 多次，这是因为骨片稍微厚了一些，压迫了心脏造成的"。这一细节选取得很好，这是这次手术最惊险的地方，也可以说是报道的一个高潮，能引起听众的关注。

《爱心创奇迹》的现场播报，引人入胜之处在于特定情景中的特定语言和行为的关系，记者没有那种多年不变的播音腔，语言亲切自然，富有亲和力，能吸引听众注意力。记者善于在交流和反馈之中酝酿、积累情绪氛围，注重时间进程中的动态性事件和心态的情绪的变化，有一个以人为中心的关系网络，并以此使听众能够体验和感悟事件的过程。应该说，这组报道大体上做到了这些要求，为听众提供了一个审美愉悦和独立思考的时空。正是记者、编辑人员的共同努力和不懈的追求，这一作品得到社会广泛的认同，作品获得了第七届中国新闻奖一等奖。

四、鲜火腿遭遇污染①

单从年头上看，浙江的金华火腿算得上是"活文物"了，它已经有 1200 年的历史了，也被称为"世界火腿之冠"。它的美味是通过特别的选料和金华地区特殊的地理气候，再加上流传千年的腌制、加工方法生产出来的。可最近我们了解到，在金华有的厂家生产的火腿却用上了新的生产工艺，而用这种新工艺做出来的火腿连苍蝇都不敢往前凑。

记者调查：鲜火腿遭遇污染

火腿是金华市的城市名片，位于市区的火腿城，店铺相连，各式各样的牌匾非常醒目。在一个挂着"浙金牌火腿"牌匾的店铺里，记者看到，不同规格的火腿琳琅满目，包装很是精美。据店铺的老板介绍，金华的火腿分为"冬腿"和"季节腿"两种。"冬腿"就是冬季生产的火腿，质量上乘，价格也比较高；而所谓的季节腿是指在春、夏、秋生产的火腿，这种火腿价钱便宜，但生产周期短，质量也较差。

老板：季节腿不臭就算是好的了。但你从外表上看也看不出来。

记者：为什么会臭呢？

老板：那肯定要臭的，天气那么热的时候做出来的。

据这位老板透露，金华市冬季温度一般在 0～10 度之间，是生产火腿的

---

①　中央电视台 2003 年 11 月 16 日播出。

最佳季节，其他季节由于温度较高，火腿很容易变臭，招来苍蝇，导致火腿生虫生蛆，但是他们的火腿在生产时采用了特殊的"工艺"，能从根本上解决这些问题。但当记者询问到底是什么特殊工艺时，老板却不肯告诉我们。"浙金牌"火腿是金华市永泰火腿食品厂生产的，我们决定前往这家火腿厂的生产基地看个究竟。在永泰火腿厂的生产基地记者看到，十几个工人正在忙着清洗、晾晒猪腿。院子里堆放着一大堆猪腿。老板说，这些猪腿都是用来生产季节腿的，刚刚从四川运来，有6 000多只。此时尽管已是晚秋时节，但是这里的气温仍然很高，猪腿散发出的臭味还是招来了成群的苍蝇。

记者：什么猪都有？

工人：什么猪都有，什么母猪、公猪，什么猪都有！

记者：有死猪吗？

工人：死猪也有。

记者：那些猪都是怎么死的？

工人：那些猪专门有人收，死猪、母猪、公猪，专门有人收这些猪做火腿。

不远处的一个水池里，几个工人穿着水靴刷洗猪腿，污浊的池水散发出阵阵恶臭。一个工人挽着裤腿，站在水池上，这吸引了我们的目光，走近一看，光着的双脚黑黑的，好像还附着一层泥灰。

记者：你看这脚黑黑的上面一层灰。你看你这脚上面一层灰。

工人：我这双腿早上刚去了粪坑就过来。

光着脚的工人告诉我们，这些腌制过的猪腿经过浸泡、刷洗后，都要用水清洗，他就是负责清洗工作的。几分钟后，这位工人竟然光着双脚跳进水池里清洗猪腿，这不禁让我们大吃一惊。

记者：你怎么光着腿进去了。你说老百姓看见火腿是这样生产出来的话，还能不能吃？

工人：照样吃。

记者：照样吃？

工人：看不见，什么东西都好吃。

工人：火腿的味道就是脚丫子的味道，脚丫子的味道调到火腿里面，火腿的香味就出来了。

记者注意到，从水池里捞出来的猪腿，都要放进一个大缸里浸泡。

记者：你这洗完了还沾一下干什么？

工人：猪腿上面有油，放到这里洗掉上面的油好看一点。

　　记者经过仔细观察后发现，没有经过大缸浸泡的猪腿到处爬满了苍蝇，但是浸泡后的猪腿却没有苍蝇靠近。很显然，放进大缸浸泡就是那位老板所说的防蝇防蛆的特殊工艺。记者靠近大缸，里面散发出一股刺鼻的气味。大缸里一定是加进了什么东西。夜幕降临，工人赤裸着的双脚还在盛放着猪腿的水池里浸泡着。这位工人自称是厂里的技术员，他说，他们在缸里加进了一种特殊的药物，主要是为了驱赶苍蝇，防止火腿生虫生蛆。

　　技术员：主要是怕生蛆，你看上午洗的这些猪腿，下午苍蝇都不会上去，它闻都不会去闻。

　　到底是什么药物有如此神奇的功效，使喜欢臭味的苍蝇都避之不及呢？第二天一大早我们再次来到永泰火腿厂。早晨七点刚过，技术员和一位工人忙着搬运大缸，技术员手里还拿着一个茶色的瓶子。看来这个瓶子里装的就是用来驱赶苍蝇，防止生蛆的神奇药物。技术员往大缸里加完了水，却迟迟不肯将药物倒入大缸里，似乎是对我们有所顾忌，把瓶子放进了不远处的一间小屋。十几分钟后，另一个工人从房间里取出那个茶色瓶子，将一种无色液体倒进了缸里。

　　记者：你这个放了多少？

　　工人：就放这么多了，再放一点点。

　　大缸里不断地散发出刺鼻的气味，那么瓶子里装的到底是什么药物呢？记者走进那间小屋，发现那个茶色的瓶子就放在墙角，瓶子上面几个字非常醒目：敌敌畏。敌敌畏是一种毒性较强的农药，人误服对消化道和胃黏膜有强烈刺激作用，可导致胃黏膜损伤，甚至引起胃出血或胃穿孔。

　　永泰火腿厂的老板告诉记者，他们厂每年生产的火腿有30 000多个，其中大部分是季节腿，生产时都要用敌敌畏浸泡。

　　曹老板：这道工序都是少不了的。

　　记者：哪道工序？

　　曹老板：用药水泡。

　　记者：用敌敌畏？

　　曹老板：是的。

　　记者：用敌敌畏泡？

　　曹老板：是的。

　　记者随后又对金华市的几家火腿厂进行调查采访。在旭春火腿厂记者看到，这里的生产过程与永泰火腿厂也大致相同。工人光着双脚在水池里清洗猪腿。洗刷过的猪腿也都要放进缸里浸泡，缸里面加进了敌敌畏。用过的敌敌敌畏瓶子随意地丢在水池旁。

老板：（敌敌畏）是昨天买来的用了两次，昨天用了一次，今天用了一次。

然而这些用敌敌畏浸泡过的劣质有毒火腿却都能通过有关部门的检测，成为合格产品。在永泰火腿厂里记者看到工人正在火腿上加盖检疫章，而原本应该是管理部门加盖的。

记者：怎么自己盖章？

工人：自己盖，他们还会来盖啊？什么事情都是自己做。他这个是委托我们盖的，他这个是委托检验。

记者：他这个章怎么到你们手上？

工人：这个我不知道。

这些火腿经过两三个月的短期发酵，经过包装后销往全国各地。

记者：你们现在生产的季节腿主要往哪里卖？

老板：季节腿主要往本省（浙江）、江苏、北京、乌鲁木齐、太原。

权威访谈：中国肉类研究中心的董寅初先生

主持人：剧毒农药敌敌畏在农业使用上都有严格的限定，可现在没想到敌敌畏还用到了火腿加工上。今天我们就请到了中国肉类研究中心的董寅初先生。董先生，您好！

专家：你好。

主持人：金华火腿到现在已经流传1000多年了，现在落到有些企业非得要用敌敌畏去加工的地步，您说这种古老的产品，我们怎样来更好地保护它和发展它？

专家：保护它这产品，我想最要紧是政府部门有关机构应重视这个产品，严格地加以管理，不要产生一点点的差错，这点很要紧。第二个是企业本身。从片子里看，有些个别企业为了当前的一些眼前利益，简单地把这件事做了，它可能得到利益了，但从长远来讲，它是损失了，因为这个产品再没人买或者吃的人减少。敌敌畏是种有机磷农药，对所有昆虫都能杀死的。苍蝇很敏感，闻到味道就跑了，不敢过来了。浸泡了以后多多少少会渗透到里面去，假如渗透得比较多了，人吃了以后肯定是不好的。对人的危害，敌敌畏最明显的是对肠、食道、胃黏膜有影响。这个年代我们讲究食品要安全营养。加了敌敌畏无疑是很不应该的，也是很不道德的。

主持人：刚才我们在片子里看到，有冬季生产的火腿，也有其他季节生产的火腿，什么才是正宗的金华火腿？

专家：正宗的金华火腿有这么几个条件，首先是它这个原料，正宗的金华火腿用的是当地的特有猪的品种叫"两头乌"。然后，当地的气候条件对金华火腿的生产是非常有利的，比如说在它的腌制过程里面，发酵过程里面，晾晒过程里面，当地气候都是非常合适的。第三个是看外形、闻味道，用竹签插到金华火腿的上中下三个位置，拔出来后很快闻味道，要是味道很正，这个火腿就很好，真正的金华火腿味道是很香的。

主持人：感谢您来到我们演播室。不管是古老的品牌还是新的品牌，质量永远是消费者关注的问题，也是有关部门需要常抓不懈的问题。在上一周的节目中，我们对河南安阳一些腐竹加工厂用有毒物质来加工腐竹的情况进行了报道。节目播出以后，当地政府立即对片子中涉及的几家企业进行关闭整顿，同时还对全市的腐竹加工业进行了整顿。

【简评】   用事实说话

这是中央电视台《每周质量报告》的一则深度报道，这一新闻节目播出后在社会上引起了极大的反响，在人们内心深处引发了极大的震撼。人们开始对食品生产安全诚信问题进行思考。人们哪里会想到市场上卖的金华火腿光鲜的外表下竟然是存在着那样令人作呕的生产过程：丧失职业道德的生产商居然用敌敌畏腌制火腿！金华火腿是有一千多年历史、举世闻名的品牌。在国内，它是金华的一张面孔；在国外，它是浙江的一张名片。那些生产有毒火腿的人们，他们的动机也许只是为了牟利，然而，他们的行动真真切切地在毒害他们的上帝——金华火腿的消费者，更为严重的是，他们的行动毁坏了地方的历史和名声。我们现在阅读节目文本，仍然会感到恶心、愤怒，而节目播出时主要靠画面语言给观众传递信息，由于画面非常直观，加上有声语言的配合，对于人们感官的刺激、对于人们心理的冲击力，与文本相比要强烈很多倍！

这一电视深度报道的特点首先体现作者对新闻真实原则的维护和坚持上。作品大量的内容都是在"用事实说话"，从火腿原料的来源、火腿的加工制作过程，火腿的检疫过程都用大量直接的镜头画面和音响效果来表现，将观众带到了第一现场，使他们产生身临其境的感觉。在作品中记者用第一手暗访材料来揭示真相，机智地使当事人在不知情的情况下说出了真话，增强作品的说服力。

这一深度报道的第二个特色是尽可能地体现公正、客观性，尽可能让当事人说话，所以，作品中通过画面和人物对话来再现事实，如记者调查对劣质火腿的生产过程时有了这样的问答：

记者：你怎么光着腿进去了。你说老百姓看见火腿是这样生产出来的话，还能不能吃？

工人：照样吃。

记者：照样吃？

工人：看不见，什么东西都好吃。

工人：火腿的味道就是脚丫子的味道，脚丫子的味道调到火腿里面，火腿的香味就出来了。

没有什么比中断对话更能说明问题的了！作品的精彩之处还很多，在新闻价值的追求这一片电视报道无疑是很好的。

中央电视台《每周质量报告》节目在开展舆论监督的同时，也为新闻报道提供了一个优秀的范本。作品深入、细致的采访，不温不火的提问方式，保持了新闻的客观性，从而真实地再现了毒火腿生产的全过程。在强烈感官刺激下，新闻报道达到了应有的批评、监督效果，推动了全社会对食品生产监督的热情。

第五节　新闻作品的同题报道比较

一、"大眼睛"女孩苏明娟当上了教师①

苏明娟辅导她资助上学的小陈思学习

"苏明娟资助你上学，你一定要以苏老师为榜样，好好学习！"安徽省金寨县梅山镇清水村清水小学三年级12岁学生陈思的家人对孩子说。这是7月1日至4日，"大眼睛"女孩苏明娟与安徽大学职业技术学院的同学们一起，再次来到该县进行暑期社会实践时发生的一幕。苏明娟说，她明年毕业后就要工作了，她要尽自己的力量使面临失学的孩子重返课堂。苏明娟还走上该县梅山镇骏马小学的讲台，为山里娃上了一堂生动的数学课，并给孩子们讲述了爱因斯坦等中外科学家的故事，以自己的成长经历和全国希望工程资助第一个大学生、第一个博士研究生、该县南溪镇茅畈村张宗友的事迹勉

① 人民网，2004年7月6日6：22：56。

励孩子们刻苦学习，将来回报社会。

7月9日，苏明娟赶往北京某公司勤工俭学。

"13年来，我没有安静过"——

"大眼睛"苏明娟渴望平静生活①

安徽省金寨县希望小学讲台的"大眼睛"苏明娟，并未如媒体报道所称，"迅即赶往北京某公司勤工俭学"。昨天，当记者拨通她新换的手机时，得知"大眼睛"已秘密抵达山城重庆。据她讲，此行是应邀参加一个晚会。

据媒体报道，7月1日至4日，大眼睛"苏明娟与安徽大学职业技术学院的同学们一起来到该县进行暑期社会实践，并登上讲台为"山里娃"们上了一堂生动的数学课。当时一同参加活动的金寨乡团委陈书记向记者回忆道，上了大学的"大眼睛"显洋气了不少，给孩子们讲述了诸多中外逸事，以及自己勤工俭学的事情，调动了课堂气氛。

苏明娟在电话里告诉记者，勤工俭学的事情都是别人安排的，具体什么时候去北京还不确定。

苏明娟自述："13年来我很累"

上了大学之后，苏明娟对于媒体的采访，多是采取拒绝的态度。用她自己的话说就是，"有时候感觉挺累的，因为我也只是一个小女孩。"

记者（以下简称记）：从"大眼睛"问世到如今已13年了，这13年来你最想说的是什么？

苏明娟（以下简称苏）：我最想说，太累了，因为我也只是一个小女孩。自从解海龙叔叔拍了那张照片后，从此我就没有安宁过。这也许对大家是件好事，但对我却不全是这样。之前我什么都没有经历过，可是突然暴露在大家面前。说的每一句话，做的每一件事，都必须要经过仔细思考。

记：希望工程没有给你带来什么吗？

苏：不能这么说。没有希望工程，我们村里的孩子还没学上呢，我就更谈不上上大学了，我是希望工程最初的受益者。只是有阵子我确实想不通，学习成绩也上不去，大家也说东说西的。

记：这13年，你成金寨县的名人了。（金寨县委书记语）

苏：他们把我当名人来看，我也没法子。我经常外出、上电视，他们早

---

① 《江南时报》2004年7月10日，王刚、徐哲据《新闻晚报》稿改写。

把我当外人看了。但是我知道，我还是金寨的小孩。

记：想过今后的样子吗？

苏：没有。再过些年，人们肯定会忘记我，再想起来只会是照片中的样子了。

记：这次回去村里有些什么变化，登上讲台后有什么感触？

苏：这次回去跟以前回去不一样，以前回去都是作为"自己人"回到家乡的，而这一次我却是作为一个局外人带着别人来看家乡的变化。

记：去年你为什么主动提出"不再需要希望工程援助"？

苏：从一本杂志上我看到北师大有个学生给中青会写了封信，表示自己在大学里勤工俭学已经能够养活自己，所以要退出援助计划。我的心里一时不能平静，想了许久，在一天晚上，就提笔给中青会写了信。

可是，遗憾的是安徽省希望工程办公室没有答应我的要求，他们仍在提供一些必需品，我自己用不了的，都寄了回去，给家乡的孩子们。

记：谈谈你的打工经历吧。

苏：去年暑假，去了合肥的一家房地产公司做售楼小姐，在售楼部工作，赚了一点钱。可是有很多媒体都乱说，令我很烦，我为什么就不能做售楼小姐。

记：为什么？

苏：他们都说，我是被利用了，别人利用了我的名人效应去赚钱，其实都是我自己工作的成果，而不是利用我的名人效应卖出了房子。

苏妈妈：上大学后女儿不常回家

记者随后打电话到安徽贫困山区金寨县苏明娟的家。"去年，她就有了手机。""大眼睛"的妈妈说，上大学后，女儿不常回来。

至于女儿今后想干什么？苏妈妈"呵呵"一笑，今后干什么都行，"只要找到饭碗就好了。"为了培养孩子，筹措学费，苏明娟的父亲苏良友在金寨县城开了一家小面馆，母亲在家乡桃岭乡张湾村收购板栗，但整个家庭的年收入仅一千多元。

"大眼睛"发现者：她需要一份宁静

谈了这么多年"大眼睛"，解海龙终于有些倦了，他希望人们把目光更多地投向那些和苏明娟同样渴望上学的千千万万山里的孩子。

他甚至怀疑当初是一个"错误"：从希望工程形象大使到十四大团中央委员，这个女孩多么想像弟弟那样平静地上学、生活。学习成绩下降了，班上的老师开始不耐烦了，她和村里的孩子也越来越格格不入了，13年来，她就这样矛盾地成长着。这么多年过去了，解海龙现在每每想起苏明娟的那双眼睛，"依旧感觉像打在心上"。他希望一切因"大眼睛"考上大学画上句号，恢复平静生活的她"会有自己的快乐"！

"大眼睛"苏明娟：十三年，累并快乐着①

（全文内容略）

【简评】　　　　　　　　**如何还人物本来面目**

我们的新闻媒体有个传统，喜欢对名人进行高、大、全的报道。殊不知，名人也有自己的缺陷和烦恼，如何真实反映名人的内心世界，客观报道他们的言行，是媒介需要认真面对的问题。三篇对同一个人物——因一幅新闻摄影而成为"希望工程"形象标志的苏明娟——的新闻报道，同题采访报道竞争，各显各的招数，哪种报道最好？读者见仁见智，我们只作简短分析，希望为读者鉴别作品提供一些简单的思路。

《"大眼睛"女孩苏明娟当上了教师》是一篇短消息，叙述的是苏明娟助学的故事，记者的意图是赞扬苏"反哺"的行为，但是，一种大路货的报道方式，未能让我们对新闻人物产生新鲜而深刻的印象。而且这篇消息缺少必要的背景，哪怕只是一笔带过的背景性材料，因而会让不了解苏的人读来感到茫然。

而《"大眼睛"苏明娟渴望平静生活》、《"大眼睛"苏明娟：十三年，累并快乐着》两篇对话性新闻有一个共同特点，那就是都在采访前做了缜密的准备，都再现了苏作为名人，有其困惑与沉重的一面，这也是人性的真实反映。它们并没有把褒扬苏作为新闻的基调，而是立意从多角度来刻画这个名人，展示她作为一个人的复杂性。两篇新闻在采访上敢于提问敏感的问题，这些问题也正是受众急于知道的。

相对于《"大眼睛"苏明娟渴望平静生活》、《"大眼睛"苏明娟：十三年，累并快乐着》这篇新闻在采访上更加深入和具体，问的问题也更加详尽。而且，在文章开头嵌进一段介绍报道对象的背景性材料，非常有助于受众对报道对象的了解。

---

① 《周末》2004年6月9日。

二、水门水落石出①

美国"水门事件",终于水落石出,告密者——前联邦调查局副局长费尔特,亲口承认就是当年神秘线人"深喉"。

"深喉",本来是一部色情电影的片名,影片中有不少大胆镜头,以现在的角度而言,是小儿科,别说是四级、五级,就算是三级也够不上。

但是,这个被新闻界、司法界以"深喉"作为代号的致命线人——夺去了尼克松的政治生命。尼克松是美国一位颇有建树的总统,共和党人、爱尔兰血统,1952年,以39岁之龄,曾出任副总统。1969年,当上总统。1972年2月,也就是中国文化大革命如火如荼的时候,尼克松访华,与中国总理周恩来在上海发表联合公报,打开了中美交往的大门。

1973年1月,尼克松又为美国做了一件大事,他代表美国签署了结束越南战争的《巴黎协定》。"水门事件"是窃听事件,当时尼克松谋求连任,在对手民主党的竞选总部,发现了窃听器,华盛顿警方拘捕了五人,有报道指,事件与尼克松有关,扰攘了两年,在1974年国会准备通过弹劾议案前,尼克松辞职。

事件虽然告一段落,但是,谁是告密者,把窃听一事爆料给新闻记者呢?30多年来,一直在猜忌中,即使在1994年尼克松逝世后,猜"线人是谁"的游戏仍在继续,而这个被媒体用"深喉"作代号的告密者,可能是很多高官,有人甚至把老布什、基辛格、黑格也扯上。而当年那两位大胆报道的记者,则曾经发誓,即使拉他们去坐牢,或者受到任何迫害,在告密者去世之前,都不会透露其身份。

而费尔特亦一直守口如瓶,他今年91岁了,三年前,他把当年事告诉家人,家人鼓励他站出来说出真相,因为,他此举是英雄,而不是"二五仔"、告密者。终于,费尔特在接受杂志访问时,和盘托出。

美国"水门事件"增加了传媒的使命感,它是有效监察政府与统治者的公器,新闻自由的作用获得确认。

水门事件告密者浮出水面　对美政治生活产生影响②

天石　天籁

"深喉"现身对美国政治生活有何影响?

---

① 原载2005年6月2日《东方日报》。
② 原载2005年6月1日新华报业网。

　　曾经震动美国政坛并导致总统尼克松辞职的"水门事件"过去已经30多年了，随着调查的深入和时间的推移，事件中的一个个谜团已被解开，但当年向《华盛顿邮报》记者伍德沃德告密的人——"深喉"到底是谁却一直还是未解之谜。5月31日，美国《名利场》杂志报道说，91岁的前联邦调查局二号人物马克·费尔特曾自称是美国"水门事件"中的神秘告密者"深喉"。一时间，关于"水门事件"以及"深喉"的话题再次成为了人们关注的焦点。

"深喉"终于浮出水面

　　由于惟一接触过"深喉"的伍德沃德曾表示，只有经过"深喉"本人的同意或"深喉"已经去世他才会公开其身份，因此，30多年来，有关"深喉"的猜测不绝于耳，拉出名单会有长长的十几个人。最先被怀疑的人有：原助理司法部长亨利·彼得森、原白宫顾问弗雷德·菲尔丁、曾在白宫新闻办公室工作过的美国广播公司女新闻记者黛安，尼克松的几个新闻秘书——白宫助手史蒂文·布尔、演讲稿撰写人雷·普赖斯、帕特·布坎南以及约翰·迪安。

　　2002年6月，本身曾被怀疑是"深喉"的迪安声称，他经过深入调查，已经知道真正的"深喉"到底是谁，并且开列了一个新版本的嫌疑人名单，其中包括前"水门事件"检察官塞尔伯特、尼克松的首席助手黑格，此外，名单中还包括帕特·布坎南，新闻秘书齐格勒及齐格勒的助手杰里·沃伦，史蒂夫·布尔、雷·普莱斯等人。迪安本来信誓旦旦地声称将于当年的6月17日在网上和电视节目中公布"深喉"的真实身份，但却在最后时刻打了退堂鼓。

　　2004年7月，尼克松时期任美国前司法部长约翰·米切尔特别助理的弗雷克里克·切尼·拉鲁去世，而此前许多人都相信，拉鲁就是那个神秘莫测的"深喉"。一时间，美国乃至全球的媒体都出现了"深喉"之谜即将水落石出的大字标题。但是随着其家人的否认和伍德沃德的沉默，有关的猜测渐渐归于平静。

　　2005年2月，美国《世界网络日报》甚至爆出猛料，说出卖尼克松的线人"深喉"很可能是现任美国总统布什的父亲老布什，老布什当时身为美国驻联合国大使，水门事件后不久则担任了共和党全国委员会主席。

　　近年来，有关"深喉"其人还有尼克松的亲密助手基辛格、时任联邦调查局执行局长的帕特里克·格雷、中情局高级特工等诸多版本。有些是在调查、分析的基础上提出的猜测之词，有些则完全是捕风捉影，而涉及到的当事者更是极力否认。这一次有关马克·费尔特的消息则是援引他本人的说法，是第一次有人自己承认"我是深喉"，尽管消息还没有得到费尔特以及

《华盛顿邮报》和伍德沃德的证实，但却是最令人信服的一次。

"水门事件"是美国历史上最严重的政治丑闻，其间牵涉到诸多政治人物和各种政治势力，其影响也一直远及今日的美国政坛。"深喉"的当事双方之所以几十年来一直保持沉默，也是不希望事态进一步扩大。今天，马克·费尔特承认了自己是"深喉"，无疑将自己再次引入了风暴眼中，而这场风暴是不是会引发美国政坛的震动，我们将拭目以待。

考验美国人的政治道德观念

"深喉"之谜的解开，不仅可能会对美国的政坛产生影响，而且对于美国人的政治道德观念也是一场考验。

2004年2月10日，一位63岁的美国老人罗纳德·泽格勒在他圣地亚哥的家中因心脏病突发去世。泽格勒被称为20世纪美国最被美国公众不齿的白宫新闻发言人，原因就是他在"水门事件"期间担任白宫发言人，并且极力为尼克松开脱，"水门事件"中臭名昭著的不认错派。尽管像保镖为保护主人付出生命一样为尼克松牺牲了自己的名誉，但美国新闻界仍然永远记住了泽格勒的忠诚，虽然这可能是个人的悲剧和时代的危险。

在历次有关"深喉"的猜测中，当事者都极力否认自己与此有染。弗雷克里克·切尼·拉鲁去世后，他的儿子对于父亲是"深喉"的说法感到非常气愤，他在接受采访时称，说他父亲是告密者纯属一派胡言，是一种栽赃陷害。他说："我的父亲根本不是也不可能是什么'深喉'，因为他为人耿直，古道热肠，根本不可能去告密，而且我相信我的父亲也不屑去做这件令人作呕的事。"可见，在美国政治人物的思想深处，许多人对"深喉"的做法是颇有微辞的，认为其打破了游戏规则，不符合上层的政治行为规范。

2005年2月，爆出老布什可能就是"深喉"的专家哈维尔也认为，一旦证实老布什就是"深喉"，将使布什家族成为美国共和党的"败家子"，这对布什以及布什家族其他成员将来的政治前途的发展，可说具有灾难性的影响。

费尔特本人也曾对他的儿子说过："我并不认为作'深喉'是什么值得骄傲的事情。你不能向任何人说出这个秘密。"然而，此次消息传出后，费尔特家人的作法却十分耐人寻味。他们认为，费尔特在有生之年应该受到奖励，以表彰他在"水门事件"中所起到的作用。费尔特的孙子31日还代表家人就费尔特"深喉"身份一事发表一份声明，"家人认为我的祖父是一个英雄，我们真诚地希望国家也这样认为。"

现在，如何看待"深喉"成为考验美国政治家们和民众的一道难题。

新闻职业道德再次引人深思

　　"水门事件"对美国的政治体制提出了严峻的挑战，30多年来一直深深地影响和制约着每一位继任总统的行为。同时，"深喉"也改变了美国新闻业，使秘密的消息来源登上"大雅之堂"，在《华盛顿邮报》许多有关"水门事件"的报道中使用不署名的消息源。"深喉"从此成为这种秘密报道的代名词。

　　当年报道"水门事件"的人——《华盛顿邮报》记者伍德沃德和伯恩斯坦曾表示："他们隐瞒自己的身份有很多原因，……我们从来不谈论他们的动机。"但是，人们不禁要问，他们宁肯入狱也要保守秘密所保护的人到底是谁？是个人的职业操守？美国的政治制度？告密者本人？还是背后有其他需要保护的人让他们不得不如此？

　　如今，终于有人承认自己是"深喉"，那么《华盛顿邮报》和伍德沃德保持了30多年的秘密意义何在呢？联想到近段时间美国新闻界出现的"布什兵役记录"事件、"古兰经"事件，人们不禁要问，新闻工作者到底要告诉公众什么？他们有替公众选择新闻的权利吗？他们离政治到底有多远。

"深喉"曝光：如何看待秘密新闻来源[①]

　　（全文内容略）

水门事件关键线人"深喉"费尔特终露面[②]

　　（全文内容略）

【简评】　　　　　　　　讲出故事的深度

　　自从5月30日美国《名利场》抖出"猛料"："水门事件"的核心人物"深喉"现身。它巨大的新闻价值如同刚出土的远古文物，霎时震惊了世界。全球媒体争相报道、转述。

　　对这一重大新闻，我国媒体如何反应？新的传媒竞争形势下，同题竞争变得越来越激烈。照搬照抄、人云亦云只会造成信息源"附加值"的抵消。

　　《东方日报》以"水门水落石出"为题，拟题干净利落，拈连手法使得这一

[①]　原载2005年6月3日《南方都市报》。

[②]　《文汇报》2005年6月2日。

标题别具一格富有几分新意。这则消息在简短的篇幅里介绍了"水门事件"大体背景，事件的来龙去脉。值得关注的是在消息的导语中使用了"告密者"一词，显示了作者的立场。消息的新闻价值卖点还在于为什么"深喉"费尔特此时会浮出水面？消息也以简短的语言作了说明。

作为消息，《水门水落石出》只要交代事件即可。但作为通讯，就必须讲述"故事"，怎么讲故事？接下来的几篇在主题立意上都有所创新。新华报业网《水门事件告密者浮出水面 对美政治生活产生影响》立意的侧重点在"深喉"浮出水面后对美国政治的影响上。应当说，这篇作品是有深度的，其深度体现在对美国政治理念的分析比较全面到位。作者列举了历次有关"深喉"的猜测：泽格勒、弗雷克里克·切尼·拉鲁、老布什等，发现当事者都极力否认自己与此事有染，甚至连费尔特本人也"不认为作'深喉'是什么值得骄傲的事情"。作者指出，"在美国政治人物的思想深处，许多人对'深喉'的做法是颇有微辞的，认为其打破了游戏规则，不符合上层的政治行为规范。"这里作者和盘托出了文章的观点，并进一步反思伍德沃德和伯恩斯坦保密的意义、美国新闻界出现的"布什兵役记录"事件、"古兰经"事件等，引导读者向更深处思考。

《南方都市报》的这篇《"深喉"曝光：如何看待秘密新闻来源》在众多同题报道中，选择的角度也很独特，它的切口很小，思考了一个新闻伦理问题：如何看待秘密新闻来源。作者对美国现行制度、公民权利与法律制度的冲突点以及新闻伦理都作了深入的辨析，引导读者从这一事件中发现一些有价值的东西。

《文汇报》这篇通讯稿努力将这一事件构筑成一个完整的故事。这突出地表现在它故事化的叙述方式上，它按照"背景：水门事件—主角：我就是'深喉'—配角：他确实就是'深喉'"的顺序清楚地交代了核心事件，然后凸现了围绕"深喉"谜底解密事件的戏剧性冲突：《名利场》与《华盛顿邮报》的竞争，最后又推出一个：当年费尔特为何要揭露尼克松政府？这个悬疑及其解答可谓一箭双雕：既构成故事的结束，又再次折返，与开头呼应。其二，它尽管绝大部分是背景新闻的串联，但还是尽其所能地进行了采访，在故事的结尾部分突出了这个采访，并将这个采访的结果自然地纳入故事的叙述之中。其三，国内某些媒体对这类新闻的处理，对消息源不作必要的交待，而这篇报道明确指出是新闻背景报道，报道中对事件关键部分的消息来源均作了清楚的交待。因此，我们说这是一篇既规范又具有创造性的背景报道。

第六节　深度报道作品的评析

一、关广梅现象

庞廷福　杨　洁　谢镇江

本溪出了个关广梅!

1985 年 4 月，当"关广梅租赁经商"这件新鲜事儿，成了当地报纸头条消息的时候，很少有人预料到，租赁改革居然会如此剧烈地搅动了平静但并不丰富的山城市场。

1985 年，关广梅一鸣惊人，租赁了本溪市消防副食品商店，年终实现利润 25.2 万元，比上年同期增长 40%，居全市 36 家副食商店实现利润额的第二位。

1986 年 4 月，她再度夺标，租赁已经亏损 6.5 万元的光明副食商店，这家连续亏损 6 年的商店扭亏为盈。

同年 8 月，她第三次夺标，承租本溪市副食商业系统最大、利润最高的东明副食商场，5 个月盈利 33 万元，相当于上一年全年的利润额。

关广梅连夺五标，一次承租五家副食商店，连同前三家，组成租赁群，拥有职工 1000 人，总销售额占全市商业系统副食品零售商店总额的三分之一，利润额占二分之一。

较高密度的个人租赁门店，惊人的利润增长在一定程度上左右本溪副食品供应的市场，形成了本溪市独特的"关广梅现象"。

"关广梅现象"带来了什么？

(一)

说话嗓门很亮的蒋秀娥是关广梅租赁的商店中以前"脾气最不好"的营业员。租赁以前，她几乎每天上班时，必不可少地要发生两件事：一是和同伴们聊天，二是挑顾客的毛病。"我过去是个不合格的售货员"，她直截了当地对我们说："租赁以后，关经理告诉我，再犯过去的毛病，重罚。我压根儿不吃她那一套，过去哪个经理不是这么说，到头来罚过谁了？可有一天，店里一个营业员和顾客吵了一架。第二天，关经理先罚了自己 20 元，又罚了营业部主任、营业组长各 10 元，再罚吵架的那位 50 元，最后，连一旁看吵架没出声的一个营业员也罚了——因为她没有制止本来该制止的事儿。就是从那一天以后，我见了顾客，处处小心在意，时间长了，倒觉着顾客也变得通情达理了，您说怪不怪？现在，我每月的奖金都是全商店 220 来号人中最高的……"

蒋秀娥的变化，只是租赁企业中职工精神面貌和劳动态度的一个缩影。租赁把"百元销售工资率"等一整套管理办法，输入了本溪市长期以来缺乏活力的商业小型企业中，使营业员的劳动收入和劳动量直接挂起钩来，由此带来的劳动热情和服务质量，本溪人都看到了眼里。

一位顾客向我们讲了一个真实的故事，"我住在光明商店旁边。那商店，过去又脏又乱，你进门买菜，问话没人搭理你；搭理你那话头也是硬邦邦的。有一天，我去买菜，突然发现墙刷新了，地扫干净了，商品也多了一些。一打听，原来这店让关广梅租赁了。一个过去和我吵过架的营业员迎上来笑着说：'我们新进了白面包，您要不要？这儿还有新鲜的小香肠，您买吗？'就是从那一天起，商店营业时间延长了。我现在每次走进店里，都感到有点'阿信'的味儿。"

（二）

1948 年参加解放军的宋士柱，是各个们租赁商店以前的门市部主任。当了 20 多年的主任，他承认自己还站在生意人的门外。但他没有想到各个们租赁后，会请他去烧茶炉，而他自己居然也认为这种安排没有什么不合适——此事一度成为震荡本溪商界的新闻。

本溪市委政研室处长李明，是最早研究"关广梅现象"的人。理论上探索了一年以后，他居然"弃官经商"，辞去处长职务，去做关广梅的助手——此事引起的轰动是去年辽宁省的十大新闻之一。

平庸的领导者开始去做力所能及的工作，一批敢冒风险的人急剧地向改革的实践流动。这是"关广梅现象"带来的另一个变化。有人统计过，在她租赁的 8 个企业中，商店经理一级的干部从 33 人减到 18 人，科室脱产工作人员从 76 人减到 40 人。

本溪理论界对上述事实的评价耐人寻味：这种变化，是租赁机制对干部选拔方法的一个刷新，把过去行政部门的"静态任命式"改变为企业内外的"动态竞争式"，使经营能人得以脱颖而出。

（三）

50 岁的余淑芹，已经有 17 年的商业工龄，但她做梦也没有想到，关广梅租赁她所在的平山副食商店以后，她会对"头儿"的看法发生了这么大的变化。

在她的记忆中，平山副食店很少有过赢利的月份。她只记得，租赁前一年有几个月，营业员每人每月发25元生活费。今年1月开始租赁，5个月以后，商店的财务报表上出现了正号：实现利润比去年同期增长315%，职工每个月可以拿到几十元的奖金，从不大声讲话的余淑芹忍不住给素不相识的关广梅写了一封信。当向我们谈到这件事时，这位3个孩子的母亲眼睛是湿润的："租赁这5个月，日子再不像过去那样紧巴巴的了。我不会写字，就央求丈夫代我写封信给关经理，没别的想法，我就是想谢谢她"

租赁，在把生产力向前推进的同时，也给生产关系带来了新的变化。关广梅租赁后，给职工办了12件事：45岁以上的职工过生日，送寿桃；晚婚青年结婚，送礼品；女职工生育，送5公斤鸡蛋；职工搬家，商店给"搬迁费"；商店配一台洗衣机，为职工洗工作服；职工父母病故，领导吊唁送花圈；逐步建立阅览室、游艺室、托儿所、浴室……

一位女职工谈到这些事时，讲了一个小例子。她说："我们租赁企业的所有女职工，一个月有两天特殊假，记者同志，您在别的地方听说过这种事吗？"

（四）

"关广梅现象"究竟带来了什么？我们在采访中，不断向本溪人提出这个问题。

租赁企业的营业员说：现在挣多少钱要由我们干了算，"大锅饭"吃不成了；

一位每天买菜的退休干部说，市场上发生了一些微妙的变化，走进租赁商店，你感到自己真的成为顾客了；

租赁商店上级公司经理说：她的用人办法，解决了我们多年来想解决而解决不了的问题——"常败将军常挂帅"；

市委书记丛正龙说：本溪是改革的一块试验田，关广梅是试验田的最早的开垦者之一；省委书记全树仁说：这个试验是成功的；国务院领导同志认为，这个情况说明了租赁制的作用……

然而并非所有人都对"关广梅现象"拍手叫好：

一位在本溪市蔬菜公司系统工作26年的党员干部情绪激动地抨击道：关广梅租赁后，就把党支部书记换了，这事儿发生在资产阶级自由化泛滥的

1986年，难道是偶然的吗？他一口气提出了对关广梅租赁经验的12条"学不了"，其中上至关广梅不要党的领导，下至关广梅会跳交谊舞，洋洋洒洒。

另一位自称对理论"很有兴趣"的同志，则表现出更大的疑虑：关广梅一人可以租8个店，

由此才形成了企业群体，如果国家的企业任凭这样"租"下去，那么本溪钢铁公司可不可以租？

去年12月底，在"本溪市企业思想政治工作会议"上，有人一口气向各个们提出十几条问题。其中，"不要党的监督"、"不要职工民主管理"、"贬低思想政治工作"等等，带有相当浓烈的政治气味。

4个月后的另一次很重要的会议上，为数不少的代表提出了更尖锐的批评"关广梅的租赁，是坐收渔利，带有剥削性质"；"她一个人租8个店，在本溪形成了一个商业垄断集团，把市场的商品和物价都垄断住了"；"她干的是社会主义吗？"……

新与旧、进与退、未来与以往、变化与僵化，环绕着"关广梅现象"，发生着冲突、碰撞，有时甚至是对峙。

"关广梅现象"引出了更多的社会现象，这些现象向改革的人们提出了一些迫切需要回答的问题。

这些问题是深化改革进程中所不能回避的。

（原载1987年6月13日《经济日报》）

二、深入的思考，广泛的影响——评析《关广梅现象》

《关广梅现象》是一篇受到读者好评、影响广泛的深度报道。发表的当年，它被《中国记者》评为"1987年中国十大新闻"之一，还在1987年全国好新闻评奖中获得了唯一的特等奖。那么，这篇文章为何得到这么高的评价？有哪些成功经验值得我们借鉴呢？

首先，敏锐发现"现象"，引发重大问题思考。在改革开放的20世纪80年代中后期，新旧观念的碰撞、交锋是很激烈的。破除凡事先问姓"社"姓"资"的思维模式，仍是思想解放的重要任务。本文作者敏锐地发现和选择关广梅这么一个引起当地社会各界激烈争论的典型人物和事迹来报道。文章一如其标题所表明的，中心并不是关广梅这个人，而是关广梅租赁经营的行为引起争论的"现象"。关广梅个人租赁经营国有企业、集体企业，是否符合改革的总体方向？这是触及我国企业管理体制根本性质的大问题。作者向社会提出这个大问题，引起公众讨论，让公众在讨论中深化认识，是作者的写作

目的，也是这篇文章意义所在。一时间，"关广梅现象"成了评价社会主义初级阶段改革性质的一个代表性的词汇，对凡事先问姓"社"姓"资"的正视和重新审视，其内在含义已远远超出了新闻传播的范围。对于正确认识社会主义的本质，进一步解放思想，破除长期禁锢人们的"左"的枷锁，"关广梅现象"的报道无疑是具有特殊意义的。

其次，以事实说话，展示多方评价，报道客观公正。作者在报道关广梅事迹和现象时，力求客观公正，以事实说话，进行多角度透视和全方位报道。既写了她的大胆改革，也写了一些人对她的非议；既写了她为下属带来的实惠，也写了她对一些人利益的触犯；记者不为她贴金，也不给她抹黑，作者的认识完全依仗对事实的描述反映出来。遇到不同观点和评价，文章也如实摆出来。如赞成关广梅的下属们这样评价她："租赁这 5 个月，日子再不像过去那么紧巴巴的了。我不会写字，就请丈夫代我写封信给关经理，没别的想法，我就是想谢谢她。""我们租赁企业的所有女职工，一个月有两天特殊假，记者同志，您在别的地方听说过这种事吗？"而反对她的人却这样评述："关广梅租赁后，就把党支部书记给换了，这事发生在资产阶级自由化泛滥的 1986 年，难道是偶然的吗？""另一次很重要的会议上，为数不少的代表提出了更尖锐的批评：'关广梅的租赁，是坐收渔利带有剥削的性质'；'她一个人租赁 8 个店，在本溪形成了一个行业垄断集团，把市场的商品和价格都垄断了'；'她干的是社会主义吗？'"毁誉反差如此强烈的新闻披露和社会评价，正是当时许多记述改革人物的新闻作品所匮乏的。而本文这样大胆写出分歧很大的事实和评价，既做到了报道客观公正，又给读者留下了思考余地。

第三，摒弃旧观念，采用新思维模式。作者在采写中摆脱了新闻界此前惯行的写作观念的束缚。过去报道典型人物，一直强调写出人物的先进性。为了写出先进性，作者往往"为贤者讳"，不仅要在材料上做一番扬"善"隐"恶"的剪裁，行文时还常用夸饰的新闻评价来"提升"人物的思想境界。本文作者没有这样写。他们对于关广梅及其租赁经营无疑是赞赏的，赞赏之情只在描述事实的过程中流露。作者并不渲染自己的感情，也不蓄意冷却自己的感情，更不根据自己的好恶情绪化地剪裁材料。文章记述了关广梅的大刀阔斧的改革，也记述了她为职工办的 12 件令人感到温暖的实事；记述了一系列足以显示关广梅改革成绩的数字，也记述了人们对关广梅的是是非非。文章的第四部分是写作上最出新的地方。在这一部分里，作者秉笔直书，职工、顾客、市委书记、省委书记肯定关广梅改革的话语固然如实反映，各阶

层人士对于关广梅现象的怀疑和责难也一一予以反映。直言披露出反差如此
强烈的社会评价，让读者在新和旧、进和退、变化和僵化的两种观念的碰撞
中树立正确的认识，这是对以往思维模式和写作模式的最大突破。

第四，成功策划、组合，形成报道规模效应。本文的成功之处还得力于
很好的新闻策划和报道组合。《关广梅现象》是经济日报1987年6月13日在
一版头条位置发表出来的。由此至7月23日，该报展开了"关广梅现象"的
大讨论。在这次历时40多天的讨论中，经济日报首先发表了关广梅希望开
展讨论的"给编辑部的信"，接下来陆续发表了讨论稿件和信件56篇，评论
员文章5篇，消息4篇，通讯4篇，讨论综述1篇，小言论4篇，跟踪抽样调
查4篇，合计78篇。大讨论对《关广梅现象》起到了烘云托月的作用，如果
没有大讨论，没有报社和记者成功的新闻策划和报道组合，该文不会赢得全
国范围内的轰动的效应和广泛的社会影响。

第九章　新闻摄影作品的评析

第一节　读图时代新闻摄影作品的作用

摄影，被人们称为"第三只眼"，新闻摄影更是因为能忠实记录现实生活而备受读者青睐。随着当代科技的迅猛发展，高精度、多功能的相机可以更为得心应手地记录现实、传递信息和表情达意，将无数珍贵的瞬间定格在新闻图片上，成为今天的新闻和明天的历史。一图胜千言，新闻摄影作品以其出色的表现功能成为读图时代新闻报道的重要手段。与文字传播相比，新闻图片在传播中有五大独特功能。

一、使新闻传播更加广泛高效

新闻图片在传播信息时具有直观性，冲破了语言文字的限制，适合不同年龄、知识层次的读者欣赏。赫尔马斯·根舍姆早就指出："摄影是世界各地都能够理解的唯一'语言'，它在所有民族和文化之间架起桥梁，维系着人类大家庭……"我国著名报人戈公振也提出："图画为新闻之最真实者，不待思考研究，能直接印入脑筋，而引起其爱美之感，且无老幼，无中外，均能一目了然，无文字深浅、程度高下之障碍。"[①]这些都强调了新闻图片的"易读性"以及因此带来的传播的广泛性。

新闻图片还能加快读者的阅览速度，使新闻的传播更加迅速。一些受众在快节奏的生活环境中成为报纸的"浏览者"而非传统意义上的"读者"，为适应他们的这种阅读习惯，媒体可以更多地以视觉方式传递新闻信息，发挥新闻图片便于快速接受的优势。

二、强化新闻报道的现场感和真实感

新闻图片作为一种独立的报道样式和重要的版面语言，兼有文字和电视媒体的功用和长处。相对于文字，新闻图片更具现场感和真实感，弥补了语

---

① 转引自《论"读图时代"图片新闻的传播效应》，樊成，新闻采编，2005年第3期。

言文字在形象表达上的缺憾。相对于电视媒体，新闻图片可以定格稍纵即逝的新闻瞬间，供读者细细观察、解读、回味。那些自然形象、真实生动、极具视觉冲击力的新闻图片，带给读者的心灵震撼非文字所能企及。尤其是对于远离大部分受众生活体验的新闻现场的拍摄，如战争、地震、水灾、火灾、飞机失事以及大场面新闻事件的报道，新闻图片就更加显示了其特有的魅力。

三、装饰版面，突出看点和卖点

读图时代的报纸越来越重视新闻图片的运用。许多报纸改版时的重要策略之一即是突出图片的位置，加重图片的分量，新闻图片已成为媒体间竞争的一个核心，也是现代报刊版式设计中最重要的元素。一张优秀的新闻图片足以让版面生辉，从而强烈地吸引读者阅读报纸。美国一家杂志的编辑阿诺德认为："对版面设计者来说，图片在表现动态和使版面变得多样、生动方面起着十分重要的作用。"[1]正是因为有丰富、鲜活的图片的穿插和映衬，报纸版面才显得多姿多彩、动感十足。

视觉传播规律研究表明，版面中首先吸引人的是图片，然后是标题，最后才是大段的文章。图片可以有效地营造视觉中心，突出价值更为重大的新闻，凸显当期报纸的看点和卖点。

四、体现并提升报纸品质

内容鲜活生动、品质细腻精致的新闻图片，在当今注重"细节"的时代，是提升报纸品质的重要手段。新闻图片的综合质量在某种程度上可以代表一份报纸的品质。正因为如此，一些报刊一方面打造高质量的摄影队伍，另一方面不惜重金设立了视觉中心，专门负责图片的采集、选用、编辑和后期制作，除传统的责任编辑外，还出现了专职的"图片编辑"、"美术编辑"、"电子编辑"，由"视觉总监"总领，共同参与到图片编辑与设计的流程中来，以保证新闻图片的质量，进而提升报纸的品质。

第二节　新闻摄影作品的评价标准

新闻摄影作品的可贵之处，在于用画面语言与读者进行心灵对话，有着作为视觉语言特有的词汇、语法和修辞。新闻图片包括视觉符号和语言符

---

[1]　转引自《新闻编辑》，第263页，陈红梅，武汉大学出版社

号，视觉符号由各种视觉元素组成，语言符号即新闻图片的文字说明。新闻
摄影作品的评价标准与新闻文字作品比较而言，既有同为新闻作品的相同之
处，也有因表达方式不同而产生的特殊要求。

一、闻摄影作品的特点

1. 以画面形象吸引受众关注

一幅构图新颖、形象生动、色彩鲜明的新闻图片，可以在读者打开报纸
的瞬间产生强大的吸引力，成为读者的视觉中心。新闻图片是视觉新闻，通
过摄影记者充分挖掘那些融入新闻事件、人物生活及内心世界的细节形象，
来报道新闻事件、新闻人物和社会百态万象，表现世事的沧桑变换、人物的
悲欢离合以及人与环境的内在联系等诸多方面。生动的画面形象不仅使读者
产生如临其境、如历其事的现场感，而且往往能够打动读者，引起他们的感
慨和思考。2006 年度世界新闻摄影大赛（简称"荷赛"）金奖作品《尼日尔紧
急供给中心的母亲与孩子》，通过孩子瘦弱而布满皱纹的小手，母亲惊恐、无
奈而又绝望的眼神，令世界为之动容。"荷赛"评委会主席詹姆斯·科尔顿这
样评价："这张照片包含了一切：唯美、惊恐和绝望，它简洁、精致而感人"。

2. 以画面语言传递新闻信息

新闻摄影作品的力量，在于用丰富的画面语言向读者传递新闻信息。新
闻画面并非通过一般意义上的"词汇"来表情达意，而是通过一定的摄影技术
对影像进行选择、构图、剪辑和强化，进而传达某种意图、情调、氛围和意
境。这些影像表意的手段构成了图片自己独特的表情达意的"话语方式"。

《驻伊美军打死父母的小女孩在哭泣》作者反映美军入侵伊拉克，揭露战
争的罪恶，没有把镜头对准轰轰烈烈的作战场景，而是收缩视野，把焦点聚
集在因战争而失去父母的伊拉克小女孩身上。通过构图取舍，将可能导致画
面结构松散的部分排除在画面之外，把能够突出表达新闻信息的部分保留并
酌情突出。蹲在地上的女孩，双手和身边是殷红的血迹，女孩因恐惧和悲恸
而张大嘴巴痛哭。为了突出主体——女孩和血迹，父母的尸体被藏去，而造
成这悲惨一幕的美军士兵也被藏去身体上部，仅保留腰部以下部分，强调闪
亮的枪膛和带血的靴子。此处画面语言已足以说明人物的身份、事件的主体
和女孩的状态。这种画面表达方式是形象思维和逻辑思维相结合的产物，具
有相当的思想深度，往往意境深邃，发人深思。

3. 以拍摄视角突出新闻价值

在新闻现场于任何一处位置观察新闻场景都是一个视角。尽管被拍摄的

事物是新的,但由于拍摄视角的相对固定,新闻图片也会给人以陈旧感,在一定程度上消减了新闻图片的新闻价值。所以,新闻图片若想在内容和形式上都给人以"新"的感觉,需要拍摄者在每次拍摄过程中都力图寻找新的拍摄视角,以突出图片的新闻价值。

新闻事物发生在多维度的立体空间,随着拍摄角度的变化,其物象之间的距离、主次形象的位置、画面的背景、画面的光影效果、画面的感情色彩以及画面的透视关系都会相应变化,定格在瞬间就会形成不同的视角效果。上述各种元素之间的搭配不断发生变化,就会形成多种不同的拍摄视角,摄影师如果有强烈的选择意识并能移步到位,就会发现相对新颖的拍摄视角,寻找到更加理想的画面效果。《高空茶会》选择的拍摄视角新颖而独到,反映参加茶会的女孩们用餐之前在蹦床上玩耍,采用自半透明的蹦床下向上仰拍,一幅亦仙亦幻的图片瞬间完成(见图9-1)。

图 9 - 1   高空茶会

4. 以文字说明补充新闻信息

图片说明是新闻摄影作品不可或缺的组成部分。新闻图片的长处是能形象、直观、生动地记录新闻现场的瞬间,但其短处也非常明显:难以清楚地交代新闻要素,对画面的理解容易产生歧义。而图片的文字说明恰是对这些不足的有效弥补,可以对新闻内容和新闻背景进行解释和说明。二者相互补充,相得益彰,使受众对新闻既有感性直观的认识,又可以进行理性深入地思考。图片说明还能突出新闻报道的重点,使读者更迅速地接收新闻信息。

5. 以审美观照征服受众心灵

优秀的新闻图片除了揭示、报道新闻事件外往往还具有另外的力量，即能把读者从具象的新闻图片形象本身引向对整个人类生命存在的总体把握和思考。此时，新闻图片已超越了有限的尺幅局限，转而向无限的联想空间延伸，达到了中国古代美学中的"象外之象""韵外之致"的境界。"一幅摄影作品只能是一个历史瞬间的切面，它提供给人们的毕竟是有限的信息，而高明的摄影家正是充分利用这有限的信息去引起人们无限联想的智者。"①这种审美观照给人的启发和感悟是深远而隽永的，"新闻图片是以无可辩驳的新闻事实，先征服你的眼睛，再征服你的心灵"。②

二、新闻摄影作品的评价标准

1. 新闻性

新闻摄影的新闻性要求拍摄最新发生、发展的事件。它必须有新鲜感，能够让受众被典型的瞬间画面所吸引。新闻图片的新闻性主要体现在两个方面：

首先是画面内容具有新闻价值，即新闻图片所报道的新闻事件、新闻人物本身具备为读者所关注的特质。我们常用重要性、显著性、时新性、接近性、趣味性的新闻价值要素来衡量文字报道对象，新闻图片也不例外。新闻摄影要及时捕捉最新发生、发展的重要事件的典型瞬间形象，而且这一形象信息是与广大受众的生活有密切联系，或是受众所关注、感兴趣的新闻事实。只有漂亮的画面而忽略了新闻价值要素的照片，是承载不了新闻信息的，当然也体现不了新闻图片的新闻性。

其次是新闻图片的画面表现方式要"新"。新闻图片的新闻性体现带有强烈的视觉特征，如果总是沿袭一种表现模式，即使所拍摄的事件、人物是新的，整个图片也会给人以陈旧感。如贯彻一项新政策，就用诸人围在一起读报体现；做好思想工作就用三两人谈心表达，已成为陈旧的模式，毫无新闻性可言。

2. 真实性

新闻图片是用图片再现的形象新闻，不是纯粹的艺术图片，因此必须遵循新闻的真实性原则。新闻图片的基本要素包括时间、地点、人物、事件等

---

① 转引自韩子善：《摄影美随想》，第 355 页，中国工人出版社 1998 年版。
② 转引自胡汉生：《谈新闻摄影与美学的关系》，中国期刊网。

必须真实，新闻图片所反映的事实的环境和条件、过程和细节、人物的语言和动作等必须真实。但现实中失实的新闻图片并不少见，主要有三种情况：

一是事实失实。2004年新闻界的焦点事件"荷赛获奖作品造假"(《非典时期的爱情》)即是典型。照片中的人物关系是虚假的，拍摄场面也是事先安排的，整个过程是人为策划的一场"摄影秀"。虽然照片中的影像看似真实、生动(这也是图片样式所特有的与生俱来的迷惑性)，但这并非是对真实生活的记录和反映，而是对记者安排被拍摄者按其意图进行"表演"的记录和反映。

二是形象失实。即新闻图片不是新闻事件自然真实形态的记录，人为摆置加工的色彩浓厚，以至于形象与事实不能达到真实统一的状态。最为常见的是摆拍与技术处理过度。摆拍中的摄影者犹如导演，控制人物在镜头中的位置、动作、表情，或物体在镜头中的位置、数量等。如某报曾刊登"解放军体育学院官兵以饱满热情学习十六大报告"的新闻图片，照片上的20名官兵均笑容可掬地围着中间一军官手中的报纸"看报"，如果不是因为摆拍，这样的看报场景到哪里去找？有时摆拍是以"再现场景"的方式出现，即此事确实发生过，但已时过境迁，拍摄者找人以"表演"的方式进行再现。从新闻的真实性原则出发，摆拍都造成了不同程度的新闻失实。

技术处理过度也能造成新闻图片的失实。如拍摄中滥用广角镜头、鱼眼镜头，使狭窄变成宽阔，过分的夸张变形改变了事物间的比例关系，削弱了新闻图片的真实程度。在暗房中进行多次曝光，甚至进行刮膜、剪贴、拼接、叠放，制造非镜头所摄的合成影像，也造成严重的形象失实。

三是文字说明失实。文字说明是新闻图片的有机组成部分，它与图片一起陈述事实，揭示主题。文字说明不经核实随意杜撰，新闻图片也会随之失实。

3. 思想性

新闻图片的思想性是指新闻图片的瞬间画面必须具有一定的思想内涵，能使受众通过画面形象进而领悟到它的思想意义，起到既反映现实又引发思考、推动现实的社会作用。新闻图片是通过瞬间的形象定格告知公众新闻事实，是客观的产物而不是主观的创造，所以思想原本不是新闻图片的强项。但是，优秀的新闻图片往往产生于记者对新闻主题的思考、领会和把握，因此不可避免地具有记者主观意识的痕迹。摄影记者不是一个简单的记录者，他要通过新闻图片去解释新闻事件，运用新闻摄影的各种手法去表达自己的观点、态度、意志，使新闻图片成为承载更多思想的信息源。思想如何通过图片表达，不仅是运用镜头的技巧，还包含着摄影记者的思考。这从摄影比赛的获奖作品中能够看到，其中相当一部分是重大新闻事件中能够深化主题、反映和关注人的命运的非突发性新闻题材，在具体的形象之外引发广阔的联想空间，让读者再三品味。

4. 形象性

新闻图片的形象是事物的轮廓和外貌特征具体地再现为画面时给人的直观的感觉。新闻图片主要通过视觉形象向读者传播新闻信息，好的新闻图片必须具有视觉冲击力和视觉吸引力。

人的视觉是一种主动性很强的感觉形式，具有强烈的选择性。新闻摄影者必须善于捕捉具体事物的典型形象，才能得到精彩的瞬间画面，震撼读者的心灵。人的视觉又具有求新纳异的倾向，新闻图片不能满足于呈现人们普遍"看得见"的画面，而应该着力于把人们普遍"看不见"的画面变成"看得见"的图片。而且，每一张新闻图片都应该是独具一格的。画面内容与画面效果俱佳的新闻图片是上品，仅仅画面效果好的次之，仅仅画面内容好的则列为三等。因为对以形象进行信息传播的新闻图片而言，画面形象是其魂魄所在。

5. 技巧性

新闻摄影的技巧性是指摄影技术、技巧的运用。比如，拍摄方向的选择，拍摄距离的确定，拍摄角度的变化以及色彩、线条、光线、影调、构图的运用，摄影作品的质感、立体感、空间感的表现，等等。摄影者必须熟练地掌握这些技巧，才能拍出富于表现力的新闻图片。

摄影技巧所产生的画面感染力不容忽视。拍摄农村贫困失学儿童的照片很多，但只有解海龙的"大眼睛小姑娘"被人们长久记住，并成为希望工程的象征性画面。摄影者高超的技巧综合展示于突出的画面效果中，令人叹服。

第三节　新闻摄影作品的审美

新闻摄影要求真实地反映生活，不允许有任何虚假的成分。但是新闻摄影仍然具有摄影艺术的特质，与其他艺术形式相通，即具有新颖生动、内涵丰富的形象意义和独特的艺术魅力。也就是说，新闻摄影作品除了它本身具有的新闻价值外，还具有独特的审美价值。新闻摄影作品的审美及美感获取，完全根植于作品所反映的新闻内容，通过摄影记者对现实生活题材的捕捉和挖掘，反映人类追求生活美的本质，使读者获得审美感受。即便是灾难、战乱、饥荒的题材，新闻摄影也能挖掘出其中的悲剧之美，唤起人类的同情与怜悯，实现人们在审美心理与情感上的沟通。

一、新闻摄影的审美

马克思主义美学认为：美是劳动创造的一种价值，是主体与客体关系中的一种。这种价值表示，客体及其属性的存在和发展，能使主体产生愉悦之情，满足主体精神享受的需要。美感是一种精神愉悦，含有感情因素，情感是美感的核心，美（Aesthetic）的初始意义正是"感觉"、"感性的"、"感兴趣"之类与情感密切相关的概念，而并非一般的"漂亮"之误解。新闻美感是伴随着各人不同的感知、情感、思维等新闻实践活动发生、形成的。人的审美心理不一样，审美情态就会千差万别。

新闻摄影的审美，是在摄影者呈现的画面形象中把握表现审美对象（新闻事件）的内在联系的审美思维过程。新闻摄影作为一种审美活动，从摄影者拍摄作品到受众接受作品并作出反映，审美理解贯穿于全过程。首先，摄影者的审美经验积累和相关的文化知识，是新闻摄影审美的前提和重要条件。对社会生活和客观事实的理解越是细致、深刻，摄影者的作品所体现的新闻价值和审美价值就会越大，在受众中产生的影响也会越大。

其次，新闻摄影的审美通过新闻图片体现出来，同时反映出新闻摄影者的表现能力。能够敏锐地通过人物、光影、色彩对美与丑、悲与喜、崇高与卑下产生审美感受，并迅速作出如何用图像予以反映，是新闻摄影者必须具有的新闻敏感性和新闻审美力。面对同样的新闻事件和新闻现场，不同的摄影者拍出的新闻图片可能有较大差异，产生差异的重要原因是摄影者们在新闻敏感与审美创造能力方面的差异，表现在新闻图片上主要为作品的形式、意蕴方面的美感度不同，下文将分别论述。

第三，读者是新闻图片审美的最终完成者。新闻图片的审美实现是一个主客体相互作用的结果，需要作者、作品、读者三方面共同完成。不同的读者因年龄、知识、经历、感悟能力的不同而形成不同的"期待视野"，对相同新闻图片的审美理解不尽相同，当然，读者对图片的审美挖掘是牢牢依附于新闻事实的。读者最终从新闻图片中获得视觉、心理上的触动，进而起到净化心灵、感悟人生的作用。

二、新闻摄影作品的形式美

受众对新闻图片的新闻价值与审美价值是双需的，人们总是面对生动具体的可视形象，敞开感觉或情感的大门。在真实表现新闻事实的前提下，新闻图片的形式越有个性，其表现力就越强，社会影响也就越大。新闻图片的形式具有相对独立的审美意义，这种形式美主要体现在新闻图片的构图、光影、色调和线型等外部因素方面。

1. 新闻图片的构图

在新闻摄影表达中，构图是使画面产生美感的重要方面。面对繁杂的场景，摄影者应对拍摄主体进行快速判断与选择，舍弃不必要的表现物象，从位置、角度、高度等不同方位观察，确定拍摄主体在图片中的位置。要按照"画面简洁、主体突出、均衡完整、多样统一"的原则构图。如经典之作《胜利之吻》，士兵和护士形象作为表现主体鲜明突出，向前方汇聚的大街线条、几个驻足观望的行人是陪体，交代新闻发生瞬间的环境和气氛。护士的头、腰、腿三点绷成反弹式的优美弯弓，士兵握过枪的有力大手此刻停留在白衣天使纤细的腰间，刚柔成趣地凸现了结构中心，使作品的新闻价值和美感价值均不同凡响。[①]

2. 新闻图片的光影

光是创造新闻图片形式美的基础，不同的光（自然光和人造光）以及不同的光源方向（顺光、侧光、逆光、顶光、散射光等），可以使被摄对象呈现出不同的光影效果。自然界中各种物质不同的质地和构造，都可以通过光在照片上表现出来。质感效果好的图片可以给人以生动逼真的视觉感受。光影还可以有效营造照片的层次，层次丰富的照片更具立体感，对新闻场景和人物的表现力更强。

3. 新闻图片的色调

色调是构成新闻图片形式美的另一个重要因素，包括色彩和影调两方面。色彩不仅直接反映了新闻事物的样态，还能引起处在特定文化环境中的会人们关于情感的联想，如我们看到红色，会想到温暖、热烈；看到绿色，会与自然、和平联系；看到黑色，则会感到肃穆、深沉。因此，色彩在画面上的作用不仅是再现新闻，而且还能表现新闻的深层内涵。

影调主要对黑白摄影而言，分为高调、低调、中调，在记录新闻瞬间的

---

① 作者注：《胜利之吻》反映的新闻瞬间发生在二战结束时的美国时代广场，成为多年为业界推崇的经典之作。20 世纪 90 年代后期，有人对它的真实性质疑，但更多的人表示，即使作品与新闻事实不符，也难以忘怀其画面及其感人魅力。纪念日本投降 60 周年之际，以"胜利之吻"为原型的雕像又出现在时代广场。

同时还可以表达一定的感觉,如深灰到黑占较大比例的低调图片,可以形成宁重、庄严和刚毅的感觉,但在另一种环境下,它又会给人黑暗、阴森、恐惧的感觉。

不同色调的配合和对比,不仅可以突出主题,而且还能活跃画面,平衡结构。

4. 新闻图片的线型

新闻图片的形式美还体现在画面景物的线条和形态上。不同的线型会产生不同的形式美。如长而细的线条流畅、秀丽,短而粗的线条稳重、粗犷,直线刚劲,曲线柔和,交叉线动荡,平行线安稳等。在客观、真实的前提下,要努力拍摄出能反映拍摄对象形态美的新闻照片。

三、新闻摄影作品的意蕴美

黑格尔在他的《美学》中说:"遇到一件艺术作品,我们首先见到它直接呈现给我们的东西,然后再追究它的意蕴或内容,……艺术作品……不只是用了某种线条、曲线、面、齿纹、石头浮雕、颜色、音调、文字乃至于其他媒介,就算尽了能事,而是要显现出一种内在的生气,情感、灵魂、风骨和精神,就是我们所说的艺术作品的意蕴。"①新闻摄影作品具有一定的艺术特质,所以也带有审美意蕴。新闻业界通常认为:新闻照片除了求新、求真、求活外,还要求情、求意,其中,"意"即意蕴。新闻图片的意蕴是一种潜在的并具有纵深感的审美形态,能给人以深远而隽永的启发和感悟。富含审美意蕴的新闻图片,具有很强的穿透力,直入受众心灵,让我们思潮澎湃,甚至热泪盈眶,并长久留在人们的脑海里。新闻图片意蕴美的表现主要有以下几种形态:

1. 优美

新闻摄影中的优美,是指由对象外在形态引起的喜爱与怜悯的愉悦感受,是对生活中出现的美善相融事实的反映,它使人的整个心理活动相对处于一种宁静、放松的状态,形成和谐统一的精神反映。赏心悦目的图片让读者领略到人情美、人性美,从而感受到生活的美好。

2. 崇高

美学中的"崇高"与伦理范畴中的"崇高"略有区别,指的是一种宏伟壮观、动人心魄,并能升华灵魂的审美感受。它显现了人类实践活动的艰辛

---

① 〔德〕黑格尔《美学》,朱光潜译,商务印书馆,1986 年版,第一卷,第 25 页。

性、曲折性，肯定了人类征服一切的勇气和力量，是一种显示气势、力量、神圣的美。崇高常给人带来理性的思考和思想境界的提升。

3. 悲剧美

美学范畴的"悲剧"不同于一般日常用语中所说的悲剧，它是通过反映现实中美好事物的暂时毁灭来达到肯定美、否定丑的目的，是人们在悲痛中由情感的巨大震荡而达到理性认识的升华和精神境界的提高。具有悲剧美的新闻图片最初给人们带来的是痛感和同情，进而会激起反抗的信念和激情，引导人们领略"丑"对"美"的压倒是暂时的，美终将取得最后的胜利。2008 年 5 月 12 日四川发生了 8.0 级强烈地震，一批反映地震现场惨痛情状的新闻图片即刻面世，其中一些带有浓浓悲剧美的作品直接激发了全国人民"抗震救灾、众志成城"的民族凝聚力，纷纷向灾区捐款捐物，帮助灾民重建家园。历届荷赛的获奖作品，也以关注灾难题材的为多，作者关注的焦点就是灾难中人类不屈的意志和求生的渴望。正是人们在痛感中有着理性的思考，图片中的悲剧才能推动人们达到对真理的认识，提高读者的认识水平和精神境界，产生悲剧特有的美感。

4. 喜剧美

喜剧是在肯定美好的基础上对丑的嘲笑。新闻摄影喜剧美的对象主要是人。主要是用幽默、诙谐、夸张等手法，或揶揄、讽刺社会生活中不和谐的事物和现象，或天真有趣地歌颂生活中的新事物，使人们在微笑中愉快地与过去告别。

第十章　深度报道作品评析

深度报道作为一种重要的新闻综合报道方式，是世界政治、经济、科技、文化发展以及新闻传播活动深入的产物。深度报道兴起于 20 世纪 60 年代的美国，其后盛行于西方各国。深度报道在西方兴盛一方面来源于人们对日益复杂的社会现象了解和日趋增大信息量的接受需求，另一方面，也是报纸传媒应对电子传媒时效性优势的主要对策。"今天，在西方主流报刊，深度报道的比例基本超过 50%，已取代纯信息式报道成为主体。"①

在中国，深度报道的兴起是在 20 世纪 80 年代中后期，面对改革开放的新形势和众多前所未有过的新情况和新问题，受众迫切需要传媒给以深入的报道、辨析、解释乃至回答。以《中国青年报》、《经济日报》、《人民日报》等为代表的报纸媒体，在短短几年里，就陆续推出了一批有广泛社会影响的、经得其历史考验的、能够代表中国新闻事业发展的优秀深度报道作品，如《长江漂流系列报道》、《关广梅现象》、《中国改革的历史方位》、《红色的警告》、《命运备忘录》、《大学毕业生成才追踪记》等，深度报道达到了相当的高度。自 1986 年始，全国新闻奖评选中还专门设立了深度报道这一奖项，有力地鼓舞和推动着深度报道的前行。

进入 20 世纪 90 年代，深度报道已不再是报纸独家采用的武器，电视广播等也陆续开办了深度报道性的节目，早期如上海电视台《新闻透视》，中央电视台的《焦点访谈》、《新闻调查》等，在此前后各省市电视深度报道类的节目如雨后春笋般出现，深度报道蔚然成了中国新闻界一道亮丽的风景线。

丰硕而优美的深度报道成果为我们接受和评析深度报道提供了多种多样的感性认识材料。当然，我们要评析深度报道只有感性认识是不够的。要很好地评析深度报道，我们认为其方法是，首先应了解深度报道的涵义、特征、品格和表达形式，在此基础上按其内容的报道方式或文体形式来进行具体的评析。

---

① 林晖著：《新闻报道新教程》，复旦大学出版社 2005，第 373 页。

第一节　深度报道涵义、品格和表达形式

一、了解深度报道的涵义

何为深度报道呢？目前国内外关于深度报道的定义有几十种，众说纷纭，但被人们较为广泛接受和有代表性的定义有几种：一种看法认为，"运用解释、分析、预测等方法，从历史渊源、因果关系、矛盾演变、影响作用、发展趋势等方面报道新闻的形式。深度报道不满足于向受众提供简单的新闻事实，而是使新闻要素进一步深化，要求一方面剖析新闻事实的内部，另一方面展示新闻事实的宏观背景从总体联系上把握其真实性。"①另一种看法：深度报道"是一种以'深'见长的新闻体裁"②；"深度报道所体现的是一种新闻旨趣(Interests)，它揭示了新闻的主体和客体间的关系，从深度(深刻性)和广度(广延性)两个方面指出了新闻文体以受众认知效用为主导的运作方向。"③第三种看法："深度报道是介于动态新闻与新闻评论之间的一种相对独立的文体。它是一种报道形式，通过系统提供背景材料，分析和解释新闻事实的性质、起因、后果、趋向等，就社会现象、经济现象、生活现象等进行深层次的思考，分析矛盾，揭示本质，从而晓之以理，导之以行。"④从以上的定义表述视角来看，一类是通过对事物的外观进行客观的描述，从而说明被界定的事物的描述性定义法；一类是通过对事物的本质、宏观把握的阐释性定义法。

我们赞同把深度报道看作是一种综合的报道方式，是一种集中反映某新闻事实或新闻现象，揭示其真相、实质和背景，探索其原因和发展趋向的报道综合方式。因为从新闻理念角度讲，它要求把深刻和全面的报道旨趣贯穿新闻传播的全过程；从体裁的角度讲，这类报道可以是任何体裁，但多以通讯、新闻述评的面貌出现，篇幅较长，手法多样；从形式和结构角度讲，可以为独立报道，也可以是组合报道等。

---

① 甘惜分：《新闻学大词典》，河南人民出版社，1993，第154页。
② 张慧仁：《新闻写作学》，四川人民出版社，1986，第238页。
③ 杜骏飞、胡翼青：《深度报道原理》，新华出版社，2001，第5页。
④ 黄晓钟：《新闻写作思考与训练》，四川大学出版社，2002，第475页。

二、把握深度报道的独具品格

有独特内涵的深度报道与传统的新闻报道不同，它有着独具特色的品格。这种品格贯穿于报道者的观念和思维中，主要体现在题材选择和思想内容的深刻性等方面。它是评析深度报道作品的关键点。

1. 选题的重大性

一般来讲，深度报道在题材上有明确的选择方向，深度报道所反映的社会事件或问题，无论其题材、主题和对生活干预的强度，都是比较重大或重要的。它所报道的对象，不管是社会问题或新闻事件，都是现实生活中迫切需要解决或需要引起普遍关注的问题。是否具有重大的社会主题和意义，是评析报道深度的一个重要尺度。

如荣获 1987 年全国好新闻特等奖的《关广梅现象》就是一篇反映社会主题的深度报道。《经济日报》于 1987 年 6 月 13 日在一版头条位置发表了《关广梅现象》一文，报道了辽宁本溪市关广梅两年来从事个人租赁经营改革的事迹和由此引起的争论，之后至 7 月 23 日，该报刊发了几十篇相关文章，组织开展了"关广梅现象"的大讨论，引起了国内外的强烈反响。一时间，"关广梅现象"成了评价社会主义初级阶段改革性质的一个代表性的词汇，对凡事先问姓"社"姓"资"的正视和重新审视，其内在含义已远远超出了新闻传播的范围。对于正确认识社会主义的本质，进一步解放思想，破除长期禁锢人们的"左"的枷锁，"关广梅现象"的报道无疑是具有特殊意义的。而获得 1988 年全国好新闻一等奖的《长江三峡工程问题》也是选题重大的深度报道。三峡工程，举世瞩目，是事关国计民生的重大问题，也是当时国内舆论的热点之一。《长江三峡工程问题》一组 9 篇报道，材料翔实，态度公允，分析中肯，立论有据，将有关三峡工程争议的双方意见和面临的困境客观地反映了出来。这组报道着力于推进决策的民主化和科学化，体现了"重大问题让人民知道"的精神，有助于更广大的人民参与决策，也有助于决策者谨慎从事，按科学规律办事。显然，以上两组报道都蕴涵了重大的社会主题和新闻价值，有着显而易见的报道深度。

深度报道选题材重大性，也与传媒自身投入产出相关联。深度报道的采写通常要耗费大量的时间、金钱和精力，比如《华盛顿邮报》采访"水门事件"、《费城问讯报》采访警察贪污腐化、中央电视台"焦点访谈"采访全国各地乱收费现象时，都派出了精兵强将，整合新闻的策划、采访、写作、编辑力量，全力以赴。记者和传媒考虑深度报道所选择的题材时当然要首选能够引起受众兴趣的社会重大问题和新闻事件。因此，我们评析深度报道时，先要注意到题材的选择，因为重大题材更容易得到广大受众关注，引起显著的社会反响。

2. 内容的深刻性

深度报道以深刻为追求，深度作为它的最重要的特质。选择重大题材——社会重大问题和新闻事件，自然会为新闻报道奠定深度的基础，创造报道深度的良好条件，但是并不是非重大题材的报道就不能成为深度报道。"事实上，深度报道的报道深度关键在于'重要情况让人民知道，重大问题经人民讨论'，这种人民的知道和讨论就是一种最深刻的东西。"①另外，深度报道根本的深度还在于事实，在于是否反映了广大人民群众的心声，是否具有说真话的基本品格。如在第三届全国好新闻评选中，《江苏工人报》发表的《关于南京特价商店的报道》，在各新闻单位选送的众多的优秀深度报道的激烈竞争中爆冷门荣获一等奖。这组报道的最可贵之处，在于坚持了"不唯上，要唯实"的原则，以无畏的气魄，敢为人民鼓与呼，对经省、市政府批准开办的特价商店进行了严厉的批评。编辑记者见微知著，以强烈的责任感、使命感挺身而出，为遏止涨价风作出了贡献。特别是这组报道全文只有 2 500 字，在深度报道中可谓短小精悍，但正是它毋庸置疑的报道深度，却在强手如林的全国好新闻评选中一举夺魁。从这一点上我们可以清楚地认识到：深度报道要说真话、反映广大人民群众心声的特质。《焦点访谈》的片头语——时事追踪报道、新闻背景分析、社会热点透视、大众话题评说，24 字既准确地道出了该栏目的主旨，也概括了新闻深度报道类节目的选题范围和对内容深刻性的追求。

深度报道对内容深刻性追求，其实质上是对新闻报道理念的拓展和延伸，是报道者对新闻事物的事实判断和价值判断。一般的新闻报道理论强调新闻报道过程有"五要素"，即五个"W"，而深度报道讲求"七要素"，即五个"W" + H(How 为何) + M(Meaning 意思，意味)。报道者依据其主体对新闻客观事件认识的深入程度，由此及彼、由事及理，深入新闻事实内层，揭示其实质含义；不仅要报道"是什么"和"怎么样"，还要分析、阐释"为什么"，既要深入探讨事实的来龙去脉，前因后果，又要揭示新闻事实的实质和意义、影响，预测事物发展变化的趋势及规律，从而给读者以启发性的认识。深度报道要事件新、信息全、思想深。

---

① 时统宇编著:《深度报道范文评析》,新华出版社,2001 年,第 17 页。

深度报道也正因为对报道内容深度的追求，决定了它不能像客观报道那样简单地、平面地、就事论事地报道新闻事件，而是深入地对新闻事件进行挖掘，特别是对新闻事件发生的原因、新闻事件与其他事物的联系、新闻事件的影响和发展趋势等进行深入挖掘，"让事实经过理性的过滤"，在作品中带有"全息摄影"的特征，给受众以全方位的信息。

三、弄清深度报道的表达形式

深度报道作为一种能够深入、全面地反映新闻事实的报道综合方式，既要报道表面的事实和现象，又要揭示事实和现象的本质，预测发展方向；对新闻事实的表述既要有深度，又要有广度；而且还要对新闻事实和现象进行跨时空的、由里到外的综合反映。另外，深度报道广泛涉及政治、经济、科技、文化、法律、社会诸多领域，而每个领域又有不同的方面和事实，因此也要求有适合的深度报道的表现形式。这显然不是短篇、孤立的形式能够承载的，而是需要一种综合的报道方式。从实践来讲，凡是能够体现上述要求的新闻体裁或报道方式，都可纳入深度报道的表达形式。

从深度报道的文体形式和结构上看，深度报道既可以有单篇报道，也可以采用连续报道、系列报道、组合报道等形式。我国从 1986 年起，在全国好新闻评奖中就将系列报道、组合报道、连续报道归纳到深度报道的范畴内。深度报道尤其是组合文体的深度报道出现以后，通讯、特写、消息、评论等各种新闻文体被统摄到了新闻深度这面旗帜之下，深度报道把一切相关报道综合成了一个互相关联的整体。随着广播电视媒体特别是网络媒体的发展，如今已出现了跨媒介种类组合的深度报道。这是"利用广播、电视的时效性和广泛影响性，利用报纸、杂志的可保留性和深刻性，利用不同媒介丰富的表现方式，最后加以整合，对某一社会热点进行全媒介的系统报道，对社会舆论施加影响。这被称之为'媒介联动'"。[①]网络媒体由于其采用超级链接、多媒体、交互式，又把媒介整合推到了一个新境界。由此，深度报道表达形式多样化得到了进一步拓展。

从深度报道的内容传达和报道方式上看，深度报道可以分为解释性报道，调查性报道、预测性报道、精确性报道方式等。解释性报道重在内容上解释，以分析原因为报道线索，逐次分析报道事实的一系列内在原因；调查性报道着重以调查过程为线索，是一种以较为系统、深入揭露问题为主旨的

---

① 刘勇编著：《深度报道采访与写作》，合肥工业大学出版社，2006 年，第 13 页。

报道；预测性报道是一种根据过去或现在尔着眼于未来的希望报道；精确性
报道指的是大量使用有关调查数字进行的深度报道。以上这些深度报道可以
是单体报道，但常常是一组连续性的报道，其中可能会表现为许多新闻品种
的"集团军"，诸如通讯、消息、专访、评论、综述，等等。由于深度报道提出
的问题重大和复杂，并伴有广泛的社会背景和深层原因，因而深度报道要用
较多的篇幅去报道，一组报道会较长甚至很长（无论是从篇幅上还是刊载时
间上都长）。同其他种类的新闻体裁比较起来，深度报道一般是"一次性"
的，但更多的是多次曝光的。如《醒来！铜陵！》、《关广梅现象》、《武威收报
事件》都表现了这种报道方式上的综合性特征。

　　深度报道的表达形式和种类可作多角度的理解，也可从不同类型划分。
但因深度报道是以追求深度为主旨，那么以报道方式分类来对深度报道进行
评析就十分可行了。下面我们将分别介绍解释性报道、调查性报道、精确性
报道、预测性报道等几种深度报道作品的评析方法。

第二节　解释性报道作品评析

　　解释性报道是新闻报道中最重要的文本表现方式之一。自从 20 世纪 80
年代普利策新闻奖为解释性报道单独设置奖项以来，它在新闻界就一直处于
领头的地位。在西方，解释性报道几乎成为深度报道的代名词，代表着深度
报道的最高成就。在中国，解释性报道也是报业乃至广播电视新闻报道的最
主要组成部分。

　　从定义上讲，《中国新闻实用大词典》界定："解释性报道是报道并解释
新闻事实的本质、新闻价值或有关知识的新闻报道。""是一种充分运用背景
材料来说明新闻事实的来龙去脉，揭示新闻事实的原因、实质意义或预测新
闻事实发展趋势的分析性的报道。"[1]

　　解释性报道是分析性的深度报道。它提供的不是单纯的消息来源，而是
通过对各种事实来揭示和分析新闻事实背后的有关因素。比如，2003 年 6 月
27 日，台湾的陈水扁宣布将针对"核四电厂"等问题进行岛内公民投票。在
媒体对此进行消息报道之后，广大读者还想弄明白陈水扁为什么此时要宣布
"公投"？"公投"意味着什么？陈水扁宣布"公投"有什么国际背景？针对这
些所要回答的问题，《环球时报》2003 年 6 月 30 日刊载的由刘宏等人撰写的

---

① 欧阳明著：《深度报道写作原理》，武汉大学出版社，2006 年版，227－228 页。

深度报道《台湾当局一意孤行》，夹叙夹议地分析了个中缘由：一是给陈水扁的"台独"支持者一个交代；二是想借"公投"转移岛内对其执政能力的不满。但是，美国明确反对台湾的所谓"公投"。那么，以美国为靠山的台湾当局为什么不听美国调遣呢？报道进一步分析其原因：一是民进党和陈水扁本人不成熟，考虑问题缺乏长远目标；二是美国给台湾当局传递的信息相互矛盾。整篇报道对陈水扁公开叫嚣"公投"的分析高屋建瓴，抽丝剥茧，深刻细致，是一篇准确解读新闻大事的优秀解释性报道。

解释性报道依据其报道内容可以分为四个类型：即对某单个事件的解释；对某单个时期的解释；对某单个人物的解释；对某政策条文、法律法规的解释等。

由解释性报道定义和报道实践来看，解释性报道的特点主要表现在以下方面：

第一，突现"为何"要素，追根究源，探挖新闻事实背后的新闻。解释性报道在处理新闻要素时的侧重点与一般新闻报道是不同。在一般的新闻报道中，最突出"何事"与"何人"要素，通常报道何时何地发生何事，系何人所为。而新闻"为何"要素却往往处于次要地位，甚至被忽略不顾。而解释性报道恰恰相反，它在"为何"上大做文章，报道者利用占有的各种材料来说明事件发生的背景和原因，涉及到的不仅仅是事件本身，更是对现实社会生活某一方面的观照，挖掘新闻事实背后的新闻，使读者能更深入地了解事件的本质和原因。

第二，注重新闻事件的纵横联系。所谓纵向的联系就是将事件放在社会的历史环境中来观察，考量它的演变过程和发展方向；横向联系就是将事件与同类事件的比较，与外部环境的关联，考量它的现实意义。只有注重纵横联系，才能真正把新闻事件放在社会和时代的大背景下进行立体的分析，揭示其蕴含的多重意义。

第三，背景材料唱主角，重在探究原因。背景材料在一般新闻报道中大都为配角，起着补充或展示的作用，而在解释性报道中则变成主角，重在原因的探究。解释性报道只有充分使用背景材料，才能说明新闻事实的来龙去脉、意义、症结等，实现报道深度。因此，解释性报道的一个特点就是广泛而大量地运用背景材料来进行报道。

第四，夹叙夹议，用事实"解释"事实。新闻的客观性原则强调新闻媒体要恪守如实报道事实真相、忌讳发表主观评论的做法，而解释性报道的目的是作出解释，就不可避免地要对事实进行分析和评论。这样报道者就应尽量避免发表具有明显倾向的文字，而是通过背景事实来"解释"，可采用夹叙夹议。比如选择和自己观点一致的事例，或者借用他人之口来阐述分析。高明的报道者不会武断地对某一事件妄加评判，他所有的观点必然是隐含在看似十分客观的叙述中，以便使读者作出相似的判断。

针对解释性报道的特点，对其评析可以从以下方面入手：

一、分析需要解释的内容和报道对象的选择

解释性报道首要是对于报道对象的选择。新闻报道面对大千世界，其报道内容千差万别，并非所有报道内容都需要深入解释。有些新闻事实比较单一、明了，读者通过了解事实与进行思考即可把握其内容和意义的，就无需予以解释。有的新闻事实虽然有解释的空间，但是报道价值不大，没什么普遍性，本媒体广大读者又不感兴趣的，对此也不必进行解释性报道。而只有那些内容复杂、广大读者感兴趣，不解释便不易让人理解或无法揭示其深刻内涵的比较重要的新闻事件和现象，才适合作为解释性报道的报道对象。

具体来讲，以下四类报道内容比较适宜作为解释性报道：一是党和国家新出台的方针、政策、措施。它们往往事关全局，规范性强，又文字简洁。要让广大读者了解，就需要解释。比如，2000 年 11 月，国家药品监督管理局紧急通知，全国范围内停售含有 PPA（苯丙醇胺）成分的感冒药。那么，国家为什么要禁售含 PPA 的感冒药？为什么以前没有禁售而要在 2000 年 11 月时禁止出售？这个新闻事件发生之后，媒体对之进行解释性报道是非常有必要的，既传播政府紧急通知的动因，又为广大读者解疑去惑。二是重大的科研成果或科研发展。比如，关于疯牛病的报道，疯牛病为什么会在欧洲迅速蔓延？疯牛病的病因是什么？疯牛病能否被治愈？能否被控制？等等，对这些问题不解释分析，广大读者则难明就里。三是较为重大的突发政治、军事事件报道等。如 2002 年《南方日报》关于"SARS"的报道；中央电视台关于伊拉克战争的报道等。面对这些突发的重大事件，媒体除了及时刊发动态消息外，还刊发了解释性报道，用以揭示事件的意义，帮助广大读者了解新闻大事的前因后果。四是经济领域和其他社会生活中出现的比较重大的新情况、新问题。这些新情况、新问题社会影响较大，又往往涉及广大群众的切身利益，因此常常需要解释分析。比如，2006 年全国油价和粮价上涨，那么，仅仅报道这个新闻事实还不够，广大读者还关心全国油价和粮价为什么会价格上扬，上扬是否合理，未来油价和粮价价格走向如何等，这些都需要更详尽的解释。

二、分析是否将原因作为报道的重点并加以解读

解释性报道的根本目的是报道新闻事实发生的原因和将要怎样，因此原因就成为解释性报道的核心、重点。一篇解释性报道写得是否合格，是否好，关键就看对于新闻事实的解释是否合理，是否有根据，是否有新意，是否有说服力。如系列报道《荆州市奶农"倒奶事件"解读》[①]中，针对发生在湖北省荆州市奶农倒奶事件，记者通过采访、调查、思考，认为主要原因在于"区域性需求不足"，没有人收购奶农们生产出来的牛奶。那么，为什么会区域性需求不足呢？作品分析：①荆州人经济收入较低；②劣质奶屡禁不止，缺乏公平竞争的市场环境；③奶农不熟悉市场；④一家一户分散经营，奶农缺乏整体意识与团队精神，小农意识突出。而鲜奶属于"易碎品"，具有极强的就地消费特点，忽视具体市场的有效需求，则必然出现产品不适应市场的情况。这组深度报道中解释既准确、全面，又主次分明，分寸得当。

三、分析是否科学地使用背景材料

在深度报道中利用背景材料，往往可以把很多错综复杂的事情解释清楚。上面我们曾说背景材料是解释性报道的一个重要组成部分。解释性报道经常用于报道战争与冲突、国际关系的改善与恶化、国内局势的演变和政府的方针政策的变化等重大社会问题与国际问题。这些事件的发生都有一定的社会、政治、经济和历史背景，抓住了这一类背景，就易于抓住事件的成因，展开解释与报道。

运用背景材料还要讲究科学性，必须依照报道主题与新闻事实的特点进行。调查时，材料多多益善；鉴别、选择时，要严加甄别；运用背景材料的具体要求有以下几点：一是要根据与新闻事实成因关系的密切程度来决定背景材料的去留与多少。比如，《非法移民缘何涌向英国》一文分析报道 2001 年时大量的非法移民涌向英国的诸多原因。在讲到对移民而言"英国是欧洲最容易生存的国家"时，报道将英国现状与法国、德国等欧洲大陆国家的背景相比较，这样就较好地说明了非法移民涌向英国的原因。

四、分析在报道方式上是否丰富多彩

解释性报道在表达方式上，叙述与议论之间在比例上可以灵活掌握。解

---

① 《湖北日报》，2002 年 5 月。

释性报道可以夹叙夹议，分量相当。如《出租车为何自降起步价》主观色彩比较浓郁，夹叙夹议，议论较多。也可以叙多于议，只在一些关键处议论。如《如何看待"小灵通"现象》，而《一个工程师出走的反思》则显得比较冷静、含蓄，客观色彩较充分。在文体类型上，解释性报道也可以多种多样，既可以写成新闻分析，由记者、通讯员一手包罗，也可以采用专访的形式。比如，《荆州市奶农"倒奶事件"解读》、《日本列岛为何最近地震频繁》采用常规报道形式，而绍志勇等人写的《印度军力膨胀为哪般——访国防大学胡思远教授》则采用了专访的形式。

其实，报道方式上是否丰富多彩不仅是解释性报道的评析尺度，也是调查性报道、预测性报道、精确性报道等几种深度报道方式的评析尺度。

第三节　调查性报道作品评析

调查性报道是深度报道的一个重要类型，在西方国家又被称为"揭丑"报道。它与解释性报道、一般的客观报道鼎足而立，成为西方新闻界的主流报道方式。在我国，随着改革开放后民主和政治进程的发展，新闻报道中也出现了不少调查性报道的佳作，特别是 20 世纪 90 年代以来，随着中央电视台《焦点访谈》、《新闻调查》等栏目的开办，在电视、报刊等各级、各类媒体中掀起了调查性报道的热潮。而调查性报道也愈来愈成为媒体监督及影响中国社会生活的主要报道方式。

什么是调查性报道？西方学者认为，调查性报道是"报道那些被掩盖的信息……是一种对国家官员行为的调查，调查的对象也包括腐化的政治家、政治组织、公司企业、慈善机构以及经济领域中的欺骗活动"。[1] "是利用长期积累起来的足够的事实和文件，对事件的意义向群众提供一种强有力的说明"。[2] 有的中国学者也认为，调查性报道"是一种以较为系统、深入地揭露问题为主旨的报道形式。"[3] "是记者通过深入调查，自己发掘出来的某些个人或集团力图掩盖的内情和问题的报道"。[4] 从上看出，中外学者的认识趋向较为相近：即调查性报道是新闻媒介探寻被遮蔽的事实的真相的报道方式，

---

[1]　David Ander and Peter Benjamin, *Investigative Reporting*, Indiana University Press, 1975, p5.

[2]　[美]埃德温·埃默里父子：《美国新闻史》，新华出版社 1982 年版，第 493 页。

[3]　甘惜分：《新闻学大词典》，河南人民出版社 1993，第 153 页。

[4]　朱辉等：《当代办报策略与新闻采写艺术》，复旦大学出版社 1996 年版，第 162 页。

其重点在于批判与揭丑。

从调查性报道的定义和报道实践来看，它具有以下四个主要特点：

第一，调查性报道的新闻必须是被遮蔽的或某些人、有关组织企图掩盖的事实真相。

这是中外调查性报道的重心所在。调查性报道重在揭露社会问题、鞭挞社会黑暗，它绝不是表扬性报道。无论是美国媒体关于"水门事件"、"伊朗门事件"的报道，还是日本《朝日新闻》对日本首相竹下登任内"里库路特"丑闻的报道，都是由于被报道的事实并不光彩，才被事件的某些利益相关者所掩盖，记者需凭借能力、耐力和勇气才能掌握事实并予以披露。还有某些事实真相被某些利益组织或社会习俗上的愚昧陋弊所遮蔽的，如中国中央电视台《新闻调查》栏目播出的《透视运城渗灌工程》、《婚礼后的诉讼》，前者披露的是山西运城耗费巨资修建虚假渗灌工程的内幕，后者是对一起离奇"强奸"案件艰苦的诉讼过程的揭示。

第二，调查性报道应当是新闻媒介独立进行的调查取证工作。

调查性报道所报道的新闻往往是某些人或有关组织企图掩盖的事实真相。新闻媒介和记者如果要获取了解事实真相的隐蔽线索，就必须进行艰苦、独立的信息资料的寻找、获取工作。对真相的调查、证实、确认，都应由新闻媒介独立进行。在这个过程中不应依赖相关团体、组织，尤其是相关权力部门的配合、帮助。日本学者川崎保良认为，"调查性报道不是依赖当局发表的材料写报道，而是记者亲自进行调查，逼近真相"，[①]这么做的目的是为了使报道更加客观和理性。因此媒介及记者在调查性报道中是否具有自主性，就成了决定报道成功的重要条件。西方媒体对此大都做得较好，如美国的《华盛顿邮报》揭露总统尼克松"水门事件"的报道、《纽约晚邮报》揭露新泽西州监狱滥用职权的丑闻，还有哥伦比亚广播公司《60分钟》的调查性纪录片，在追求独立调查报道方面都树立了好的楷模，产生了广泛的社会影响。

相比较而言，我国目前许多以调查名义出现的报道独立性不强。有的报道在采访过程中，有权力部门的参与配合，有的报道是媒体直接配合有关部门的宣传报道，比如对纪检检察机关查处案件的报道等。就连著名的《焦点访谈》、《新闻调查》中的报道大都不是严格意义上的调查性报道。当然，我们也看到，近几年来，如"兰州证券黑市狂洗'股民'"、"南丹矿难"、"孙志

---

① ［日］川崎保良等：《大众传播视点》，地人书馆1990年版，第85页。

刚案"等由新闻媒介自主调查、揭开黑幕的著名报道的出现，也标志着中国新闻界在调查性报道的专业主义道路上取得了可喜的进展。

第三，调查性报道设定的问题重要，影响广泛，为公众普遍关注。

调查性报道报道的内容不是那些无关痛痒的新闻事实，而是当今现实社会存在的比较重大的社会问题。这些问题往往事关国计民生，事关公共利益，与人民群众的切身利益息息相关，为广大读者所密切关注。

调查性报道所揭露问题涉及的对象通常不是普通个人，而是那些有能力对社会、对他人造成巨大伤害的政府机构、公司财团、社会团体、黑社会势力及其不法行为。所披露的事实是与公众利益密切相关的事实。因此，调查性报道的问题重大，新闻媒体经过艰巨复杂的过程予以的披露的事实真相，常常对于舆论有重大影响。如刘畅等的《山西繁峙矿难系列报道》揭露的是地方煤矿部门隐瞒矿难的黑幕，中央电视台的《与神话打较量的人》揭穿的是一个上市公司——蓝田股份造假的事实，影响全国。有的调查性报道甚至导致了某些法律、法规的修改、完善，例如美国的《肉食检查法》（1906年）、《克莱顿反托拉斯法》（1914年）等；中国2004年由孙志刚案件报道而导致出台了收容管理条例，2001年张双武等的《中国民办高校考察报告》促进了有关民办高校办学法律的完善，这些都是调查性报道的直接后果。

第四，调查性报道是一种费时、费力而且高风险的报道。

调查性报道不仅要暴露问题及结果，而且要揭示其产生的原因和事件的详细经过。报道者须弄清事实的来龙去脉、深深浅浅，对事实的关键要害处更要一清二楚。因此，调查性报道大多篇幅较长，分量较重，采写要花费大量的时间、精力和财力。如《华盛顿邮报》关于"水门事件"的报道，从1972年6月18日开始，历时22个月。艾达·塔贝尔对美孚石油公司的系列报道，耗时5年，老板对每篇报道的投资达4000美元。

由于调查性报道重在揭丑，必然会危及一部分人或组织的利益，进而导致他们的仇视和报复。调查性报道风险性远较一般新闻报道要高。报道人有时会受到来自金钱、美女等的诱惑，受到来自外界的威胁、打击、报复，甚至于为此惹来杀身之祸。如在中国，揭露兰州证券黑市的记者王克勤曾被黑帮以500万重金悬赏人头；《中国青年报》记者卢跃刚先后10多次被调查对象推上被告席；2000年《焦点访谈》记者报道沈阳"白玫瑰"事件（假冒伪劣美容保健品）时，记者被当事人非法搜身、拘禁，事后记者还被诬告并被索要人民币100万元。

针对调查性报道的特点和报道实践，对其评析可以从以下方面入手：

一、分析报道内容是否是揭露被遮蔽的事实，报道对象是否受关注度高

　　调查性报道重在揭露社会问题、鞭挞社会黑暗。因而报道的内容常常处于潜在、保密的状态，事实真相通常被遮掩。我们在评析时要注意报道内容是否是揭露了被遮蔽的事实真相。上面提到过的无论是美国媒体关于"水门事件"、"伊朗门事件"的报道，还是关于美国军队在越南美莱屠杀事件的报道，由于被报道的事实不光彩，才被事件的某些利益相关者所掩盖，记者需凭借能力、耐力和勇气才能掌握事实并予以披露。

　　报道对象是否受关注度高，指的是报道的事实、新闻现象与我们的工作、生活联系是否紧密，作用是否较重大，为广大读者所关注，社会影响较强。只有选择被关注程度高的新闻事实、新闻现象为报道对象，报道才容易对实际工作有较强的推动作用，对社会生活有较大的影响，对广大受众有较多的帮助。从报道对象和题材看，容易引起广大受众关注的事件报道内容是涉及面广的重大事件、关系国计民生的问题、突发性事件等，如揭露假医假药致人死命的，重大腐败案、渎职案、黑恶势力横行霸道的，重大交通和生产事故等的报道。

二、分析报道中调查情况的清晰度，分寸把握是否得当

　　评析调查性报道时，应分析报道对象的有关情况调查的清晰度。需要调查报道清楚的具体事项有：一是对事实本身包括与事实关联不可或缺的细节、各个事实要素、环节之间的关系等。二是事实来源清楚，没有含混之处。三是对不同当事人的不同说法、依据，报道者要调查准确、清楚。四是政策、司法依据清楚，就是说，报道人必须对所报道的事实所关涉的党和国家的有关规定有所把握。这是报道者判断事实的重要依据。

　　调查性报道的还必须实事求是，分寸恰当。报道是否准确，非同小可，不可等闲视之。一些调查性报道，在正误之间结论不明，还会影响到有关当事人的荣辱得失甚至于性命。报道人必须本着对他人也对自己负责的精神写作，严格尊重事实，不先入为主，不以个人的好恶去改动、夸大或缩小事实。报道者遇到对有关事实或问题拿不准时，可请专家、律师同自己一道把关；遇到重大新闻或拿不准的事实时，要请党组织、政府机构或报社把关。在进行有关负面事实信息的判断性的表述时，记者应注意通过权威渠道核实事实。确保分寸把握得当。

三、分析报道是否交代调查材料的出处，事实呈现是否客观公正

为了调查材料的真实可靠，报道中一般要交代调查材料的出处，有时还要简明地交代报道人的调查研究方法、过程等。有的材料出自相关当事人、知情人，可以采用"某某对记者说"一类的表述。有的材料出自记者在新闻现场的亲历亲为，报道同样要交代事实出处，可以采用"记者见到"、"展现在记者面前"一类的表述。如《艾滋病少年》一文报道的是发生在山西省临汾市第二人民医院违规输血导致病人感染艾滋病病毒的重大医疗事故。对此，某女记者在报道中比较具体地介绍了自己所掌握的各类事实的依据及其来龙去脉。

对相互矛盾的事实或有分歧的事实，报道者一定要交代事实出处的各方。实行平衡原则，对各方有出入的陈述均不可省去介绍。事实呈现力求客观公正。

四、分析报道的结构线索、段落处理技巧和语言艺术

调查性报道与一般只重视结果的客观性报道不同，它既重视结果，也注重过程。因而，调查性报道的结构线索非常重要，其报道结果正是在展示调查过程的叙述中自然地显现出来。展示调查过程通常有两种结构线索：一是把记者调查采访的详细过程写入报道，以此为主线串联新闻素材；二是运用调查得来的大量引语和背景材料来反映调查过程，不断把调查引向深入。

段落的处理也是报道展开的一个重要技巧。通常写作中使用的段落划分技巧对调查性报道往往并不适用，它们太长，可能会影响读者的阅读兴趣。因此，好的报道文章就要将一个大的段落划分为小的阅读段，并恰当使用转折词、强调词等调整节奏，以使阅读变得轻松。但划分段落必须在保持文意通畅的前提下进行，如果划分后的文章显得支离破碎，让人不明所以，说明没有处理好段落节奏。

调查性报道的语言要准确、简洁、朴素而冷静，与调查性报道的重要性、严肃性、科学性相一致。要多介绍事实，少议论，如有可能最好不议论，以避免出现替代司法机构功能的"媒体审判"越位现象。不过，面对邪恶时，从事调查性报道的记者是容易激情难抑的。我们要求调查性报道要冷静。当然，在事实清楚、证据确凿、是非善恶分明的情况下报道适当使用人性化的语言处理也还是允许的。报道者可以巧借被报道人物之口或自己站在新闻现场夹叙夹议，在报道中融人情感，增强报道的感染力。

第四节　精确性报道作品评析

　　精确性报道是深度报道中的一种独特类型，它虽不能简单地归并到单独文体或集合类文体的深度报道中，但在追求深度旨趣上与以上两种深度报道是一致的。什么是精确性报道？目前我国比较有代表性的说法有以下三种：一是指将社会科学的研究方法与传统新闻报道方法融为一体的报道形式。泛指以各种问卷调查结果组合为新闻的报道形式。二是指运用现代科学技术和社会研究方法(如数理统计、民意测验等)进行调查研究，对数据加以综合、归纳、比较、分析，突出事物量的变化，从而增强人们认识的准确度和科学性的一种新闻报道方式。三是指采用现代社会科学研究方法来采写新闻事实，侧重对其进行宏观的定量描述或解释分析的新闻报道方式。①精确新闻报道从材料来源上分为"主动性精确新闻报道"、与"反应性精确新闻报道"两类。前者指新闻媒体或记者不依赖别的调查组织或机构，而是独自运用量化的研究方法来采集新闻事实，进行新闻报道；后者指的是报道者不独自调查，而是利用有关社会组织、社会机构等，采用量化研究方法所获取的调查结果来进行新闻报道。国内目前的精确新闻报道主要为后者，有少部分是前者。

　　从精确性报道的涵义和报道实践来看，主要有以下四个特点：

　　第一，数量化：用数字精细反映事实。

　　数量化是指精确性报道在采集新闻事实时，把事实的特征、行为、态度等转化为数字。数字是人对事实的概括。其他新闻报道也可能使用数字，但唯有精确性报道不仅使用数字，而且以数字为基础，收集事实材料数字化，使用材料、分析事实亦数字化。因为精确新闻报道以数量化信息见长，要求记者在收集新闻事实的时候，把事实的特征、行为、态度等转化为数字。其他的新闻报道也有可能使用数字，但是精确新闻报道不仅使用数字，而且是以数字为基础收集事实材料数字化，使用材料分析事实、解释事实亦数字化。报道者运用抽样调查、计算机数据统计、分析，并伴以现场实验、个案研究等方法来制作新闻产品，使新闻报道比原来意义上的客观真实更加客观真实，客观到大小不一，真实到巨细毕现。

　　第二，客观化：报道内容客观公正避免主观偏见。

―――――――――――――

　　①　刘保全：《我国"精确新闻报道"发展综述》，《当代传播》，2004 年第 3 期。

　　精确性报道强调客观化措施，力求避免人的主观偏见，期望通过将包括意见在内的一切主观、客观的东西进行数字化处理，得以纠正报道者的主观偏差，报道手段比较普遍地采用自然科学的一些工具如电脑、计算器。这些就使精确性报道出现了不依个人意志为转移的倾向，显出客观、冷静的特点。

　　第三，平民化：民情、民意的传播。

　　一般新闻报道强调新闻事实的显著性、反常性，选择被报道人物偏向于官员、企业家、文体明星等杰出人物。而精确性报道采集的是公众意见，传播的是民意。这就使得精确性报道天然具有了平民化的特征。另外，面向社会各个层面的民意测验或其他社会调查方法运用，不仅有助于媒介了解民情，及时接收受众的反馈信息，而且使新闻媒介对社会整体的报道深入。

　　第四，独立性：不受新闻来源的约束。

　　一般新闻报道方式通常记者难以摆脱新闻来源的制约，无论是个别访问，开座谈会，或是参加会议等，记者总是过分依赖消息提供者，不仅难以辨别材料的真伪，也难以窥视深层次的内容。于是，报道往往不是浅尝辄止，就是将事实搞错。而精确性报道则通过对有关事实进行社会调查从而摆脱对新闻源的过度依赖。这些就使精确性报道宏观而独立，成为非事件性新闻。

　　针对精确性报道的特点和报道实践，对其评析可以从以下方面入手。

一、评析报道选题是否确当并立足于量化研究的实际条件

　　精确性报道在数据的收集、整理上毕竟要较一般报道要投入多得多的人力、物力，因此，在选题上除了要考虑报道的深度空间之外，还要选择那些社会影响、社会意义比较重大的题材，选择与广大受众的利益比较直接、密切，比较全面地反映出一定范围内的民意的选题，如果选题的社会影响小、社会意义轻，那么就容易造成报道成本的浪费。

　　在技术操作上，精确性报道要设计问题、发放问卷、收集材料、分类、上机统计，这些工作环节就使得一篇精确性报道需要花费比一般报道多出许多的时间，使得精确性报道时效性较差，比较适合非事件性新闻，不适合事件性新闻。因此，进行精确性报道的选题就要多选社会性的问题，少选突发性事件。还有要圈定精确性报道调查的范围，是立足一地区，还是面向全国？调查范围的广与狭本身就使得调查的花费、难度等差异极大。一般说来，凡属比较重大或全局性的有关民意调查，最好委托职业的专门调查机构或者双

方合作完成。如果在选题阶段忽视这些实际问题，那么就容易造成具体实施时对有些困难的始料不及，报道半途而废。鉴于科学调查数据工作的艰难，报道者应尽可能在专门调查机构的调查成果的基础上写精确性报道。

二、评析精确性报道的采访方式与操作手段

一般的新闻采访方式由于不可避免地会渗入记者的主观因素，可能使客观世界反映出现某种扭曲和差误，与现实的距离较大。精确新闻报道强调科学的精神与系统观察，以科学的社会研究方法为基本手段，试图精确地反映客观世界，其方法和手段主要有三种：一是抽样调查，这种方法通常涉及抽样、问卷设计及访问等步骤，是报道记者最经常采用的。二是民意调查，是通过科学的抽样方法对某些重大事件的发展趋势的预测，或反映大多数人对这一事件的看法，以影响事件的发展。三是内容分析方法，它以传统的、客观的与量化的方式，来研究和分析传播，借以测量变项。记者借助于内容分析，可以揭发一些不易被觉察的社会问题，探讨社会趋势。评析精确性报道，就要考量采访方式与操作手段的运用情况。

三、评析精确性报道的写作规则与表现方式

随着现代社会生活节奏的加快，受众需求发生了明显的变化，冗长而无新意的文字叙述报道已经越来越不受欢迎，受众喜欢的是形象、生动、方便、快捷的新闻。为了满足受众的需求，媒体一方面想方设法对新闻信息进行提炼、压缩，另一方面，又在考虑如何对信息进行包装。评析精确性报道，首先就要看其是否遵循一定的写作规则，表现出图文并茂、科学、真实、客观的特色。其次要看其表现方式，精确性报道表现形式多样，它可以把表格、图片、数据等"数量化的证据"和作为例证的个人访问结合起来，并采用归纳和演绎的逻辑方法，力图更全面、更完整、更准确地报道新闻事件和公众的看法，从而令人信服。

第五节　预测性报道作品评析

自古以来，人们对未来的事就表现出浓厚的兴趣。在现代，随着社会生活和知识水平的不断提高，现代化步伐的加快，人们对于未来社会的发展趋势给予了越来越多的关注，预测性报道也因此兴盛起来。预测性报道，以其独特的优势满足了受众了解某些未来信息的需要。

　　什么是预测性报道？对此学界论述不一，有两个代表性看法即："预见性报道是依据现在和过去的事实，对事物或事态前景所作的报道。"①"预测性报道是当事件要长期变化之时，对它发展方向、未来结果进行预测所写的报道。"②综合而言，对预测性报道可作如下概括：它是一种根据已知推测未知、根据过去或现在而着眼于未来，对某一新闻事件或社会现象作前瞻性论述的一种深度报道方式。它与经典新闻定义"关于新近发生的事实的报道"相悖，是对未来将发生的事实和后果的预测性报道，带有某些不确定性。

　　从预测性报道的涵义和报道实践来看，主要有以下三个特点：

　　第一，超前性。从报道内容上说，它所涉及的是未来）将要发生的新闻事件或社会现象，是一种对未来事实的预测，具有超前性。这与以报道现在正在发生的新闻事实为题材的动态性报道有着明显的区别。

　　第二，不确定性。从报道的结果上看，预测性报道所预测的结果，有时候会出现，有时候则不一定出现；有时候是唯一的，但多数情况下则不是唯一的。具有不确定性的特点，这与其他新闻报道也有明显差别。

　　第三，推论性。在表达方式上，预测性报道采用的是推论性语言，这与调查性报道、解释性报道等深度报道的表达方式有明显的不同。"一般而言，调查性报道、解释性报道所使用的最基本表达方式是陈述（叙述），即忠实地叙述已经发生的事实。预测性报道所采用的表达方式则是推论（带推测性的议论），即根据现在或以往的状况对事件未来的结果和趋势进行预测。"③在结构安排上，预测性报道往往采取倒金字塔式安排法，将预测的结果、依据以及其他新闻要素逐一列出论述。

　　针对预测性报道的特点和报道实践，对其评析可以从以下方面入手：

一、考察预测是否建立在对现实和历史的细致分析上

　　从某种意义上说，未来是今天的延续，对未来的预测必须是建立在对现实和历史背景的某些分析上。这种分析可以是数字上的对比，内容的解析或者内在逻辑上的推理和判断等。通过细致的分析，来预测事物未来的走向和态势。所以，预测性报道对历史和现实分析得越仔细、越深入，其预测的结果也就越准确、越可靠。如在《日本手机电子商务今年可能突破 5 000 亿日

①　甘惜分：《新闻学大词典》，河南人民出版社，1993 年。
②　内川芳美、稻叶三千男编著：《大众传播用语词典》。
③　刘勇编著：《深度报道采访与写作》，合肥工业大学出版社，2006 年，228 页。

元》的报道中,记者对日本手机电子商务的预测就是基于对现实的细致分析:日本手机数字视频及网络服务的不断扩充、财务报表的显示、4 月推出的手机通信互动的数字视频手机信号服务以及日本总务省数据显示,有理有据,预测的结果容易使人信服。

预测性报道还要求记者能够站在历史和全局的高度,对人类历史的过去、现在和未来有清醒的认识和细致分析把握,只有这样,才能对社会事件的走向作出明智的判断,才能从现实生活中发现有历史意义的变化,做出科学而又合理的预测。

二、考察预测是否展示出事件发展的各种走向和结果

新闻事件的发展过程往往是很复杂,发生的动因也不是单一的。所以,一些偶然性的因素,也有可能会影响到整个新闻事件的发展。在学术界,对于同一个事件,专家学者们也会有不同的意见,对事件未来的发展会持不同的设想。究竟谁的观点更正确一些,很难判断。但正是在关于这些不同设想的争论中,人们可以更加全面和深入地理解事件的发展,了解事件可能的发展趋向。

如果报道者只展示事件发展的某一个走向或结果,显然是不合适的,也是不公允的。为了能让受众对事件有全面的认识,报道者应该尽量展示出事件发展的各种走势,让受众自己去判断,从而获得更准确的预测。

三、考察预测性报道用语,说话要留有余地

我们知道预测这个词本身就含有某种不确定性,因为所预测的内容都还处于未发生的状态,而且一般来说,百分之百的正确预测也是极少的。所以,评析时我们要注意考察深度预测性报道是否用不确定的语气来表达预测的内容。在预测性报道中,报道者要讲究说话的分寸和技巧,话不能说得太满,决不能用陈述某一新闻事实时的语气进行预测,否则就会有失客观。在语气表达上,多带有不太确定的、推测的语气;在词汇的运用上,常用“可能”、“估计”、“据说”、“预计”、“将”、“会”、“如果……那么”等字词。即使是一些肯定的预测,也要避免用一些过于绝对和肯定的表达方式,以免在事件发生变化的时候难以挽回而尴尬收场。留有余地的预测性新闻报道会使受众对将要发生的事件有所期待,因而会更加关注。如《日本学者预测 50 年后中国将严重缺水》、《经济学家称欧元区经济可能“好景不长”》等都是用语谨慎、留有余地的深度报道佳作。

　　在深度报道的家族中，预测性报道因它独特的写作特点和功用而有其独特的定位。我们可以预见，在相当长的一段时间中，预测性报道仍然会是深度报道中不可或缺的重要组成部分。

参考文献

[1] 卡罗尔·里奇. 新闻写作与报道训练教程. 中国人民大学出版社, 2004

[2] 梅尔文·门彻. 新闻报道与写作. 华夏出版社, 2003

[3] 罗恩·史密斯. 新闻道德评价. 新华出版社, 2001

[4] 利昂·纳尔逊·弗林特. 报纸的良知——新闻事业的原则和问题案例讲义. 中国人民大学出版社, 2005

[5] 彭家发. 新闻客观性原理. 台湾三民书局, 1994

[6] 刘建明. 当代新闻学原理. 清华大学出版社, 2003

[7] 郭卫华. 新闻侵权热点问题研究. 人民法院出版社, 2000

[8] 徐耀魁. 西方新闻理论评析. 新华出版社, 1998

[9] 丹尼斯·麦奎尔、斯文·温德尔. 大众传播模式论. 上海译文出版社, 1997

[10] 杰里·施瓦茨. 如何成为顶级记者——美联社新闻报道手册. 中央编译出版社, 2003 沃尔特·李普曼, 詹斯顿等编著, 展江/主译评. 新闻与正义——普利策新闻奖获奖作品集(Ⅰ, Ⅱ), 海南出版社, 1998

[11] 戴维加洛克编. 普利策新闻奖特稿卷. 新华出版社, 2001

[12] 徐向明编. 中外新闻名家名言集. 南京大学出版社, 2004

[13] 黎信、蓝鸿文主编. 外国新闻通讯选评. 长征出版社, 1984

[14] 周克冰编著. 中外经典采访个案解读. 北京广播学院出版社, 2003

[15] 吴锦才. 怎样当新闻记者. 新华出版社, 2002

[16] 蓝鸿文. 新闻采访学. 第 2 版, 中国人民大学出版社, 1999

[17] 麦尔文·门彻尔. 新闻报道与写作. 新华出版社, 1981

[18] 威尔伯·施拉姆. 传播学概论. 新华出版社, 1984

[19] 左克. 标题鉴赏录. 新华出版社, 1998

[20] 艾丰. 新闻写作方法论. 人民日报出版社, 1993

[21] 张惠仁. 新闻写作学. 四川人民出版社, 1986

[22] 孙世恺. 怎样写新闻报道. 北京出版社, 1987

[23] 郑兴东, 陈仁风. 不要这样写——对百篇新闻写法的商榷. 中国人民大学出版社, 1990

[24] 林赛·雷维尔, 科林·罗德里克. 新闻实践指南. 中国新闻出版社, 1987

[25] 严介生. 美中不足——评析 72 篇好新闻中的疵点. 中国广播电视出版社, 1993

[26] 郑敬畴主编. 实用新闻写作教程. 地震出版社, 1999

[27] 多罗西·纳尔金. 科技新闻的报道艺术. 中国科学技术出版社, 1991

［28］沃尔特克·郎凯特. 记者生涯——目击世界 60 年. 江苏人民出版社，1999

［29］梵·迪克. 作为话语的新闻. 华夏出版社，2003

［30］孙国平. 实用新闻语言. 民族出版社，1998

［31］沃尔特·福克斯. 新闻写作——报刊记者指南. 新华出版社，1999

［32］刘其中. 净语良言. 新华出版社，2003

［33］密苏里新闻学院写作组. 新闻写作教程. 新华出版社，1986

［34］李希光. 新闻学核心. 南方日报出版社，2002

［35］王蕾. 外国优秀新闻作品评析. 中国广播电视出版社，2000

［36］刘保全，彭朝丞. 消息范文评析. 新华出版社，2001

［37］威廉·大卫·斯隆等. 普利策新闻奖最佳作品集. 中国新闻出版社，1987 年版

［38］张寅德. 叙述学研究——法国现代当代文学研究丛刊. 中国社会科学出版社，
1989 年 5 月第 1 版。

［39］索绪尔. 普通语言学教程. 商务印书馆，2001

［40］沃纳·赛佛林，小詹姆斯·坦卡德. 传播理论：起源、方法与运用. 华夏出版
社，2000 年版

［41］里蒙·凯南. 虚构叙事作品. 北京三联书店，1989

［42］刘刚著. 新闻价值判断与表现. 新华出版社，2003

［43］罗伯特·赫利尔德. 电视广播和新媒体写作. 华夏出版社，2002

［44］蓝鸿文. 面向新闻界. 警官教育出版社，1995

［45］李文明著. 新闻评论的电视化传播——〈焦点访谈〉解读. 四川大学出版
社，2003

［46］王苏华，曹华民. 中外新电视新闻佳作赏析. 中国广播电视出版社，1998

［47］Mieke Bal，*Narratology—Introduction to the Theory of Narrative*（Second Edition），
University of Toronto Press Incorporated 1997.

［48］Gerard Genette，*Narrative Discourse Revisited*. Cornell University Press 1988，P65.

［49］Lisa Taylor and Andrew Wills，*Media Studies*：*Texts*，*Institutions and Audiences*，
Blackwell Publishers Ltd 1999.

［50］Arthur Asa Berger，*Media Research Techniques*（Second Edition），Sage Publications
Inc，1998.

［51］John C. Merrill，John Lee & E. J. Friedland，*Modern Mass Media*，Harper & Row
Publishers，New York 1990.

后　记

　　写一本新闻作品评析方面的书，是我们早就想做的工作。坦白地说，主要是缘于教学所需。我们认为，完整的新闻学教学体系，除了讲授新闻理论和新闻实践知识外，还需要讲授新闻评析知识，正如考古学要讲授文物鉴赏知识一样。新闻评析就是要培养学生对新闻作品的鉴别能力，只有在不断的鉴赏、观摩中才能提高自身的采写编评能力。因此，新闻评析是新闻理论与新闻实践之间的一座桥梁。

　　近几年，我们在教学中深切地感受到，本专业学生对新闻理论的认知，大多还是停留在机械记忆上，缺乏直观的理解。教学之余有机会参加了各类新闻奖的评奖活动，在评奖中我们也发现，新闻从业人员对新闻作品的一些本质要求并不完全理解，追求的目标也不完全明确。过去一些旧的新闻观念在记者、编辑心目中还根深蒂固，这在某种程度上扭曲了新闻从业人员的采写编评工作。有些作品为了实现某种政治价值，甚至完全放弃对新闻本位的追求，将新闻与宣传等混为一谈。每每看到这些现象，我们总感到自己有种不可推卸的责任，要教给学生正确的新闻观念，必须从感性认识开始。于是，我们决定写一本新闻评析方面的书，就从如何站在新闻本位、新闻伦理基本理论的角度看新闻作品入手，把新闻理论知识放到对具体作品的解释中去理解。

　　我们深切地感受到，培养一个合格的新闻从业人员，首先要教给他正确的新闻观念，其次才是发现新闻和传播新闻的能力。于是，我们着手从对新闻本质的认识、对新闻伦理的基本认知等方面建构新闻评析的理论框架。对新闻评析的特点、方式、方法逐一进行阐述。本书意图使学生在学习《新闻作品评析》之后，在新闻实践上能有所启发，于是我们对实践借鉴如新闻写作部分多下了点笔墨。确定了研究框架后，我们就着手分工写作。适逢陈霖赴韩国讲学，因此，许多问题的讨论都是借助互联网进行的。全书的分工如下：绪论、第一、五、六章由陈龙撰写，第二、三、四、七章由陈霖撰写，第八章由我们共同选评，初稿完成后由陈龙统稿、定稿。

　　选择作品，是一件披沙拣金、极费心思的工作。教学中我们发现，国内很多选本不同程度地存在过时、陈旧的现象，有些完全不能适应当今社会变革和传媒变革的实际，甚至有些作品"左"的观念、庸俗政治学、庸俗社会学的观念还很严重。因此，我们确定一个标准，那就是以新闻本位取向为第一标准，所选作品须具有代表性，能够体现时代特色并在写作技巧上有所建树。尽管努力去挑选，但我们对有些作品把握仍然不是很大。作品选评中我们借鉴了国内一些专家的选本，在此不一一列举，我们谨向这些选本的编著者表示真挚谢意！著名新闻理论家、复旦大学新闻学院教授、博士生导师童兵先生在炎炎夏日的百忙之中拨冗为本书写了序言，奖掖后进之情洋溢在字里行间，给了我们莫大的鼓励和鞭策。我们谨向童先生表示感谢。同时，我们还要感谢中南大学出版社彭亚非、刘辉两位女士，她们为本书的编辑、出版付出了艰辛的劳动。

　　《新闻作品评析概论》是我们的一个尝试，仓促写作，其中的乖误定然难免，祈望学界朋友不吝赐教。

作者
2005 年 7 月于姑苏

再版后记

　　2005 年年初，我们完成了这本《新闻作品评析概论》，写作的初衷是想要让新闻专业学生和新闻爱好者学会如何正确地评析一部新闻作品。很多高校开设新闻作品评析课程，但大多是借分析、讲解作品来阐述新闻作品的鉴赏原理与方法，这样的做法结果是理论知识不够系统，学生很难理清评析的原理脉络；另一方面，各类作品选本琳琅满目，大同小异，普遍的现象是关于新闻的观念偏向老化，有些是 20 世纪五六十年代的作品，话语系统带有明显的时代烙印，对于当代新闻实践没有太大的指导意义。因此，如何分析作品的好坏，如何评价、分析一部新闻作品，需要有系统的知识体系做支撑。我们必须提供给学生系统的知识，同时也要把握一个度，即让学生了解不同社会体制下的新闻作品是怎样的，如何理解存在的差异等。教材出版后转眼四年过去了，我们陆续收到一些同行的反馈意见，关于如何评析新闻作品各位学界同仁也都有自己的体会。修订过程中我们邀请了一些在作品评析领域颇有建树的几位老师共同参与本教材的修订工作，把评析的范围扩大到新闻摄影作品等过去没有介绍的领域，这样整个教材知识体系才显得较为全面。

　　参与本次修订的有：南京理工大学新闻传播系孙宜君教授、徐州师范大学传播学院谢长青副教授、南通大学新闻传播系刘倩讲师、苏州大学新闻传播学院陈霖教授、苏州大学新闻传播学院陈龙教授。本书 2005 年被评为江苏省精品教材建设项目，2008 年被评为普通高等教育"十一五"国家级规划教材。我们相信，在全体同仁的共同努力下，这本教材会日臻完善。

　　再次感谢中南大学出版社领导和编辑为本教材出版付出的辛勤劳动！

陈龙

2009 年 2 月

图书在版编目（CIP）数据

新闻作品评析概论/陈龙主编. —长沙:中南大学出版社,2005.8
ISBN 978 - 7 - 81105 - 116 - 2(2020.1 重印)

Ⅰ. 新…　Ⅱ. 陈…　Ⅲ. 新闻—作品—文学评论
Ⅳ. I106.5

中国版本图书馆 CIP 数据核字(2005)第 094379 号

新闻作品评析概论

（第 2 版）

主编　陈　龙

□责任编辑	彭亚非	
□责任印制	易建国	
□出版发行	中南大学出版社	
	社址：长沙市麓山南路	邮编：410083
	发行科电话：0731 - 88876770	传真：0731 - 88710482
□印　　装	长沙鸿和印务有限公司	

□开　　本	730 mm×960 mm 1/16	□印张 19.25	□字数 340 千字	
□版　　次	2009 年 2 月第 2 版	□2020 年 1 月第 6 次印刷		
□书　　号	ISBN 978 - 7 - 81105 - 116 - 2			
□定　　价	49.00 元			